中國古代史學叢書

［晉］陳壽 撰 ［南朝宋］裴松之 注

盧弼 集解 錢劍夫 整理

三國志集解

叁

上海古籍出版社

魏書九

諸夏侯曹傳第九〔一〕

〔一〕武紀注引曹瞞傳、世語，謂曹嵩夏侯氏子。何焯謂爲敵國傳聞之辭。趙一清曰：「承祚以夏侯與諸曹互列一卷，正隱寓操爲夏侯氏子。至操以女妻楙，蓋欲掩其迹，所謂奸也。而何氏轉據此，力辨操非攜養，不亦傎乎！」章學誠乙卯劄記亦謂此篇有深意。洪亮吉四史發伏曰：「承祚蓋因世有謂操夏侯氏子者，故評中特著夏侯、曹氏，世爲婚姻，以明其非。今之讀曹瞞傳、世語而信爲實者，皆不善讀史。」惲敬書後曰：「後人謂承祚合傳夏侯、曹，以嵩爲夏侯氏子。按傳，太祖以女妻惇子楙，而淵子衡亦尚太祖弟海陽哀侯女；尚適室，又曹氏女也。操雖鬼蜮，何至汙亂若此邪？蓋二氏世爲婚姻，惇、淵有開國勛，與仁、洪、休、真等。及其亡也，爽與玄先後誅夷，大權始盡歸司馬氏，故合傳之，以觀魏氏興衰之所由，乃作史定法也。」劉咸炘三國志知意曰：「即使嵩是夏侯子，未嘗不可與夏侯氏爲婚，彼固已異族也。陳矯亦行之矣。但夏侯氏子不足爲醜，何故諱之？嵩爲宦者養子，固人知之，而曹氏亦未嘗諱。不諱養子，而反諱夏侯乎？此不近情，固知其説不足信。合傳之義，惲説爲當。評中世爲婚姻，乃是立此傳之意，洪氏謂意在辨正世傳，則反曲矣。」

夏侯惇字元讓，沛國譙人，〔一〕夏侯嬰之後也。〔二〕年十四，就師學。人有辱其師者，惇殺之，由是以烈氣聞。太祖初起，惇常爲裨將，從征伐。太祖行奮武將軍，〔三〕以惇爲司馬，〔四〕別屯白馬，〔五〕遷折衝校尉，〔六〕領東郡太守。太祖征陶謙，〔七〕留惇守濮陽。〔八〕張邈叛迎呂布，〔九〕太祖家在鄄城，〔一〇〕惇輕車往赴，〔一一〕適與布會，交戰。布退還，遂入濮陽，〔一二〕襲得惇軍輜重。遣將僞降，共執持惇，責以寶貨，〔一三〕惇軍中震恐。惇將韓浩乃勒兵屯惇營門，召軍吏諸將，皆案甲當部，不得動，諸營乃定。遂詣惇所，叱持質者曰：「汝等凶逆，乃敢執劫大將軍，〔一四〕復欲望生邪！且吾受命討賊，寧能以一將軍之故，而縱汝乎？」因涕泣謂惇曰：「當奈國法何！」促召兵擊持質者。持質者惶遽叩頭，言：「我但欲乞資用去耳！」浩數責，皆斬之。惇既免，太祖聞之，謂浩曰：「卿此可爲萬世法。」乃著令：「自今已後有持質者，皆當并擊，勿顧質。」由是劫質者遂絕。〔一五〕

孫盛曰：案光武紀，建武九年，盜劫陰貴人母弟，吏以不得拘質迫盜，盜遂殺之也。〔一六〕然則合擊者，乃古制也。自安、順已降，政教陵遲，〔一七〕劫質不避王公，而有司莫能遵奉國憲者。〔一八〕浩始復斬之，故魏武嘉焉。

〔一〕沛國譙縣，見武紀卷首。

〔二〕梁章鉅曰：「漢書夏侯嬰傳，嬰爲滕令奉車，故號滕公。及曾孫頗尚主，主隨外家姓，號孫公主，故滕公子孫更爲孫氏。據此，則竟云夏侯嬰之後，恐不無附會矣。」周壽昌曰：「滕公後爲孫氏，特頗一支，非必夏侯氏後盡爲孫也。觀漢書功臣表嬰玄孫之子長安大夫信，不稱孫信，則仍爲夏侯氏可知。」弼按：晉書夏侯湛傳，湛作昆弟誥曰：惟我皇乃祖滕公，肇釐厥德厥功，以左右漢祖。據湛自述，則爲嬰後無疑。蓋滕公子孫有別爲孫氏者，非謂夏侯氏非嬰後也。周説是，梁説誤。

〔三〕在初平元年。

〔四〕奮武將軍之司馬也。

〔五〕白馬見武紀建安五年；又見袁紹傳。洪亮吉曰：「有黎陽津，即白馬津，關雲長刺袁紹將顔良，解白馬圍，即此。有滑臺，魏武破袁紹，斬文醜於此。」

〔六〕折衝校尉見袁術傳。

〔七〕在初平四年。

〔八〕濮陽見武紀卷首東郡注。

〔九〕在興平元年。

〔一〇〕鄄城見武紀初平四年。孫愐曰：「後漢獻帝兖州刺史治此。」王先謙曰：「三國魏改屬東郡。」

〔一一〕趙一清曰：「車當作軍。」

〔一二〕本志呂布傳：「陳宫迎布爲兖州牧，據濮陽。」據此，則此傳當云「退還，布遂入濮陽」。蓋惇本守濮陽，因東赴鄄城，與布交戰，退還鄄城，布遂得入濮陽也。

〔一三〕林國贊曰：「布與惇爲敵，既執惇，豈不刺殺，而但責寶貨耶？此未可信。」

〔一四〕錢大昭曰：「是時惇爲折衝校尉，非大將軍也。惇爲大將軍，在文帝即王位之後，安得先以大將軍稱之？大字疑衍。」沈家本曰：「下文寧能以一將軍之故，亦稱將軍，錢説是。」

〔一五〕本志荀彧傳：「興平元年，太祖征陶謙，張邈、陳宫以兖州反。彧守鄄城，馳召東郡太守夏侯惇，督將大吏，多與逸、宫通謀。惇至，其夜誅謀叛者數十人，衆乃定。」

〔一六〕孫盛所引，未詳何人後漢紀。范書光武紀未載此事，惟皇后紀陰后紀，建武九年，有盜劫殺后母鄧氏及弟訢，帝甚傷之。

〔一七〕毛本「政」誤作「没」。

〔一八〕何焯云：「後漢書橋玄傳：玄少子爲人所劫執，玄促令兵攻之，玄子亦死。此靈帝光和元年事。」惠棟曰：「漢律所謂持質在盜篇。」

太祖自徐州還，惇從征吕布，爲流矢所中，傷左目。魏略曰：時夏侯淵與惇俱爲將軍，軍中號惇爲盲夏侯，惇惡之。每照鏡恚怒，輒撲鏡於地。復領陳留、濟陰太守，〔一〕加建武將軍，〔二〕封高安鄉侯。時大旱，蝗蟲起，惇乃斷太壽水作陂，〔三〕身自負土，率將士勸種稻，民賴其利。〔四〕轉領河南尹。太祖平河北，爲大將軍後拒。鄴破，遷伏波將軍，領尹如故，使得以便宜從事，不拘科制。建安十二年，録惇前後功，增封邑千八百户，并前二千五百户。二十一年，從征孫權還，使惇都督二十六軍，〔五〕留居巢。〔六〕賜伎樂名倡，令曰：「魏絳以和戎之功，猶受金石之樂，況將軍乎！」〔七〕二十四年，太祖軍擊破吕布軍於摩陂，〔八〕召惇，常與同載，特見親重，出入卧内，諸將莫得比也。拜前將軍，〔九〕魏書曰：時諸將皆受魏官號，惇獨漢官。乃上疏自陳，不當不臣之禮。太祖曰：「吾聞太上師臣，其次友臣。夫臣者，貴德之人也。區區之魏，而臣足以屈君乎？」惇固請，乃拜爲前將軍。〔一〇〕督諸軍還壽春，〔一一〕徙屯召陵。〔一二〕文帝即王位，拜惇大將軍，〔一三〕數月薨。

〔一〕陳留見武紀卷首，濟陰郡治定陶，見武紀初平四年。

〔二〕趙一清曰：「宋百官志，建武將軍，魏置。」

〔三〕錢大昭曰：「初平四年，袁術走襄邑，追到太壽，決睢水灌城。即其處也。」趙一清曰：「太壽不見於兩漢志，大約地在寧陵、襄邑之間。水經汳水注：汳水又東逕夏侯長塢。續述征記曰：夏侯塢至周塢，各相距五里。疑即惇所治也。」謝鍾英曰：「按，決睢陽渠水也。陂在今睢州東。」寧陵、襄邑，均見武紀初平四年。

〔四〕趙一清曰：「將字衍。魏武時爲司空，不爲大將軍；惇親貴殊倫，又不當爲他將後拒。」錢儀吉曰：「此時亦無他人爲大將軍。」

〔五〕胡三省曰：「晉志云：光武建武初，征伐四方，始置督軍御史，事竟罷。建安中，魏武爲相，始遣大將軍督之。二十一年，命夏侯惇督二十六軍是也。蕭子顯曰：漢順帝時，御史中丞馮赦討九江賊，督揚、徐二州軍事。何、徐宋志云起魏武，王珪之職儀云起光武，並非也。」

〔六〕居巢見武紀建安二十二年。洪亮吉曰：「建安中，魏武屯居巢，又遣夏侯惇、曹仁等屯此。寰宇記：後以吳、魏戰地，遂荒廢。」

〔七〕左傳襄公十一年：「晉侯以樂之半賜魏絳，曰：子教寡人和諸戎狄，以正諸華。八年之中，九合諸侯，如樂之和，無所不諧，請與子樂之。魏絳於是乎有金石之樂，禮也。」杜注：「禮，大夫有功則賜樂。」

〔八〕摩陂見武紀建安二十四年。趙一清曰：「魏武擒布在建安三年，此爲誤文。是年，關羽圍曹仁於襄陽，魏武軍於摩陂，以爲之援，亦無攻戰事。」錢大昭曰：「案所擊破者盪寇，非呂布也。布受誅於建安三年，至二十四年，安得尚存乎！」趙翼曰：「操擒布在建安二年，（弼按：在建安三年，二字誤。）距建安二十四年，已二十餘載，何得尚有破布之事？考是時關羽圍曹仁，操遣徐晃救之，操自洛陽親往應接，未至，而晃破羽，操遂軍摩陂。則惇傳所云呂布，必關羽之訛。」潘眉曰：「呂布係關羽之譌。」陳景雲曰：「呂布二字誤，當作關羽。」錢熙祚曰：「布死於建安三年，不應譌舛若是。」李慈銘曰：「此因上文有征呂布事而誤耳。」弼按：官本攷證亦同，是諸家攷訂，皆以呂布二字爲誤文。然謝鍾英云：「此呂布即滿寵傳所謂羽遣別將在郟下者，非五原郡呂布也。三國志有兩呂布，猶漢書有兩召平耳。」此則別爲一説，然別將是否亦爲呂布，似無佐證。弼疑擊破呂布軍五字皆衍文，則上下文皆通，與武紀亦合。又按本志徐晃傳，晃破羽，振旅還摩陂，太祖迎晃七里。

〔九〕趙一清曰：「宋百官志，左、右、前、後將軍，光武建武七年省，魏以來復置。」一清案：續百官志云：前、後、左、右、雜號將軍衆多，皆主征伐，事訖皆罷。則是未嘗省也。故袁術爲後將軍，公孫瓚爲前將軍，樊稠爲右將軍，呂布爲左將軍，皆在魏國未建之先。則東漢末已皆具其官矣。」

〔一〇〕魏氏春秋載惇勸魏武正位事，見武紀建安二十四年注。

〔一一〕壽春見武紀初平四年九江郡注。

〔一二〕召陵見文紀黃初六年。

〔一三〕北宋本「惇」下有「爲」字。

惇雖在軍旅，親迎師受業。性清儉，有餘財輒以分施，不足資之於官，不治産業。謚曰忠侯。〔一〕子充嗣。帝追思惇功，欲使子孫畢侯，分惇邑千户，賜惇七子二孫爵皆關内侯。惇弟廉及子楙素自封列侯。初，太祖以女妻楙，即清河公主也。〔二〕楙歷位侍中尚書、安西鎮東將軍假節。

魏略曰：楙字子林，惇中子也。文帝少與楙親，及即位，以爲安西將軍，持節，承夏侯淵處都督關中。楙性無武略，而好治生。〔三〕至太和二年，明帝西征，人有白楙者，遂召還爲尚書。楙在西時，多畜伎妾，公主由此與楙不和。其後羣弟不遵禮度，楙數切責，弟懼見治，乃共構楙以誹謗，公主奏之，〔四〕有詔收楙。帝竟欲殺之，〔五〕以問長水校尉京兆段默。默以爲「此必清河公主與楙不睦，出於譖構，冀不推實耳。且伏波與先帝〔六〕有定天下之功，宜加三思。」帝意解，曰：「吾亦以爲然。」乃發詔推問爲公主作表者，果其羣弟子臧、子江所構也。

充薨，子廙嗣；廙薨，子劭嗣。

晉陽秋曰：泰始二年，高安鄉侯夏侯佐卒，惇之孫也。嗣絶。詔曰：「惇，魏之元功，勳書竹帛。昔庭堅不祀，猶或悼之，況朕受禪於魏，而可以忘其功臣哉！宜擇惇近屬劭封之。」〔七〕

〔一〕青龍元年，從祀太祖廟庭。

〔二〕清河公主爲劉夫人生，見后妃傳卞后傳注引魏略。胡三省曰：「此女欲以妻丁儀，文帝止之，以妻楙。楙，音茂。」弼按：丁儀事見陳思王植傳注引魏略。通鑑作「征西將軍夏侯淵之子楙，尚太祖女清河公主」。誤。楙爲惇子，非淵子也。

〔三〕蜀志魏延傳注引魏略云：「延曰：聞夏侯楙少主壻也，怯而無謀。」此雖敵國傳聞之辭，然其無武略可知。

〔四〕官本攷證曰：「公主，宋本作令主。」

〔五〕宋本「竟」作「意」。

〔六〕惇爲伏波將軍。

〔七〕宋本「劭」作「紹」。

韓浩者，河內人。及沛國史渙，與浩俱以忠勇顯。〔一〕浩至中護軍，〔二〕渙至中領軍，〔三〕皆掌禁兵，封列侯。〔四〕

魏書曰：韓浩字元嗣。漢末起兵，縣近山藪，多寇；浩聚徒衆，爲縣藩衞。太守王匡以爲從事，將兵拒董卓於盟津。〔五〕時浩舅杜陽爲河陰令，〔六〕卓執之，使招浩，浩不從。袁術聞而壯之，以爲騎都尉。夏侯惇聞其名，請與相見，大奇之，使領兵從征伐。時大議損益，浩以爲當急田。〔七〕太祖善之，遷護軍。太祖欲討柳城，〔八〕領軍史渙以爲道遠深入，非完計也，欲與浩共諫。浩曰：「今兵勢彊盛，威加四海，戰勝攻取，無不如志。不以此時遂除天下之患，將爲後憂。且公神武，舉無遺策，吾與君爲中軍主，不宜沮衆。」遂從破柳城，改其官爲中護軍，置長史、司馬。從討張魯，魯降。〔九〕議者以浩智略足以綏邊，欲留使都督諸軍，鎮漢中。太祖曰：「吾安可以無護軍！」乃與俱還。其見親任如此。及薨，太祖愍惜之。無子，以養子榮嗣。史渙字公劉。少任俠，有雄氣。太祖初起，以客從行中軍校尉，〔一〇〕從征伐，常監諸將，見親信。轉拜中領軍。十四年薨，子靜嗣。

〔一〕或曰：「『與浩』二字可刪，否則當去及字。」

〔二〕中護軍見齊王紀嘉平六年注。又武紀建安十八年注作「中領軍萬歲亭侯韓浩」。

〔三〕渙事見武紀建安四年。

〔四〕趙一清曰：「宋百官志：建安十二年，改護軍爲中護軍，領軍爲中領軍，置長史、司馬。資重者爲領軍護軍將軍；資輕者爲中領軍、中護軍。續漢志百官志注：魏略曰，曹公置護軍將軍，比二千石，旋軍止罷。」錢大昭曰：「護軍、領軍，皆魏武丞相府自置，非漢官也。」

〔五〕王匡事見董卓傳；盟津見武紀初平元年孟津注。

〔六〕趙一清曰：「兩漢志皆無河陰。顧祖禹云：平陰，魏文帝改河陰。杜陽爲令時，不應有河陰之名，蓋史家追改之。」王先謙曰：「平陰，前漢縣，漢末改曰河陰。三國魏因。」洪亮吉云：「魏改河陰，宋志魏立，微誤。」謝鍾英云：「晉書宣帝紀，葬河陰，即此。韓浩舅杜陽爲河陰令，在建安中，是河陰係桓、靈後所改。洪云魏改，非。」案謝説是。沈家本曰：「前志五原郡河陰，續志作河陰，疑陰爲陰之譌。杜陽爲令者，五原之河陰乎？若河内郡之河陰，始見於晉志，宋志以爲魏立。」一統志：「故城今河南府孟津縣東。」

〔七〕事見武紀建安元年。

〔八〕柳城見武紀建安十二年。

〔九〕事在建安二十年。

〔一〇〕中軍校尉見袁紹傳。

夏侯淵字妙才，惇族弟也。太祖居家，曾有縣官事，淵代引重罪，太祖營救之，得免。

魏略曰：時兗、豫大亂，淵以饑乏，棄其幼子，而活亡弟孤女。

太祖起兵，以別部司馬、騎都尉從，遷陳留、潁川太守。及與袁紹戰於官渡，〔一〕行督軍校尉。紹破，使督兗、豫、徐州軍糧。時軍食少，淵傳饋相繼，軍以復振。昌豨反，〔二〕遣于禁擊之，未拔；復遣淵與禁并力，遂擊豨，降其十餘屯；豨詣禁降。〔三〕淵還，拜典軍校尉。〔四〕

魏書曰：淵爲將，赴急疾，常出敵之不意。故軍中爲之語曰：「典軍校尉夏侯淵，三日五百，六日一千。」〔五〕

濟南、樂安黄巾徐和、司馬俱等，〔六〕攻城殺長吏。淵將泰山、齊、平原郡兵〔七〕擊，大破之；斬和，平諸縣。收其糧穀，以給軍士。十四年，〔八〕以淵爲行領軍。太祖征孫權還，使淵督諸將擊廬江叛者雷緒。〔九〕緒破，又行征西護軍，〔一〇〕督徐晃擊太原賊。攻下二十餘屯，斬賊帥商曜，屠其城。〔一一〕從征韓遂等，戰於渭南；又督朱靈平隃麋汧氐。〔一二〕與太祖會安定，〔一三〕降楊秋。〔一四〕

〔一〕官渡見武紀建安四年。

〔二〕各本「豨」作「狶」。建安三年，泰山屯帥臧霸、昌豨等，皆附呂布。布死，霸等降。五年，豨叛爲劉備，擊破之。六年，淵與張遼圍豨於東海，豨降。十一年，豨復叛。胡三省曰：「昌姓，昌意之後。」

〔三〕在建安十一年。

〔四〕曹操爲典軍校尉，見武紀卷首。周壽昌曰：「操曾領此官，今特以拜淵，所以示親異也。」

〔五〕顧炎武曰：「此可偶用之於二三百里之近。不然，百里而趨利者蹶上將，固兵家所忌也。」

〔六〕濟南見武紀卷首。郡國志：「青州樂安國，治臨濟。」一統志：「臨濟故城，今山東青州府高苑縣西北。」

〔七〕泰山見武紀初平元年；齊見武紀建安四年；平原見武紀初平三年。

〔八〕錢大昭曰：「此十四年即建安十四年也。疑脱建安二字。」

〔九〕廬江見武紀建安四年。蜀志先主傳：「建安十三年，廬江雷緒率部曲數萬口稽顙。」

〔一〇〕通鑑：「建安十六年三月，操遣司隸校尉鍾繇討張魯，使征西護軍夏侯淵等將兵出河東，與繇會。」胡三省曰：「淵之族，操所自出也。付以西征先驅之任，以資序未得爲征西將軍，故以護軍爲名。」

〔一一〕事見武紀建安十六年。

〔一二〕郡國志：「司隸右扶風渝麋。」（班志作喻麋。）一統志：「渝麋故城，今鳳翔府汧陽縣東三十里；汧縣故城，今鳳翔府隴州南。」

〔一三〕安定見武紀建安十六年。

〔一四〕武紀：「建安十六年十月，軍自長安北征楊秋，圍安定。秋降，留夏侯淵鎮長安。」注引魏略「封秋臨涇侯」，即安定郡治也。

十七年，太祖乃還鄴，以淵行護軍將軍，督朱靈、路招等屯長安，擊破南山賊劉雄，〔一〕降其衆。圍遂、超餘黨梁興於鄠，拔之，斬興，封博昌亭侯。〔二〕馬超圍涼州刺史韋康於冀，〔三〕淵救康，未到，康敗。去冀二百餘里，超來逆戰，〔四〕軍不利。汧氐反，〔五〕淵引軍還。十九年，趙衢、尹奉等謀討超，〔六〕姜敘起兵鹵城以應之。〔七〕衢等譎説超，使出擊敘，於後盡殺超妻子。超奔漢中，還圍祁山。〔八〕敘等急求救，諸將議者欲須太祖節度。淵曰：「公在鄴，反覆四千里，比報，敘等必敗，非救急也。」遂行，使張郃督步騎五千在前，從陳倉狹道入，〔九〕淵自督糧在後。郃至渭水上，超將氐、羌數千逆郃。未戰，超走，郃進軍收超軍器械。淵到，諸縣皆已降。韓遂在顯親，〔一〇〕淵欲襲取之，遂走。淵收遂軍糧，追至略陽城，〔一一〕去遂二十餘里，諸將欲攻之，或言當攻興國氐。〔一二〕淵以爲遂兵精，興國城固，攻不可卒拔，不如擊長離諸羌。〔一三〕長離諸羌多在遂軍，必歸救其家。若羌獨守則孤，〔一四〕救長離則官兵得與野戰，可必虜也。〔一五〕淵乃留督將守輜重，輕兵步騎到長離，攻燒羌屯，斬獲甚衆。諸羌在遂軍者，各還種落。遂果救長離，與淵軍對陣。諸將見遂衆，惡之，欲結營作塹，乃與戰。淵曰：「我轉鬬千里，今復作營塹，則士衆罷弊，不可久；賊雖衆，易與耳！」乃鼓之，大破遂軍，得其旌麾，〔一六〕還略陽，進軍圍興國。氐王千萬逃奔馬超，餘衆降。〔一七〕轉擊高平屠各，〔一八〕皆散走，收其糧穀牛馬。乃假淵節。

〔一〕官本攷證曰：「張魯傳注，劉鳴雄據武關道口，太祖遣夏侯淵討破之。此作劉雄，疑脱鳴字。」趙一清説同。潘眉曰：「魏略云，劉雄鳴有衆數千人，太祖使夏侯淵討破之。是時人無雙名，劉鳴雄係賊號，如飛燕、白騎之類耳。」

〔二〕武紀：「建安十七年，馬超餘衆梁興等屯藍田，使夏侯淵擊平之。」鄠見董卓傳。鄭渾傳梁興等餘衆聚鄜城；徐晃傳使晃與夏侯淵平鄜、夏陽餘賊，斬梁興。據此二傳，鄠應作鄜。通鑑亦作鄜。詳見徐晃傳。」

〔三〕韋康字元將，京兆人。父端爲涼州牧，徵爲太僕，康代爲涼州刺史。見本志荀彧傳注。冀縣見武紀建安十八年漢陽郡注。

〔四〕毛本「來」作「乃」，通鑑作「來」。

〔五〕氐王千萬反應超，屯興國。胡三省曰：「氐王千萬，略陽清水氐種也。其後爲仇池之楊。」

〔六〕武紀：「南安趙衢、漢陽尹奉等討超。」

〔七〕姜敘字伯奕，天水人，見楊阜傳。胡三省曰：「鹵城當在西縣、冀縣之閒。」何焯曰：「西縣屬漢陽，西，古作卤，此卤字與楊阜傳皆訛爲鹵。」馬與龍曰：「姜敘屯西縣之歷城，見漾水注。」謝鍾英曰：「楊阜傳，起兵於鹵城。漢晉春秋云，司馬懿至鹵城。皆西城之訛。」一統志：「西縣故城，在甘肅秦州西南，晉改置始昌縣而縣廢。鄒安鬯云：故城今秦州西南百二十里。」弼按：鹵城又見楊阜傳注。

〔八〕祁山見明紀青龍二年。

〔九〕陳倉見武紀建安二十年。

〔一〇〕郡國志：「涼州漢陽郡顯親。」錢大昕曰：「光武封竇融弟友爲侯國。」王先謙曰：「前志無，三國魏因，屬天水郡。」

渭水注：瓦亭水西南出顯親峽，又西南逕顯親縣故城東南。晉志作顯新，屬天水郡。」一統志：「顯親故城在今甘肅秦州秦安縣西北。」

〔一一〕略陽見文紀黃初二年。班志屬天水郡，郡國志屬漢陽郡。三國魏改屬廣魏郡，晉志改屬略陽郡。謝鍾英曰：「略陽不得隔顯親、新陽而懸屬廣魏，今從郡國志屬天水。」弼按：郡國志略陽屬漢陽郡，謝云屬天水，誤。魏武分漢陽立廣魏郡，謝云不得懸屬廣魏，亦誤。

〔一二〕興國見武紀建安十八年。胡三省曰：「魏略云，建安中，興國氐王阿貴、百頃氐王千萬，各有部落萬餘，從馬超爲亂。超破之後，阿貴爲夏侯淵所攻滅，千萬南入蜀。」

〔一三〕胡三省曰：「水經注，瓦亭水南逕隴西成紀縣東，歷長離川，謂之長離水，燒當等羌居之。卒，讀曰猝。」方輿紀要卷五十九：「長離水在秦州東。」謝鍾英曰：「按水經注，長離川在成紀南，當在今秦安縣北七十餘里。」

〔一四〕通鑑作「若捨羌獨守則孤」。胡三省曰：「謂遂若捨羌而不救，獨擁兵自守，則其勢孤。」

〔一五〕通鑑作「必可虜也」。

〔一六〕毛本「旌」誤作「精」。

〔一七〕詳見本志卷三十東夷傳末裴注引魏略西戎傳。

〔一八〕郡國志：「涼州安定郡高平。」一統志：「安定故城，今甘肅平涼府固原州治此，與兗州山陽郡之高平，同名異地。」康發祥曰：「劉昭注，屠各，外夷名。杜佑曰：頭曼、冒頓，即屠各地也。」

初，枹罕宋建因涼州亂，自號河首平漢王。〔一〕太祖使淵帥諸將討建。淵至，圍枹罕；月餘，拔之；斬建及所置丞相已下。淵別遣張郃等平河關，〔二〕渡河入小湟中，〔三〕河西諸羌盡降，隴右平。〔四〕太祖下令曰：「宋建造爲亂逆，三十餘年，淵一舉滅之，虎步關右，所向無前。

仲尼有言：「吾與爾不如也。」〔五〕二十一年，〔六〕增封三百户，并前八百户。還擊武都氐、羌下辯，〔七〕收氐穀十餘萬斛。太祖西征張魯，淵等將涼州諸將侯王已下，與太祖會休亭。太祖每引見羌、胡，以淵畏之。會魯降，漢中平，以淵行都護將軍，〔八〕督張郃、徐晃等平巴郡。〔九〕太祖還鄴，留淵守漢中，即拜淵征西將軍。〔一〇〕二十三年，劉備軍陽平關，〔一一〕淵率諸將拒之，相守連年。二十四年正月，備夜燒圍鹿角。〔一二〕淵使張郃護東圍，自將輕兵護南圍。備挑郃戰，郃軍不利。淵分所將兵半助郃，爲備所襲，淵遂戰死。謚曰愍侯。〔一三〕

〔一〕枹罕、宋建、河首，均見武紀建安十九年。

〔二〕郡國志：「涼州隴西郡河關，故屬金城。」三國魏廢。水經：「河水又東過隴西河關縣北，洮水從東南來，流注之。」一統志：「河關故城，今甘肅蘭州府河州西北。」

〔三〕胡三省曰：「湟水源出西海鹽池之西北，東至金城允吾縣入河。夾湟兩岸之地，通謂之湟中。又有湟中城在西平、張掖之間，小月氏之地也，故謂之小湟中。」吳熙載曰：「今甘肅西寧府大通縣地。」

〔四〕趙一清曰：「應劭曰：禹貢析支屬雍州，在河關之西，東去河關千餘里，羌人所居，謂之河羌曲也。後漢書曰：湟中月氏胡者，其王爲匈奴所殺，餘種分散，西踰葱嶺，其弱者南入山，從羌居止，故受小月氏之名也。」

〔五〕周壽昌曰：「論語何注引包咸曰：既然子貢不如，復云吾與汝俱不如者，蓋欲以慰子貢也。論衡問孔篇：吾與汝俱弗如也。鄭康成別傳：馬季長謂盧子幹曰，吾與汝皆不如也。是皆與操語相合，可徵漢經師讀法，亦以見後世作兩句讀，義訓俱失也。」

〔六〕潘眉曰：「二字衍，當作二十年。下載武都氐及征張魯事，並在二十年。」

〔七〕武都、下辯見武紀建安二十年。郡國志：「涼州武都郡，下辨，武都道。」惠棟曰：「洪适云：李翕碑題名有下辨道長任詩，則志闕一道字。」弼按：前志作下辨道武都，無道字，當係上下誤寫，洪説爲是。又按兩漢志下辯作下辨。顔師古曰：「武都有天池、大澤，故謂之都。」一統志：「武都故城，今甘肅階州成縣西八十里；下辨故城，今階州成縣西三十里。」范曄云：「漢獻帝建安中有天水氐楊騰，世居隴右，爲氐大帥。子駒，勇健多計，魏拜爲百頃氐王。」杭世駿曰：「通典云：魏武之初，諸戎、氐叛，令夏侯妙才討之。因徙武都之種於秦川，以禦蜀虜。」

〔八〕胡三省曰：「都護將軍，以盡護諸將而立號，光武始以命賈復。」

〔九〕巴郡見武紀建安二十年。

〔一〇〕趙一清曰：「宋百官志魚豢曰：四征，魏武帝置，秩二千石。黄初中，位次三公。」

〔一一〕陽平關見武紀建安二十年。

〔一二〕御覽三百三十七：「魏武軍策令曰：夏侯淵，今月賊燒卻鹿角，鹿角去本營十五里，淵將四百兵行鹿角，因使士補之。賊山上望見，從谷中卒出。淵使兵與鬭，賊遂繞出其後，兵退而淵未至，甚可傷。淵本非能用兵也，軍中呼爲白地將軍。爲督帥尚不當親戰，況補鹿角乎！」

〔一三〕正始四年，從祀太祖廟庭。通鑑：「建安二十四年，淵與劉備相拒踰年，備自陽平南渡沔水，緣山稍前，營於定軍山。淵引兵爭之。法正曰：可擊矣！備使討虜將軍黄忠乘高鼓譟攻之，淵軍大敗，斬淵。」通鑑考異曰：「張郃傳云，備於走馬谷燒都圍，淵救火，從他道與備相遇，交戰，短兵接刃，淵遂没。今從劉備、黄忠、法正傳。」

初，淵雖數戰勝，太祖常戒曰：「爲將當有怯弱時，不可但恃勇也。將當以勇爲本，行之以智計；但知任勇，一匹夫敵耳。」

淵妻，太祖内妹。長子衡，尚太祖弟海陽哀侯女，〔一〕恩寵特隆。衡襲爵，轉封安寧亭侯。黄初中，賜中子霸；太和中，賜霸四弟爵皆關内侯。霸，正始中爲討蜀護軍右將軍，進封博

昌亭侯，素爲曹爽所厚。聞爽誅，自疑；亡入蜀。以淵舊勳，赦霸子，徙樂浪郡。〔一〕

魏略曰：霸字仲權。〔三〕淵爲蜀所害，故霸常切齒，欲有報蜀意。黄初中，爲偏將軍。子午之役，〔四〕霸召爲前鋒，進至興勢圍，〔五〕安營在曲谷中。蜀人望知其是霸也，指下兵攻之。霸手戰鹿角間，賴救至，然後解。後爲右將軍，屯隴西，其養士和戎，並得其歡心。至正始中，代夏侯儒爲征蜀護軍，統屬征西。〔六〕時征西將軍夏侯玄於霸爲從子，而玄於曹爽爲外弟。〔七〕及司馬宣王誅曹爽，遂召玄，玄來東。霸聞曹爽被誅而玄又徵，以爲禍必轉相及，心既内恐；又霸先與雍州刺史郭淮不和，而淮代玄爲征西，霸尤不安，故遂奔蜀。南趣陰平而失道，〔八〕入窮谷中。糧盡，殺馬步行；足破，卧巖石下，使人求道，未知何之。蜀聞之，乃使人迎霸。初，建安五年，時霸從妹年十三四，在本郡，出行樵採，爲張飛所得。飛知其良家女，遂以爲妻。産息女，爲劉禪皇后。故淵之初亡，飛妻請而葬之。及霸入蜀，禪與相見，釋之。曰：「卿父自遇害於行閒耳，非我先人之手刃也。」指其兒子以示之，曰：「此夏侯氏之甥也。」厚加爵寵。〔九〕

霸弟威，官至兗州刺史。〔一〇〕

世語曰：威字季權，任俠。貴歷荆、兗二州刺史。子駿，并州刺史。次莊，淮南太守。莊子湛，字孝若，以才博文章，至南陽相、散騎常侍。〔一一〕莊，晉景陽皇后姊夫也。〔一二〕由此一門侈盛於時。〔一三〕

威弟惠，樂安太守。〔一四〕

文章敍録曰：〔一五〕惠字稚權，幼以才學見稱。善屬奏議。歷散騎黄門侍郎，與鍾毓數有辯駮，事多見從。遷燕相、樂安太守，年三十七卒。

惠弟和，河南尹。

世語曰：和字義權，清辯有才論。歷河南尹、太常。淵第三子稱，第五子榮。從孫湛爲其序曰：稱字叔權。自孺子而好合聚童兒，爲之渠帥。戲必爲軍旅戰陳之事，有違者輒嚴以鞭捶，衆莫敢逆。〔一六〕淵陰奇之，使讀項羽傳及兵書，不肯，曰：「能則自爲耳，安能學人？」年十六，淵與之田，見奔虎，稱驅馬逐之；禁之不可，一箭而倒。名聞太祖。太祖把其手喜曰：「我得汝矣！」與文帝爲布衣之交，每讌會，氣陵一坐，辯士不能屈。世之高名者多從之游。年十八卒。〔一七〕弟榮字幼權。幼聰惠，七歲能屬文，誦書日千言，經目輒識之。文帝聞而請焉。賓客百餘人，人一奏刺，〔一八〕悉書其鄉邑、名氏，世所謂爵里刺也。〔一九〕客示之，一寓目，使之遍談，不謬一人。帝深奇之。漢中之敗，榮年十三。左右提之走，不肯，曰：「君親在難，焉所逃死！」乃奮劍而戰，遂没陣。

衡薨，子績嗣，爲虎賁中郎將。績薨，子褒嗣。

〔一〕海陽哀侯名未詳。武文世王公傳：「東平靈王徽，奉叔父朗陵哀侯玉後。」未知即其人否。

〔二〕樂浪郡見明紀青龍二年。今朝鮮平安、黄海、京畿各道。霸女爲羊祜妻，見晉書羊祜傳。

〔三〕隋經籍志：「夏侯霸集二卷。」

〔四〕魏太和四年，曹真伐蜀，由子午道南入。

〔五〕各本皆作「興世」，局本作「興勢」。趙一清曰：「興勢，地名，在定軍山。世字誤也。」謝鍾英曰：「魏書地形志，龍亭縣有鎮勢山，即興勢山，亦謂之興勢坂。水經注：小城固北百二十里，有興勢，諸葛亮出駱谷，戍興勢，置烽火樓，處處通照。方輿紀要：今洋縣北二十里，亦曰興勢坂。」弼按：定軍山在今陝西漢中府沔縣東南十里，興勢山在今漢中府洋縣北二十里。趙氏謂興勢在定軍山，誤。興勢互見後曹爽傳。

〔六〕胡三省曰：「屬征西將軍府所統。」

〔七〕胡三省曰：「曹氏，夏侯氏之出也。玄父尚又娶曹氏，故玄於爽爲外弟。」

〔八〕郡國志：「益州廣漢屬國陰平道。」漢末置陰平縣，又爲陰平郡治。一統志：「陰平故城，今甘肅階州文縣治。」

〔九〕霸降蜀後事，見鍾會傳注引世語。周壽昌曰：「後主能作此語，亦復非常。後來對晉主語，恐傳聞失實；不則養晦以自全耳。」

〔一〇〕本志方伎傳，朱建平相夏侯威四十九位爲州牧，而當有厄。威年四十九卒。晉書羊祜傳：「祜博學，郡將夏侯威異之，以兄霸之女子妻之。」侯康曰：「陳思王集曰：鄉人有夏侯威者，少有成人之風，余尚其爲人，與之昵好。」

〔一一〕晉書夏侯湛傳：「湛幼有盛才，文章宏富，善搆新詞。而美容觀，與潘岳友善。每行止同輿接茵，京都謂之連璧。」

〔一二〕何焯曰：「陽當作羊。此晉景獻皇后也。」陳景雲曰：「陽、羊古通用。歐陽集古録、後漢熊喬跋碑云，碑中言治歐羊尚書，以陽爲羊。」弼按：晉書后妃傳作景獻羊皇后。后父衜，后母陳留蔡氏，漢左中郎將邕之女也。又案晉書羊祜傳，祜父衜。祜，蔡邕外孫，景獻皇后同產弟。據此，則衜有二婿，一爲夏侯莊，一爲司馬師也。

〔一三〕晉書夏侯湛傳：「湛弟淳，字孝沖。亦有文藻，與湛俱知名，官至弋陽太守。」

〔一四〕隋經籍志：「夏侯惠集二卷，録一卷。」

〔一五〕隋志簿録類雜撰：「文章家集敘十卷，荀勗撰。」舊唐志書目類：「新撰文章家集五卷，荀勗撰。」新唐志目録類：「荀勗新撰文章家集敘五卷。」沈家本曰：「文章敘録疑即是書。」黄逢元曰：「魏志王粲、夏侯淵傳注引文章敘録，當即是書。又世説文學、巧藝篇注引文章序録，不著撰人。」弼按：荀勗見荀彧傳注，晉書有傳。王粲傳注引荀勗文章敘録，是書確爲勗著無疑。惟觀各書所引之文，不似簿録之書，與隋、唐志之文章家集敘是否爲一書，不能遽定。然勗所著中經簿，則實爲簿録要籍也。

〔一六〕局本無「敢」字，誤。

〔一七〕御覽四百九引世說與此同。惟云稱字義權，辯士不能屈，屈作答。

〔一八〕何焯校作「人奏一刺」。

〔一九〕趙一清曰：「釋名：爵里刺，書其官爵及郡縣鄉里也。御覽卷六百六引魏名臣奏議：黄門侍郎荀攸奏曰，今吏初除，刺有二，一刺通爵，二刺條疏行狀。」

曹仁字子孝，太祖從弟也。魏書曰：仁祖褒，潁川太守。父熾，侍中、長水校尉。〔一〕少好弓馬弋獵。後豪傑並起，仁亦陰結少年，得千餘人，周旋淮、泗之閒，遂從太祖爲別部司馬，行厲鋒校尉。太祖之破袁術，仁所斬獲頗多。從征徐州，仁常督騎，爲軍前鋒。別攻陶謙將呂由，破之；還與大軍合彭城，大破謙軍。從攻費、華、即墨、開陽，〔二〕謙遣別將救諸縣，仁以騎擊破之。太祖征呂布，仁別攻句陽，拔之，〔三〕生獲布將劉何。太祖平黄巾，迎天子都許，仁數有功，拜廣陽太守。〔四〕太祖器其勇略，不使之郡，以議郎督騎。太祖征張繡，仁別徇旁縣，虜其男女三千餘人。太祖軍還，爲繡所追，軍不利，士卒喪氣；仁率厲將士甚奮，太祖壯之，遂破繡。

〔一〕水經陰溝水注：「譙縣有曹騰兄冢，冢東有碑，題云：漢故潁川太守曹君墓。延熹九年卒。而不刊樹碑年月。墳北有其元子熾冢，冢東有碑，題云：漢故長水校尉曹君之碑。歷大中大夫、司馬長史、侍中，遷長水，年三十九卒。熹平六年造。熾弟胤冢，冢東有碑，題云：漢謁者曹君之碑。熹平六年立。」長水校尉見文紀黄初元年。

〔二〕費、華見武紀初平四年，華又見臧霸傳。即墨見呂布傳，開陽見武紀興平元年琅邪注。費，漢舊縣，屬東海郡，後漢屬泰山郡。方輿紀要：「今費縣治。」洪亮吉曰：「華，漢舊縣，屬泰山；中興後省。臧霸傳，泰山華人。郭頒世語：曹嵩在泰山華縣。又泰山都尉孔宙碑陰，亦載此縣。時爲延熹七年，疑係漢末所復立也。其移屬琅邪，未知何時。今考費縣亦舊隸泰山。晉太康地志云：移屬琅邪，則此縣當亦同時所移，今姑從晉志。」謝鍾英曰：「魏武紀，初平四年，徐州陶謙舉兵取泰山華、費。臧霸傳，霸，泰山華人。是華縣魏屬泰山。費縣無移屬明文，亦宜屬泰山。洪氏從晉志，非也。後漢書注華縣故城在費縣東北。一統志，今沂州府費縣東北六十里。」潘眉曰：「魏志，臧霸泰山華人。霸父戒爲華縣獄掾，太守令收戒詣府，霸徑於費西山中要奪之。費、華，鄰縣也。」錢大昕曰：「即墨屬青州之北海郡。陶謙爲徐州牧，未得其地，疑是即丘之譌。」即丘，漢舊縣，屬東海郡，後漢屬琅邪郡。方輿紀要：「今沂州東南五十里。」開陽，漢舊縣，屬東海郡，後漢琅邪郡治。一統志：「沂州府城東北十五里古城社。」弼按：費、華、即丘、開陽俱在今山東沂州府境。即墨爲即丘，錢説是。

〔三〕郡國志：「兗州濟陰郡句陽。」一統志：「句陽故城，今曹州府荷澤縣北句陽店。」錢大昭曰：「布在下邳，未必有別將在句陽，疑爲曲陽之誤。曲陽在今淮安府安東縣西北。」沈家本曰：「此傳敘征呂布於迎天子都許之前，乃張邈、陳宫迎呂布爲兗州牧時事。濟陰郡屬兗州。武紀，興平二年襲定陶，定陶爲濟陰太守治。則仁攻句陽，當亦在是年。」弼按：此傳序仁攻句陽在建安元年都許之前，是時呂布尚屯濮陽，未至下邳也。句陽在濮陽之南，非曲陽，錢説失之。

〔四〕廣陽見武紀初平元年幽州牧注。王先謙曰：「廣陽郡，三國魏復爲燕國。」謝鍾英曰：「曹仁爲太守在建安初，時廣陽爲袁紹地，仁遥領而已。」

太祖與袁紹久相持於官渡，紹遣劉備徇濦彊諸縣，〔一〕多舉衆應之。自許以南，吏民不安，太祖以爲憂。仁曰：「南方以大軍方有目前急，〔二〕其勢不能相救，劉備以彊兵臨之，其背叛故宜也。〔三〕備新將紹兵，未能得其用，擊之可破也。」太祖善其言，遂使將騎擊備，破走之；仁盡復收諸叛縣而還。紹遣別將韓荀鈔斷西道，〔四〕仁擊荀於雞洛山，〔五〕大破之。由是紹不敢復分兵出。復與史渙等鈔紹運車，燒其糧穀。〔六〕

〔一〕潩彊見武紀卷首。
〔二〕通鑑作「南方以大將軍方有目前急」。
〔三〕元本「故」作「固」。
〔四〕「荀」當作「蒖」，見荀攸傳。
〔五〕趙一清曰：「水經潧水注，潧水出鄶城西北雞絡塢下。方輿紀要卷四十七，鄶城在河南禹州密縣東北五十里。溱水亦曰潧水，東南流合洧水。」
〔六〕事見武紀建安五年。

河北既定，從圍壺關。〔一〕太祖令曰：「城拔，皆坑之。」連月不下。仁言於太祖曰：「圍城必示之活門，所以開其生路也。今公告之必死，將人自爲守。且城固而糧多，攻之則士卒傷，守之則引日久。今頓兵堅城之下，以攻必死之虜，非良計也。」太祖從之，城降。於是録仁前後功，封都亭侯。

〔一〕壺關見武紀建安十年。

從平荆州，以仁行征南將軍，留屯江陵，拒吳將周瑜，〔一〕瑜將數萬衆來攻，前鋒數千人始至，仁登城望之，乃募得三百人，遣部曲將牛金逆與挑戰。賊多，金衆少，遂爲所圍。長史陳矯俱在城上，望見金等垂没，左右皆失色。仁意氣奮怒甚，謂左右取馬來。矯等共援持之，謂仁曰：「賊衆盛，不可當也。假使棄數百人，何苦而將軍以身赴之！」仁不應，遂被甲上馬，將其麾下壯士數十騎出城。去賊百餘步，迫溝，矯等以爲仁當住溝上，爲金形勢也。仁徑渡溝，直前衝入賊圍，金等乃得解。餘衆未盡出，仁復直還突之，拔出金兵，亡其數人，賊衆乃退。矯等初見仁出，皆懼；及見仁還，乃歎曰：「將軍真天人也！」三軍服其勇。太祖益壯之，〔二〕轉封安平亭侯。

〔一〕吳志孫權傳：「建安十三年，曹公北還，留曹仁、徐晃於江陵。十四年，周瑜、曹仁相守歲餘，所殺傷甚衆，仁委城走。權以瑜爲南郡太守。」周瑜傳：「曹公留曹仁等守江陵城，周瑜、程普與仁相對，渡屯北岸，仁由是遂退。權拜瑜偏將軍，領南郡太守，屯據江陵。」合此二傳觀之，爲仁失江陵之證，本傳諱言之。

〔二〕姜宸英曰：「此有飾詞，仁豈公瑾之敵！」

太祖討馬超，以仁行安西將軍，〔一〕督諸將拒潼關，〔二〕破超渭南。蘇伯、田銀反，以仁行驍騎將軍，都督七軍討銀等，破之。〔三〕復以仁行征南將軍，假節，屯樊，〔四〕鎮荆州。侯音以宛叛，〔五〕略傍縣衆數千人。仁率諸軍攻破音，斬其首，還屯樊，〔六〕即拜征南將軍。關羽攻樊，時漢水暴溢，于禁等七軍皆没，禁降羽。仁人馬數千人守城，城不没者數板。〔七〕羽乘船臨城，圍數重，外内斷絶，糧食欲盡，救兵不至。仁激厲將士，示以必死；將士感之，皆無二。〔八〕徐晃救至，水亦稍減。晃從外擊羽，仁得潰圍出，羽退走。

〔一〕胡三省曰：「晉百官志：四安起於魏初，謂安東、安西、安南、安北四將軍也。」

〔二〕錢大昭曰：「諸將，謂夏侯淵、鍾繇也。」潼關見武紀建安十六年。胡三省曰：「渭口之東，即潼關。潼關在弘農華陰縣，晉所謂桃林之塞，秦所謂陽華是也。」謝鍾英曰：「今潼關廳治。」

〔三〕蘇伯、田銀事在建安十六年，見常林、國淵傳，又見程昱傳注引魏書。

〔四〕胡三省曰：「樊城在襄陽東，北臨漢水。」謝鍾英曰：「今襄陽府城北漢江，上與襄陽隔水對峙。」

〔五〕宛縣今南陽府南陽縣治。

〔六〕事見武紀建安二十四年及注引曹瞞傳。

〔七〕胡三省曰：「城高二尺爲一板。」水經沔水注：「平魯城西南有曹仁記水碑。」

〔八〕梁章鉅曰：「二下當有心字。」滿寵傳：「樊城得水，往往崩壞，衆皆失色。或謂仁曰：今日之危，非力所支。可及羽圍未合，乘輕船夜走；雖失城，尚可全身。寵曰：山水速疾，冀其不久。聞羽遣別將已在郟下，自許以南，百姓擾擾，羽所以不敢遂進者，恐吾軍掎其後耳。今若遁去，洪河以南，非復國家有也。君宜待之。仁曰：善。」

仁少時不修行檢，及長爲將，嚴整奉法令，常置科於左右，案以從事。鄢陵侯彰北征烏丸，文帝在東宮，爲書戒彰曰：「爲將奉法，不當如征南邪！」〔一〕及即王位，拜仁車騎將軍，都督荆、揚、益州諸軍事，進封陳侯，增邑二千，并前三千五百户。追賜仁父熾謚曰陳穆侯，置守冢十家。〔二〕後召還，屯宛。〔三〕孫權遣將陳邵據襄陽，詔仁討之。仁與徐晃攻破邵，遂入襄陽，使將軍高遷等徙漢南附化民於漢北，〔四〕文帝遣使即拜仁大將軍。又詔仁移屯臨潁，〔五〕遷大司馬，〔六〕復督諸軍據烏江，〔七〕還屯合肥。〔八〕黄初四年薨，謚曰忠侯。〔九〕

魏書曰：仁時年五十六。

傅子曰：曹大司馬之勇，賁、育弗加也。〔一〇〕張遼其次焉。

子泰嗣，官至鎮東將軍，假節；轉封寧陵侯。泰薨，子初嗣。又分封泰弟楷、範，皆爲列侯。而牛金官至後將軍。〔一一〕

〔一〕仁爲征南將軍。

〔二〕仁列名勸進，見上尊號奏。

〔三〕宛爲南陽郡治，見武紀卷首。

〔四〕趙一清曰：「此亦飾詞也。」晉書宣帝紀：「孫權帥兵西過，朝議以樊、襄陽無穀，不可以禦寇。時曹仁鎮襄陽，請召仁還宛。帝曰：孫權新破關羽，此其欲自結之時，必不敢爲患。襄陽水陸之衝，禦寇要害，不可棄也。言竟不從。仁遂焚棄二城，權果不寇，魏文悔之。」

〔五〕郡國志：「豫州潁川郡臨潁。」寰宇記：「縣在臨潁皋上，潁水東崖。」一統志：「臨潁故城，今河南許州臨潁縣西北十五里。」

〔六〕仁拜大將軍，遷大司馬，討斬鄭甘，俱在黄初二年。

〔七〕史記項羽本紀：「項王乃欲東渡烏江。」瓚曰：「在牛渚。」括地志云：「烏江亭即和州烏江縣是也。晉初爲縣。」元和志：「烏江浦在烏江縣東四里，即亭長艤船處。」一統志：「烏江廢縣，在安徽和州東北；烏江浦在和州東北四十里；牛渚山在安徽太平府當塗縣西北二十里。一名采石。」李賢曰：「牛渚，山名。突出江中，謂之牛渚圻。」趙一清曰：「方輿紀要卷二十六，青城廢縣在安慶府太湖縣東四十里。志云，魏將曹仁所築。唐武德中，置縣於此，尋廢。烏江廢縣，秦烏江亭也。瓚曰，烏江在牛渚。蓋和州對岸爲太平府當塗縣之采石山，亦謂之牛渚圻。烏江即和州江，有烏江浦。」

〔八〕合肥見武紀建安十三年。吴志孫權傳：「黄武二年三月，曹仁遣常彫等渡濡須中州。仁子泰攻朱桓，桓擊破彫等。是月，魏兵皆退。」又見朱桓傳。

〔九〕黄初四年三月丁未薨，見文紀。青龍元年，從祀太祖廟庭，見明紀。

〔一〇〕史記范雎列傳：「成荆、孟賁、王慶忌、夏育之勇焉而死。」許慎曰：「孟賁，衞人。」漢書音義曰：「夏育，衞人，力舉千鈞。」

〔一一〕牛金從司馬懿征遼，見晉書宣帝紀。王鳴盛曰：「元石圖有牛繼馬後，故宣帝深忌牛氏，遂爲二榼，共一口，以貯酒焉。帝先飲佳者，而以毒酒鴆其將牛金。而恭王妃夏侯氏竟通小吏牛氏，而生元帝。案，此等曖昧之言，書之史册，殆存疑耳。且既云小吏牛氏，則非將牛金矣。而魏書列傳云：僭晉司馬叡字景文，晉將牛金子也。初，晉宣帝生大將軍琅邪武王伷，伷生冗從僕射琅邪恭王覲，覲妃譙國夏侯氏，字銅環，與金姦通，遂生叡，因冒姓司馬，仍爲覲子。敵國傳聞，互異如此。」胡玉縉曰：「舊唐書元行沖傳：初，魏明帝時，河西柳谷瑞石有牛繼馬後之象。魏收舊史以爲晉元帝是牛氏之子，冒姓司馬，以應石文。行沖推尋事跡，以後魏昭成帝名犍，繼晉受命，考校謡讖，著論以明之。新書儒學本傳同。據此，則將軍小吏之辨，猶詞費也。」

仁弟純

英雄記曰：純字子和。年十四而喪父，與同産兄仁别居。承父業，富於財，僮僕、人客以百數。純綱紀督御，不失其理，鄉里咸以爲能。好學問，敬愛學士，學士多歸焉；由是爲遠近所稱。年十八，爲黄門侍郎。二十，從太祖到襄邑募兵，〔一〕遂常從征戰。

初以議郎參司空軍事，督虎豹騎從圍南皮。〔二〕袁譚出戰，〔三〕士卒多死，太祖欲緩之。純曰：「今千里蹈敵，進不能克，退必喪威；且懸師深入，難以持久。彼勝而驕，我敗而懼，以懼敵驕，必可克也。」太祖善其言，遂急攻之，譚敗。純麾下騎斬譚首。〔四〕及北征三郡，〔五〕純部騎獲單于蹹頓。〔六〕以前後功，封高陵亭侯，邑三百户。從征荆州，追劉備於長阪，〔七〕獲其二女輜重，收其散卒。進降江陵，從還譙。建安十五年薨。文帝即位，追謚曰威侯。

魏書曰：純所督虎豹騎，皆天下驍鋭。或從百人，將補之，太祖難其帥。純以選爲督，撫循甚得人心。及卒，有司白選代。太祖曰：「純之比，何可復得！吾獨不中督邪？」遂不選。〔八〕

子演嗣，官至領軍將軍。正元中，進封平樂鄉侯。〔九〕演薨，子亮嗣。

〔一〕襄邑見武紀初平四年。

〔二〕南皮見武紀初平元年，渤海郡治。

〔三〕毛本「出」作「大」。

〔四〕事在建安十年正月，見武紀及袁紹傳。

〔五〕明監本、官本作「斬譚首級，北征三部」，誤。

〔六〕官本「蹹」作「蹋」。

〔七〕蜀志先主傳：「曹公追先主，一日一夜，輕騎行三百餘里。及於當陽之長坂。」輿地紀勝：「長坂在當陽縣東北二十里。」

〔八〕趙一清曰：「姜云：純、真、休皆將虎豹騎，以宿衛精兵，非親子弟不可也。曹純死而自將之，以無子弟可任者，非無曹純其人也。」

〔九〕趙一清曰：「三少帝紀注引魏書永寧宫奏有武衛將軍安壽亭侯臣演，即純之子，蓋由亭侯進封鄉侯。傳云進封，可證。」互見齊王紀嘉平六年注引魏書。

曹洪字子廉，太祖從弟也。魏書曰：洪伯父鼎爲尚書令，〔一〕任洪爲蘄春長。〔二〕太祖起義兵討董卓，至熒陽，〔三〕爲卓將徐榮所敗。〔四〕太祖失馬，賊追甚急，洪下，以馬授太祖，太祖辭讓。洪曰：「天下可無洪，不可無君。」〔五〕遂步從到汴水。〔六〕水深不得渡，洪循水得船，與太祖俱濟，還奔譙。揚州刺史陳温，素與洪善，洪將家兵千餘人，就温募兵，得廬江上甲二千人，東到丹陽，復得數千人，與太祖會龍亢。〔七〕太祖征徐州，張邈舉兗州叛迎呂布。時大饑荒，洪將兵在前，先據東平、范，〔八〕聚糧穀以繼軍。太祖討邈、布於濮陽，〔九〕布破走，遂據東阿。〔一〇〕轉擊濟陰、山陽、中牟、陽武、京、密十餘縣，皆拔之。〔一一〕以前後功拜鷹揚校尉，遷揚武中郎將。〔一二〕天子都許，〔一三〕拜洪諫議大夫。〔一四〕别征劉表，破表别將於舞陽、陰、葉、堵陽、博望。有功，〔一五〕遷厲鋒將軍，封國明亭侯。〔一六〕累從征伐，拜都護將軍。〔一七〕文帝即位，爲衛將軍，遷驃騎將軍，進封野王侯，〔一八〕益邑千户，并前二千一百户，位特進。後徙封都陽侯。〔一九〕

〔一〕鼎事見武紀卷首注。

〔二〕毛本、局本「洪」誤作「弘」。郡國志：「荆州江夏郡蘄春。」一統志：「蘄春故城，今湖北黄州府蘄州西北。」

〔三〕熒陽見武紀初平元年。王先謙曰：「熒陽以澤名，熒澤，古從火；作滎者後人誤改。前漢縣，三國魏置郡；後省，還爲縣。」

〔四〕徐榮，玄菟人。

〔五〕洪授馬事詳見武紀初平元年注。

〔六〕班志，汴水在滎陽西南。

〔七〕丹陽、龍亢均見武紀初平二年。元本、明監本、吴本「龍亢」作「龍元」，誤。

〔八〕東平、范均見武紀初平三年。

〔九〕濮陽，東郡治，見武紀卷首。

〔一〇〕東阿見武紀興平元年。

〔一一〕趙一清曰：「此錯舉郡縣以成文，濟陰，則定陶也，山陽，則昌邑也；二者皆郡也。中牟下四縣名。若河内之山陽縣，故城在懷慶府修武縣西北六十里，去濟陰甚遠，不得連及。然下云十餘縣，則遺二郡，此臨文之語病耳。」弼按：定陶見武紀初平四年，昌邑見武紀初平九年，中牟以下四縣，皆屬河南尹。中牟故城，今開封府中牟縣東六里；陽武故城，今懷慶府陽武縣治；京縣故城，今開封府滎陽縣東南三十里；密縣故城，今開封府密縣東南三十里。

〔一二〕胡三省曰：「西漢有中郎將，東漢分置三署、虎賁、羽林中郎將。建安之後，羣雄兵爭，自相署置，始有名號中郎將。」趙一清曰：「宋百官志，鷹揚將軍，建安中魏武以曹洪居之。二書不同，未知孰誤。」

〔一三〕許見武紀建安元年。鄒安鬯曰：「今許州東北四十里。」

〔一四〕魏武遣洪西迎天子，本傳未載。

〔一五〕趙一清曰：「前漢書地理志，舞陽屬潁川，下四縣俱屬南陽。」弼按：郡國志同。潘眉曰：「舞陽當爲舞陰。考後漢舞陽省入辰陽，時無舞陽也。舞陰、陰、葉、堵陽、博望皆南陽邑。武帝紀，建安二年，曹洪屯葉，數爲繡、表所侵。公自南征，至宛，生禽表將鄧濟。攻舞陰，下之。即在是時。」弼按：郡國志，潁川郡舞陽。謝鍾英云：「魏承漢制，舞陽屬潁川。」吴增僅云：「黄初七年，司馬懿封此，見晉書。」據此，則潘説時無舞陽，誤。一統志：「舞陽故城，今南陽府舞陽縣西。」王先謙曰：「陰，三國魏改屬南鄉郡。」一統志：「陰縣故城，今襄陽府光化縣西。」弼按：陰縣距舞陽、葉、堵陽、博望甚遠，舞陰相距甚近。傳文連類而及，則陰當係舞陰之誤。一統志：「舞陰故城，今南陽府泌陽縣西北七十里；葉縣故城，今南陽府葉縣南三十里舊縣店；（謝云：「今葉縣治。」）堵陽故城，今南陽府裕州東六里；（謝云：「裕州西三十五里。」）博望故城，今南陽府南陽縣東北六十里。」（謝云：「東北百二十里。」）康發祥曰：「有功字上，當是劉備遣吴蘭屯下辨遣洪征之，下接有功字，與曹休等傳相合。且洪有與曹丕書，想在斯時。其辭曰：前初破賊，情侈意奢，説事頗過其實。得九月二十日書，讀之喜笑，把玩無厭，亦欲令陳琳作報，琳頃多事，不能得爲。念欲遠以爲歡，故自竭老夫之思，辭多不可一一，麤舉大綱，以當談笑。漢中地形，實有險固，四嶽三塗，皆不及也。後有精甲數萬，臨高守要，一夫揮戟，萬人不得進，而我軍過之，若駭鯨之決細網，奔兕之觸魯縞，未足以喻其易。雖云王者之師，有征無戰，不義而彊，古今常有。故唐、虞之世，蠻夷猾夏；周宣之盛，亦讐大邦。詩、書歎載，言其難也。斯皆憑阻恃遠，故使其然。是以察兹地勢，謂爲中材，處之殆難。倉卒來命，陳其妖惑之罪，敘王師曠蕩之德，豈不信然！是夏、殷所以喪，苗、扈所以斃，我之所以克，彼之所以敗也。不然，商、周何以不敵哉！昔鬼方聾昧，崇虎讒凶，殷辛暴虐，三者皆下科也。然高宗有三年之征，文王有退修之軍，孟津有再駕之役，然後殪戎勝殷，有此武功。未有星流景集，飈奮霆擊，長驅山河，朝至暮捷，若今者也。由此觀之，彼固不逮下愚，則中才之守不然明矣。在中才則謂不然。而來示乃以爲彼之惡稔，雖有孫、田、墨、氂，猶無所救，竊又疑焉。何者？古之用兵，敵國雖亂，尚有賢人，則不伐也。是故三仁未去，武王還師；宫奇在虞，晉不加戎；季梁猶在，强楚挫謀。暨至衆賢奔絀，三國爲墟，明其無道，有人猶可救也。且夫墨子之守，縈帶爲垣，高不可登；折箸爲械，堅不可入。若乃距陽平、據石門，攄八陣之列，騁奔牛之權，焉肯土崩魚爛哉！設令守無巧拙，皆可攀附，則公輸已陵宋城，樂毅已拔即墨矣。墨翟之術何稱？田單之志何貴？老夫不敏，未之前聞。蓋聞過高唐者，效王豹之謳；遊睢渙者，學藻繢之綵。閒自入益部，仰司馬、揚、王遺風，有子勝斐然之志，故頗奮文辭，異於他日。怪乃輕其家丘，謂爲倩人，是何言歟！夫騄驥垂耳於坰牧，鴻雀戢翼於污池，褻之者固以爲園囿之凡鳥，外廄之下乘也。及其整蘭筋，揮勁翮，陵厲清浮，顧眄千里，豈可謂其借翰於晨風，假足於六駁哉！恐猶未信丘言，必大噱也。」

〔一六〕武紀建安十八年注作「中護軍國明亭侯曹洪」。

〔一七〕本志王粲傳：「建安中，都護曹洪欲使陳留阮瑀掌書記，瑀終不爲屈。」楊阜傳：「太祖遣都護曹洪禦馬超，超等退還。洪置酒大會，令女倡著羅縠之衣蹋鼓，一坐皆笑。楊阜厲聲責洪，洪立罷女樂，請阜還坐。」辛毗傳：「太祖遣都護曹洪平下辯，使毗與曹休參之。令曰：昔高祖貪財好色，而良、平匡其過失；今佐治、文烈，憂不輕矣！」玩此令文，曹洪之貪淫可知。文選四十一陳孔璋爲曹洪與魏文帝書李善注引文帝集序曰：「上平定漢中，族父都護還書與余，盛稱彼方土地形勢，觀其辭，知陳琳所敘爲也」云云。上文引曹洪與丕書，當在此注之下。

〔一八〕野王見后妃傳明悼毛后傳。

〔一九〕趙一清曰：「前漢書地理志，東海郡有都陽縣。（弼按：應作都陽侯國。）後漢書郡國志無，蓋東京省并。應劭曰：春秋齊人遷陽，是此注與城陽國之陽都正同。又郡國志，琅邪國陽都，故屬城陽。蓋陽都、都陽各以其地近爲名，而一存一廢。洪封本是縣侯，蓋取舊縣以爲封邑耳。」錢坫曰：「城陽國有陽都縣，在今沂水縣西南。後書注，都陽在承縣南，則此亦在今嶧縣西南矣。」錢大昕曰：「城陽國陽都下亦引應此注，似有一誤。然都陽侯音本城陽戴王之子，或當日即割陽都之鄉爲侯國，本非兩地乎？」

始，洪家富而性吝嗇，〔一〕文帝少時，假求不稱，常恨之。遂以舍客犯法，下獄當死。〔二〕羣臣並救，莫能得。卞太后謂郭后曰：「令曹洪今日死，吾明日勅帝廢后矣。」於是泣涕屢請，乃得免官，削爵土。〔三〕

魏略曰：文帝收洪時，曹真在左右。請之曰：「今誅洪，洪必以真爲譖也。」帝曰：「我自治之，卿何豫也？」會卞太后責怒帝，言「梁、沛之間，非子廉無有今日。」詔乃釋之，猶尚没入其財産。太后又以爲言，後乃還之。初，太祖爲司空時，以己率下，每歲發調，使本縣平貲。于時譙令平洪貲財，與公家等。太祖曰：「我家貲那得如子廉邪！」文帝在東宫，嘗從洪貸絹百匹，洪不稱意。及洪犯法，自分必死，既得原，喜；上書謝曰：「臣少不由道，過在人倫，長竊非任，遂蒙含貸。性無檢度知足之分，而有豺狼無厭之質，〔四〕老惛倍貪，觸突國網，罪迫三千，不在赦宥，當就辜誅，棄諸市朝，猶蒙天恩，骨肉更生。臣仰視天日，愧負靈神，俯惟愆闕，慙愧怖悸；不能雉經，〔五〕以自裁割。謹塗顔闕門，拜章陳情。」

洪，先帝功臣，時人多爲觖望。明帝即位，拜後將軍，更封樂城侯，〔六〕邑千户，位特進；復拜驃騎將軍。太和六年薨，謚曰恭侯。〔七〕子馥，嗣侯。〔八〕初，太祖分洪户封子震列侯。洪族父瑜，修慎篤敬，官至衞將軍，封列侯。

〔一〕趙一清曰：「寰宇記卷五十五，相州安陽縣有曹洪宅。隋圖經云：宅南有景穆寺，西有石竇橋。」

〔二〕滿寵傳：「曹洪有賓客數犯法，寵收治之。」何焯曰：「按楊沛傳，此舉雖文帝不宏，而洪舍客亦屢犯法，與劉勳並稱，得罪亦由素不檢制其下也。沛事在賈逵傳注中。」

〔三〕康發祥曰：「事在黄初七年正月，見晉書天文志。本傳未載年月。」

〔四〕毛本「豻」作「犴」，誤。

〔五〕晉語「雉經於新城之廟」注：「雉經，頭搶而懸也。」

〔六〕郡國志：「冀州河閒國，治樂成。」晉志「成」作「城」，見武紀建安九年。

〔七〕正始四年，從祀太祖廟庭。

〔八〕洪女爲荀彧子粲之妻。

曹休字文烈，太祖族子也。天下亂，宗族各散去鄉里。〔一〕休年十餘歲，喪父，獨與一客擔喪假葬，攜將老母，渡江至吳。〔二〕

魏書曰：休祖父嘗爲吳郡太守。休於太守舍，見壁上祖父畫像，下榻拜，涕泣。同坐者皆嘉歎焉。

以太祖舉義兵，易姓名轉至荆州，閒行北歸，見太祖。太祖謂左右曰：「此吾家千里駒也！」使與文帝同止，見待如子。常從征伐，使領虎豹騎宿衛。劉備遣將吳蘭屯下辯，〔三〕太祖遣曹洪征之，以休爲騎都尉，〔四〕參洪軍事。〔五〕太祖謂休曰：「汝雖參軍，其實帥也。」洪聞此令，亦委事於休。備遣張飛屯固山，〔六〕欲斷軍後。衆議狐疑，休曰：「賊實斷道者，當伏兵潛行。今乃先張聲勢，此其不能也。宜及其未集，促擊蘭；蘭破，則飛自走矣。」洪從之，進兵擊蘭，大破之；飛果走。〔七〕太祖拔漢中，諸軍還長安，拜休中領軍。文帝即王位，爲領軍將軍；〔八〕録前後功，封東陽亭侯。〔九〕夏侯惇薨，以休爲鎮南將軍，假節都督諸軍事。車駕臨送，上乃下輿執手而別。孫權遣將屯歷陽，〔一〇〕休到，擊破之，又别遣兵渡江，燒賊蕪湖營數千家。〔一一〕

遷征東將軍，領揚州刺史，進封安陽鄉侯。〔一二〕

魏書曰：休喪母，至孝。帝使侍中奪喪服，使飲酒食肉；休受詔而形體益憔悴，乞歸譙葬母。帝復遣越騎校尉薛喬奉詔，節其憂哀，使歸家治喪。一宿便葬，葬訖詣行在所。帝見，親自寬慰之，其見愛重如此。

帝征孫權，〔一三〕以休爲征東大將軍，假黄鉞，督張遼等及諸州郡二十餘軍，〔一四〕擊權大將呂範等於洞浦，〔一五〕破之。拜揚州牧。〔一六〕明帝即位，進封長平侯。〔一七〕吴將審悳屯皖，〔一八〕休擊破之，斬悳首；吴將韓綜、翟丹等前後率衆詣休降。〔一九〕增邑四百，并前二千五百户。遷大司馬，〔二〇〕都督揚州如故。〔二一〕太和二年，帝爲二道征吴，遣司馬宣王從漢水下，督休諸軍向尋陽。〔二二〕賊將僞降，〔二三〕休深入，戰不利，退還，宿石亭。〔二四〕軍夜驚，士卒亂，棄甲兵、輜重甚多。〔二五〕休上書謝罪，帝遣屯騎校尉楊暨慰喻，禮賜益隆。〔二六〕休因此癰發背薨，〔二七〕謚曰壯侯。〔二八〕子肇嗣。

世語曰：肇字長思。

〔一〕何焯云：「北宋本，去作居。」

〔二〕郡國志：「揚州吴郡，治吴。」一統志：「吴縣故城，今江蘇蘇州府吴縣治。」

〔三〕下辯見夏侯淵傳。一統志：「故城今甘肅階州成縣西三十里。」

〔四〕胡三省曰：「漢武帝置三都尉，騎都尉其一也。」

〔五〕休與辛毗同參曹洪軍事，見辛毗傳。

〔六〕趙一清曰：「方輿紀要五十九，固山在鞏山府成縣東南。」謝鍾英曰：「固山當在今成縣北。」

〔七〕胡三省曰：「情見勢屈，宜其走也。」武紀：「建安二十三年，曹洪破吳蘭，斬其將任夔等。三月，張飛、馬超走漢中，陰平氏强端斬吳蘭，傳其首。」

〔八〕領軍將軍見明紀景初二年。趙一清曰：「晉書職官志，中領軍，魏官也。建安四年，魏武丞相府自置。及拔漢中，以曹休爲中領軍。文帝踐阼，始置領軍將軍，以曹休爲之，主五校、中壘、武衛等三營。一清案，建安四年，魏武爲司空，至十三年始爲丞相。四年上疑落十字。」

〔九〕休列名勸進，見上尊號奏。

〔一〇〕揚州刺史治歷陽，見武紀初平元年。

〔一一〕郡國志：「揚州丹陽郡蕪湖。」一統志：「蕪湖故城，今太平府蕪湖縣東。」

〔一二〕潘眉曰：「公卿上尊號奏云：使持節行都督督軍、領揚州刺史、征東將軍、安陽鄉侯臣休。延康中所署官爵已如此，本傳載在黃初三年後，當以碑爲正。」

〔一三〕文紀：「黃初三年十月，帝自許昌南征。」

〔一四〕趙儼傳：「休統五州軍。」

〔一五〕通鑑作「洞口」。胡三省曰：「洞口在歷陽江邊。」一統志：「今和州西南，臨江。」董昭傳：「三年，征東大將軍曹休臨江在洞浦口，自表願將鋭卒，虎步江南，因敵取資，事必克捷。若其無臣，不須爲念。帝恐休便渡江，驛馬詔止。時昭侍側，因曰：今者渡江，人情所難，就休有此志，當須諸將。臧霸等既富且貴，何肯乘危？苟霸等不進，休意自沮。臣恐陛下雖有敕渡之詔，猶必沈吟，未便從命也。是後無幾，暴風吹賊船，悉詣休等營下，斬首獲生，賊遂迸散。詔敕諸軍促渡。軍未時進，賊救船遂至。」吳志孫權傳：「黃武元年九月，魏命曹休、張遼、臧霸出洞口，權遣呂範等以舟軍拒休等。十一月，大風，範等兵溺死者數千，餘軍還江南。」

〔一六〕胡三省曰：「魏揚州止得漢之九江、廬江二郡地，而江津要害之地，多爲吴所據。」趙一清曰：「據此，曹魏刺史尊者亦爲牧。」

〔一七〕郡國志：「豫州陳國長平。」一統志：「長平故城，今河南陳州府西華縣東北十八里。」文紀：「黄初七年五月，召征東大將軍曹休受遺詔，輔嗣主。」本傳不載其事。何焯曰：「孫資别傳有文皇帝晏駕，陛下即阼，猶有曹休内外之望云云。按明帝與休無間，知資别傳爲妄。」

〔一八〕皖見明紀太和二年。

〔一九〕吴志孫權傳：「黄武六年，韓當子綜以其衆降魏。」此魏明帝太和元年事。

〔二〇〕在黄初七年十二月。

〔二一〕晉志曰：「黄初三年始置都督諸軍事。」

〔二二〕趙一清曰：「陳景雲云，督休二字當作休督。宣王與休並爲上將，分道而進。宣王方從西道牽吴上游，則東軍之向尋陽者不得兼督也。（官本攷證作何焯語，義門讀書記無之。官本攷證作當吴上游。又尋陽作晉陽，均誤。三國志證聞引此作乘吴上游，亦不若牽字之妥。）休自黄初以來，以宗室專典淮南重兵，權任久在宣王之右，豈有此時反從二千里外遥受節度者乎？」（此數語趙氏未引。）前漢書地理志：「廬江郡尋陽。」方輿紀要卷七十六：「尋水城在湖廣蘄州東，尋陽記謂之蘭池城，古尋陽也。」又卷八十五：「尋陽城在江西九江府西十五里，是六朝之尋陽也。後漢時，尋陽爲豫章、廬江二郡界，三國時屬吴蘄春郡，爲督護要津。廬山記：尋陽縣在大江北尋水之陽，晉咸和以後，始移於江南。杜佑曰：温嶠所移也。王氏曰：惠帝永興初，分廬江、武昌立尋陽郡，治豫章之柴桑，而尋陽之名亂。成帝咸和中，移江州治尋陽，而江南之尋陽著，江北之尋陽益晦矣。」尋陽互見明紀卷首，又見吴志孫策傳注引江表傳。

〔二三〕吴志孫權傳：「黄武七年五月，鄱陽太守周魴僞叛，誘魏將曹休。」周魴傳：「齎牋七條誘休，休果信魴，率步騎十萬入皖。」

〔二四〕明紀：「太和二年九月，曹休率諸軍至皖，與吳將陸議戰於石亭，敗績。」王淩傳：「與賊遇於夾石，休軍失利，淩力戰決圍，休得免難。」

〔二五〕通鑑：「吳主以陸遜爲大都督，以朱桓、全琮爲左右督，各督三萬人以擊休。休知見欺而恃衆，欲遂與吳戰。朱桓言於吳王曰：休本以親戚見任，非智勇名將也。今戰必敗，敗必走，走當由夾石、挂車。此兩道皆險阨，若以萬兵柴路，則休可生虜也。尚書蔣濟上疏曰：休深入虜地，與權精兵對，朱然等在上流乘休後，臣未見其利也。前將軍滿寵上疏曰：曹休雖明果而希用兵，今所從道，背湖旁江，易進難退，此兵之絓地也。休與陸遜戰于石亭，遜爲中部，朱桓、全琮爲左右翼，三道俱進，衝休伏兵，因驅走之。追亡追北，徑至夾石，斬獲萬餘，牛馬、騾驢、車乘萬兩，軍資、器械略盡。」胡三省曰：「休蓋未嘗整陳交戰而敗也。」

〔二六〕通鑑：「帝以宗室不問。」胡注：「敗軍者必誅，焉可以宗室而不問邪？」

〔二七〕明紀：「太和二年九月庚子，大司馬曹休薨。」案，曹仁於黃初四年三月戰敗濡須，而三月即死。曹休於太和二年九月戰敗石亭，而九月即死。二人戰敗旋死，情事相同。曹植大司馬曹休誄云：「於穆公侯，魏之宗室，明德繼踵，弈世純粹。闡弘汎愛，仁以接物，蓺以爲華，體茲亮實。年没弱冠，志在雄英，高揖名師，發言有章，東夏翕然，稱曰龍光。貧而無怨，恐以爲難；嗟我公侯，屢空是安。不耽世禄，親悦爲歡；好彼蓬樞，甘此瓢簞，味道忘憂，踰憲超顏。矯矯公侯，不撓其厄，呵叱三軍，躬奮雄戟。足蹴白刃，手接飛鏑，終弭淮南，保我疆場。」

〔二八〕正始四年，從祀太祖廟庭。

肇有當世才度，爲散騎常侍、屯騎校尉。明帝寢疾，方與燕王宇等屬以後事；帝意尋變，詔肇以侯歸第。〔一〕正始中薨，追贈衛將軍。子興嗣。初，文帝分休户三百，封肇弟纂爲列侯。〔二〕後爲殄吴將軍。薨，追贈前將軍。〔三〕張隱文士傳曰：〔四〕肇孫攄，字顔遠，少厲志操，博學有才藻。仕晉，辟公府，歷洛陽令，有能名。〔五〕大司馬齊王冏輔政，攄與齊人左思俱爲記室督。〔六〕從中郎出爲襄陽太守、征南司馬。〔七〕值天下亂，攄討賊向吴，戰敗死。〔八〕

〔一〕明紀「景初二年」注引漢晉春秋曰：「帝以燕王宇爲大將軍，使與屯騎校尉曹肇等對輔政。中書監劉放曰：先帝詔敕，藩王不得輔政。曹肇、秦朗等與侍疾者言戲。帝得放言，大怒。放乃舉曹爽代宇。又白，宜詔司馬宣王。帝從之。」劉放傳注引世語曰：「曹肇弟纂爲大將軍司馬，燕王頗失指。肇出，纂見，驚曰：上不安，云何悉共出？肇明日至宫門，不得入，懼，詣廷尉。以處事失宜免。」

〔二〕藝文卷三十三曹毗、曹肇傳曰：「肇、纂，明帝寵愛之，寢止恒同。(當)〔嘗〕與帝同賭衣物，有不獲，輒入御帳，服之徑出。其見親寵類此比也。」杭世駿曰：「御覽引曹肇傳曰：明帝寵愛肇，與帝戲賭衣服，有所獲，輒入御帳，服之遥出。親狎如此。」侯康曰：「御覽三百八十六引曹肇别傳曰：肇之弟纂，字德思，力舉千鈞，明帝寵之，寢止恒同。嘗與戲賭衣物，有所獲，輒入御帳，取而出之。案，杭注引爲肇事，誤。杭注本御覽六百八十九，彼文略不及此之詳也。」纂事又見趙王幹傳。

〔三〕洪飴孫曰：「殄吴將軍一人，第五品。」

〔四〕隋志：「文士傳五十卷，張隱撰。」兩唐志卷同，均作張騭撰。丁國鈞曰：「隱爲廬江太守張夔子，見晉書陶侃傳。御覽引書目，既列隱是書，又列張鄢文士傳、張騭文士傳，實即一書。鄢、騭皆隱之譌文。」吴士鑑説同。章宗源曰：「鍾嶸詩品曰：張騭文士，逢文即書。玉海：中興書目五卷，載六國文人，起楚芊原，終魏阮瑀。崇文目十卷，終謝靈運。文選注、後漢書注諸所徵引文士傳，或作張騭，又或作隱。魏志王粲傳注曰：張騭假僞之辭，不覺其虚之自露也。凡鷩虚僞妄作，不可覆疏。」陳景雲曰：「張隱，荀彧傳注作張衡，王粲傳注作張鷩。一人之名而三異，裴注既同，又初不言作者有别名，何以參錯乃爾！又據王粲傳後阮瑀事注中，稱張鷩者凡三見，而後漢章懷注、文選李善注引文士傳，皆作鷩，似當從鷩爲正。」沈家本曰：「據王粲傳注當作張鷩，作隱者誤也。證以詩品，鷩字是。」

〔五〕晉書曹攄傳：「祖肇，魏衞將軍。攄少有孝行，好學善屬文，補臨淄令，號曰聖君，轉洛陽令，仁惠明斷，百姓懷之。」

〔六〕晉書左思傳：「思字太沖，齊國臨淄人。貌寢口訥，辭藻壯麗，造齊都賦，一年乃成。復欲賦三都，會妹芬入宫，移家京師，遂搆思十年。門庭藩溷，皆著筆紙。賦成，豪貴之家，競相傳寫，洛陽爲之紙貴。齊王冏命爲記室督，辭疾不就。」

〔七〕晉書攄傳：「齊王冏輔政，攄與左思俱爲記室督。惠帝末，起爲襄城太守。時襄城屢經寇難，攄綏懷振理，旬月剋服。永嘉二年，高密王簡鎮襄陽，以攄爲征南司馬。」臧榮緒晉書曰：「參南國中郎將，遷高密王左司馬。」

〔八〕趙一清曰：「晉書高密孝王略傳：略遣左司馬曹攄統參軍崔曠等，進逼京兆流人王逌。將大戰，曠在後，密自退走。攄軍無繼，戰敗，死之。」李慈銘曰：「攄先爲襄城太守，非襄陽；後爲征南司馬，隨高密王簡鎮襄陽，是兩時兩地，此注誤。」趙一清曰：「晉書文苑傳：曹毗字輔佐。高祖休，魏大司馬；父識，右軍將軍。毗少好文籍，善屬詞賦，累遷至光禄勳。」吴士鑑曰：「世説文學篇注引中興書云：毗爲休曾孫，與本傳異。」

曹真字子丹，太祖族子也。太祖起兵，真父邵募徒衆，爲州郡所殺。

魏略曰：真本姓秦，養曹氏。或云，其父伯南〔一〕夙與太祖善。興平末，袁術部黨與太祖攻劫。太祖出，爲寇所追，走入秦氏，伯南開門受之。寇問太祖所在，答云：「我是也。」遂害之。由此太祖思其功，故變其姓。

魏書曰：邵以忠篤有才智，爲太祖所親信。初平中，太祖興義兵，邵募徒衆，從太祖周旋。時豫州刺史黄琬欲害太祖，〔二〕太祖避之，而邵獨遇害。

太祖哀真少孤，收養與諸子同，使與文帝共止。常獵，爲虎所逐，顧射虎，應聲而倒。〔三〕太祖壯其鷙勇，使將虎豹騎。討靈丘賊，拔之，封靈壽亭侯。〔四〕以偏將軍將兵擊劉備別將於下辯，〔五〕破之，拜中堅將軍。〔六〕從至長安，領中領軍。是時，夏侯淵没於陽平，〔七〕太祖憂之，以真爲征蜀護軍，〔八〕督徐晃等，破劉備別將高詳於陽平。太祖自至漢中，拔出諸軍，使真至武都，〔九〕迎曹洪等還屯陳倉。〔一〇〕文帝即王位，以真爲鎮西將軍，〔一一〕假節，都督雍、涼州諸軍事。録前後功，進封東鄉侯。〔一二〕張進等反於酒泉，〔一三〕真遣費耀討破之，〔一四〕斬進等。〔一五〕黄初三年，還京都，以真爲上軍大將軍，都督中外諸軍事，假節鉞。〔一六〕與夏侯尚等征孫權，擊牛渚屯，〔一七〕破之。〔一八〕轉拜中軍大將軍，加給事中。〔一九〕七年，文帝寢疾，真與陳羣、司馬宣王等受遺詔輔政。明帝即位，〔二〇〕進封邵陵侯，〔二一〕

臣松之案：真父名邵。封邵陵侯，若非書誤，則事不可論。〔二二〕

遷大將軍。

〔一〕梁章鉅曰：「真父既名邵，而明帝時真進封邵陵侯。故裴松之云，若非書誤，則事不可論。」潘眉曰：「邵陵侯之邵从邑旁，真父名邵，字當爲召。召字伯南，取召南之義。然邵、召字本通。」康發祥曰：「封由人主，邵陵地名，何容避讓？豈非腐談！」

〔二〕范書黄琬傳：「中平初爲豫州牧，政績爲天下表。及董卓秉政，以琬名臣，徵爲司徒。」獻帝紀：「中平六年九月，豫州牧黄琬爲司徒。」據此，是琬爲豫州牧在中平時，至初平三年，琬已爲李傕所殺矣。此云初平中，豫州刺史黄琬欲害魏武，全與事實相左。或初平中易爲中平中，其説尚可通。蓋魏武變易姓名，閒行東歸，在中平六年也。

〔三〕毛本「聲」作「射」。

〔四〕趙一清曰：「齊、趙皆有靈丘。觀真以功封靈壽亭侯，則此是趙靈丘也。續漢書郡國志，常山有靈壽縣，而代郡之靈丘廢。」一統志：「靈丘故城，今山西大同府靈丘縣東；靈壽故城，今直隸正定府靈壽縣西北。」

〔五〕下辯見夏侯淵傳。

〔六〕洪飴孫曰：「中堅將軍一人，第四品。」

〔七〕見武紀建安二十年。

〔八〕趙一清曰：「宋百官志，魏、晉有雜號護軍，如將軍。」洪飴孫曰：「諸護軍無定員，第六品。諸要鎮及將軍領兵出征者，皆置此官。」弼按：征蜀護軍疑係征蜀將軍之誤。征蜀將軍爲第三品。真已爲中領軍，似無降而爲護軍之理。且徐晃爲平寇將軍，真既督晃等，官秩當在晃等之上。

〔九〕武都見夏侯淵傳。

〔一〇〕陳倉見武紀建安二十年。

〔一一〕洪飴孫曰：「鎮西將軍一人，第二品。位次四征，領兵如征西。」

〔一二〕班志：「沛郡東鄉。」王先謙曰：「續志，後漢省。」李兆洛曰：「當在今安徽鳳陽府境。」

〔一三〕酒泉見文紀延康元年。

〔一四〕趙一清曰：「明帝紀，耀作曜，晉書紀亦作曜。」錢大昭曰：「明帝紀云，諸葛亮圍陳倉，曹真遣將軍費曜等拒之。張既傳及晉書宣帝紀作曜，諸葛亮傳注作耀，未知孰是。」

〔一五〕討破張進爲蘇則之功，見則傳。文紀：「延康元年五月，酒泉黃華、張掖張進等叛，金城太守蘇則討進，斬之；華降。」又案，曹真列名勸進，見上尊號奏。

〔一六〕錢大昭曰：「光武建武初，征伐四方，權置督軍御史，事竟罷之。建安中，魏武爲丞相，始遣大將軍督之，如夏侯惇督二十六軍是。文帝始有都督諸軍事，如曹仁都督荆、揚、益州諸軍事，曹真都督雍、涼州諸軍事，臧霸都督青州諸軍事，是也。至都督中外諸軍事，則總統内外兵旅。嗣後司馬氏父子並加大都督，而權愈重矣。」洪飴孫曰：「上軍大將軍一人，第二品。黃初三年置，後不常設。」

〔一七〕牛渚見曹仁傳烏江注。杜佑曰：「牛渚即當塗縣采石。」胡三省曰：「太平州北三十里有牛渚山，山下有牛渚磯，與和州横江渡相對。」一統志：「牛渚山在安徽太平府當塗縣西北二十里，一名采石。舊志，采石山在縣西北二十五里，東北至江寧八十里，渡江西至和州二十五里，周十五里，高百仞。西接大江，三面俱繞姑溪，一名翠羅山。山下突入江處，名采石磯。」

〔一八〕文紀黃初四年注「丙午，詔擊其南渚」是也。

〔一九〕趙一清曰：「晉書職官志，給事中，秦官也。漢東京省，魏世復置。」

〔二〇〕官本明帝誤作明年。

〔二一〕召陵見文紀黃初六年。郡國志：「豫州汝南郡召陵。」按，國志皆曰召陵，如文紀行幸召陵，夏侯惇傳徙屯召陵。至晉改屬潁川郡，始曰邵陵。見晉書地理志。

〔二二〕說見前。

諸葛亮圍祁山，〔一〕南安、天水、安定三郡反應亮。〔二〕帝遣真督諸軍軍郿，〔三〕遣張郃擊亮將馬謖，大破之。〔四〕安定民楊條等略吏民，保月支城，〔五〕真進軍圍之。條謂其衆曰：「大將軍自來，吾願早降耳。」遂自縛出，三郡皆平。真以亮懲於祁山，〔六〕後出必從陳倉，〔七〕乃使將軍郝昭、王生守陳倉，〔八〕治其城。明年春，亮果圍陳倉，已有備而不能克。增邑，并前二千九百户。四年，朝洛陽，遷大司馬，賜劍履上殿，〔九〕入朝不趨。真以「蜀連出，侵邊境，宜遂伐之，數道並入，可大克也」。〔一〇〕帝從其計。真當發西討，帝親臨送。真以八月發長安，從子午道南入。司馬宣王泝漢水，當會南鄭。〔一一〕諸軍或從斜谷道、〔一二〕或從武威入。〔一三〕會大霖雨三十餘日，或棧道斷絶，〔一四〕詔真還軍。

〔一〕祁山見明紀青龍二年。

〔二〕胡三省曰：「魏分隴右置秦州，天水、南安屬焉。漢靈帝中平四年，分漢陽之豲道立南安郡，漢陽郡至晉方改爲天水，史追書也。安定郡屬雍州。杜佑曰：南安今隴西郡隴西縣。」洪亮吉曰：「秦州，魏分隴右置。」謝鍾英曰：「魏志蔣濟傳云：今雖有州十二，至於民數，不過漢一大縣。杜恕傳：恕太和中上疏，稱荆、揚、青、徐、幽、并、雍、涼、兖、豫、司、冀，不數秦州。曹植諫伐遼東表：蜀應西境，則雍、涼三分，亦不言秦州。終三國志無秦州二字。宋書州郡志：晉武帝置秦州。晉書武帝紀：太始五年春二月，以雍州隴右五郡及涼州之金城、梁州之陰平置秦州，是秦州始於晉武。洪氏從晉書地理志列秦州，非也。」吳增僅曰：「魏十二州見蔣濟及杜畿傳，無秦州。馬氏通考、顧氏紀要、洪補三國疆域志皆言魏有十三州，乃增一秦州。杜氏通典、歐陽氏輿地廣記則云魏十二州，而或遺豫州，或遺荆州，皆誤也。晉志，魏文帝分隴右置秦州；又云：魏置秦州，中間暫廢。考隴右接壤蜀漢，乃武侯、姜維先後出師四十餘年，不聞有秦州刺史備邊之事，是不得有秦州也。」弼按：據謝、吳二説，則胡三省魏分隴右置秦州説亦誤。南安、天水、安定三郡見明紀太和二年。

〔三〕郿見董卓傳。郡國志：「司隸右扶風郿。」水經注：「渭水東逕五丈原北，又東逕郿縣故城南。」寰宇記：「城南當斜谷口，亦曰斜城。」蜀志諸葛亮傳「揚聲由斜谷道取郿」者是也。方輿紀要：「今鳳翔府郿縣東北十五里。」

〔四〕即街亭之役也。

〔五〕漢書地理志：「安定郡月氏道。」應劭曰：「氏，音支。」王先謙曰：「續志，後漢省。」錢坫曰：「本在敦煌、祁連閒，後爲匈奴所逼，西去。此蓋以其國降人所置者也。」謝鍾英曰：「月支城疑即月氏道，故城未詳其地。」

〔六〕毛本「祁」作「禄」，誤。

〔七〕陳倉見武紀建安二十年。

〔八〕郝昭字伯道，太原人。昭守城事，見明紀太和二年注。

〔九〕「劍履上殿」解見武紀建安十七年。

〔一〇〕何焯曰：「内審己，外量敵，於時豈能必取，而數道興師；子丹此舉，幾於敗國喪名。昭伯嗣事於蜀，遂爲結怨天下之始，亦徼倖之餘殃也。」

〔一一〕子午道、南鄭俱見張魯傳。

〔一二〕斜谷見武紀建安二十四年。胡三省曰：「班志，斜水出衙嶺山，北至郿入渭。脈水沿山，則斜谷之路可知。」謝鍾英曰：「縣志，在郿縣西南，三十里，入谷口，二百二十里抵鳳縣界，出連雲棧，復百五十里抵褒城。長四百七十里。」

〔一三〕胡三省曰：「武威恐當作武都，否則建威也。」通鑑：「司空陳羣諫曰：斜谷險阻，難以進退，不可不熟慮。帝從羣議。真復表從子午道，羣又陳不便。詔以羣議下真，真據之遂行。」胡三省曰：「詔以議下真，將與之商度可否也。真銳於出師，遂以詔爲據而行。」

〔一四〕此「或」字疑涉上文而衍。通鑑無「或」字。通鑑：「少府楊阜上疏曰：諸軍始進，便有天雨之患，六軍困於山谷之閒，進無所略，退又不得，非王兵之道也。散騎常侍王肅上疏曰：深入險阻，鑿路而前，加以霖雨，山坂峻滑，衆迫而不展，糧遠而難繼。聞曹真發已逾月，行裁半谷，治道功夫，戰士悉作，是賊以逸待勞，兵家之所憚也。」

真少與宗人曹遵、鄉人朱讚並事太祖。遵、讚早亡，真愍之，乞分所食邑封遵、讚子。詔曰：「大司馬有叔向撫孤之仁，篤晏平久要之分。〔一〕君子成人之美，聽分真邑賜遵、讚子爵關内侯，各百户。」真每征行，與將士同勞苦，軍賞不足，輒以家財班賜，士卒皆願爲用。真病還洛陽，帝自幸其第省疾。真薨，〔二〕謚曰元侯。〔三〕子爽嗣。帝追思真功，詔曰：「大司馬蹈履忠節，佐命二祖，内不恃親戚之寵，外不驕白屋之士，〔四〕可謂能持盈守位、勞謙其德者也。其悉封真五子羲、訓、則、彦、皚皆爲列侯。」初，文帝分真邑二百户，封真弟彬爲列侯。

〔一〕論語：「子曰：晏平仲善與人交，久而敬之。」邢昺疏：「齊大夫，晏姓，平謚，名嬰。按左傳文知之。謚法，治而清省曰平。」論語：「久要不忘平身之言。」何晏注：「久要，舊約也。」

〔二〕明紀：「太和五年三月，大司馬曹真薨。」

〔三〕正始四年，從祀太祖廟庭。

〔四〕漢書蕭望之傳：「望之説霍光曰：今士見者，皆先露索挾持，恐非周公相成王躬吐握之禮，致白屋之意。」師古曰：「白屋，謂白蓋之屋，以茅覆之，賤人所居。蓋音合。」

爽字昭伯，〔一〕少以宗室謹重。明帝在東宮，甚親愛之。〔二〕及即位，爲散騎侍郎，累遷城門校尉，加散騎常侍，轉武衛將軍，〔三〕寵待有殊。帝寢疾，乃引爽入卧内，拜大將軍，假節鉞，都督中外諸軍事，録尚書事，〔四〕與太尉司馬宣王並受遺詔輔少主。明帝崩，齊王即位，加爽侍中，〔五〕改封武安侯，〔六〕邑萬二千户，賜劍履上殿，入朝不趨，贊拜不名。〔七〕丁謐畫策，使爽白天子，發詔轉宣王爲太傅，〔八〕外以名號尊之，内欲令尚書奏事，先來由己，得制其輕重也。〔九〕

魏書曰：爽使弟羲爲表曰：「臣亡父真，奉事三朝，〔一〇〕入備冢宰，出爲上將。先帝以臣肺腑遺緒，奬飭拔擢，〔一一〕典兵禁省，〔一二〕進無忠恪積累之行，退無羔羊自公之節。〔一三〕先帝聖體不豫，臣雖奔走侍疾嘗藥，曾無精誠翼日之應，猥與太尉懿，俱受遺詔，且慙且懼，靡所底告。臣聞虞舜序賢，以稷、契爲先；成湯褒功，以伊、吕爲首。〔一四〕審選博舉，優劣得所，斯誠輔世長民之大經，録勳報功之令典，自古以來，未之或闕。今臣虚闇，位冠朝首，顧惟越次，中心愧惕，敢竭愚情，陳寫至實。夫天下之達道者三，〔一五〕謂德、爵、齒也。懿本以高明中正，處上司之位，名足鎮衆，義足率下，一也。包懷大略，允文允武，仍立征伐之勳，遐邇歸功，二也。萬里旋旆，親受遺詔，翼亮皇家，内外所向，三也。加之耆艾，紀綱邦國，體練朝政，論德則過於吉甫、樊仲，〔一六〕課功則踰於方叔、召虎。〔一七〕凡此數者，懿實兼之。臣抱空名而處其右，天下之人，將謂臣以宗室見私，知進而不知退。陛下岐嶷，〔一八〕克明克類，如有以察臣之言，臣以爲宜以懿爲太傅、大司馬，〔一九〕上昭陛下進賢之明，中顯懿身文武之實，下使愚臣免於謗誚。」於是帝使中書監劉放令孫資爲詔曰：〔二〇〕「昔吴漢佐光武，有征定四方之功，爲大司馬，名稱于今。太尉體履正直，〔二一〕功蓋海内，先帝本以前後欲更其位者，輒不彌久，是以遲遲不施行耳。今大將軍薦太尉宜爲大司馬，既合先帝本旨，又放推讓，進德尚勳，乃欲明賢良、辯等列、順長少也。〔二二〕雖旦、奭之屬，宗師吕望，念在引領，以處其下，何以過哉！朕甚嘉焉。朕惟先帝固知君子樂天知命，纖芥細疑，不足爲忌。

當顧柏人、彭亡之文，〔二三〕故用低徊，有意未遂耳。〔二四〕斯亦先帝敬重大臣、恩愛深厚之至也。昔成王建保傅之官，近漢顯宗以鄧禹爲太傅，皆所以優崇儁乂，必有尊也。其以太尉爲太傅。」〔二五〕

爽弟羲爲中領軍，〔二六〕訓，武衛將軍；彥，散騎常侍侍講。〔二七〕其餘諸弟，皆以列侯侍從，出入禁闥，貴寵莫盛焉。南陽何晏、鄧颺、李勝，沛國丁謐，東平畢軌，咸有聲名，進趣於時。明帝以其浮華，皆抑黜之。及爽秉政，乃復進敘，任爲腹心。颺等欲令爽立威名於天下，勸使伐蜀；爽從其言，〔二八〕宣王止之，不能禁。正始五年，爽乃西至長安，大發卒六七萬人，從駱谷入。〔二九〕是時關中及氐、羌轉輸不能供，牛馬騾驢多死，民夷號泣道路。入谷行數百里，賊因山爲固，兵不得進。〔三〇〕爽參軍楊偉爲爽陳形勢，宜急還；不然，將敗。

世語曰：偉字世英，馮翊人。〔三一〕明帝治宮室，偉諫曰：「今作宮室，斬伐生民墓上松柏，毀壞碑獸石柱，辜及亡人，傷孝子心，不可以爲後世之法則。」

颺與偉爭於爽前，偉曰：「颺、勝將敗國家事，可斬也！」爽不悅，乃引軍還。

漢晉春秋曰：司馬宣王謂夏侯玄曰：「春秋責大德重。〔三二〕昔武皇帝再入漢中，幾至大敗，君所知也。〔三三〕今興平路勢至險，〔三四〕蜀已先據。若進不獲戰，退見徼絶，覆軍必矣。將何以任其責！」玄懼，言於爽，引軍退。費禕進兵，據三嶺以截爽。〔三五〕爽爭嶮，苦戰；僅乃得過。所發牛馬運轉者，死失略盡。羌、胡怨歎，而關右悉虛耗矣。

〔一〕小字默，御覽作點。見本傳注。

〔二〕趙一清曰：「世說，爽少與明帝同筆硯。」

〔三〕散騎侍郎、散騎常侍見文紀延康元年，城門校尉見齊王紀正始六年，武衛將軍見明紀景初二年。

〔四〕胡三省曰：「晉職官志曰：持節都督無定員。前漢遣使，始有持節。光武建武初，征伐四方，始權時置督軍御史，事竟罷。建安中，魏武爲相，始遣大將軍督之。二十一年征孫權還，遣夏侯惇督二十六軍是也。文帝黄初三年，始置都督諸軍事，或領刺史。又上軍大將軍曹真都督中外諸軍事，假黄鉞，則總統内外諸軍矣。録尚書事，漢東都諸公之重任也。今爽、懿既督中外諸軍，又録尚書事，則文武大權盡歸之矣。自此迄於六朝，凡權臣壹是，專制國命。」

〔五〕侍中見武紀建安元年。

〔六〕武安見武紀建安九年。水經注：「漳水於武安縣東，清漳水自涉縣東南來注，世謂之交漳口。」王先謙曰：「三國魏改屬廣平，見元和志。正始元年，曹爽封此。爽誅，國除。」括地志：「故城在武安西南七十里。」李兆洛曰：「今武安縣治。」

〔七〕何焯曰：「爽名位素輕，忽膺重寄，不勞謙以先天下，而偃然輒當殊禮，有以知其必敗矣。」

〔八〕太傅見明紀卷首。續百官志：「太傅上公一人，掌以善導，無常職。」洪飴孫曰：「黄初七年始置，位在三司上，不常設。前後居是官者三人：鍾繇、司馬懿、司馬孚。」

〔九〕王懋竑曰：「曹爽爲大將軍，司馬懿爲太尉，太尉在大將軍之下，轉爲太傅，則在大將軍之上矣。陳志所云以宣王年德俱高，恆父事之，不敢專行，此正其實。而外以名號尊之，欲使尚書奏事由己，此特晉人之辭耳。何晏、鄧颺素與司馬師、昭互相稱譽，其進用亦未必盡出爽意也。其後權勢相軋，始相疑貳，故陳志敘其事於五年，後接於八年，宣王謝病不與政。晉書宣帝紀：八年，帝於是與爽有隙。則前此固未嘗異也。何晏、鄧颺爲尚書，司馬孚爲尚書令；爽弟羲爲中領軍，懿子師亦爲中領軍；爽弟彦爲散騎常侍，懿子昭亦爲散騎常侍；固相參用，爽非能專制者。懿之忮狠，爽、晏輩自在其掌握之中。然使其轉太傅時，已有專制之意，懿豈不覺之，豈遲至十年而後發乎！」又曰：「太傅、太尉，官有尊卑，而職位不異。其答詔劉放、孫資爲之，乃懿黨也。故知所云使尚書奏事由已者，恐未必然。」

〔一〇〕武、文、明也。

〔一一〕宋本「飭」作「飾」。

〔一二〕晉書宣帝紀：「與爽各統兵三千人，共執朝政，更直殿中。」

〔一三〕詩召南：「羔羊之皮，素絲五紽；退食自公，委蛇委蛇。」毛傳曰：「小曰羔，大曰羊。大夫羔裘以居。公，公門也。」

〔一四〕何焯曰：「上單言成湯，下兼言伊、吕，則臨文之病。」

〔一五〕趙一清曰：「道一作尊。」

〔一六〕詩小雅六月之章：「文武吉甫，萬邦爲憲。」毛傳曰：「吉甫，尹吉甫也。」大雅烝民之章：「保茲天子，生仲山甫。」毛傳曰：「仲山甫，樊侯也。」鄭箋曰：「尹吉甫，周之卿士也。」

〔一七〕詩小雅采芑之章：「方叔莅止。」毛傳曰：「方叔，卿士也。」大雅江漢之章：「江漢之滸，王命召虎。」毛傳曰：「召虎，召穆公也。」

〔一八〕「岐嶷」見明紀卷首。

〔一九〕毛本「大」誤作「太」。

〔二〇〕毛本「爲」誤作「謂」。

〔二一〕齊王紀「體履」作「體道」。

〔二二〕北宋本作「順少長也」。

〔二三〕漢書高帝紀：「高帝還過趙，趙相貫高等謀欲弑上。上欲宿，心動，問縣名何？曰：柏人。上曰：柏人者，迫於人也。去，弗宿。」范書岑彭傳：「彭所營地名彭亡，聞而惡之，欲徙，會日暮，蜀刺客詐爲亡奴降，夜刺殺彭。」范曄論曰：「昔高祖忌柏人之名，違之以全福；征南惡彭亡之地，留之以生災。」

〔二四〕潘眉曰：「是時曹爽薦司馬懿爲太傅、大司馬，詔言先帝本欲以懿爲大司馬，今爽薦之，合先帝本旨。又言先帝纖芥細疑，不足爲忌，當顧柏人、彭亡之文，故用低佪，有意未遂。玩此詔旨，蓋謂懿姓司馬氏，今若拜大司馬，則司馬氏加大名，嫌於逼上，近柏人、彭亡之讖，亦非所以安司馬氏也。故但拜太傅，不拜大司馬。」

〔二五〕何焯曰：「兼大司馬，則懿猶典兵；但崇以太傅虛名，所謂實奪之權也。」弼按：齊王紀此詔末「其以太尉爲太傅」下有「持節統兵、都督諸軍事如故」。是司馬氏仍握兵權也。又按晉書宣帝紀：「爽欲使尚書奏事先由己，乃言於天子，徙帝爲大司馬。朝議以爲前後大司馬累薨於位，乃以帝爲太傅。」

〔二六〕羲封安鄉侯，見本志方伎傳杜夔傳注。何晏論語集解序作安鄉亭侯。趙一清曰：「晉書宣帝紀：正始六年秋八月，曹爽毀中壘、中堅營，以兵屬其弟中領軍羲。帝以先帝舊制，禁之不可。刑法志曰：正始之間，天下無事，於是征西將軍夏侯玄、河南尹李勝、中領軍曹羲、尚書丁謐，追議肉刑，卒不能決。御覽卷二百六十五：晉宣帝欲除九品，州置大中正。曹羲集九品議曰：伏見明論，欲除九品，而置中正。欲檢虛實，一州闊遠，略不相識，訪不得知，會復轉訪本郡先達者耳。此爲問州中正，而實決於郡人。又晉書王接傳：接父蔚，世修儒史之學。魏中領軍曹羲作至公論，蔚善之。隋經籍志：曹羲集五卷，録一卷。」

〔二七〕胡三省曰：「以在少帝左右，令侍講説。侍講之官起乎此。」弼按：曹彦有復肉刑議，見御覽六百四十八引王隱晉書。隋書經籍志：「梁有字義訓音六卷，曹侯彦撰。亡。」謝啓昆小學考曰：「字義訓音，七録稱曹侯彦撰。蓋以彦嘗爲列侯也。」姚振宗曰：「曹侯彦别有古今字苑一書。法書要録載庾元威論稱爲曹産，蓋彦字之誤。足證曹侯彦實爲曹彦。當爽被誅，獨不及則、彦、皚三人。御覽刑法部引三十國春秋則謂爽與羲、訓、彦並斬，夷三族。則亦同時遇害者也。」

〔二八〕何焯曰：「曹爽、諸葛恪皆以輕舉喪功，結怨於民，遂以致敗。後之輔幼主者，苟才德不如孔明，其務法子孟之休息乎！」

〔二九〕駱谷見陳留王紀景元四年，又詳見鍾會傳。通鑑：「正始五年三月，爽西至長安，發卒十餘萬人，與夏侯玄自駱口入漢中。」胡三省曰：「駱口，駱谷口也。駱谷在漢中成固縣東北，北達扶風郿縣。」謝鍾英曰：「括地志，駱谷口在盩厔縣西南三十里。方輿紀要，儻、駱道南口曰儻，在洋縣北三十里；北口曰駱，在盩厔縣西南百二十里。谷長四百二十里。鍾英按：縣志，駱谷水正流爲沙河，北入渭，在盩厔縣西。」

〔三〇〕蜀志王平傳：「延熙七年春，魏大將軍曹爽率步騎十餘萬向漢川，前鋒已在駱谷。時漢中守兵不滿三萬。平曰：賊若得關，便爲禍也，今宜先遣劉護軍、杜參軍拒興勢，平爲後拒。若賊分向黃金，平率千人下自臨之，此計之上也。涪諸軍及大將軍費禕自成都相繼而至，魏軍退還。」

〔三一〕趙一清曰：「隋書經籍志：桑丘先生書二卷，晉征南軍師楊偉撰。又有時務論十二卷。案毌丘儉詩云楊偉無根基，想其人必出於寒素。」弼按：隋志，景初歷三卷，晉楊偉撰。偉有上景初麻表，見晉書律麻志。

〔三二〕胡三省曰：「責，責望也。德，恩德也。言責望之甚大者，其恩之爲甚重也。」嚴衍曰：「責大德重，謂當責任之大者，其德必須持重。胡注恐未是。」

〔三三〕事見武紀建安二十年及二十四年。

〔三四〕趙一清曰：「此語疑有錯誤。是時魏軍入漢，蜀已先據興勢圍之，後主王平兩傳，極爲分明。於文當是今興勢山路至險。顧景范亦云爾。」弼按：通鑑引此作「興勢」。胡三省曰：「水經注，小成固城北百二十二里有興勢坂。寰宇記：興執山在洋州興道縣北四十三里。今郡城所枕，形如一盆，外險而內有大谷，爲盤道上數里，方及四門，因名興執。東坡指掌圖以爲在興元，恐非也。」宋白曰：「興勢山在今興道縣西北二十里。」興勢互見前夏侯淵傳。

〔三五〕胡三省曰：「自駱谷出扶風，隔以中南山，其閒有三嶺：一曰沈嶺，近芒水；一曰衙嶺，一曰分水嶺。」方輿紀要卷三十六：「三嶺：沈嶺，見盩厔縣；衙嶺，見郿縣；分水嶺，見武功縣。一云：駱谷有三嶺關。」謝鍾英曰：「按一統志，分水嶺在渭南縣，南衙嶺在褒城縣界，斜水所出；分水嶺至衙嶺數百里，皆爲魏境。爽自駱谷入，而褘東出分水嶺，西趨衙嶺，與爽兵勢不相接。三嶺當在駱谷中，胡説非也。」

初，爽以宣王年德並高，恒父事之，不敢專行。〔一〕及晏等進用，咸共推戴，説爽以權重，不宜委之於人。乃以晏、颺、謐爲尚書，晏典選舉，軌司隸校尉，勝河南尹，諸事希復由宣王，宣王遂稱疾避爽。〔二〕

初，宣王以爽魏之肺腑，每推先之。〔三〕爽以宣王名重，亦引身卑下，〔四〕當時稱焉。丁謐、畢軌等既進用，〔五〕數言於爽曰：「宣王有大志，而甚得民心，不可以推誠委之。」由是爽恒猜防焉。禮貌雖存，而諸所興造，皆不復由宣王。宣王力不能爭，且懼其禍，故避之。〔六〕

晏等專政，共分割洛陽、野王典農部桑田數百頃，及壞湯沐地以爲産業，承勢竊取官物，因緣求欲州郡。有司望風，莫敢忤旨。晏等與廷尉盧毓素有不平，因毓吏微過，深文致毓法，使主者先收毓印綬，然後奏聞。其作威如此。〔七〕爽飲食車服，擬於乘輿，尚方珍玩，充牣其家。妻妾盈後庭，又私取先帝才人七八人，及將吏、師工、鼓吹、良家子女三十三人，皆以爲伎樂。詐作詔書，發才人五十七人送鄴臺，使先帝倢伃教習爲伎。〔八〕擅取太樂樂器、武庫禁兵。作窟室，綺疏四周，〔九〕數與晏等會其中，縱酒作樂。羲深以爲大憂，數諫止之。又著書三篇，陳驕淫盈溢之致禍敗，〔一〇〕辭旨甚切，不敢斥爽，託戒諸弟以示爽。爽知其爲己發也，甚不悦。

義或時以諫喻，不納，涕泣而起。〔一一〕宣王密爲之備。九年冬，李勝出爲荆州刺史，往詣宣王，宣王稱疾困篤，示以羸形。勝不能覺，謂之信然。〔一二〕

魏末傳曰：爽等令勝辭宣王，并伺察焉。宣王見勝，勝自陳無他功勞，横蒙時恩，〔一三〕當爲本州，〔一四〕詣閣拜辭，〔一五〕不悟加恩，得蒙引見。宣王令兩婢侍邊，持衣，衣落；復上指口，言渴求飲，婢進粥，宣王持杯飲粥，粥皆流出沾胸。勝愍然，爲之涕泣。謂宣王曰：「今主上尚幼，天下恃賴明公。然衆情謂明公方舊風疾發，〔一六〕何意尊體乃爾！」宣王徐更寬言，才令氣息相屬。〔一七〕説：「年老沈疾，〔一八〕死在旦夕。君當屈并州，〔一九〕并州近胡，好善爲之。恐不復相見，如何！」勝曰：「當還忝本州，非并州也。」宣王仍復陽爲昏謬，〔二〇〕曰：「君方到并州，努力自愛！」錯亂其辭，狀如荒語。勝復曰：「當忝荆州。非并州也。」宣王乃若微悟者，謂勝曰：「懿年老，意荒忽，不解君言。〔二一〕今還爲本州刺史，盛德壯烈，〔二二〕好建功勳。今當與君別，自顧氣力轉微，後必不更會，因欲自力，設薄主人，生死共別。令師、昭兄弟結君爲友，不可相舍去，副懿區區之心。」因流涕哽咽。勝亦長歎，答曰：「輒當承教，須待勑命。」勝辭出，與爽等相見，説：「太傅語言錯誤，口不攝杯，指南爲北。又云吾當作并州，吾答言當還爲荆州，非并州也。徐徐與語，有識人時，乃知當還爲荆州耳。又欲設主人祖送，不可舍去，宜須待之。」更向爽等垂淚云：「太傅患不可復濟，令人愴然！」〔二三〕

〔一〕胡三省曰：「或問使爽能守此不變，可以免魏室之禍否？曰：貓鼠不可以同穴，使爽能率此而行之，亦終爲懿所啖食耳。」

〔二〕王肅傳：「時大將軍曹爽專權，任用何晏、鄧颺等。肅曰：此輩即弘恭、石顯。爽聞之，戒何晏等曰：當共慎之。」胡三省曰：「懿稱疾，爲誅爽等張本。」趙一清曰：「晉書山濤傳，濤與石鑒共宿，夜起蹴鑒曰：今爲何等時，而眠耶？

知太傅卧何意？鑒曰：宰相三不朝，與尺一令歸第，卿何慮也！濤曰：咄！石生無事馬蹏閒邪？投傳而去。未二年，果有曹爽之事。」

〔三〕陳景雲曰：「初上失書名。後誅爽注又重出魏略，疑此處脱文也。」

〔四〕局本「下」誤作「卞」。

〔五〕毛本「丁」誤作「王」。

〔六〕晉書宣帝紀：「正始七年春，吴寇柤中，夷夏萬餘家避寇北渡沔。帝以沔南近賊，若百姓奔還，必復致寇，宜權留之。爽不從，卒令還南，賊果襲破柤中，所失萬計。」（裴注引漢晉春秋同，見齊王紀正始七年。）又云：「八年，曹爽用何晏、鄧颺、丁謐之謀，遷太后於永寧宮。專擅朝政，兄弟並典禁兵，多樹親黨，屢改制度，帝不能禁，於是與爽有隙。五月，帝稱疾不與政事，時人爲之謡曰：何、鄧、丁，亂京城。」胡三省曰：「據陳壽志，太后稱永寧宮，非徙也。意者晉諸臣欲增曹爽之惡，以遷字加之耳。晉書五行志曰：爽遷太后於永寧宮，太后與帝相泣而别。蓋亦承晉諸臣所記也。」王懋竑曰：「陳志文德郭皇后稱永安宮，明元郭皇后稱永寧宮，其例正同。郭后傳既不言遷，曹爽傳亦不之及。司馬懿奏事永寧宮皇太后，今亦無逼遷之文，則胡注是也。通鑑用魏略晉書宣帝紀五行志語，而未考其實，綱目因之。當依胡注改正。」

〔七〕盧毓傳：「時曹爽秉權，將樹其黨，徙吏部尚書盧毓爲僕射，以侍中何晏代毓。頃之，出毓爲廷尉，司隸畢軌又枉奏毓，免官。衆論多訟之。」

〔八〕宋本、馮本「伎」作「技」。晉書宣帝紀：「正始九年春，黄門張當私出掖庭才人石英等十一人，與曹爽爲伎人。爽、晏謂帝疾篤，遂有無君之心。與當密謀，圖危社稷，期有日矣。」趙一清曰：「晉書梁王肜傳：時諸王自選官屬，肜以汝陰上計吏張蕃爲中大夫。蕃素無行，本名雄，妻劉氏，解音樂，爲曹爽教伎。蕃又往來何晏所，而恣爲姦淫。晏誅，徙河閒，乃變名自結於肜，爲有司所奏，詔削一縣。」

〔九〕胡三省曰：「窟室，掘地爲室也。」賢曰：「綺疏，謂鏤爲綺文。」潘眉曰：「酈道元云：『永寧寺其地是曹爽故宅，熙平元年立寺，經始之日，於寺院西南隅得爽窟室，下入地可丈許，地壁悉壘方石砌之。石作細密，都無所毀。其石悉入法用，自非曹爽，庸匠亦難復製。』此可想見其靡麗。」弼按：見水經穀水注。

〔一〇〕藝文類聚二十二、御覽四百二十九載羲至公論曰：「君子知私情之難統，至公之易行，故季友鴆兄而不疑，叔向戮弟而不悔。斯二士者，皆前世之通士，晉、魯之忠臣也。亦豈無慈愛骨肉之心，愍恤同生之仁哉？夫至公者，天之經也，地之義也，理之要也，人之用也。昔鯀者親禹之父也，舜則殛鯀而興禹。禹知舜之殛其父無私，故受命而不辭；舜明禹知己之至公，故用之而無疑。無私者雖父黜而子不言，況用之于他哉！」

〔一一〕宗室曹冏上書，冀感悟曹爽，爽不能納。冏書見本志武文世王公傳卷末注引魏氏春秋。

〔一二〕或曰：魏末傳一篇，所謂示以羸形，勝不能覺，謂爲信然。本傳能省爲三語，亦好割舍，凡筆恐不能爾。

〔一三〕何焯校本「時」作「特」。

〔一四〕胡三省曰：「李勝南陽人，故謂荆州爲本州。」

〔一五〕宋本「閤」作「閣」。

〔一六〕胡三省曰：「魏武之辟懿也，懿辭以風痺，故勝以爲舊風發動。」

〔一七〕胡三省曰：「詐爲羸憊之狀也。」

〔一八〕晉書宣帝紀「沈」作「枕」，通鑑同。張熷曰：「作沈是。」

〔一九〕何焯曰：「勝言當爲本州，懿若不知荆州，何緣錯誤曰并州？即一字可悟其詐。蓋意氣驕溢，不復審察，遂冥然無覺耳。於此得其匿情相伺之機，固不難爲備也。」

〔二〇〕馮本「仍」作「乃」。

〔二一〕胡三省曰：「解，曉也。」

〔一二〕各本均作「烈壯」，局本作「壯烈」，晉書宣帝紀作「壯烈」，通鑑同。

〔一三〕晉書宣帝紀：「勝退，告爽曰：司馬公尸居餘氣，形神已離，不足慮矣。故爽等不復設備。」又后妃傳：「宣穆張皇后，智識過人。宣帝初辭魏武之命，託以風痺。嘗曝書，遇暴雨，不覺自起收之。家惟有一婢見之。后恐事泄致禍，遂手殺之以滅口，而親自執爨。帝由是重之。」趙一清曰：「司馬慣以此術愚人，何前後如出一轍也？」

十年正月，〔一〕車駕朝高平陵，〔二〕爽兄弟皆從。〔三〕

世語曰：爽兄弟先是數俱出游，桓範謂曰：「總萬機，典禁兵，不宜並出。若有閉城門，誰復內入者？」爽曰：「誰敢爾邪！」由此不復並行，至是乃盡出也。

宣王部勒兵馬，〔四〕先據武庫，遂出屯洛水浮橋。〔五〕奏爽曰：「臣昔從遼東還，〔六〕先帝詔陛下、秦王及臣升御牀，把臣臂，深以後事爲念。臣言：二祖亦屬臣以後事爲念，〔七〕此自陛下所見，無所憂苦。萬一有不如意，臣當以死奉明詔。黄門令董箕等、才人侍疾者，皆所聞知。今大將軍爽背棄顧命，〔八〕敗亂國典，內則僭擬，外專威權，破壞諸營，盡據禁兵，羣官要職，〔九〕皆置所親。殿中宿衞，歷世舊人，皆復斥出，〔一〇〕欲置新人，以樹私計。根據槃互，〔一一〕縱恣日甚。外既如此，又以黄門張當爲都監，專共交關，看察至尊，候伺神器，離間二宫，傷害骨肉。天下洶洶，人懷危懼，陛下但爲寄坐，〔一二〕豈得久安！此非先帝詔陛下及臣升御牀之本意也。臣雖朽邁，〔一三〕敢忘往言！昔趙高極意，秦氏以滅；〔一四〕吕、霍早斷，漢祚永世。〔一五〕此乃陛下之大鑒，〔一六〕臣受命之時也。〔一七〕太尉臣濟、〔一八〕尚書令臣孚等，皆以爽爲有無君之心，兄弟不宜典兵宿衛，奏永寧宮。皇太后令勑臣如奏施行。臣輒勑主者及黄門令罷爽、羲、訓吏兵，以侯就第，〔一九〕不得逗留，以稽車駕。敢有稽留，便以軍法從事。臣輒力疾，將兵屯洛水浮橋，伺察非常。」〔二〇〕

世語曰：初，宣王勒兵從闕下趣武庫，當爽門，〔二一〕人逼車住。爽妻劉怖，出至廳事，謂帳下守督曰：「公在外，今兵起，如何？」督曰：「夫人勿憂。」乃上門樓，引弩注箭欲發。將孫謙在後牽止之曰：「天下事未可知！」如此者三，宣王遂得過去。〔二二〕

〔一〕此正始十年。是年四月，改元嘉平。

〔二〕高平陵見齊王紀嘉平元年注。胡三省曰：「高平陵，明帝陵也。」水經注，大石山在洛陽南山阿，有魏明帝高平陵。

〔三〕通鑑：「大將軍爽與弟中領軍羲、武衛將軍訓、散騎常侍彦皆從。」

〔四〕晉書景帝紀：「宣帝之將誅曹爽，深謀秘策，獨與帝潛畫。初，帝陰養死士三千，散在人閒，至是一朝而集，衆莫知所出也。」通鑑：「太傅懿陰與其子中護軍師、散騎常侍昭謀誅曹爽。」胡三省曰：「懿雖稱疾，先已置二子於要地矣。」何焯曰：「昭伯兄弟，專政九年，乃反禍敗。宣王舉事，固非聊爾一擲也。」王懋竑曰：「懿既擁兵，而子師爲中領軍，（當作中護軍。）亦執兵柄。其誅爽也，師勒兵鎮遏中外，陰養死士三千人，一朝而集；昭亦率衆衞宮。此直舉兵稱亂，伺閒以取人之國，而以誅爽爲名耳。當文帝、明帝時，君之失政多矣。懿受腹心之託，膺社稷之重寄，不聞一言之諫爭，而且陰結劉放、孫資以爲内主，卒以傾魏。陳矯之對明帝曰：朝廷之望也，社稷未之知也。蓋亦知其有不臣之心矣。通鑑所云，似未然也。」

〔五〕元和郡縣志：「洛水在洛陽縣南四里。」胡三省曰：「水經注：洛城南出西頭第二門曰宣陽門，漢之小苑門也。對閶闔，南直洛水浮桁。」方輿紀要卷四十八：「橋在洛陽故城南五里，後漢時建，魏、晉因之。隋曰天津橋。」謝鍾英曰：

「浮橋在故洛陽城南二十五里，今河南府城南五里。」

〔六〕明帝景初二年，懿征遼東，滅公孫淵。還師，次於汲，奉詔。三年正月，疾驅入朝。宋書五行志：「魏明帝景初中，童謠曰：『阿公阿公駕馬車，不意阿公東渡河，阿公東還當奈何！』及宣王遼東歸，至白屋，當還鎮長安。會帝疾篤，急召之，乃乘追鋒車東渡河，終翦魏室。」

〔七〕二祖，通鑑作太祖高祖。胡三省曰：「按晉紀，懿自爲文帝所信重，太祖未嘗以事屬之也。若文帝則以明帝屬懿。」何焯曰：「下爲念二字疑衍。」

〔八〕陸德明曰：「顧曰古。」

〔九〕吳本、毛本「官」作「宮」。晉書宣帝紀作「羣臣」。

〔一〇〕宣帝紀作「斥黜」。

〔一一〕宋本「𠀋」作「牙」，各本同。局本作「𠀋」。潘眉曰：「牙字誤，當作𠀋，𠀋即互字。吳志陸瑁傳，九域槃𠀋同。經史中𠀋字每誤作牙字甚多。」弼按：通鑑作「根據盤互」。

〔一二〕胡三省曰：「寄坐，謂雖處天子之位，猶寄寓也。」

〔一三〕胡三省曰：「朽邁，謂年老衰朽，日月已邁也。」

〔一四〕宣紀作「秦是以亡」。

〔一五〕宣紀「世」作「延」，唐人避「世」字。

〔一六〕宣紀「大」作「殷」。

〔一七〕宣紀「受」作「授」，即上以死奉詔意。官本考證同。

〔一八〕趙一清曰：「晉書王渾傳，公孫宏曰：昔宣帝廢曹爽，引太尉蔣濟參乘，以增威重。」

〔一九〕宣紀作「各以本官侯就第」。潘眉曰：「爽封武安侯，見本傳；羲封安鄉侯，見傳元贈馬鈞序；訓侯爵未詳。」弼按：羲封侯見前。

〔二〇〕胡三省曰：「輒，專也。懿雖挾太后以臨爽，而其奏自言輒者至再，以天子在爽所也。」李慈銘曰：「上文備著爽等罪惡，而此奏所言皆是空辭，前所紀者，無一列入。足見當日史文，俱非實事。」劉咸炘曰：「上文罪狀詳，此奏止略言之。不然，同爲司馬黨所造，豈懿奏與舊史反一實一不實乎？」

〔二一〕夏侯玄傳注引魏略：「宣王奏誅爽，住車闕下。」晉書宣紀：「時景帝爲中護軍，將兵屯司馬門，帝列陣闕下。」潘眉曰：「攷晉書，曹爽府第在武庫之南，故宣王欲趣武庫，正當爽門。後楊駿居之，亦敗。」弼按：事見楊駿傳。

〔二二〕晉書宣紀：「爽帳下督嚴世引弩將射帝，孫謙止之，曰：事未可知。三注三止，皆引其肘，不得發。」

爽得宣王奏事，不通，迫窘不知所爲。

干寶晉紀曰：〔一〕爽留車駕宿伊水南，〔二〕伐木爲鹿角，發屯田兵數千人以爲衞。〔三〕

魏末傳曰：宣王語弟孚，陛下在外，不可露宿，促送帳幔、太官食具，詣行在所。〔四〕

大司農沛國桓範聞兵起，不應太后召，矯詔開平昌門，〔五〕拔取劍戟，略將門候，〔六〕南奔爽。宣王知，曰：「範畫策，爽必不能用範計。」範説爽，使車駕幸許昌，招外兵。爽兄弟猶豫未決。範重謂羲曰：「當今日，卿門戶求貧賤，復可得乎？且匹夫持質一人，尚欲望活；〔七〕今卿與天子相隨，令於天下，誰敢不應者！」羲猶不能納。侍中許允、尚書陳泰説爽，使早自歸罪。爽於是遣允、泰詣宣王，歸罪請死。乃通宣王奏事。〔八〕

干寶晉書曰：〔九〕桓範出赴爽，宣王謂蔣濟曰：「智囊往矣。」濟曰：「範則智矣，駑馬戀棧豆，爽必不能用也。」〔一〇〕

世語曰：宣王使許允、陳泰解語爽，蔣濟亦與書達宣王之旨，〔一一〕又使爽所信殿中校尉尹大目謂爽，唯免官而已。〔一二〕以洛水爲誓。爽信之，罷兵。〔一三〕魏氏春秋曰：爽既罷兵，曰：「我不失作富家翁。」範哭曰：「曹子丹佳人，生汝兄弟，犢耳！何圖今日坐汝等族滅矣！」〔一四〕

遂免爽兄弟，以侯還第。

魏末傳曰：爽兄弟歸家，敕洛陽縣發民八百人，使尉部圍爽第四角，角作高樓，令人在上望視爽兄弟舉動。爽計窮，愁悶，持彈到後園中。樓上人便唱言：「故大將軍東南行！」爽還聽事上，與兄弟共議，未知宣王意深淺，作書與宣王曰：「賤子爽哀惶恐怖，無狀招禍，分受屠滅。前遣家人迎糧，于今未反，數日乏匱，當煩見餉，以繼旦夕。」宣王得書，大驚，即答書曰：「初不知乏糧，甚懷踧踖。令致米一百斛，并肉脯、鹽豉、大豆。」尋送。爽兄弟不達變數，即便喜歡，自謂不死。

〔一〕「記」應作「紀」。

〔二〕胡三省曰：「水經注，伊水又東北過伊闕中，又東北至洛陽縣南，北入於洛。」

〔三〕胡三省曰：「魏武創業，令州郡例置田官，故洛陽亦有屯田兵。」

〔四〕蔡邕獨斷曰：「天子以四海爲家，故謂所居爲行在所。」

〔五〕續百官志：「雒陽城十二門，其正南一門曰平城門，其餘上西門、津門。」洛陽伽藍記序曰：「洛陽城門，依魏、晉舊名。南面有三門，東頭第一門曰開陽門，次西曰平昌門，漢曰平門，魏、晉曰平昌門。次西曰宣陽門，漢曰津門，魏、晉曰津陽門。」胡三省曰：「水經注，平昌門，故平門也。洛城南出西頭第三門。」方輿紀要卷四十八：「雒陽南面四門，正南一門曰平門，亦曰平城門，魏、晉以後曰平昌門。」

〔六〕續百官志：「城門每門候一人。」劉昭注：「周禮，每門下士二人。干寶曰：如今門候。」
〔七〕胡三省曰：「此謂漢末劫質也。」
〔八〕晉書宣紀：「爽夜遣侍中許允、尚書陳泰詣帝，觀望風旨。帝數其過失，事止免官。泰還以報爽，勸之通奏。」何焯曰：「是役舊德如蔣濟，人望如陳、許，皆爲仲達所欺。」
〔九〕「書」當作「紀」。
〔一〇〕胡三省曰：「言爽顧戀室家，而慮不及遠，必不能用範計。駑，音奴；棧，士限翻。」
〔一一〕蔣濟傳：「濟隨太傅司馬宣王屯洛水浮橋，誅曹爽等，進封都鄉侯。」注引世語曰：「濟書與曹爽，言宣王旨惟免官而已。爽誅，濟病其言之失信，發病卒。」胡三省曰：「以失言於爽，爲已病也。」
〔一二〕胡三省曰：「魏、晉之制，有殿中將軍、中郎校尉、司馬。尹大目説爽，猶未疑司馬氏也。至其追語文欽，乃覺耳。」
〔一三〕趙一清曰：「宋書五行志，明帝太和中，京師歌兜鈴曹子，其唱曰：其奈汝曹何！其後曹爽見誅，曹氏遂廢。」
〔一四〕通鑑作「生汝兄弟㹠犢耳」。胡三省曰：「㹠與豚同。小豕曰㹠，小牛曰犢。」

初，張當私以所擇才人張、何等與爽，疑其有姦，收當治罪。當陳爽與晏等陰謀反逆，並先習兵，須三月中欲發，於是收晏等下獄。會公卿朝臣廷議，以爲「春秋之義，君親無將，將而必誅。〔一〕爽以支屬，世蒙殊寵，親受先帝握手遺詔，託以天下。而包藏禍心，蔑棄顧命，乃與晏、颺及當等，圖謀神器。〔二〕範黨同罪人，皆爲大逆不道。」於是收爽、羲、訓、晏、颺、謐、軌、勝、範、當等，皆伏誅，夷三族。〔三〕

魏略曰：鄧颺字玄茂，鄧禹後也。少得士名於京師。明帝時爲尚書郎，除洛陽令，坐事免。拜中郎，〔四〕又入兼中書郎。〔五〕初，颺與李勝等爲浮華友。及在中書，浮華事發，被斥出，遂不復用。正始初，乃出爲潁川太守，轉大將軍長史，遷侍中尚書。颺爲人好貨，前在内職，許臧艾授以顯官，艾以父妾與颺。故京師爲之語曰：「以官易婦鄧玄茂。」〔六〕每所薦達，多如此比。故何晏選舉不得人，頗由颺之不公忠，遂同其罪，蓋由交友非其才。〔七〕

魏略曰：〔八〕丁謐字彦靖；〔九〕父斐字文侯。初，斐隨太祖，太祖以斐鄉里，〔一〇〕特饒愛之。斐性好貨，數請求犯法，輒得原宥。爲典軍校尉，〔一一〕總攝内外，每所陳説，多見從之。建安末，從太祖征吴。斐隨行，自以家牛羸困，乃私易官牛，爲人所白，被收送獄，奪官。其後太祖問斐曰：「文侯，印綬所在？」斐亦知見戲，對曰：「以易餅耳。」太祖笑，顧謂左右曰：「東曹毛掾數白此家，欲令我重治，我非不知此人不清，良有以也。我之有斐，譬如人家有盜狗而善捕鼠，盜雖有小損，而完我囊貯。」遂復斐官，聽用如初。後數歲，病亡。謐少不肯交游，但博觀書傳。爲人沈毅，〔一二〕頗有才略。太和中，常住鄴，借人空屋，居其中。而諸王亦欲借之，不知謐已得，直開門入。謐望見王，交腳卧而不起，而呼其奴客曰：「此何等人，促呵使去。」王怒其無禮，還具上言。明帝收謐，繫鄴獄。以其功臣子，原出。後帝聞其有父風，召拜度支郎中。〔一三〕曹爽宿與相親，時爽爲武衛將軍，數爲帝説其可大用。〔一四〕會帝崩，爽輔政，乃拔謐爲散騎常侍，遂轉尚書。謐爲人外似疎略，而内多忌。〔一五〕其在臺閣，數有所彈駮，〔一六〕臺中患之，事不得行。又其意輕貴，多所忽略，雖與何晏、鄧颺等同位，而皆少之，唯以勢屈於爽。爽亦敬之，言無不從。故于時謗書，謂「臺中有三狗，二狗崖柴不可當，一狗憑默作疽囊」。〔一七〕三狗，謂何、鄧、丁也；默者，爽小字也。其意言三狗皆欲嚙人，而謐尤甚也。奏使郭太后出居别宫，〔一八〕及遣樂安王使北詣鄴，〔一九〕又遣文欽，令還淮南，皆謐之計。司馬宣王由是特深恨之。

畢軌字昭先。〔二〇〕父字子禮，建安中爲典農校尉。〔二一〕軌以才能，少有名聲。明帝在東宮時，軌在文學中。黄初末，出爲長史。〔二二〕明帝即位，入爲黄門郎，〔二三〕子尚公主，居處殷富。遷并州刺史。其在并州，名爲驕豪。時雜虜數爲暴，害吏民，軌輒出軍擊鮮卑軻比能，失利。〔二四〕中護軍蔣濟表曰：「畢軌前失，既往不咎，但恐是後，難可以再。凡人材有長短，不可强成。軌文雅智意，〔二五〕自爲美器。今失并州，换置他州，若入居顯職，不毁其德，於國事實善。此安危之要，唯聖恩察之。」〔二六〕至正始中，入爲中護軍，轉侍中尚書，遷司隸校尉。素與曹爽善，每言於爽，多見從之。

李勝字公昭。父休字子朗，有智略。張魯前爲鎮北將軍，〔二七〕休爲司馬，家南鄭。時漢中有甘露降，子朗見張魯精兵數萬人，有四塞之固，遂建言赤氣久衰，黄家當興，欲魯舉號，魯不聽。會魯破，太祖以其勸魯内附，賜爵關内侯，〔二八〕署散官騎從，〔二九〕詣鄴。至黄初中，仕歷上黨、鉅鹿二郡太守，〔三〇〕後以年老，還拜議郎。勝少游京師，雅有才智，與曹爽善。明帝禁浮華，而人白勝黨有四窗八達，〔三一〕各有主名。用是被收，以其所連引者多，故得原，禁錮數歲。帝崩，曹爽輔政，勝爲洛陽令。夏侯玄爲征西將軍，以勝爲長史。玄亦宿與勝厚。駱谷之役，〔三二〕議從勝出，〔三三〕由是司馬宣王不悦於勝。累遷滎陽太守、河南尹。〔三四〕勝前後所宰守，未嘗不稱職。爲尹歲餘，廳事前屠蘇壞，〔三五〕令人更治之，小材一枚激墮，正撾受符吏石虎頭，〔三六〕斷之。後旬日，遷爲荆州刺史，未及之官而敗也。

桓範字元則，〔三七〕世爲冠族。建安末，入丞相府；延康中，爲羽林左監。〔三八〕以有文學，與王象等典集皇覽。〔三九〕明帝時爲中領軍、〔四〇〕尚書，遷征虜將軍、東中郎將，使持節都督青、徐諸軍事，治下邳。與徐州刺史鄒岐爭屋，〔四一〕引節欲斬岐，爲岐所奏，不直，坐免還。復爲兗州刺史，怏怏不得意。〔四二〕又聞當轉爲冀州牧。是時冀州統屬鎮北，而鎮北將軍呂昭，〔四三〕才實仕進，本在範後。範謂其妻仲長曰：「我寧作諸卿，向三公長跪耳，不能爲呂子展屈也。」其妻曰：「君前在東，坐欲擅斬徐州刺史，衆人謂君難爲作下；〔四四〕今復羞爲呂屈，是復難爲作上也。」範忿其言觸實，乃以刀環撞其腹。妻時懷孕，遂墮胎死。範亦竟稱疾，不赴冀州。正始中，拜大司農。範前在臺閣，號爲曉事，及爲司農，又以清省稱。範嘗抄撮漢書中諸雜事，自以意斟酌之，名曰世要論。〔四五〕蔣濟爲太尉，嘗與範會社下，羣卿列坐有數人。範懷其所撰，欲以示濟，謂濟當虛心觀之。範出其書，以示左右，左右傳之示濟，濟不肯視，範心恨之。因論他事，乃發怒謂濟曰：「我祖薄德，〔四六〕公輩何似邪？」濟性雖彊毅，亦知範剛毅，〔四七〕睨而不應，各罷。範於沛郡，仕次在曹真後。于時曹爽輔政，以範鄉里老宿，〔四八〕於九卿中特敬之，然不甚親也。及宣王起兵，閉城門，以範爲曉事，乃指召之，欲使領中領軍。範欲應召，而其子諫之，以爲車駕在外，不如南出。範疑有頃，兒又促之。範欲去，而司農丞吏皆止範。〔四九〕範不從，乃突出至平昌城門，〔五〇〕城門已閉。門候司蕃，〔五一〕故範舉吏也。範呼之，舉手中版以示之。〔五二〕矯曰：「有詔召我，卿促開門！」〔五三〕蕃欲求見詔書，〔五四〕範呵之，言：「卿非我故吏邪？何以敢爾！」乃開之。範出城，顧謂蕃曰：「太傅圖逆，卿從我去！」蕃徒行，不能及，遂避側。〔五五〕範南見爽，勸爽兄弟以天子詣許昌，徵四方以自輔。〔五六〕爽疑，羲又無言。範自謂羲曰：「事昭然，卿用讀書何爲邪？於今日卿等門戶倒矣！」俱不言。範又謂羲曰：「卿別營近在闕南，洛陽典農治在城外，〔五七〕呼召如意。今詣許昌，不過中宿，許昌別庫，足相被假；〔五八〕所憂當在穀食，而大司農印章在我身。」〔五九〕羲兄弟默然不從。中夜至五鼓，〔六〇〕爽乃投刀於地，謂諸從駕羣臣曰：「我度太傅意，亦不過欲令我兄弟向己也。我獨有以不合於遠近耳！」遂進謂帝曰：「陛下作詔免臣官，報皇太后令。」範知爽首免，而己必坐唱義也。範乃曰：「老子今兹坐卿兄弟族矣！」爽等既免，帝還宫，遂令範隨從。到洛水浮橋北，望見宣王，下車叩頭而無言。宣王呼範姓曰：「桓大夫何爲爾邪！」車駕入宫，有詔範還復位。範詣闕拜章謝，待報。會司蕃詣鴻臚自首，具説範前臨出所道。宣王乃忿然曰：「誣人以反，於法何應？」主者曰：「科律，反受其罪。」乃收範於闕下。時人持範甚急，範謂部官曰：「徐之，我亦義士耳。」遂送廷尉。〔六一〕

世語曰：初，爽夢二虎銜雷公，雷公若二升椀，放著庭中。爽惡之，以問占者。靈臺丞馬訓曰：〔六二〕「憂兵。」訓退，告其妻曰：「爽將以兵亡，不出旬日。」〔六三〕

漢晉春秋曰：安定皇甫謐〔六四〕以九年冬夢至洛陽，自廟出，見車騎甚衆，以物呈廟云：「誅大將軍曹爽。」寤而以告其邑人。邑人曰：「君欲作曹人之夢乎？朝無公孫彊，如何？且爽兄弟典重兵，又權尚書事，誰敢謀之！」謐曰：「爽無叔振鐸之請，苟失天機則離矣，何恃於彊！〔六五〕昔漢之閻顯，倚母后之尊，權國威命，可謂至重矣。閹人十九人一旦尸之，〔六六〕况爽兄弟乎！」

世語曰：初，爽出，司馬魯芝留在府，聞有事，〔六七〕將營騎斫津門出，赴爽。〔六八〕爽誅，擢爲御史中丞。及爽解印綬，將出，主簿楊綜止之曰：「公挾主握權，捨此以至東市乎？」〔六九〕爽不從。有司奏綜導爽反。宣王曰：「各爲其主也。」宥之，〔七〇〕以爲尚書郎。芝字世英，扶風人也。以後仕進至特進光禄大夫。〔七一〕綜字初伯，後爲安東將軍司馬文王長史。〔七二〕

臣松之案：夏侯湛爲芝銘及干寶晉紀並云「爽既誅，宣王即擢芝爲并州刺史，以綜爲安東參軍」，與世語不同。

嘉平中，紹功臣世，封真族孫熙爲新昌亭侯，邑三百户，以奉真後。

干寶晉紀曰：蔣濟以曹真之勳力，不宜絶祀，故以熙爲後。濟又病其言之失信於爽，發病卒。〔七三〕

〔一〕公羊傳莊公三十二年：「公子牙，今將爾。辭曷爲與親弑者同？君親無將，將而誅焉。」昭公元年：「陳侯之弟招殺陳世子偃師。大夫相殺稱人，此其稱名氏以殺何？言將，自是弑君也。今將爾，詞曷爲與親弑者同？君親無將，將而必誅焉。」漢、魏皆引公羊折獄，故當時廷議如此。

〔二〕宋本作「謀圖」。

〔三〕晉書荀勖傳：「勖仕魏，辟大將軍曹爽掾。爽誅，門生故吏，無敢往者。勖獨臨赴，衆乃從之。」晉書宣帝紀：「誅曹爽之際，支黨皆夷及三族，男女無少長、姑姊妹、女子之適人者，皆殺之。既而竟遷魏鼎云。」殷基通語載費禕甲乙論，平司馬懿誅曹爽之是非，見蜀志費禕傳注。王懋竑曰：「何晏、鄧颺、丁謐、李勝當懿起兵時，不知何在。若在外從行，史無一語及之，自是不從行也。素爲爽黨，至此乃坐視以圖倖免，其視桓範遠不逮矣。晏等浮華相扇，憑藉權勢，惟以割分産業，因緣求欲爲事。晏、謐、颺爲尚書，軌司隸校尉，勝河南尹，皆未爲要職。而懿父子擁兵，其視晏等，直几上肉耳。一日變起，束手相視，俱就死地，亦非不欲爲爽謀也。」

〔四〕中郎見文德郭后傳。

〔五〕中書郎即中書侍郎也。晉書職官志：「魏黄初初，中書既置監、令，又置通事郎。晉改曰中書侍郎。」洪飴孫曰：「諸紀傳亦稱中書郎。」

〔六〕「婦」，各本均作「富」。官本攷證云：「通志略作以官易婦爲是。臧艾以父妾與颺，故爲此語。」

〔七〕「其」，宋本作「奇」。颺事又見管輅傳。宋書五行志：「魏尚書鄧颺，行步弛縱，筋不束體，坐起傾倚，若無手足，此貌之不恭也。管輅謂之鬼躁。鬼躁者，凶終之徵。後卒誅死。」

〔八〕此三字衍。

〔九〕官本攷證云：「太平御覽靖作静。」

〔一〇〕斐爲沛國人，故曰鄉里。

〔一一〕武紀建安十六年：「公自潼關北渡，未濟，馬超赴船急戰，校尉丁斐因放牛馬以餌賊，賊亂取牛馬，公乃得渡。」

〔一二〕吴本、毛本「毅」誤作「毅」。

〔一三〕晉書職官志：「尚書郎，初從三署詣臺試，守尚書郎中，歲滿稱尚書郎，三年稱侍郎。至魏尚書郎，有殿中、吏部、度支等，凡二十三郎。」

〔一四〕元本、馮本「説」作「稱」。

〔一五〕「多忌」，御覽作「明慧」。

〔一六〕宋本、馮本、吴本、毛本有「數」字，元本、監本、官本無「數」字。

〔一七〕何焯曰：「崖柴，藝文作啀喍。玉篇，啀，狗欲嚙也。類篇又作嘊。則偏旁無口字者，或古人假借通用。」潘眉曰：「崖柴與嘊喍通。集韻，犬鬭也。默，太平御覽作點。」

〔一八〕王懋竑曰：「晉書宣帝紀：曹爽用何晏、鄧颺、丁謐之謀，遷太后於永寧宮。五行志：爽遷太后於永寧宮，帝與太后涕泣而别。案魏略止言丁謐，而宣帝紀增何晏、鄧颺，以其同黨故耳。五行志又誤以齊王廢時事，以附益之，恐皆非其實。當以陳志爲正。」

〔一九〕或曰：魏無樂安王，以其事攷之，當是燕王之誤。燕王以景初三年夏還鄴，正曹爽專政之時，殆昭伯黨忌其屬尊地逼，故出之耳。

〔二〇〕胡三省曰：「姓譜，畢本畢公高之後。」

〔二一〕典農校尉見武紀建安元年、陳留王紀咸熙元年。

〔二二〕史疑作吏，蓋令長之屬。漢百官表「縣令、長、丞、尉爲長吏」，是也。

〔二三〕黄門郎即黄門侍郎，見武紀建安十九年，又見後夏侯玄傳注引魏略。

〔二四〕畢軌兵敗及送奴事，見明紀青龍元年及注引世語。

〔二五〕宋本、吴本、毛本作「智意」，元本、監本、馮本、官本作「志意」。

〔二六〕監本「恩」作「思」，誤。

〔二七〕梁章鉅曰：「按魯傳爲鎮南將軍，此作鎮北，疑誤。」沈家本曰：「魯爲鎮南將軍，在内附之後，其先爲鎮民中郎將，此文有誤。」

〔二八〕林國贊曰：「舉號，謂稱尊號，即魯傳所謂羣下欲尊魯爲漢中王，休直勸魯僭王，所云勸魯内附，誤。」弼按：因勸魯内附，乃賜爵，或前勸舉號，後勸内附，亦未可知。

〔二九〕趙一清曰：「晉書職官志：魏黄初初，置散騎，合之於中司，掌規諫，不典事。貂璫插右，騎而散從。」弼按：宋書百官志：「魏文帝黄初初，置散騎，合於中常侍，謂之散騎常侍。」顔師古曰：「並騎而散從，無常職也。」

〔三〇〕吴本、毛本「仕」作「行」。

〔三一〕黨，各本皆作堂。官本攷證云：「堂有四窗八達，未必能得罪，或堂字爲黨字之誤。諸葛誕傳注云：以元、疇四人爲四聰，誕、備八人爲八達，是其證也。窗與聰古字通用。」沈家本曰：「盧毓傳：前此諸葛誕、鄧颺等馳名譽，有四窗八達之誚，亦其一證。」

〔三二〕駱谷見前。

〔三三〕事見前。

〔三四〕滎陽見武紀初平元年。趙一清曰：「水經濟水注：魏正始三年，歲在甲子，被癸丑詔書，割河南郡縣自鞏闕以東，創建滎陽郡，并户二萬五千，以南鄉筑陽亭侯李勝字公昭爲郡守。故原武典農校尉，政有遺惠，民爲立祠於城北五里，號曰李君祠。廟前有石蹠，蹠上有石的，石的銘具存。其略曰：百族欣戴，咸推厥誠。今猶祀禱焉。」洪亮吉曰：「考傳嘏傳爲滎陽守亦在正始時，則水經注之言信也。」

〔三五〕潘眉曰：「屠蘇與廜廯通。廣雅：廜廯，庵也。服虔通俗文：屋平曰屠蘇。邵子山曰：屠蘇有二解，一是帽類，一是平屋名。杜甫詩：願隨金騕褭，走置錦屠蘇是也。」

〔三六〕「摑」各本作「槶」。趙一清曰：「槶當从手。」

〔三七〕沈家本曰：「世說六注引魏略，字允明。」

〔三八〕續百官志：「羽林左監一人，六百石，主羽林左騎。」

〔三九〕皇覽見文紀黃初七年。楊俊傳注引魏略曰：「王象字羲伯，受詔撰皇覽。」

〔四〇〕範爲中領（事）〔軍〕時，有薦徐宣表，見徐宣傳，又有薦管寧表。

〔四一〕馮本「鄒」作「鄭」。

〔四二〕趙一清曰：「御覽卷二百五十五引桓氏家傳，範爲兗州刺史，表謝曰：喜於復見遷擢，慙於不堪所職，悲於戀慕闕庭，三者交集，不知所裁。」

〔四三〕呂昭事詳杜恕傳注引世語。

〔四四〕各本「謂」作「爲」。趙一清曰：「爲當作謂。」

〔四五〕隋經籍志：「世要論十二卷，魏大司農桓範撰。梁有二十卷，梁又有桓範集二卷，亡。」侯康曰：「御覽兵部二四、人事部九十八、學部五、刑法部二、資產部十四、十六俱引之，或稱要集，或稱論，或稱世論，皆一書也。」嚴可均輯本序曰：「各書徵引，或稱政要論，或稱桓範新書，或稱桓範世論，或稱桓公世論，或稱桓子，或稱魏桓範，或稱桓範論，或稱桓範要集。互證之，知是一書。宋時不著録，羣書治要載有政論十四篇。據各書徵引，補改缺譌，定爲一卷：曰爲君難、曰臣不易、曰政務、曰節欲、曰詳刑、曰兵要、曰簡騎、曰辨能、曰尊嫡、曰諫諍、曰決壅、曰讚象、曰銘誄，曰序作。餘無篇名者，又一十四條。」馬國翰輯本序曰：「桓範世要論，北堂書鈔、初學記、文選注、太平御覽等書引之，或作新論，或作要集，或作世論，皆此一書。輯録二十五節，附攷事蹟爲一卷。」姚振宗曰：「宋刻全本意林，有世要論四條，嚴、馬二家皆未采。」

〔四六〕章懷注引東觀記曰：「齊桓公作伯，支庶用其謚，立族命氏焉。」

〔四七〕馮本「毅」誤作「殼」。

〔四八〕胡三省曰：「範沛國人，譙、沛，鄉里也。老，耆也；宿，舊也。」

〔四九〕元本、馮本「丞」作「承」，誤。

〔五〇〕平昌門見前。

〔五一〕門候見前。胡三省曰：「司，姓也。左傳，鄭有司臣。」

〔五二〕馮本「版」作「扳」，誤。

〔五三〕元本「促」作「保」，誤。

〔五四〕胡三省曰：「以此觀之，此時猶用版詔，至晉時則有青紙詔矣。」

〔五五〕胡三省曰：「避於道旁也。」

〔五六〕王懋竑曰：「司馬懿與曹爽各領兵三千人，更宿殿内。是年轉爲太傅，而持節統兵，都督諸軍事如故。但不言録尚書事。然懿至正始八年，始謝病不與朝政，則前此固未嘗不與也。正始二年、四年，懿出拒吴；五年，爽出征蜀，彼此出入，未有疑忌。自爽出無功，晏等乃有猜防之意。六年，以羲領中壘、中堅營；七年，與懿異議。八年五月，懿謝病，蓋已定誅爽之計，特以稔其惡而斃之耳。懿受文帝遺詔輔政，已有不臣之心。東擒孟達，西拒諸葛，威名甚盛。迨遼東之役，大肆誅殺，藉以服衆。爽之愚騃，晏等之浮華，夫豈其敵！懿蓋玩之股掌之上，而猶遲而後發。誅爽之後，自爲丞相，加九錫，儼然以操自居；而俛仰之閒，國祚已移矣。即使爽用桓範言，奉天子詣許昌，不過稍延月日之期，終必爲懿禽滅。蓋懿之陰謀已久，威脅已成，内外諸臣，皆爲之用，非一朝一夕之故也。」

〔五七〕胡三省曰：「中領軍營，懿已遣王觀據之，唯别營在耳。洛陽，典農中郎將、典農都尉所治也。」

〔五八〕胡三省曰：「中宿，次宿也。左傳曰：命汝三宿，汝中宿至。許昌别庫貯兵甲，洛陽有武庫，故曰别庫。被假，謂授兵也。被，皮義翻。」

〔五九〕何焯曰：「身下應有許字。」杭世駿曰：「晉陽秋云，桓範出奔曹爽云：大司農印在吾手，所在得開倉而食。」

〔六〇〕通鑑作「甲夜」。胡三省曰：「甲夜，初夜也。夜有五更，一更爲甲夜，二更爲乙夜，三更爲丙夜，四更爲丁夜，五更爲戊夜。」

〔六一〕王懋竑曰：「桓範與曹爽，僅鄉里之舊，其赴爽也，蓋逆知懿之必篡魏矣，而不能識爽之無成，何也？然人臣之義，當以桓範爲正。範初出，即曰：太傅謀逆；謂爽等曰：坐汝族滅；被收曰：我亦義士。前後語自分明。懿以太后詔召範，乃矯詔也。矯詔豈可從乎？懿勒兵先據武庫，師屯司馬門，直舉兵稱亂耳。其遣高柔據爽營，王觀據羲營，必同謀之，非倉卒聞事也。既以王觀行中領軍，何復以中領軍召範？此直脅之使隨己同屯洛水耳。範之出也，司農諸吏皆止之，不聽；非僅聽兒子言者。其見懿叩頭，不知有無。然範嘗曰：我寧作卿，向三公長跪。則平時見懿當拜，亦非爲畏死而叩頭也。懿收張當考問，又令司蕃自首，皆以大逆誅滅之。魏書晉臣所作，不敢盡其辭，而微見其意。通鑑多因舊史，綱目分注，亦未及改正。是不能無待於後人也。以太后詔，當云矯太后詔；黄門張當奏，當云懿使廷尉誣奏當與爽陰謀爲逆。通鑑所敘，亦自分明，但未直截説破耳。」又曰：「蔣濟、桓範，皆魏之大臣，非懿黨也。幸則爲蔣濟，不幸則爲桓範，必無自全之理矣。故曰：危邦不入，亂邦不居。」

〔六二〕續百官志：「靈臺丞一人，二百石，掌候日月星氣，屬太史。」

〔六三〕沈家本曰：「御覽十三引世説曰。」

〔六四〕皇甫謐見武紀建安十三年注。

〔六五〕曹叔振鐸，周武王弟也。武王克紂，封叔振鐸於曹。左傳哀公七年：「初，曹人或夢衆君子立于社宮，而謀亡曹。曹叔振鐸請待公孫彊，許之。旦而求諸曹，無之。戒其子曰：我死，爾聞公孫彊爲政，必去之。及曹伯陽即位，好田弋。曹鄙人公孫彊好弋，獲白鴈，獻之，有寵，使爲司城以聽政。夢者之子乃行。彊言霸説於曹伯，背晉而奸宋。宋人伐之，遂滅曹，執曹伯及司城彊以歸，殺之。」

〔六六〕范書安思閻皇后紀：「后弟顯、景、燿、晏，並爲卿校，典禁兵。帝崩，尊后曰皇太后，以顯爲車騎將軍。中黄門孫程等合謀，立濟陰王，是爲順帝。顯、景、晏皆伏誅。」宦者傳孫程傳：「程與王康等十八人，迎濟陰王，立之。收顯等送獄。封程等爲侯，是爲十九侯。」

〔六七〕通鑑作「聞有變」。

〔六八〕津門見前平昌門注。胡三省曰：「營騎，大將軍營騎士也。津門，洛城南出西頭第一門也，亦曰建城門。」趙一清曰：「水經穀水注，津陽門，故津門也。方輿紀要卷四十八，雒陽南面四門，其西曰小苑門，又西曰津門，以洛水自此入城而名。魏、晉以後曰津陽門。」

〔六九〕胡三省曰：「言必將見誅於市也。」

〔七〇〕何焯曰：「芝、綜位下人微，不難宥之以示公。」

〔七一〕芝見齊王紀嘉平六年注。晉書良吏傳：「魯芝，扶風郿人。世有名德，爲西州豪族。曹爽輔政，引爲司馬。芝屢有讜言嘉謀，爽弗能納。及宣帝起兵誅爽，芝率餘衆犯門斬關，馳出赴爽，勸爽曰：公居伊、周之位，一旦以罪見黜，雖欲牽黄犬，復可得乎！若挾天子保許昌，仗天威，以羽檄徵四方兵，孰敢不從？捨此而去，欲就東市，豈不痛哉！爽愞惑不能用，遂委身受戮。芝坐爽下獄，當死；而口不訟直，志不苟免。宣帝嘉之，赦而不誅。俄起爲使持節，領護匈奴中郎將，鎮威將軍，并州刺史。」

〔七二〕王懋竑曰：「魯芝、楊綜之不死，而反遷官，此以安朝臣之心，所謂盜亦有道者。既滅晏等之族，又遷芝等之官，慶賞刑威，皆其所專擅矣。芝、綜不能辭官，而反爲懿用，此其人絶無足取。」

〔七三〕王懋竑論蔣濟事，詳見蔣濟傳。趙一清曰：「宣帝紀，嘉平元年正月，爽誅。濟曰：曹真之勳，不可以不祀。帝不聽，而濟即以是年卒，懿以三年八月死。其紹封當屬子元秉政之日也。」

晏，何進孫也。〔一〕母尹氏，爲太祖夫人。晏長於宮省，〔二〕又尚公主，〔三〕少以才秀知名。〔四〕好老、莊言，作道德論及諸文賦著述，凡數十篇。〔五〕

晏字平叔。魏略曰：太祖爲司空時，納晏母，并收養晏。其時秦宜禄兒阿蘇，〔六〕亦隨母在公家，並見寵如公子。蘇即朗也。〔七〕蘇性謹慎，而晏無所顧憚，服飾擬於太子，故文帝特憎之。每不呼其姓字，常謂之爲假子。晏尚主，又好色，故黄初時無所事任。及明帝立，頗爲冗官。至正始初，〔八〕曲合於曹爽，亦以才能，故爽用爲散騎侍郎，遷侍中尚書。〔九〕晏前以尚主得賜爵爲列侯，又其母在內，〔一〇〕晏性自喜動靜，粉白不去手，〔一一〕行步顧影。〔一二〕晏爲尚書，主選舉，其宿與之有舊者，多被拔擢。

魏末傳曰：晏婦金鄉公主，即晏同母妹。公主賢，謂其母沛王太妃曰：「晏爲惡日甚，將何保身？」母笑曰：「汝得無妬晏邪！」俄而晏死。有一男，年五六歲，宣王遣人録之。晏母歸藏其子王宮中，〔一三〕向使者搏頰，乞白活之，使者具以白宣王。宣王亦聞晏婦有先見之言，心常嘉之，且爲沛王故，特原不殺。〔一四〕

魏氏春秋曰：初，夏侯玄、何晏等名盛於時，司馬景王亦預焉。晏嘗曰：「唯深也，故能通天下之志，夏侯泰初是也；唯幾也，故能成天下之務，司馬子元是也；惟神也，不疾而速，不行而至。吾聞其語，未見其人。」蓋欲以「神」況諸己也。〔一五〕初，宣王使晏典治爽等獄，〔一六〕晏窮治黨與，冀以獲宥。宣王曰：

「凡有八族。」晏疏丁、鄧等七姓。宣王曰：「未也。」晏窮急，乃曰：「豈謂晏乎？」宣王曰：「是也。」乃收晏。〔一七〕

臣松之案：魏末傳云晏取其同母妹爲妻，此搢紳所不忍言，〔一八〕雖楚王之妻嫂，〔一九〕不是甚也已。設令此言出於舊史，猶將莫之或信，況底下之書乎！案諸王公傳，沛王出自杜夫人所生。晏母姓尹。公主若與沛王同生，焉得言與晏同母？〔二〇〕

皇甫謐列女傳曰：〔二一〕爽從弟文叔妻，譙郡夏侯文寧之女，名令女。文叔早死，服闋，自以年少無子，恐家必嫁己，乃斷髮以爲信。其後，家果欲嫁之。令女聞，即復以刀截兩耳，居止常依爽。及爽被誅，曹氏盡死。令女叔父上書與曹氏絶婚，强迎令女歸。時文寧爲梁相，憐其少，執義，又曹氏無遺類，冀其意沮，廼微使人諷之。令女歎且泣曰：「吾亦惟之，許之是也。」家以爲信，防之少懈。令女於是竊入寢室，以刀斷鼻，蒙被而卧。其母呼與語，不應；發被視之，血流滿牀席。舉家驚惶，奔往視之，莫不酸鼻。或謂之曰：「人生世間，如輕塵棲弱草耳，何至辛苦廼爾？且夫家夷滅已盡，守此欲誰爲哉！」令女曰：「聞仁者不以盛衰改節，〔二二〕義者不以存亡易心。曹氏前盛之時，尚欲保終；況今衰亡，何忍棄之！禽獸之行，吾豈爲乎？」司馬宣王聞而嘉之，聽使乞子字養，爲曹氏後，名顯於世。

〔一〕趙一清曰：「世説注引魏略曰：晏，南陽宛人，漢何進孫。或曰，何苗孫也。」弼按：論語集解序邢昺疏曰：「何晏，何進之孫，咸之子。」又曰：「以包氏諱咸，故没其名。」皇侃疏曰：「何集註皆呼人名，惟包獨言氏者，包名咸，何家諱咸，故不言也。」

〔二〕御覽卷三百八十五引何晏別傳曰：「晏時小，養魏宮。七八歲，便慧心天悟，衆無愚智莫不貴異之。魏武帝讀兵書，有所未解，試以問晏，晏分散所疑，無不冰釋。」又引世說曰：「何晏年七歲，明慧若神。魏武帝奇愛，以晏母在宮內，欲以爲子。晏乃畫地令方，自處其中，曰何氏之廬。」又卷三百九十三引晏別傳曰：「晏小時，武帝雅奇之，欲以爲子。每挾將游觀，命與諸子長幼相次。晏微覺，於是坐則專席，止則獨立。或問其故，答曰：禮，異族不相貫伍。」

〔三〕史記絳侯周勃世家：「公主者，孝文帝女也。勃太子勝之尚之。」韋昭曰：「尚，奉也。不敢言娶。」趙一清曰：「御覽卷一百五十四引語林曰：何晏以主壻駙馬都尉，美姿儀。帝每疑其傅粉，夏月賜以湯餅，大汗出，以朱衣自拭之，尤皎然。嬾真子云：駙馬之名，起於三國，故何晏尚魏公主，謂之駙馬都尉。然不獨官名以駙馬給之，蓋御馬之副，謂之駙馬，從而給之，示親愛也。一清案：此言非也。宋百官志云：晉武帝以宗室外戚爲奉車、駙馬、騎都尉，而奉朝請。後省奉車、騎都尉，唯留駙馬都尉奉朝請。永初以來，以奉朝請選雜，其尚主者唯拜駙馬都尉。然則尚主拜駙馬都尉，是東晉之制；三都尉省二，而駙馬之名特顯耳。」弼按：駙馬都尉見明紀青龍元年注引魏略。

〔四〕初學記卷十九引何晏別傳云：「晏方年七八歲，慧心天悟，形貌絶美。出游行，觀者盈路，咸謂神仙之類。」

〔五〕隋經籍志：「梁有吏部尚書何晏等注孝經一卷，亡。集解論語十卷，何晏集；魏晉謚議十三卷，何晏撰；老子道德論二卷，何晏撰。魏尚書何晏集十一卷，梁十卷，録一卷。」本志管輅傳注引輅別傳：「管輅曰：何平叔說老、莊則巧而多華，說易生義則美而多僞。裴徽曰：吾數與平叔共說老、莊及易，常覺其辭妙於理，不能折之。」世說規箴篇注引管輅別傳曰：「冀州刺史裴徽，舉輅秀才，謂曰：何尚書神明清徹，殆破秋毫，君當慎之。自言不解易中九事，必當相問。比至洛，宜善精其理。輅至洛陽，果爲何尚書問九事，九事皆明。何曰：君論陰陽，此世無雙也。」侯康曰：「南齊書張緒傳，緒常云：何平叔所不解易中七事，諸卦中所有時義，是其一也。梁書儒林傳，伏曼容云：何晏疑易中九事，以吾觀之，晏了不學也。故知平叔有所短。」王應麟曰：「晏以老、莊談易係小子觀朵頤，所不解者豈止七事哉！」馬國翰輯本序曰：「其易不傳，書名及卷數並未詳。冊府元龜有何晏周易私記二十卷，周易講疏十三卷，乃何妟之譌。隋志傳寫偶誤，沿習不覺。茲從孔穎達正義、李鼎祚集解、房審權義海輯録四節，題曰周易何氏解，取以備魏易一家之數，且以著漢學之變自王弼者，晏實爲之倡也。」世説文學篇：「何晏注老子未畢，見王弼自説注老子旨，何意多所短，不復得作聲，但應諾諾，遂不復注，因作道德論。」又曰：「何平叔注老子始成，詣王輔嗣，見王注精奇，迺神伏曰：若斯人，可與論天人之際矣。因以所注爲道德二論。」世説文學篇注文章敘録曰：「自儒者論以老子非聖人，絶禮棄學，晏説與聖人同，著論行於世也。」文心雕龍論説篇曰：「魏之初，霸術兼名法，傅嘏、王粲校練名理；迄至正始，務欲守文。何晏之徒，始盛玄論，於是聃周當路，與尼父爭塗矣。」唐書經籍志：「魏明帝謚議二卷，何晏撰。」藝文志：「何晏魏明帝謚議二卷。」姚振宗曰：「隋志有魏晉謚議十三卷，何晏撰。蓋誤合晉謚議八卷、晉簡文謚議四卷爲一書。兩唐志始分別著録。」弼按：晏爲魏人，安得有晉謚議？此爲隋志之誤。姚説是。隋經籍志職官篇：「官族傳十四卷，何晏撰。」文選有何晏景福殿賦，嚴可均輯存賦、奏議、論、序、頌、銘十四篇，馮惟訥詩紀存五言詩二首。

〔六〕趙一清曰：「世説注引魏略作阿鰾。」

〔七〕秦朗事見明紀青龍元年注。

〔八〕元本、明本無「初」字，誤。

〔九〕正始元年，代盧毓爲尚書。洪氏三國職官表誤作嘉平。

〔一〇〕官本攷證曰：「北宋本作又以其母在内，各本均無以字。」

〔一一〕胡三省曰：「以自塗澤也。」

〔一二〕宋書五行志：「魏尚書何晏好服婦人之服。傅玄曰：此服妖也。」世説容止篇：「何平叔美姿儀，面至白。夏日大汗，朱衣自拭，色轉皎然。」

〔一三〕母疑作婦。

〔一四〕何焯曰：「據此，則平叔尚有後。但亦出魏末傳，恐虚妄耳。費文禕甲乙論云：晏子，魏之親甥，亦與同戮。雖曰敵國傳聞，然以彼爲可信。」

〔一五〕胡三省曰：「夏侯玄字泰初，司馬師字子元。晏引易大傳之辭以爲品目。」弼按：傅嘏論何晏、鄧颺、夏侯玄，見嘏傳注引傅子。

〔一六〕「典」，馮本作「與」。沈家本曰：「盧毓傳，爽等見收，毓治其獄。則非晏典治也，作『與』字爲是。」

〔一七〕通鑑考異曰：「宣王方治爽黨，安肯使晏典其獄？就令有之，晏豈不自知與爽最親，而冀獨免乎？此殆孫盛承説者之妄耳。」御覽卷六百五引魏末傳：「宣王欲誅曹爽，呼何晏作奏，曰：宜上君名。晏失筆於地。」寰宇記卷百二十六：「何晏墳在廬江縣北十七里，其基高大。景雲二年，有人發墳，得塼銘，是何公之墓。」俞正燮癸巳存稿云：「通鑑注言寒食散始於何晏。」

〔一八〕馮本、吴本「搢」作「縉」。

〔一九〕「嫂」當作「娟」。公羊傳桓公二年：「若楚王之妻娟，無時焉可也。」何休曰：「娟，妹也。引此爲喻者，明其終不可名有也。」徐彦曰：「以妹爲妻，終無可時。」

〔二〇〕晏與金鄉公主異母，解見明紀青龍元年注引魏氏春秋。裴注所云魏末傳之誤，章宗源亦引申其説，見明紀卷首注引魏末傳。

〔二一〕皇甫謐見武紀建安十三年。隋經籍志：「列女傳六卷，皇甫謐撰。」宋本、吴本、毛本、局本「列」誤作「烈」。章宗源曰：「藝文類聚人部，會稽翟索及婢青遭賊害事，太平御覽人部衞義姬、邵陽任延壽妻、長安大昌里人妻，共引皇甫謐列女後傳。又御覽人事部漢中趙嵩妻張氏、丹陽羅勤女静、蜀景奇妻羅氏、犍爲相登妻周氏、廣漢馮季宰妻李氏、廣漢王輔妻彭氏、沛國劉長卿妻桓氏、沛國公孫去病妻戴氏、梁夏文生妻劉娥、天水姜敍母楊氏、下邳陳悝妻、歷陽留子直妻、戎士陳南妻，並引謐列女傳，唐志卷同。」

〔二三〕元本「衰」作「亡」，誤。

夏侯尚字伯仁，淵從子也。文帝與之親友。〔一〕

魏書曰：尚有籌畫智略，文帝器之，與爲布衣之交。

太祖定冀州，尚爲軍司馬，〔二〕將騎從征伐，後爲五官將文學。〔三〕魏國初建，遷黄門侍郎。代郡胡叛，遣鄢陵侯彰征討之，以尚參彰軍事，定代地。還，太祖崩於洛陽，尚持節奉梓宫還鄴。并録前功，封平陵亭侯，〔四〕拜散騎常侍，遷中領軍。〔五〕文帝踐阼，更封平陵鄉侯，遷征南將軍，領荆州刺史，假節都督南方諸軍事。尚奏：「劉備别軍在上庸，〔六〕山道險難，彼不我虞。若以奇兵潛行，出其不意，則獨克之勢也。」遂勒諸軍擊破上庸，〔七〕平三郡九縣，〔八〕遷征南大將軍。孫權雖稱藩，尚益修攻討之備，權後果有貳心。〔九〕黄初三年，車駕幸宛，〔一〇〕使尚率諸軍與曹真共圍江陵。權將諸葛瑾與尚軍對江，瑾渡入江中渚，〔一一〕而分水軍於江中。尚夜多持油船，〔一二〕將步騎萬餘人，於下流潛渡，攻瑾諸軍。夾江燒其舟船，水陸並攻，破之。〔一三〕城未拔，會大疫，詔敕尚引諸軍還。益封六百户，并前千九百户。假鉞，進爲牧。〔一四〕荆州殘荒，外接蠻夷，而與吴阻漢水爲境，〔一五〕舊民多居江南。尚自上庸通道，西行七百餘里，山民蠻夷，多服從者；〔一六〕五六年閒，降附數千家。五年，徙封昌陵鄉侯。尚有愛妾嬖幸，寵奪適室。適室，曹氏女也，〔一七〕故文帝遣人絞殺之。尚悲感，發病恍惚。既葬埋妾，不勝思見，復出視之。文帝聞而恚之，曰：「杜襲之輕薄尚，〔一八〕良有以也！」然以舊臣，恩寵不衰。六年，尚疾篤，還京都。帝數臨幸，執手涕泣。尚薨，謚曰悼侯。〔一九〕

魏書載詔曰：「尚自少侍從，盡誠竭節，雖云異姓，其猶骨肉，是以入爲腹心，出當爪牙。智略深敏，謀謨過人，不幸早殞，命也柰何！贈征南大將軍、昌陵侯印綬。」〔二〇〕

子玄嗣。又分尚户三百，賜尚弟子奉爵關内侯。

〔一〕劉咸炘曰：「尚傳不次淵而次此者，以玄終此篇也。」

〔二〕軍司馬見武紀建安十三年注引四體書勢。洪飴孫三國職官表列司空府屬司馬，誤。

〔三〕洪飴孫曰：「漢建安十六年，文帝爲五官中郎將，時副丞相，置官屬，有長史、文學。踐阼以後不置。」

〔四〕郡國志：「司隸右扶風平陵。」一統志：「平陵故城，今陝西西安府咸陽縣西北十五里。」

〔五〕上尊號奏云「使持節、行都督督軍、征南將軍、平陵亭侯臣尚」，與傳歷官次序微異。

〔六〕上庸見武紀建安二十年沔水注。上庸郡城三面際水，有白馬山，山石似馬，謂之白馬塞。

〔七〕是時漢中將軍孟達屯上庸，與副軍中郎將劉封不協，達率部曲四千餘家降魏。征南將軍夏侯尚、右將軍徐晃與達共襲劉封，上庸太守申耽亦叛封降魏。

〔八〕吴增僅曰：「建安二十四年，先主遣孟達北攻房陵，殺太守蒯祺。又遣劉封與達會攻上庸，上庸太守申耽舉郡降，先主以耽領上庸太守，以耽弟儀爲西城太守。二十五年八月，達降魏，文帝合上庸、西城、房陵三郡置新城郡，以達爲太守。是時三郡地尚屬蜀，文帝蓋遥置郡名，使達領之耳。至是年冬月，夏侯尚襲破劉封，平三郡九縣，於是以申儀爲魏興太守，孟達爲新城太守。據此推求，其於西城故地置魏興，以上庸、房陵爲新城，均黄初元年冬月事也。」沈家本曰：「案蜀志劉封傳，上庸三郡之入魏，乃孟達降魏使達與夏侯尚、徐晃共襲封，非由尚建策，與此傳異。」

〔九〕孫權改元黄武，臨江拒守。

〔一〇〕文紀：「十一月辛丑，行幸宛。」

〔一一〕胡三省曰：「渚，洲也；即江陵之中洲也。」

〔一二〕胡三省曰：「油船，蓋以牛皮爲之，外施油以扞水。」

〔一三〕董昭傳：「時江水淺狹，尚欲乘船將步騎入渚中安屯，作浮橋，南北往來。昭疏言屯渚中，至深；浮橋而濟，至危；一道而行，至狹。帝悟昭言，即詔尚等促出。賊兩頭並進，官兵一道引去，不時得泄。」諸葛瑾傳注引吴録曰：「曹真、夏侯尚等圍朱然於江陵，又分據中洲，瑾以大兵爲之救援。兵久不解，潘璋等作水城於上流，瑾進攻浮橋，真等退走。」潘璋傳：「夏侯尚等圍南郡，分前部三萬人築浮橋，渡百里洲上。璋欲順流燒敗浮橋，尚便引退。」三傳皆言尚入渚中失敗，與尚傳所載相反。是尚傳或有溢美之辭。胡三省曰：「據潘璋傳，江陵中洲即百里洲，其洲自枝江縣西至上明，東及江津；江津北岸即江陵故城。」謝鍾英曰：「其地在江陵南，江津戍之西。」趙一清曰：「寰宇記卷一百四十六：三國志魏將夏侯尚圍南郡，作浮橋度景里洲，今在郡西。一清案，事亦見董昭傳，但言入渚中安屯，作浮橋南北往來，而不言景里洲。荆州志自籍洲次東大洲有三，首曰枚迴，中名景里，下名鷰尾。水經江水注作邴里洲，蓋唐人避諱改之。」

〔一四〕續百官志：「漢初遣丞相史分刺諸州。武帝初置刺史，秩六百石；成帝更爲牧，秩二千石。」

〔一五〕洪亮吉曰：「漢建安十三年，劉琮舉州降，地盡入魏。赤壁之敗，荆州三分，西境屬蜀，東境、南境屬吴，惟北境屬魏。」謝鍾英曰：「赤壁敗後，荆州西境、南境並屬蜀。至關羽敗没，南境始更屬吴。」

〔一六〕謝鍾英曰：「江南當作漢南。朱然、諸葛瑾屢襲相中，皆漢南舊民也。自漢南西行七百里，已入蜀漢中郡界三百餘里，侈文不足信，宜以鍾會傳爲據。會遣劉欽向子午道，是子午道迤東爲荆州西界。」

〔一七〕下文夏侯玄傳，玄爲曹爽之姑子，是尚妻爲曹真妹也。晉書后妃傳：「景懷夏侯皇后，諱徽，字媛容。父尚，魏征南大將軍，母曹氏，魏德陽鄉主。后雅有識度，帝每有所爲，必豫籌畫。魏明帝世，宣帝居上將之重，諸子並有雄才大略，后知帝非魏之純臣，而后既魏氏之甥，帝深忌之。青龍二年，遂以鴆崩，時年二十四。」通鑑考異曰：「是時司馬懿方信任於明帝，未有不臣之迹，況其諸子乎！徒以魏甥之故，猥鴆其妻，俱非事實。蓋甚之之辭。不然，師自以他故鴆之也。今不取。」

〔一八〕牛運震曰：「此語突入無因，不解所謂。」弼按：本志杜襲傳：「夏侯尚暱於太子，情好至密。襲謂尚非益友，不足殊待。文帝初甚不悦，後乃追思。」

〔一九〕正始四年，從祀太祖廟廷。

〔二〇〕潘眉曰：「昌陵下脱鄉字。」

玄字太初，〔一〕少知名。〔二〕弱冠，爲散騎黄門侍郎。嘗進見，與皇后弟毛曾並坐，玄恥之，〔三〕不悦，形之於色。明帝恨之，左遷爲羽林監。〔四〕正始初，曹爽輔政。玄，爽之姑子也。累遷散騎常侍、中護軍。

世語曰：玄世名知人，爲中護軍，拔用武官，參戟牙門，無非俊傑。多牧州典郡，立法垂教，于今皆爲後式。

〔一〕錢儀吉曰：「玄字太初，北宋本提行。」弼按：曹爽傳提行。以彼例此，玄傳亦應提行。

〔二〕趙一清曰：「世説注引魏氏春秋曰：玄，大將軍前妻兄也。風格高朗，宏辯博暢。又世説曰：夏侯太初常倚柱作書，時大雨霹靂，破所倚柱，衣服焦然，神色無變，書亦如故。賓客左右，皆跌蕩不得住。注引語林曰：太初從魏帝拜陵，陪列於松柏下。時暴雨霹靂，正中所立之樹，冠冕焦壞，左右覩之皆伏，太初顔色不改。臧榮緒又以爲諸葛誕也。」世説賞譽篇曰：「裴令公目太初肅肅如入廊廟中，不修敬而人自敬。」晉書裴楷傳：「楷有知人之鑑，嘗目夏侯玄云，肅肅如入宗廟，琅琅但見禮樂器。時人目太初朗朗如日月之入懷。」康發祥曰：「霹靂所加，不能一人之身，前後疊見。謁陵成禮，不以迅雷改度，宜也；豈有作書破柱，衣服焚如，而猶作書者乎！」胡玉縉曰：「雷電所過甚速，衣服偶爲雷火焦壞，亦恆有之事。當其書時，固不知焦壞也。康說似泥。」弼按：夏侯淵傳注引魏略云：「玄於曹爽爲外弟。」本傳云：「玄，爽之姑子。」注引魏書亦云「親曹爽外弟」，與魏氏春秋所云「玄爲大將軍前妻兄」不合。

〔三〕世說容止篇云：「魏明帝使后弟毛曾與夏侯玄共坐，時人謂之蒹葭倚玉樹。」弼按：漢、魏重門第，毛后父嘉爲典虞車工，故太初恥與曾並坐。

〔四〕宋書百官志：「羽林監，漢武帝太初元年初置建章營騎，後更名羽林騎，置令、丞。東京又置左右監，至魏不改。」

太傅司馬宣王問以時事，玄議以爲：「夫官才用人，國之柄也，故銓衡專於臺閣，上之分也；孝行存乎閭巷，優劣任之鄉人，下之敘也。夫欲清教審選，〔一〕在明其分敘，不使相涉而已。何者？上過其分，則恐所由之不本，而干勢馳騖之路開；下踰其敘，則恐天爵之外通，而機權之門多矣。夫天爵下通，是庶人議柄也；機權多門，是紛亂之原也。自州郡中正〔二〕品度官才之來，〔三〕有年載矣，緬緬紛紛，〔四〕未聞整齊，豈非分敘參錯，各失其要之所由哉！若令中正但考行倫輩，倫輩當行均，斯可觀矣。〔五〕何者？夫孝行著於家門，豈不忠恪於在官乎？仁恕稱於九族，豈不達於爲政乎？義斷行於鄉黨，豈不堪於事任乎？三者之類，取於中正，雖不處其官名，斯任官可知矣。行有大小，比有高下，則所任之流，亦煥然明別矣。奚必使中正干銓衡之機於下，而執機柄者有所委仗於上，上下交侵，以生紛錯哉！且臺閣臨下，考功校否，衆職之屬，各有官長，旦夕相考，莫究於此，閭閻之議，以意裁處，而使匠宰失位，衆人驅駭，欲風俗清靜，其可得乎！天臺縣遠，衆所絕意，所得至者，更在側近，孰不修飾，以要所求？所求有路，則修己家門者，已不如自達於鄉黨矣；自達鄉黨者，已不如自求之於州邦矣。苟開之有路，而患其飾真離本，雖復嚴責中正，督以刑罰，猶無益也。豈若使各帥其分，官長則各以其屬能否，獻之臺閣；臺閣則據官長能否之第，參以鄉閭德行之次，擬其倫比，勿使偏頗。〔六〕中正則唯考其行迹，别其高下，審定輩類，勿使升降。臺閣總之，如其所簡，或有參錯，則其責負，自在有司。官長所第，中正輩擬，比隨次率而用之；如其不稱，責負在外。然則内外相參，得失有所，互相形檢，孰能相飾？斯則人心定而事理得，庶可以静風俗而審官才矣。」又以爲：「古之建官，所以濟育羣生，統理民物也。故爲之君長以司牧之。司牧之主，欲一而專，一則官任定而上下安，專則職業修而事不煩。夫事簡業修，上下相安，而不治者，未之有也。先王建萬國，雖其詳未可得而究，然分疆畫界，各守土境，則非重累羈絆之體也。下考殷、周五等之敍，徒有小大貴賤之差，亦無君官臣民而有二統互相牽制者也。〔七〕夫官統不一，則職業不修；職業不修，則事何得而簡？事之不簡，則民何得而静？民之不静，則邪惡並興，而姦僞滋長矣。先王達其如此，故專其職司而一其統業。始自秦世，不師聖道，私以御職，姦以待下。懼宰官之不修，立監牧以董之；畏督監之容曲，設司察以糾之。宰牧相累，監察相司，人懷異心，上下殊務。漢承其緒，莫能匡改；魏室之隆，日不暇及。五等之典，雖難卒復，可麤立儀準，以一治制。今之長吏，皆君吏民，横重以郡守，〔八〕累以刺史。若郡所攝，唯在大較，則與州同，無爲再重。宜省郡守，但任刺史。刺史職存，則監察不廢，郡吏萬數，還親農業，以省煩費，豐財殖穀，一也。大縣之才，皆堪郡守，是非之訟，每生意異，順從則安，直己則爭。夫和羹之美，在於合異，上下之益，在能相濟。順從乃安，此琴瑟一聲也。蕩而除之，則官省事簡，二也。又幹郡之吏，職監諸縣，營護黨親，鄉邑舊故，如有不副，而因公掣頓，民之困弊，咎生於此。若皆并合，則亂原自塞，三也。〔九〕今承衰弊，民人彫落，賢才鮮少，任事者寡。郡縣良吏，往往非一，郡受縣成，其劇在下，而吏之上選，郡當先足，此爲親民之吏，專得底下。吏者民命，而常頑鄙，今如并之，吏多選清，良者造職，大化宣流，民物獲寧，四也。制使萬户之縣，名之郡守，五千以上，名之都尉，千户以下，令長如故。自長以上，考課遷用，轉以能升，所牧亦增，此進才効功之敘也。若經制一定，則官才有次，治功齊明，五也。若省郡守，縣皆徑達，事不擁隔，官無留滯。三代之風，雖未可必，簡一之化，庶幾可致，便民省費，在於此矣。」又以爲：「文質之更用，猶四時之迭興也。王者體天理物，必因弊而濟通之，時彌質則文之以禮，時泰侈則救之以質。今承百王之末，秦、漢餘流，世俗彌文，宜大改之以易民望。今科制自公、列侯以下，位從大將軍以上，皆得服綾綿、羅綺、紈素、金銀飾鏤之物。自是以下，雜綵之服，通于賤人。雖上下等級，各示有差，然朝臣之制，已得侔至尊矣；玄黄之采，已得通於下矣。〔一〇〕欲使市不鬻華麗之色，商不通難得之貨，工不作雕刻之物，不可得也。是故宜大理其本，準度古法，文質之宜，取其中則，以爲禮度。車輿服章，皆從質樸，禁除末俗華麗之事，使幹朝之家，有位之室，不復有錦綺之飾，無兼采之服，纖巧之物。自上以下，至于樸素之差，示有等級而已，勿使過一二之覺。〔一一〕若夫功德之賜，上恩所特加，皆表之有司，然後服用之。夫上之化下，猶風之靡草。樸素之教，興於本朝，則彌侈之心，自消於下矣。」

〔一〕何焯曰：「清教，謂中正；審選，謂臺閣。」

〔二〕潘眉曰：「昔陳勝爲楚王，以朱房爲中正，中正之設，由來舊矣。魏陳羣始立九品之制，郡制中正，評次人才之高下，各爲輩目。司馬宣王除九品，置大中正。太初此論，當在是時發也。」

〔三〕郝經續後漢書「之」作「以」。

〔四〕錢大昭曰：「呂刑泯泯棼棼。孔傳以泯泯爲亂。逸周書蔡公解云：泯泯棼棼。漢書敘傳云：湎湎紛紛。說文無泯字，因泯、湎聲既相近，義又相同，已收湎字，故不收泯字也。詩緜緜其麃，韓詩作民民。」

〔五〕「觀」，各本均作「官」。

〔六〕何焯曰：「前代吏部用人，略得此意。雖不設中正，猶參取鄉評也。」

〔七〕何焯曰：「此議古今可以通行，但吴、蜀未一，各置重鎮，郡守之權，不得不有所統。又其人素貴，驟與令長等列，雖爵命不齊，必以失權爲恨。猶當徐俟混一，乃議之也。」

〔八〕何焯曰：「此處有訛字。」錢儀吉曰：「按民字爲句，無誤也。趙誠夫謂皆君吏民，横乃訛耳。」弼按：趙以横字爲句，蓋沿陳仁錫本之圈點。陳本句讀多誤。漢、魏長吏，對於吏民皆有君臣之誼，故太初云然。

〔九〕何焯曰：「此謂刺史之典郡書佐。」

〔一〇〕晉書輿服志：「魏明帝以公卿衮衣黼黻之飾，疑於至尊，多所減省。始制天子服刺繡文，公卿服織成文。」

〔一一〕何焯曰：「覺疑當作較。」

宣王報書曰：「審官擇人，除重官，改服制，皆大善。禮鄉閭本行，朝廷考事，大指如所示；而中間一相承習，卒不能改。秦時無刺史，但有郡守長史；〔一〕漢家雖有刺史，奉六條而已。〔二〕故刺史稱傳車，其吏言從事，居無常治，吏不成臣，其後轉更爲官司耳。〔三〕昔賈誼亦患服制，漢文雖身服弋綈，猶不能使上下如意。恐此三事，當待賢能然後了耳。」玄又書曰：「漢文雖身衣弋綈，而不革正法度，内外有僭儗之服，寵臣受無限之賜。由是觀之，似指立在身之名，非篤齊治制之意也。今公侯命世作宰，〔四〕追蹤上古，將隆至治，抑末正本。若制定於上，則化行於衆矣。夫當宜改之時，留殷勤之心，令發之日，下之應也，猶響尋聲耳。猶垂謙謙，曰待賢能，此伊、周不正殷、姬之典也。竊未喻焉！」〔五〕

〔一〕秦無刺史，有御史監郡。

〔二〕續百官志：「每州刺史一人，諸州常以八月巡行所部郡國，録囚徒，考殿最。」劉昭注引蔡質漢儀曰：「詔書舊典，刺史班宣，周行郡國，省察治政，黜陟能否，斷理冤獄，以六條問事。非條所問，即不省。一條、强宗豪右，田宅踰制，以强陵弱，以衆暴寡。二條、二千石不奉詔書，遵承典制，倍公向私，旁詔牟利，侵漁百姓，聚斂爲姦。三條、二千石不卹疑獄，風厲殺人，怒則任刑，喜則任賞，煩擾苛暴，剥戮黎元，爲百姓所疾。山崩石裂，妖祥訛言。四條、二千石選署不平，苟阿所愛，蔽賢寵頑。五條、二千石子弟怙恃榮勢，請託所監。六條、二千石違公下比，阿附豪强，通行貨賂，割損政令。」

〔三〕何焯曰：「懿之意蓋謂無變官制，但刺史所察止于六條，循漢之初意，則亦無重累之患。郡守以總率令長，古有監牧，亦不可盡去也。」

〔四〕何焯曰：「懿三公封侯，故兼稱公侯。」
〔五〕何焯曰：「于時懿方營立私門，日暮倒行，何暇經遠。如清教審選，各不相涉，而仍互相形檢。此反掌可行，而亦不能有改，有以知其志不在公矣。」

頃之，爲征西將軍，假節，都督雍、涼州諸軍事。〔一〕

魏略曰：玄既遷，司馬景王代爲護軍。護軍總統諸將，任主武官選舉，前後當此官者，不能止貨賂。故蔣濟爲護軍時，有謡言「欲求牙門，當得千匹；百人督，五百匹」。宣王與濟善，閒以問濟，濟無以解之，因戲曰：「洛中市買，一錢不足則不行。」遂相對歡笑。玄代濟，故不能止絶人事。及景王之代玄，整頓法令，人莫犯者。

與曹爽共興駱谷之役，時人譏之。〔二〕爽誅，徵玄爲大鴻臚；數年，徙太常。玄以爽抑絀，内不得意。〔三〕中書令李豐〔四〕雖宿爲大將軍司馬景王所親待，然私心在玄，遂結皇后父光禄大夫張緝，〔五〕謀欲以玄輔政。豐既内握權柄，〔六〕子尚公主，〔七〕又與緝俱馮翊人，〔八〕故緝信之。豐陰令弟兗州刺史翼求入朝，欲使將兵入，并力起。會翼求朝，不聽。嘉平六年二月，當拜貴人，豐等欲因御臨軒，〔九〕諸門有陛兵，〔一〇〕誅大將軍，以玄代之，以緝爲驃騎將軍。豐密語黄門監蘇鑠、〔一一〕永寧署令樂敦、〔一二〕宂從僕射劉賢等曰：〔一三〕「卿諸人居内，多有不法，大將軍嚴毅，累以爲言，張當可以爲誡。」〔一四〕鑠等皆許以從命。

魏書曰：玄素貴，以爽故廢黜，居常怏怏不得意。中書令李豐與玄及后父光禄大夫張緝陰謀爲亂。緝與豐同郡，傾巧人也。以東莞太守召，爲后家，〔一五〕亦不得意，故皆同謀。初，豐自以身處機密，息韜又以列侯給事中，尚齊長公主，有内外之重，心不自安。密謂韜曰：「玄既爲海内重人，加以當大任，年時方壯而永見廢，又親曹爽外弟，於大將軍有嫌。吾得玄書，深以爲憂。」緝有才用，棄兵馬大郡，還坐家巷，各不得志，欲使汝以密計告之。」緝嘗病創臥，豐遣韜省病。韜屏人語緝曰：「韜尚公主，父子在機近，大將軍秉事，常恐不見明信，太常亦懷深憂。〔一六〕君侯雖有后父之尊，安危未可知，皆與韜家同慮者也。韜父欲與君侯謀之。」緝默然良久，曰：「同舟之難，吾焉所逃？此大事，不捷，即禍及宗族。」〔一七〕韜於是往報豐，密語黄門監蘇鑠等。蘇鑠等答豐：「唯君侯計。」豐言曰：「今拜貴人，諸營兵皆屯門。陛下臨軒，因此便共迫脅，將羣寮人兵，〔一八〕就誅大將軍。卿等當共密白此意。」鑠等曰：「陛下儻不從人，柰何？」豐等曰：「事有權宜，臨時若不信聽，便當劫將去耳。那得不從？」〔一九〕鑠等許諾。豐曰：「此族滅事，卿等密之！〔二〇〕事成，卿等皆當封侯常侍也。」豐復密以告玄、緝。緝遣子邈與豐相結，〔二一〕同謀起事。

世語曰：豐遣子韜以謀報玄，玄曰「宜詳之」耳，而不以告也。

大將軍微聞其謀，請豐相見，豐不知而往，即殺之。

世語曰：大將軍聞豐謀，舍人王羕請以命請豐：「豐若無備，情屈勢迫，必來；若不來，羕一人足以制之。若知謀泄，以衆挾輪，長戟自衛，徑入雲龍門，〔二二〕挾天子登陵雲臺，〔二三〕臺上有三千人仗，鳴鼓會衆，如此，羕所不及也。」大將軍乃遣羕以車迎之。豐見劫迫，隨羕而至。

魏氏春秋曰：大將軍責豐，豐知禍及，遂正色曰：「卿父子懷姦，將傾社稷，惜吾力劣，不能相禽滅耳！」大將軍怒，使勇士以刀環築腰，殺之。〔二四〕

魏略曰：豐字安國，〔二五〕故衛尉李義子也。〔二六〕黄初中，以父任召隨軍。始爲白衣時，年十七八，在鄴下名爲清白，識别人物，海内翕然，莫不注意。後隨軍在許昌，聲稱日隆。其父不願其然，遂令閉門，勑使斷客。〔二七〕初，明帝在東宫，豐在文學中。〔二八〕及即尊位，得吴降人，問：「江東聞中國名士爲誰？」降人云：「聞有李安國者。」是時豐爲黄門郎，〔二九〕明帝問左右「安國所在」，左右以豐對。帝曰：「豐名乃被於吴、越邪？」後轉騎都尉、給事中。帝崩後爲永寧太僕，〔三〇〕以名過其實，能用少也。正始中，遷侍中尚書僕射。豐在臺省，常多託疾。時臺制、疾滿百日當解禄。豐疾未滿數十日，輒暫起；已復卧，如是數歲。初，豐子韜以選尚公主，豐雖外辭之，内不甚憚也。豐弟翼及偉，仕數歲閒，並歷郡守。豐嘗於人中顯誡二弟，言當用榮位爲。〔三一〕及司馬宣王久病，偉爲二千石，荒於酒，亂新平、扶風二郡，〔三二〕而豐不召，衆人以爲恃寵。曹爽專政，豐依違二公閒，無有適莫。〔三三〕故于時有謗書曰：「曹爽之勢熱如湯，太傅父子冷如漿，李豐兄弟如游光。」其意以爲豐雖外示清淨，而内圖事，有似於游光也。及宣王奏誅爽，住車闕下，與豐相聞。豐怖，遽氣索，足委地不能起。至嘉平四年，宣王終後，中書令缺，大將軍諮問朝臣「誰可補者」？或指向豐。豐雖知此非顯選，而自以連婚國家，思附至尊，因伏不辭，遂奏用之。豐爲中書二歲，帝比每獨召與語，不知所説。景王知其議已，請豐，豐不以實告，乃殺之。其事祕。豐前後仕歷二朝，〔三四〕不以家計爲意，仰俸廩而已。韜雖尚公主，豐常約勑不得有所侵取。時得賜錢帛，輒以外施親族；及得賜宫人，多與子弟，而豐皆以與諸外甥。及死後，有司籍其家，家無餘積。

魏氏春秋曰：夜送豐尸付廷尉，廷尉鍾毓不受，曰：「非法官所治也。」以其狀告，且勑之，乃受。帝怒，將問豐死意；太后懼，呼帝入，乃止。遣使收翼。

世語曰：翼後妻，散騎常侍荀廙姊，〔三五〕謂翼曰：「中書事發，〔三六〕可及書未至赴吴，〔三七〕何爲坐取死亡！左右可共同赴水火者誰？」〔三八〕翼思未答，妻曰：「君在大州，不知可與同死生者，去亦不免。」翼曰：「二兒小，吾不去；今但從坐身死，二兒必免。」〔三九〕果如翼言。翼子斌，楊駿外甥也。〔四〇〕晉惠帝初，〔四一〕爲河南尹，與駿俱死，見晉書。〔四二〕

事下有司，收玄、緝、鑠、敦、賢等送廷尉。

世語曰：玄至廷尉，不肯下辭。廷尉鍾毓自臨治玄，玄正色責毓曰：「吾當何辭？〔四三〕卿爲令史責人也，〔四四〕卿便爲吾作！」毓以其名士，節高不可屈，而獄當竟。夜爲作辭，令與事相符，〔四五〕流涕以示玄。〔四六〕玄視，頷之而已。毓弟會，年少於玄，玄不與交。是日，於毓坐狎玄，玄不受。

孫盛雜語曰：玄在囹圄，會因欲狎而友玄，玄正色曰：「鍾君何相逼如此也！」〔四七〕

廷尉鍾毓奏：「豐等謀迫脅至尊，擅誅冢宰，大逆無道，請論如法。」於是會公卿朝臣廷尉議，咸以爲：「豐等各受殊寵，典綜機密；緝承外戚椒房之尊，〔四八〕玄備世臣，並居列位，而包藏禍心，構圖凶逆，交關閹豎，授以姦計；畏憚天威，不敢顯謀，乃欲要君脅上，肆其詐虐，謀誅良輔，擅相建立，將以傾覆京室，顛危社稷。毓所正〔四九〕皆如科律，報毓施行。」詔書：「齊長公主，先帝遺愛，原其三子死命。」〔五〇〕於是豐、玄、緝、敦、賢等皆夷三族，〔五一〕

魏書曰：豐子韜，以尚主，賜死獄中。〔五二〕

其餘親屬徙樂浪郡。〔五三〕玄格量弘濟，臨斬東市，顏色不變，舉動自若，〔五四〕時年四十六。〔五五〕

魏略曰：玄自從西還，不交人事，不畜華妍。〔五六〕

魏氏春秋曰：初，夏侯霸將奔蜀，呼玄欲與之俱。玄曰：「吾豈苟存，自客於寇虜乎！」遂還京師。太傅薨，許允謂玄曰：「無復憂矣。」〔五七〕玄歎曰：「士宗，卿何不見事乎？〔五八〕此人猶能以通家年少遇我，子元、子上不吾容也。」〔五九〕玄嘗著樂毅、張良及本無肉刑論，辭旨通遠，咸傳於世。〔六〇〕玄之執也，衞將軍司馬文王流涕請之。〔六一〕大將軍曰：「卿忘會趙司空葬乎？」先是，司空趙儼薨，大將軍兄弟會葬，賓客以百數。玄時後至，衆賓客咸越席而迎，大將軍由是惡之。〔六二〕

臣松之案：曹爽以正始五年伐蜀，時玄已爲關中都督，至十年，爽誅滅後，方還洛耳。案少帝紀，司空趙儼以六年亡，玄則無由得會儼葬。若云玄入朝，紀、傳又無其事。斯近妄不實。

正元中，紹功臣世，封尚從孫本爲昌陵亭侯，邑三百户，以奉尚後。

〔一〕晉書樂廣傳：「廣父方參征西將軍夏侯玄軍事，廣時年八歲，玄嘗見廣在路，因呼與語。還謂方曰：向見廣神姿朗徹，當爲名士。卿家雖貧，可令專學，必能興卿門户也。」

〔二〕何焯曰：「真嘗建議伐蜀而無功。淵被殺於陽平，二子所以共興是役也，然不料劉、葛之澤尚存，賢才未盡，君臣無釁，守備甚設，豈可倖其有功哉！年少浮華，未練於事，無端輕舉，遂爲國家之憂，悲夫！」

〔三〕通鑑：「太常夏侯玄有天下重名，以曹爽親故不得在勢任，居常怏怏。」胡三省曰：「邵陵厲公嘉平元年，玄自關右召詣京師。勢任，權勢之任也。」

〔四〕本傳裴注引魏略云：「豐字安國，故衞尉李義子也。」通鑑：「正始元年，李豐有清名，其父太僕恢不願其然。」弼按：豐父，一作衞尉李義，一作太僕李恢。本志杜畿傳注引傅子曰：「畿與太僕李恢有好。恢子豐見畿，畿曰：孝懿無子。」又引魏略曰：「李豐父名義，義蓋恢之別名。」又裴潛傳注引魏略云：「李義字孝懿，馮翊東縣人。」載李義事甚詳。惟云豐字宣國，與此異。

〔五〕通鑑：「嘉平四年二月，立皇后張氏。后故涼州刺史既之孫，東莞太守緝之女。召緝拜光禄大夫。緝字敬仲。」緝事見張既傳注引魏略。

〔六〕中書令掌樞密。

〔七〕通鑑：「豐子韜以選尚齊長公主。」胡三省曰：「帝之姊妹曰長公主，齊主蓋明帝女。」

〔八〕馮翊見武紀建安十六年。緝爲馮翊高陵人。

〔九〕胡三省曰：「檐宇之末曰軒。促御坐前臨殿陛，曰臨軒。」

〔一〇〕通鑑從裴注作「諸營門皆屯兵」。胡三省曰：「屯宫城門也。」

〔一一〕胡三省曰：「漢有黄門令，宦者爲之。黄門監，蓋魏置也。」

〔一二〕明元郭后傳：「尊后爲皇太后，稱永寧宫。」胡三省曰：「永寧宫，魏太后宫名。永寧署令，太后宫官也，宦者爲之。」

〔一三〕宂從僕射見高貴鄉公紀甘露五年。續百官志：「中黄門宂從僕射一人，六百石。本注曰：宦者，主中黄門宂從。居則宿衛，直守門户；出則騎從，夾乘輿車。」弼按：晉書景帝紀劉賢作劉寶賢。

〔一四〕嘉平元年，黄門張當與曹爽通謀，伏誅。見爽傳。

〔一五〕通鑑：「張緝以后父去郡家居。」東莞見陶謙傳，又見徐奕傳、張既傳。胡三省曰：「東莞縣，漢屬琅邪郡，魏分爲郡。沈約曰：晉武帝泰始元年，分琅邪立東莞郡。當是魏既分而復合於琅邪，晉又分也。莞，音官。」謝鍾英曰：「臧霸傳，太祖以霸爲琅邪相。吴敦利城，尹禮東莞，孫觀北海，孫康城陽太守事，亦見武紀建安三年。是東莞與城陽等郡，同爲建安三年所立。沈志謂泰始元年分琅邪立，水經注謂黄初中立，晉志謂太康元年立，三者皆誤。魏志，胡質、張緝並爲東莞太守，蓋建安初置東莞郡，曹魏不改，晉承魏制也。」王先謙曰：「魏末必曾廢郡，故沈志、晉志均謂晉立，非誤也。」

〔一六〕太常，謂夏侯玄也。

〔一七〕馮本「族」作「俟」，誤。

〔一八〕通鑑「寮」作「僚」。

〔一九〕毛本「那」作「郍」，誤。

〔二〇〕毛本「密」誤作「滅」。

〔二一〕本志張既傳注引魏略，「邈」作「藐」。

〔二二〕雲龍門見高貴鄉公紀甘露五年注引魏氏春秋。潘眉曰：「雲龍門，魏明帝建，見晉書楊駿傳。水經注，雲龍門衡枎之上皆刻雲龍風虎之狀，以火齊薄之，及其晨光初起，夕景斜輝，霜文翠照，陸離眩目。」

〔二三〕陵雲臺見文紀黃初二年。

〔二四〕馮本、監本、官本「築」下有「豐」字，宋本、元本、吴本、毛本無之。通鑑：「豐不以實告，師怒，以刀鐶築殺之。」胡三省曰：「刀把上有鐶。築，擣也。」王懋竑曰：「李豐夙爲司馬師所親待，其爲中書令也，師所引用，乃不附師而與魏主謀，以夏侯玄代師輔政，此與漢之王章無異。魏之忠臣，莫有過焉者也。當是時，司馬之篡弑已成，豐、玄輩所謂區區以一簣障江、河，用没其身，然功雖不就，而意則可悲矣。陳壽不爲豐立傳，僅附於夏侯玄傳中，其敘事率據獄辭，未必皆實，而大指尚略可見。魏氏春秋所云壽爲晉諱，故削此語不載。晉書文帝紀，天子與中書令李豐、光禄大夫張緝、黄門監蘇鑠等謀，以太常夏侯玄代帝輔政。帝知其謀，使中書舍人王羨（魏志注作羕。）迎豐，豐見迫，隨羨而至。帝數之，豐知禍及，遂肆惡言。帝怒，遣勇士以刀鐶築殺之。所謂惡言，即魏氏春秋所云也。然則豐實承魏主命，而獄詞不欲明言之，廷尉奏所謂迫脅至尊，蓋隱指此。至魏書所謂陛下儻不從人云云，乃獄吏之誣辭耳。故壽志亦不載之。通鑑敘豐事專用魏略，盡削豐謀以玄輔政等語，於獄辭又雜用魏志、魏書，其意以玄、緝陰相黨結，師自以疑忌殺之，其獄辭皆虛語，與曹爽傳同。於後又載杜畿并傳嘏語，若豐、玄與何、鄧等同以浮華相扇被誅，而豐之忠遂以不著於天下後世。綱目始正之云：司馬師殺中書令李豐、太常夏侯玄、光禄大夫張緝。書司馬師殺而不去其官，於是豐之忠始明，而分注所載，則仍通鑑，未之改正也。余於是考之魏志、魏氏春秋、晉書，爲備詳其本末。後之君子，其必有以斷此矣。」

〔二五〕裴潛傳注作「字宣國」。

〔二六〕通鑑作「太僕恢子」，注見前。

〔二七〕通鑑：「其父太僕恢不願其然，勅使閉門斷客。」胡三省曰：「斷，讀曰短。」弼按：李豐之父，王經之母，許允之妻，識趣皆高人一等。

〔二八〕洪飴孫曰：「太子文學，太祖置。」

〔二九〕續百官志劉昭注引漢舊儀曰：「黄門郎，屬黄門令。日暮入對青瑣門拜，名曰夕郎。」世説容止篇注云：「豐爲黄門侍郎，改名宣。」

〔三〇〕永寧宫太僕。

〔三一〕「爲」下疑有脱字。

〔三二〕新平見文紀延康元年注引魏略。

〔三三〕論語：「子曰：君子之於天下也，無適也，無莫也，義之與比。」邢昺疏曰：「適，厚也；莫，薄也；比，親也。」朱注云：「適，專主也；莫，不肯也；比，從也。謝氏曰：適，可也；莫，不可也。」

〔三四〕明監本、官本「二」作「三」，宋本、元本、馮本、吴本、毛本作「二」。

〔三五〕廙，荀彧孫。

〔三六〕謂豐事發也。

〔三七〕通鑑「書」上有「詔」字。

〔三八〕通鑑無「共」字。胡三省曰：「赴水火者，人必焦没。自非誓同生死，安肯相從？故以爲言。」

〔三九〕胡三省曰：「從兄坐罪止一身，若奔吳不達，禍及妻子也。」

〔四〇〕晉書楊駿傳：「駿弟濟深慮盛滿，與諸甥李斌等共切諫駿。」

〔四一〕毛本「帝初」二字倒誤。

〔四二〕指晉人所著之晉書。

〔四三〕通鑑「辭」作「罪」。

〔四四〕胡三省曰：「自漢以來，公府有令史，廷尉則有獄史耳。玄蓋責毓以身爲九卿，乃承公府指，自臨治我，是爲公府令史而責人也。」趙一清曰：「責當作貴。」

〔四五〕胡三省曰：「竟，結竟也。爲作獄辭，使與所案之事相附合也。」

〔四六〕吳本、毛本「流」作「毓」。

〔四七〕世說方正篇云：「夏侯玄既被桎梏，時鍾毓爲廷尉。鍾會先不與玄相知，因便狎之。玄曰：雖復刑餘之人，未敢聞命。」劉峻注引名士傳云：「初，玄以鍾毓志趣不同，不與之交。玄被收時，毓爲廷尉，執玄手曰：太初，何至於此！玄正色曰：雖復刑餘之人，不可得交。」杭世駿曰：「郭頒，西晉人，時世相近，爲魏晉世語，事多詳覈，孫盛之徒，皆采以著書。並云玄拒鍾會。而袁宏名士傳最後出，不依前史，以爲鍾毓，可謂謬矣。」康發祥曰：「傅嘏傳：夏侯玄求交於嘏，而嘏不受；鍾會求交於玄，而玄亦不受。前後如出一轍，而識見自有不同，以此見交道有定分也。」弼按：玄既至廷尉，對簿公堂，會何得於毓坐狎玄？似不近情，故通鑑不采。至傅嘏之不交玄，裴注已辨正，見嘏傳。

〔四八〕漢書外戚傳上官皇后傳「有椒房之重」。師古曰：「椒房，殿名，在未央宮，皇后所居。」爾雅翼：「椒實多而香，漢世皇后稱椒房，取其實蔓延盈升；以椒塗屋，亦取其温煖。」何晏景福殿賦：「椒房之列，是準是儀。」李善注：「漢舊儀曰：皇后稱椒房。詩曰，椒聊之實，蔓延盈升。美其繁興也。」

〔四九〕郝書「正」作「上」。

〔五〇〕宋本「原」作「㔟」。

〔五一〕御覽卷八百八十四引異苑云：「夏侯玄爲司馬景王所誅，宗人爲之設祭，見玄來靈，坐上脱頭，於膝取食物酒胾之屬，以内頭中。畢，還自安頭而言曰：吾得請於帝矣，子元無嗣也。及永嘉之亂，有覡見宣王涕泗云：國家傾覆。是曹爽、夏侯玄訴寃得伸故也。」沈家本曰：「上文云收玄、緝、鑠、敦、賢等送廷尉。鑠者，黄門監蘇鑠也。疑此文緝下奪鑠字。」

〔五二〕豐女爲賈充前妻，淑美有才行，作女訓行於世。豐誅，坐流徙。晉武帝踐阼，以大赦得還。見晉書賈充傳。

〔五三〕樂浪郡見明紀青龍元年。

〔五四〕劉咸炘曰：「數語稍申其冤。」

〔五五〕玄當生於建安十四年。袁宏三國名臣序贊曰：「玉生雖麗，光不踰把；德積雖微，道映天下。淵哉泰初，宇量高雅，器範自然，標准無假。全身由直，迹洿必僞，處死匪難，理存則易。萬物波蕩，孰任其累？六合徒廣，容身靡寄。」

〔五六〕梁章鉅曰：「藝文類聚卷五十八引魏末傳云：夏侯太初見召還洛陽，絶人道，不畜筆研。案華姸恐是筆研之誤。」侯康曰：「筆研、華姸，字形相似，未詳孰是。」弼按：筆研二字，與畜字不聯屬。太初方事著述，豈有無筆研之理？當爲類聚之誤。

〔五七〕毛本「無」誤作「吾」。

〔五八〕胡三省曰：「許允字士宗。不見事，猶今人言不曉事也。」

〔五九〕司馬師字子元，司馬昭字子上。

〔六〇〕世説文學篇注晉諸公贊曰：「魏太常夏侯玄著道德論。」隋書經籍志：「夏侯玄集三卷。」樂毅論見王右軍書帖本、藝文類聚二十三；肉刑論、答李勝難肉刑論，見通典一百六十八。又有皇胤賦，見藝文類聚四十五、初學記十；辨樂論見御覽五百七十一。

〔六一〕元本、馮本、明監本「衞」作「魏」，誤。何焯曰：「按三少帝紀，文王於時爲安東將軍，非衞將軍也。」

〔六二〕趙一清曰：「姜氏云，太初之死，由師夙憾，兼有異志，惡其相逼，而搆此獄。觀世語諸書，可證其妄。嗚呼！華督行弑而孔父先亡，曹氏篡奪而文舉遂滅。賢人之於國，關係豈不重哉！」

初，〔一〕中領軍高陽許允〔二〕與豐、玄親善。先是有詐作尺一詔書，〔三〕以玄爲大將軍，允爲太尉，共録尚書事。有何人〔四〕天未明乘馬以詔版付允門吏，曰：「有詔！」因便馳走。允即投書燒之，不以開呈司馬景王。〔五〕後豐等事覺，徙允爲鎮北將軍，假節，督河北諸軍事。〔六〕未發，以放散官物收付廷尉，徙樂浪，道死。

魏略曰：允字士宗，世冠族。父據，仕歷典農校尉、郡守。允少與同郡崔贊俱發名於冀州，〔七〕召入軍。明帝時爲尚書選曹郎，與陳國袁侃對，同坐職事，〔八〕皆收送獄，詔旨嚴切，當有死者，正直者爲重。允（爲）〔謂〕侃曰：「卿，功臣之子，法應八議，不憂死也。」〔九〕侃知其指，乃爲受重。允刑竟復吏，出爲郡守，稍遷爲侍中尚書中領軍。允聞李豐等被收，欲往見大將軍，已出門，回遑不定；中道還取袴，豐等已收訖。大將軍聞允前遽，怪之曰：「我自收豐等，不知士大夫何爲忩忩乎？」是時朝臣遽者多耳，而衆人咸以爲意在允也。會鎮北將軍劉靜卒，〔一〇〕朝廷以允代靜。已受節傳，出止外舍。〔一一〕大將軍與允書曰：「鎮北雖少事，而都典一方，念足下震華鼓、建朱節、歷本州，〔一二〕此所謂著繡晝行也。」允心甚悅，與臺中相聞，欲易其鼓吹、旌旗。其兄子素頗聞衆人說允前見嫌意，戒允「但當趣耳，用是爲邪」！

允曰：「卿俗士，不解；我以榮國耳，故求之。」帝以允當出，乃詔會羣臣，羣臣皆集。帝特引允以自近。允前爲侍中，顧當與帝别，涕泣歔欷。〔一三〕會訖，罷出，詔促允令去。會有司奏允前擅以厨錢穀乞諸俳及其官屬，故遂收送廷尉，考問竟，故減死徙邊。〔一四〕允以嘉平六年秋徙，妻子不得自隨，行道未到，以其年冬死。

魏氏春秋曰：允爲吏部郎，選郡守。明帝疑其所用非次，召入，將加罪。允妻阮氏跣出，謂曰：「明主可以理奪，難以情求。」允頷之而入。帝怒詰之，允對曰：「某郡太守雖限滿，文書先至，年限在後，〔一五〕日限在前。」帝前取事視之，乃釋遣出。望其衣敗，曰：「清吏也。」賜之。〔一六〕允之出爲鎮北也，喜謂其妻曰：「吾知免矣。」妻曰：「禍見於此，何免之有！」允善相印，將拜，以印不善，使更刻之，如此者三。〔一七〕允曰：「印雖始成，而已被辱。」問送印者，果懷之而墜於厠。相印書曰：「相印法本出陳長文，長文以語韋仲將，印工楊利從仲將受法，以語許士宗。利以法術占吉凶，十可中八九。〔一八〕仲將問長文從誰得法？長文曰：本出漢世，有相印、相笏經，又有鷹經、牛經、馬經。印工宗養以法語程申伯，是故有一十二家相法傳於世。」〔一九〕允妻阮氏，〔二〇〕賢明而醜。允始見愕然，交禮畢，無復入意。妻遣婢覘之，云：「有客姓桓。」妻曰：「是必桓範，將勸使入也。」既而範果勸之，允入，須臾便起，妻捉裾留之。〔二一〕允顧謂婦曰：「婦有四德，卿有其幾？」婦曰：「新婦所乏唯容。士有百行，君有其幾？」許曰：〔二二〕「皆備。」婦曰：「士有百行，以德爲首，君好色不好德，何謂皆備！」〔二三〕允有慚色，知其非凡，遂雅相親重。生二子奇、猛，少有令聞。允後爲景王所誅，門生走入告其婦，婦正在機，神色不變，曰：「早知爾耳。」門生欲藏其子，婦曰：「無預諸兒事。」後移居墓所，景王遣鍾會看之，若才藝德能及父，當收。兒以語母，母答：「汝等雖佳，才具不多，率胸懷與會語，便自無憂。不須極哀，會止便止，又可多少問朝事。」兒從之。會反命，具以狀對，卒免其禍。皆母之教也。雖會之識鑒，而輸賢婦之智也。果慶及後嗣，追封子孫而已。〔二四〕

世語曰：允二子，奇字子泰，〔二五〕猛字子豹，並有治理才學。晉元康中，奇爲司隸校尉，猛幽州刺史。〔二六〕

傅暢晉諸公讚曰：猛禮樂儒雅，當時最優。奇子遐，字思祖，以清尚稱，位至侍中。猛子式，字儀祖，有才幹，至濮陽内史、平原太守。〔二七〕

〔一〕惠棟曰：「賈逵左傳注：凡言初者，隔其年；後有禍福將終之，乃言初也。」

〔二〕郡國志：「冀州河閒國高陽。」一統志：「高陽故城，今直隸保定府高陽縣東。」按承祚於里貫皆書郡望，如南陽、沛國之例，下文言允友人同郡崔贊，則高陽必爲郡，解見後。

〔三〕沈欽韓曰：「六典注漢舊儀云：以武都紫泥封青布囊、白素裏。兩端縫尺一板，中約署。封拜王公以下，皆用皇帝行璽。」蔡邕獨斷云：「策書制，長二尺者半之。」陳蕃傳「尺一選舉」注謂：「板長尺一，以寫詔書。」知封拜皆用尺一詔也。

〔四〕漢書雋不疑傳：「廷尉驗治何人，竟得姦詐。」師古曰：「凡不知姓名及所從來者，皆曰何人。」范書來歙傳：「爲何人所賊傷。」章懷注：「何人，謂不知何人也。」

〔五〕世説注引此「開」作「闓」。

〔六〕通鑑作「都督河北諸軍事」。胡三省曰：「晉志，假節都督者，與四征、鎮加大將軍不開府，爲都督者，同四征、鎮安平加大將軍不開府。持節都督者，品秩第二。」

〔七〕本志王基傳：「基稱許允、傅嘏、袁侃、崔贊皆一時正士。」晉書鄭袤傳：「司空王朗辟爲掾，袤舉高陽許允、扶風魯芝、東萊王基，朗皆命之。後咸至大位，有重名。」

〔八〕侃，袁渙子，見渙傳。

〔九〕八議，見公孫淵傳。

〔一〇〕本志劉馥傳：「馥子靖爲鎮北將軍。」傅嘏傳注引傅子作劉静。案，應從本傳作靖。

〔一一〕毛本「舍」作「命」，誤。

〔一二〕允爲冀州人。

〔一三〕胡三省曰：「君臣不密，遂並蹈失身之禍。歔，音虛；欷，音希。」

〔一四〕故字衍。

〔一五〕御覽二百十六此句下有「某守雖後」四字。

〔一六〕世説賢媛篇：「許允爲吏部郎，多用其鄉里。魏明帝遣虎賁收之，其婦出誡允曰：明主可以理奪，難以情求。既至，帝覈問之。允對曰：舉爾所知。臣之鄉人，臣所知也。陛下檢校，爲稱職與不；若不稱職，臣受其罪。既檢校，皆官得其人，於是乃釋允。衣服敗壞，詔賜新衣。初，允被收，舉家號哭，阮新婦自若，云：勿憂，尋還。作粟粥待。頃之，允至。」

〔一七〕趙一清曰：「姜氏云：晉以前一官之任，即鑄一印，故朱買臣在京邸，而即懷其會稽太守章也。一清案：宋書孔琳之傳，琳之建議曰：夫璽印者，所以辨章官爵，立契符信。官莫大於皇帝，爵莫尊於公侯，而傳國之璽，歷代迭用，襲封之印，奕世相傳，貴在仍舊，無取改作。今世唯尉一職，獨用一印。至於内外羣官，每遷悉改，討尋其義，私所未達。若謂官各異姓，與傳襲不同，則未若異代之爲殊也；若論其名器，雖有公卿之貴，未若帝王之重；若以或有誅夷之臣，忌其凶穢，則漢用秦璽，延祚四百，未聞以子嬰身戮國亡，而棄之不佩。帝王公侯之尊，不疑於傳璽，人臣衆僚之卑，何嫌於印？即載籍未聞其説，推例自乖其準。而終年刻鑄，喪功消實，金銀銅炭之費，不可稱言，非所以因循舊貫易簡之道。愚謂衆官即用一印，無煩改作，若有新置官，又官多印少，文或零失，然後乃鑄，則仰裨天府，非惟小益。」

〔一八〕監本「中」誤作「申」。

〔一九〕元本「二」作「三」。隋書經籍志：「相書四十六卷，相經要録二卷，蕭吉撰。相經三十卷，鍾武隸撰。相書十一卷，樊、許、唐氏武王相書一卷，雜相書九卷，相書圖七卷，相手板經六卷，梁相手板經、受版圖、韋氏相板印法指略鈔、魏征東將軍程申伯相印法各一卷。相馬經一卷，梁有伯樂相馬經、寧戚、王良、高堂隆相牛經，淮南八公相鵠經，浮丘公相鶴書、相鴨經、相雞經、相鵝經、相貝經。」潘眉曰：「相印經今失傳，相笏經載太平御覽六百九十三，其書敘出自蕭何，東方朔見而喜之。魏陳長文以示許士宗云云，當亦六朝人手定，非漢世舊經也。其法取五行，尋四時，定八節，明二十四時。版長一尺五寸，廣一寸五分，上狹而薄，下廣而厚，八角十二芒，欲端平完淨。版舊用白直檀、刺榆、桑、竹四材，理通直，從上至下，直如絃，不得出邊。絶理版頭是君座版頭，不如法與君共事必不得中。作四分，上一分爲二親，左父右母，第二分都爲婦，第三分左男右女，第四分左奴右婢。若其處傷、踢破、裂蝎、穿兆，隨所屬必損失死亡。版兩邊左爲城，右爲社，寬博文采，斑斑光澤清淨，必得封邑，此大略也。」

〔二〇〕世説：「許允婦是阮衛尉女，德如妹。」注引晉諸公贊曰：「允有正情，與文帝不平，遂幽殺之。」婦人集載阮氏與允書，陳允禍患所起，辭甚酸愴。又引陳留志曰：「阮共字伯彦，尉氏人。清真守道，動以禮讓。仕魏，至衛尉卿。少子侃，字德如，有俊才而飭以名理，風儀雅潤，與嵇康爲友。仕至河内太守。」

〔二一〕毛本「捉」誤作「促」。

〔二二〕「許曰」應作「允曰」。

〔二三〕馮本衍一「皆」字。

〔二四〕孔融二子，因才被殺，二者相較，益徵允婦之識。

〔二五〕世說注引晉諸公讚曰：「奇，泰始中爲太常丞。世祖嘗祠廟，奇應行事。朝廷以奇受害之門，不令接近，出爲長史。世祖下詔，述允宿望，又稱奇才，擢爲尚書祠部郎。」

〔二六〕晉書賈謐傳：「高陽許猛等傳會於謐，號曰二十四友。」世說政事篇注引許氏譜曰：「許柳，高陽人。祖允，魏中領軍，父猛，吏部郎。」

〔二七〕世說注引晉陽秋曰：「許詢字玄度，高陽人。魏中領軍允玄孫。總角秀惠，衆稱神童，長而風情簡素。司徒掾辟，不就，早卒。」梁書許懋傳：「懋字昭哲，高陽新城人。魏鎮北將軍允九世孫。曉故事，稱爲儀注之學。凡諸禮儀，多所刊正，拜中庶子。」

清河王經亦與允俱稱冀州名士。甘露中爲尚書，坐高貴鄉公事誅。始，經爲郡守，〔一〕經母謂經曰：「汝田家子，〔二〕今仕至二千石，物太過不祥，可以止矣。」經不能從，歷二州刺史，〔三〕司隸校尉，終以致敗。〔四〕

世語曰：經字彥偉，〔五〕初爲江夏太守。大將軍曹爽附絹二十匹，令交市於吴；經不發書，棄官歸。母問歸狀，經以實對。母以經典兵馬而擅去，對送吏杖經五十。爽聞，不復罪。經爲司隸校尉，辟河內向雄爲都官從事，〔六〕王業之出，不申經竟以及難。〔七〕經刑於東市，雄哭之，感動一市。刑及經母，雍州故吏皇甫晏以家財收葬焉。

漢晉春秋曰：經被收，辭母，母顏色不變，〔八〕笑而應曰：「人誰不死？往所以不止汝者，〔九〕恐不得其所也。以此并命，何恨之有哉！」〔一〇〕

晉武帝太始元年詔曰：「故尚書王經，雖身陷法辟，然守志可嘉。門户堙没，意常愍之。其賜經孫郎中。」〔一一〕

允友人同郡崔贊，亦嘗以處世太盛戒允云。〔一二〕

荀綽冀州記曰：〔一三〕贊子洪，字良伯，清恪有匪躬之志。〔一四〕爲晉吏部尚書、大司農。〔一五〕

〔一〕經爲江夏太守，見本志管輅傳。

〔二〕經起民伍之中，爲崔林所識拔，見崔林傳注。

〔三〕經爲雍州刺史，見高貴鄉公紀正元二年。

〔四〕經事詳見高貴鄉公紀甘露五年注。

〔五〕錢大昕曰：「管輅傳注字彦緯，當從系旁。」

〔六〕晉書向雄傳：「雄字茂伯，河内山陽人。父韶，彭城太守。」雄事又見本志鍾會傳注引漢晉春秋。司隸都官從事，見董卓傳。

〔七〕盧明楷曰：「高貴鄉公卒注云，經正直不出，因沈業申意。則此竟字當作意字。」

〔八〕世説賢媛篇：「經爲尚書，助魏，不忠於晉。被收，涕泣辭母曰：不從母敕，以至今日。母都無慼容，語之曰：爲子則孝，爲官則忠，有孝有忠，何負吾耶！」

〔九〕世説注引此無「不」字。

〔一〇〕胡三省曰：「非此母不生此子。」袁宏三國名臣序贊曰：「君親自然，匪由名教，敬愛既同，情理兼到。烈烈王生，知死不撓，求仁不遠，期在忠孝。」

〔一一〕何焯曰：「按此詔，可見因沈業申意之言亦誣。」趙一清曰：「世説注已辨世語爲非。」

〔一二〕范書崔駰傳：「駰字亭伯，涿郡安平人。子瑗，孫寔。」贊爲寔孫。郡國志：「冀州安平國安平，故屬涿。」一統志：「安平縣自晉至北齊皆爲博陵郡治，今直隸深州安平縣治。」錢大昕曰：「安平縣本屬涿，桓、靈之世，安平改隸博陵郡，故孔彪碑陰故吏名有博陵安平崔烈，而程夫人亦稱烈爲冀州名士。涿郡屬幽州，博陵屬冀州。」弼按：蜀志諸葛亮傳亦云：博陵崔州平。博陵詳見張燕傳注。惟崔氏世世著籍安平，安平初屬涿郡，後屬安平國，後又屬博陵郡，何以與高陽許允爲同郡？按晉書地理志總敘漢桓帝增置高陽、博陵郡，據酈注，漢末曾省併博陵，則安平縣必隸高陽，故崔贊與許允爲同郡。如此，則承祚書例，前後皆通矣。王鳴盛曰：「魏氏之亡，始於曹爽之誅，而終於齊王之廢，及高貴鄉公之弑。爽之驕溢，其敗有由；然爽不死，司馬之篡不成。若夏侯玄、李豐之獄，則師、昭相繼，逆節彰著，諸公身沈族滅，皆魏室之忠臣也。故於玄傳末以許允、王經終之，以見其皆亡身殉國者。而皆貶其以過滿取禍，則廋詞以避咎耳。世愈近，言愈隱，作史之良法也。」劉咸炘曰：「允、經自當書於此，貶詞亦承祚所見固然耳。」

〔一三〕荀綽冀州記，本志陳思王傳注，邴原、崔琰、裴潛傳注，文選注四十，世說言語、賞譽、品藻篇注皆引之。又有兖州記，本志杜畿傳注、世說文學篇注、書鈔、初學記、類聚、御覽皆引之。又有九州記，見本志袁涣傳注。冀州、兖州當爲九州記之二篇。沈家本曰：「九州記，隋、唐志不著録。其書分州爲記，與司馬彪書之例同。譙周傳注引荀綽評，所評者譙周之事，其爲九州記之評可知。但不知益州屬何州耳。以禹貢言之，當爲梁州也。」

〔一四〕易曰：「王臣蹇蹇，匪躬之故。」

〔一五〕晉書崔洪傳：「洪，博陵安平人。高祖實，著名漢代；父讚，魏吏部尚書、左僕射，以雅量見稱。」

評曰：夏侯、曹氏，世爲婚姻，故惇、淵、仁、洪、休、尚、真等，並以親舊肺腑，貴重於時，左右勳業，咸有効勞。爽德薄位尊，沈溺盈溢，此固大易所著，道家所忌也。〔一〕玄以規格局度，世稱其名，然與曹爽中外繾綣。〔二〕榮位如斯，曾未聞匡弼其非，援致良才。舉兹以論，焉能免之乎！〔三〕

〔一〕李慈銘曰：「爽傳極言其罪狀，而評止云沈溺盈溢，犯道家之忌，可知傳文皆本當日國史司馬氏誣加之辭，非其實也。此陳氏之所以爲良史。」

〔二〕謂共興駱谷之役。

〔三〕「之」字衍。

三國志十

魏書十

荀彧荀攸賈詡傳第十

荀彧〔一〕字文若，潁川潁陰人也。〔二〕祖父淑，字季和，朗陵令。〔三〕當漢順、桓之閒，知名當世。〔四〕有子八人，號曰八龍。彧父緄，〔五〕濟南相；〔六〕叔父爽，司空。〔七〕

續漢書曰：淑有高才，王暢、李膺皆以爲師。爲朗陵侯相，號稱神君。張璠漢紀曰：淑博學有高行，與李固、李膺，同志友善。〔八〕拔李昭於小吏，友黄叔度於幼童，〔九〕以賢良方正徵，對策譏切梁氏，〔一〇〕出補朗陵侯相，卒官。〔一一〕八子，儉、緄、靖、燾、詵、爽、肅、尃。〔一二〕爽字慈明，幼好學，〔一三〕年十二，通春秋、論語，耽思經典，不應徵命，積十數年。〔一四〕董卓秉政，復徵爽，爽欲遁去，吏持之急。詔下郡，即拜平原相。行至苑陵，〔一五〕又追拜光禄勳。視事三日，策拜司空。〔一六〕爽起自布衣，九十五日而至三公。〔一七〕淑舊居西豪里，縣令苑康曰：〔一八〕「昔高陽氏有才子八人，〔一九〕署其里爲高陽里。」靖字叔慈，亦有至德，名幾亞爽，隱居終身。〔二〇〕皇甫謐逸士傳：〔二一〕或問許子將，靖與爽孰賢？子將曰：「二人皆玉也。慈明外朗，叔慈内潤。」〔二二〕

〔一〕李賢曰：「袁宏漢紀，彧作郁。」潘眉曰：「彧、郁古字通。」沈家本曰：「說文，戫，有文章也。從有，惑聲。論語：郁郁乎文哉。汗簡曰：古論語作戫，或省作惑，而變爲𢒟，又變爲彧。」弼按：范書靈紀有孟戫，隸釋作郁；又有許戫，袁紀作郁。潘、沈二說均是。

〔二〕潁陰詳見文紀延康元年。郡國志：「豫州潁川郡潁陰。」一統志：「故城今許州治。」范書荀淑傳：「初，荀氏舊里名西豪，潁陰令苑康改爲高陽里。」李賢注：「今許州城内有荀淑故宅，相傳即舊西豪里。」

〔三〕范書荀淑傳：「淑，荀卿十一世孫。出補朗陵侯相，蒞事明理，稱爲神君。」郡國志：「豫州汝南郡朗陵，侯國。」一統志：「朗陵故城，今河南汝寧府確山縣西南三十五里。」錢大昕曰：「朗陵侯國，臧宫所封，當從司馬彪書、張璠紀作朗陵侯相。」又曰：「漢制，縣爲侯國，則置侯相一人治之，其職與令、長同，故亦通稱爲令。東萊之不其亦侯國，而董恢傳稱除不其令。」弼按：鍾繇傳注引先賢行狀，淑爲黎陽令，淑傳失載。

〔四〕范書淑傳：「淑少有高行，博學而不好章句，多爲俗儒所非，而州里稱其知人。安帝時，徵爲郎中，後再遷當塗長，去職還鄉里。當世名賢李固、李膺等，皆師宗之。及梁太后臨朝，有日食、地震之變，詔公卿舉賢良方正。光禄勳杜喬、少府房植舉淑，對策譏刺貴倖，爲大將軍梁冀所忌。」

〔五〕李賢曰：「緄，音古本反。」

〔六〕濟南國見武紀卷首。續志：「青州濟南國。」（毛本作「郡」，誤。）

〔七〕范書荀爽傳：「爽字慈明，一名諝。太尉杜喬見而稱之，曰：可爲人師。潁川爲之語曰：荀氏八龍，慈明無雙。爽見董卓忍暴滋甚，必危社稷，其所辟舉，皆取才略之士，將共圖之。亦與司徒王允及卓長史何顒等爲内謀，會病薨，年六十三。」王補曰：「爽與王允、何顒同謀誅卓，此殆荀彧因爽病薨，虛構是說，以掩其尸位台司，了無匡正之恥耳。范氏震爽盛名，不察其溢美，而謂潛圖董氏，幾振國命，誣矣！通鑑不襲其誤，斯爲史識。姜宸英言爽之喪心，一女且不欲聽其完節，其肯出身除逆，爲烈丈夫之舉哉！尤足發既死之覆矣。」又曰：「嘗證之袁紀，已確知其誣。觀其并致顒屍，葬爽冢旁，決此説斷由荀彧之作僞，亦因其破綻已露，不復能掩，非苛論也。不然，攸亦荀氏子耳，其圖卓載之袁紀，載之魏志，范史附之鄭太傳，通鑑從而録之，何獨於爽而恡之邪？此可以類推而得之者。」黄山曰：「爽以白衣，不十旬而致位司空，其受董卓知遇，有過蔡邕，反共圖卓，準以邕之聞卓誅而發嘆動色，原似不類。雖然，司空，大臣也，何顒既荀氏故舊，王允又實爽之舉主也。方允矯情屈意以附卓，爽之登進，允亦將有力焉。而謂允、顒之圖卓，爽必不與聞，尤非其情矣。夫爽逼嫁其女，范史初不爲之諱，女節自高，然漢世固不以改適爲非禮。爽又夙持陽尊陰卑、通怨曠、和陰陽之説，自當分别觀之。姜宸英顧謂皆出荀彧之作僞，且於爽與顒通謀，明見黨錮傳，而反謂彧致顒屍葬爽冢旁，決爲作僞之證，豈非深文乎！至荀攸即爽之從孫，同與顒謀，猶爽志也。攸以機洩被繫，故袁紀亦及之。爽不及誅卓而先卒，故無由及。紀與傳自異體，讀史者不容不辨也。」范書列女傳：「南陽陰瑜妻，潁川荀爽之女，名采，年十七，適陰氏；十九，産一女，而瑜卒。同郡郭奕喪妻，爽以采許之，女以衣帶自縊。」王補曰：「荀采守義，逼脅再醮，竟出當日號稱人師之荀爽，何怪彧謀篡漢，顗與勖亡魏亂晉，襲爽之故智，以謂是家法云爾也。」魏書：「郭奕字伯益，嘉之子，爲太子文學，早卒。」陳景雲曰：「郭嘉卒於建安十二年，年三十八，距荀爽之歿，幾二十年。計爽存日，嘉年方冠，不得有授室壯子。又爽名德素著，亦定無强奪女志事。」弼按：陳説精審，黄説平允，可正王説之誤。因與文若事有關，故備録之。

〔八〕毛本「友」作「方」，誤。

〔九〕范書黄憲傳：「憲字叔度，汝南慎陽人。世貧賤，父爲牛醫。潁川荀淑至慎陽，遇憲於逆旅，時年十四。淑竦然異之，揖與語，移日不能去。謂憲曰：子，吾之師表也。」

〔一〇〕監本「譏」作「議」，誤。

〔一一〕范書淑傳：「棄官歸，年六十七，建和三年卒。」與此言「卒官」者不同。

〔一二〕原注：「音敷。」范書淑傳：「有子八人，儉、緄、靖、燾、汪、爽、肅、專，並有名稱，人謂之八龍。」章懷注：「緄，音昆；

燾，音道；汪，音烏光反。説文云：汪，深廣也。俗本改作注，非。專，本或作敷。」錢大昕曰：「專當作尃，即敷字。陶淵明四八目云：儉字伯慈，緄字仲慈，靖字叔慈，燾字慈光，汪字孟慈，爽字慈明，肅字敬慈，尃字幼慈，見張璠漢記。」惠棟曰：「荀氏譜云：緄，濟南相，年六十六。彧之父。燾，舉孝廉，年七十。汪，昆陽令，年六十。肅，守舞陽令，年五十。尃，司徒掾，年七十。燾，一作壽，專，古文敷。説卦云：震爲尃，是也。故注云本或作敷。俗本作專，誤也。」汪文臺曰：「御覽四百三十二、七百五十七袁山松書云：淑及陳寔神交，及其棄朗陵而歸也，數命駕詣之。淑御慈明從叔慈抱孫文若而行，寔亦令元方侍側，季方作食，抱孫長文而坐，相對怡然。嘗一朝求食，食遲，季方尚少，跪曰：聞大人與荀君言甚善，竊聽。寔曰：汝聽談解否乎？諶曰：解。因令與二慈説之，不失一詞。二公大悦。御覽二百十二、書鈔六十謝承書曰：緄性明亮，敏於衆職，以勖羣僚，秉機平正，直而行之。」弼按：荀淑八子，詵應從范書作汪，彧子亦名詵，若淑子名詵，彧子決不名詵，可證淑子名詵之誤。

〔一三〕惠棟曰：「楊修荀爽述讚云，其德克明，誕發初齡。」

〔一四〕范書荀爽傳：「太常趙典舉爽至孝，拜郎中，對策陳便宜，奏聞，即棄官去。後遭黨錮，隱於海上，又南遁漢濱，積十餘年。以著述爲事，遂稱爲碩儒。黨禁解，五府並辟，司空袁逢舉有道，不應。」

〔一五〕前漢書地理志：「河南郡苑陵。」范書爽傳作「行至宛陵」，續漢志作「菀陵」，通鑑作「行至宛陵」。胡三省曰：「宛陵縣屬河南尹，在雒陽東。」錢大昕曰：「前志作苑陵，左傳杜注作宛陵。苑、菀、宛，古通用。」又曰：「此河南之菀陵，非丹陽之宛陵。」一統志：「在許州府新鄭縣東北三十八里。」

〔一六〕惠棟曰：「北海耆舊傳云：公沙孚字允慈，與爽共約，出不得事貴勢。而爽當董卓時，脱巾未百日，位至司空。後相見，以爽違命，割席而坐也。」

〔一七〕通鑑作「九十三日」。惠棟曰：「荀氏譜云，九十三日。荀氏家傳云，世人號爲白衣登三公。張璠漢記云，爽爲三公，食不過一肉，脱粟飯，坐皮褥。」弼按：范書楊彪傳：「董卓欲遷都長安，彪議不可。卓作色曰：公欲沮國計邪？太尉黄琬曰：此國之大事，楊公之言，得無可思？卓不答。司空荀爽見卓意壯，恐害彪等，因從容言曰：相國豈樂此邪？山東兵起，非一日可禁，故當遷以圖之，此秦、漢之埶也。卓意小解。爽私謂彪曰：諸君堅争不止，禍必有歸，故吾不爲也。」范曄論曰：「遜言遷都之議，以救楊、黄之禍，及後潛圖董氏，幾振國命，所謂大直若屈，道固逶迤也。」

〔一八〕苑康見劉表傳注。

〔一九〕左傳文公十八年：「昔高陽氏有才子八人，蒼舒、隤敳、檮戭、大臨、尨降、庭堅、仲容、叔達。」杜注：「此即垂、益、禹、皋陶之倫，庭堅即皋陶字。」

〔二〇〕范書荀淑傳：「靖有至行，不仕，年五十而終，號曰玄行先生。」惠棟曰：「荀氏譜云，年五十五。高士傳又云，潁川太守王懷亦謚之曰昭定先生。」

〔二一〕沈家本曰：「後漢書荀淑傳注及御覽並引作高士傳，而御覽三百八十及世説五注引作逸士傳，未詳孰是。」

〔二二〕范書荀淑傳：「淑兄子昱，字伯條，曇字元智。昱爲沛相，曇爲廣陵太守。兄弟皆正身疾惡，志除閹官。其支黨賓客，有在二郡者，纖罪必誅。昱後共大將軍竇武謀誅中官，與李膺俱死，曇亦禁錮終身。」

彧年少時，南陽何顒異之，曰：「王佐才也！」〔一〕

典略曰：中常侍唐衡，欲以女妻汝南傅公明，公明不娶，轉以與彧。父緄慕衡勢，爲彧娶之。彧爲論者所譏。〔二〕

臣松之案：漢記云，唐衡以桓帝延熹七年死，計彧于時年始二歲，則彧婚之日，衡之没久矣。慕勢之言，爲不然也。臣松之又以爲緄，八龍之一，必非苟得者也，將有逼而然，何云慕勢哉！昔鄭忽以違齊致譏，〔三〕雋生以拒霍見美，〔四〕致譏在於失援，見美嘉其慮遠，並無交至之害，故得各全其志耳。至于閹豎用事，四海屏氣，左悺、唐衡，殺生在口。故于時諺云：「左迴天，唐獨坐」，〔五〕言威權莫二也。順之則六親以安，忤違則大禍立至，〔六〕斯誠以存易亡，〔七〕蒙恥期全之日。昔蔣詡姻於王氏，無損清高之操，〔八〕緄之此婚，庸何傷乎！〔九〕

永漢元年，〔一〇〕舉孝廉，拜守宮令。〔一一〕董卓之亂，求出補吏；除亢父令，〔一二〕遂棄官歸。謂父老曰：「潁川，四戰之地也。〔一三〕天下有變，常爲兵衝，宜亟去之，無久留。」鄉人多懷土猶豫，會冀州牧同郡韓馥遣騎迎之，〔一四〕莫有隨者；彧獨將宗族至冀州。而袁紹已奪馥位，待彧以上賓之禮。彧弟諶及同郡辛評、郭圖，〔一五〕皆爲紹所任。彧度紹終不能成大事。時太祖爲奮武將軍，在東郡。初平二年，彧去紹，從太祖。〔一六〕太祖大悅，曰：「吾之子房也！」〔一七〕以爲司馬，時年二十九。是時董卓威陵天下，太祖以問彧，彧曰：「卓暴虐已甚，必以亂終，無能爲也。」卓遣李傕等出關東，所過虜略，至潁川陳留而還。鄉人留者，多見殺略。〔一八〕明年，太祖領兗州牧，後爲鎮東將軍，彧常以司馬從。〔一九〕興平元年，太祖征陶謙，任彧留事。〔二〇〕會張邈、陳宮以兗州反，潛迎呂布。布既至，邈乃使劉翊告彧曰：「呂將軍來助曹使君擊陶謙，宜亟供其軍食。」〔二一〕衆疑惑。彧知邈爲亂，即勒兵設備，馳召東郡太守夏侯惇，而兗州諸城皆應布矣。時太祖悉軍攻謙，留守兵少，而督將大吏〔二二〕多與邈、宮通謀。惇至，其夜誅謀叛者數十人，衆乃定。豫州刺史郭貢，帥衆數萬來至城下，或言與呂布同謀，衆甚懼。貢求見彧，彧將往，惇等曰：「君，一州鎮也。〔二三〕往必危，不可。」彧曰：「貢與邈等，分非素結也。今來速，計必未定；及其未定説之，縱不爲用，可使中立。〔二四〕若先疑之，彼將怒而成計。」貢見彧無懼意，謂鄄城未易攻，遂引兵去。又與程昱計，使説范、東阿，〔二五〕卒全三城，以待太祖。〔二六〕太祖自徐州還，擊布濮陽，布東走。二年夏，太祖軍乘氏，〔二七〕大饑，人相食。

〔一〕顯事見武紀卷首及後荀攸傳注。

〔二〕范書荀彧傳：「緄畏憚宦官，乃爲彧娶中常侍唐衡女。彧以少有才名，故得免於譏議。」

〔三〕左傳桓公六年：「鄭太子忽救齊，大敗戎師。齊侯欲以文姜妻之，忽辭曰：齊大，非吾耦也。祭仲曰：必取之。君多内寵，子無大援，將不立。三公子皆君也。弗從。」

〔四〕漢書雋不疑傳：「大將軍霍光欲以女妻之，不疑固辭，不肯當。」

〔五〕胡三省曰：「回天，言權能回天也。」李賢曰：「獨坐，言驕貴無偶也。」周壽昌曰：「後漢書作具獨坐，謂具瑗也。唐衡則云唐兩墮。」

〔六〕范書宦者傳：「中常侍徐璜兄子宣爲下邳令，求故汝南太守下邳李暠女，不能得；遂將吏卒至暠家，載其女歸，戲射殺之。」

〔七〕毛本「誠」作「譏」，誤。

〔八〕漢書鮑宣傳：「杜陵蔣詡元卿爲兖州刺史，亦以廉直爲名。王莽居攝，病免，歸鄉里。臥不出户，卒於家。」北堂書鈔引三輔決録云：「王邑爲從弟奇求蔣詡女，盛服送之。詡女辭不取，但衣青布。曰：受公命，不敢違。邑乃歎曰：所以與賢者婚，欲爲此也。」邑在王莽時爲大司空。

〔九〕趙一清曰：「姜氏云，慕勢固不可，禍亦有不得避者。高陽里與宦豎婚，豈知有羞恥乎！且傳公明亦未聞以辭婚見罪，此等邪論，足以貽誤後生。」陳景雲曰：「據典略謂公明不娶，則女必已及笄，而衡之死，彧猶在抱，豈有及笄之女，與二歲之嬰兒定婚乎？然則典略所記，非特慕勢爲誣也。」

〔一〇〕錢大昕曰：「永漢元年，後漢書作中平六年。考獻帝以中平六年九月即位，改元永漢，兩號實在一年。」潘眉曰：「永漢元年者，中平六年也。是年四月靈帝崩，皇子辯即皇帝位，改元爲光熹，八月改元昭寧。九月，董卓廢帝爲弘農王，獻帝即位，改元永漢；十二月，復改爲中平。六年，於史例當書中平六年。御覽一百九十六、續漢書獻帝紀書昭寧元年，亦即中平六年也。」

〔一一〕沈欽韓曰：「續漢百官志，少府官屬守宫令一人，六百石，主御紙筆墨，及尚書財用諸物及封泥。桓帝永壽三年，以小黄門爲之。及宦官誅，復以郎補。此彧之以孝廉拜也。」李祖楙曰：「本紀桓帝永壽三年，初以小黄門爲守宫令。是沖、質以前用士人。獻帝時，荀彧爲守宫令，是漢末復用士人。」

〔一二〕亢父見武紀興平元年，前漢屬東平國，東漢屬任城國。章懷云，屬梁國。誤。亢，音剛。父，音甫。

〔一三〕李賢曰：「四面通也。」胡三省曰：「言其地平，四面受敵。」

〔一四〕馥，潁川人，見武紀初平元年。

〔一五〕潘眉曰：「後注引荀氏家傳云，彧弟四，兄諶。此云弟，當誤。」

〔一六〕范書彧傳：「彧明有意數，見漢室崩亂，每懷匡佐之義。時曹操在東郡，彧聞操有雄略，而度紹終不能定大業。初平二年，乃去紹從操。」

〔一七〕梁章鉅曰：「魏書云，太祖過荀攸舍，曰：昔高祖使子房自擇邑三萬户，今孤亦欲君自擇所封焉。既以子房待文若，（弼按：梁氏誤作慈明。）復以子房待公達，蓋居然以漢高自命矣。」

〔一八〕范書彧傳：「留者後多爲董卓將李傕所殺略。」洪邁容齋隨筆卷十二云：「漢自中平黄巾之亂，天下震擾，士大夫莫不擇所從，然非豪傑不能也。荀彧之去袁就曹，和洽南之武陵，高柔舉家之河北，郭嘉、趙儼、邢顒之依曹操，吕範之從孫策，周瑜之事孫權，諸葛亮之事劉備，諸人識見如此，安得困於亂世哉！」

〔一九〕范書彧傳：「初平二年，操以彧爲奮武司馬，時年二十九。明年，又爲操鎮東司馬。」錢大昕曰：「此初平二年之明年也。據魏志，操爲鎮東將軍在建安元年，則初平三年安得便稱鎮東司馬乎？魏志彧傳本云，明年，太祖領兗州牧，後爲鎮東將軍，常以司馬從。然則領兗州在此年，而除鎮東司馬不在此年也。范史删去領兗州句，遂誤以鎮東司馬爲是年事矣。」

〔二〇〕錢大昭曰：「留事者，猶言留知後事也。是時，彧與程昱同守鄄城。國淵傳，太祖征關中，以淵爲居府長史，統留事。徐奕傳，太祖征孫權，徙爲留府長史。謂奕曰：今使君統留事，孤無還顧之憂也。」潘眉曰：「范書作使彧守甄城，任以留事，較明晰。」

〔二一〕范書彧傳「食」作「實」。

〔二二〕胡三省曰：「督將領兵大吏，通掌州郡事者。」

〔二三〕范書作「今君爲十州之鎮」。錢大昕曰：「十應作一。」弼按：通鑑作「一」。胡注「謂一州倚之爲重也」。

〔二四〕李賢曰：「不令其有去就也。」

〔二五〕范、東阿見武紀興平元年。

〔二六〕三城，甄、范、東阿也。鄄城，今山東曹州府濮州東二十里；范縣，今曹州府范縣東南二十五里；東阿縣，今山東泰安府東阿縣西南二十五里。趙翼曰：「昔漢高先定關中，光武先取河內以爲基，此三城即操之關中、河內也。」

〔二七〕乘氏見武紀興平元年。

陶謙死，〔一〕太祖欲遂取徐州，還乃定布。彧曰：「昔高祖保關中，光武據河內，〔二〕皆深根固本，以制天下。進足以勝敵，退足以堅守，故雖有困敗，而終濟大業。將軍本以兗州首事，平山東之難，〔三〕百姓無不歸心悅服。且河、濟，天下之要地也，〔四〕今雖殘壞，猶易以自保，是亦將軍之關中、河内也，〔五〕不可以不先定。今以破李封、薛蘭，〔六〕若分兵東擊陳宫，宫必不敢西顧，以其閒勒兵收熟麥，約食畜穀，一舉而布可破也。破布，然後南結揚州〔七〕共討袁術，以臨淮、泗。若舍布而東，〔八〕多留兵則不足用，少留兵則民皆保城，不得樵採。布乘虛寇暴，民心益危，唯鄄城、范、衛可全，〔九〕其餘非己之有，是無兖州也。若徐州不定，將軍當安所歸乎！且陶謙雖死，徐州未易亡也。彼懲往年之敗，將懼而結親，〔一〇〕相爲表裏。今東方皆以收麥，必堅壁清野，以待將軍。將軍攻之不拔，略之無獲，不出十日，則十萬之衆，未戰而自困耳。〔一一〕

臣松之以爲于時徐州未平，兖州又叛，而云十萬之衆，雖是抑抗之言，〔一二〕要非寡弱之稱。益知官渡之役，不得云兵不滿萬也。

前討徐州，威罰實行，〔一三〕

曹瞞傳云：自京師遭董卓之亂，人民流移東出，多依彭城閒。〔一四〕遇太祖至，坑殺男女數萬口於泗水，水爲不流。陶謙帥其衆軍武原，〔一五〕太祖不得進。引軍從泗南攻取慮、睢陵、夏丘諸縣，〔一六〕皆屠之。雞犬亦盡，墟邑無復行人。〔一七〕

其子弟念父兄之恥，必人自爲守，無降心；就能破之，尚不可有也。〔一八〕夫事固有棄此取彼者，以大易小可也，以安易危可也，權一時之勢，不患本之不固可也。〔一九〕今三者莫利，願將軍熟慮之。」太祖乃止。大收麥，復與布戰，分兵平諸縣。

〔一〕本志謙傳：「興平元年，謙死。」此云「謙死，太祖欲遂取徐州」，蓋謂謙已死，非謂死於二年也。范書謙傳：「興平元年，謙病死。」范書荀彧傳：「二年，陶謙死。」此范史之誤。通鑑興平元年，謙死；二年，則云謙已死，欲取徐州。與陳志同。

〔二〕胡三省曰：「高祖取天下，令蕭何守關中；光武經營河北，令寇恂守河內：皆以爲王業根本。」

〔三〕李賢曰：「曹操初從東郡守鮑信等迎領兗州牧，遂進兵破黄巾等，故能平定山東也。」胡三省曰：「此時山東猶未盡平，彧誇之耳。」

〔四〕胡三省曰：「禹貢兗州之域，孔安國云：東南據濟，西北據河。」

〔五〕范書彧傳作「此實天下之要地，而將軍之關、河也。」錢大昕曰：「上言高祖保關中，光武據河內，故以兗州比關中、河內。范史删去二字，未審。」

〔六〕事見武紀興平二年。通鑑「以」作「已」，下同。古以、已通。

〔七〕胡三省曰：「謂結劉繇也。」

〔八〕胡三省曰：「舍，讀曰捨。」

〔九〕胡三省曰：「衛謂濮陽。杜預曰：濮陽，古衛地。」

〔一〇〕胡三省曰：「結親，猶言親結也。」

〔一一〕通鑑作「未戰而先自困耳」。何焯曰：「如此論事，表裏皆見，信爲留侯之亞。」

〔一二〕宋本、馮本「伉」作「抗」。

〔一三〕胡三省曰：「謂多所屠戮也。」詳見武紀興平元年及本志陶謙傳。

〔一四〕彭城，今江蘇徐州府銅山縣治。

〔一五〕郡國志：「徐州彭城國，武原。」一統志：「武原故城，今江蘇徐州府邳州西北。」

〔一六〕郡國志：「徐州下邳國，取慮、睢陵、夏丘。」師古曰：「取，音趨，又音秋。慮，音廬；睢，音雖。」杜佑曰：「堯封禹爲夏伯，邑於此，故名夏丘。」一統志：「取慮故城，今徐州府睢寧縣西南；睢陵故城，今睢寧縣治；夏丘故城，今安徽泗州治。」弼按：三縣皆在泗水南。

〔一七〕李安溪曰：「文若見操如此之暴，便應早圖去之，何切切爲之謀乎？」

〔一八〕胡三省曰：「徐州子弟，既有父兄之讎，必不心服於操，縱破其兵，猶不能有其地也。」

〔一九〕何焯曰：「昭烈之取益州，亦是此意。」

建安元年，太祖擊破黄巾。漢獻帝自河東還洛陽，太祖議奉迎都許。〔一〕或以山東未平，韓暹、楊奉新將天子到洛陽，北連張楊，未可卒制。〔二〕彧勸太祖曰：「昔高祖東伐，〔三〕爲義帝縞素而天下歸心。自天子播越，〔四〕將軍首唱義兵，徒以山東擾亂，未能遠赴關右，然猶分遣將帥，蒙險通使，雖禦難於外，乃心無不在王室。〔五〕是將軍匡天下之素志也。今車駕旋軫，〔六〕義士有存本之思，百姓感舊而增哀。〔七〕誠因此時奉主上以從民望，大順也；秉至公以服雄傑，〔八〕大略也；扶弘義以致英俊，大德也。天下雖有逆節，必不能爲累，明矣。韓暹、楊奉其敢爲害？若不時定，四方生心，後雖慮之，無及！」〔九〕太祖遂至洛陽，奉迎天子都許。〔一〇〕天子拜太祖大將軍，進彧爲漢侍中，〔一一〕守尚書令。常居中持重。

典略曰：彧折節下士，坐不累席。其在臺閣，不以私欲撓意。彧有羣從一人，才行實薄，或謂彧：「以君當事，不可不以某爲議郎邪？」彧笑曰：「官者，所以表才也。若如來言，衆人其謂我何邪！」其持心平正皆類此。

太祖雖征伐在外，軍國事皆與彧籌焉。

典略曰：彧爲人偉美。又平原禰衡傳曰：〔一二〕衡字正平。〔一三〕建安初，自荆州北游許都，〔一四〕恃才傲逸，臧否過差，見不如己者，不與語；人皆以是憎之。唯少府孔融，高貴其才，〔一五〕上書薦之曰：「淑質貞亮，〔一六〕英才卓犖。〔一七〕初涉藝文，升堂覩奥。目所一見，輒誦於口；耳所暫聞，〔一八〕不忘於心。性與道合，思若有神。〔一九〕弘羊心計，安世默識，〔二〇〕以衡準之，誠不足怪。」〔二一〕衡時年二十四。是時許都雖新建，尚饒人士。衡嘗書一刺懷之，字漫滅而無所適。或問之曰：「何不從陳長文、司馬伯達乎？」〔二二〕衡曰：「卿欲使我從屠沽兒輩也！」又問曰：「當今許中，誰最可者？」衡曰：「大兒有孔文舉，小兒有楊德祖。」〔二三〕又問：「曹公、荀令君、趙盪寇皆足蓋世乎？」〔二四〕衡稱曹公不甚多，又見荀有儀容，趙有腹尺，因答曰：「文若可借面弔喪，稚長可使監廚請客。」其意以爲荀但有貌，趙健啖肉也。〔二五〕於是衆人皆切齒。衡知衆不悦，將南還荆州。裝束臨發，衆人爲祖道，先設供帳於城南，自共相誡曰：「衡數不遜，今因其後到，以不起報之。」及衡至，衆人皆坐不起，衡乃號咷大哭。〔二六〕衆人問其故，衡曰：「行屍柩之閒，能不悲乎？」〔二七〕衡南見劉表，表甚禮之。〔二八〕將軍黄祖屯夏口，祖子射與衡善，〔二九〕隨到夏口。祖嘉其才，〔三〇〕每在坐，席有異賓，介使與衡談。後衡驕蹇，答祖言俳優饒言，〔三一〕祖以爲罵己也，大怒，顧伍伯捉頭出。〔三二〕左右遂扶以去，拉而殺之。〔三三〕

臣松之以本傳不稱彧容貌，故載典略與衡傳以見之。又潘勖爲彧碑文，〔三四〕稱彧「瓌姿奇表」。〔三五〕

張衡文士傳曰：〔三六〕孔融數薦衡於太祖，欲與相見，而衡疾惡之，意常憤懣。因狂疾不肯往，〔三七〕而數有言論。太祖聞其名，圖欲辱之，〔三八〕乃録爲鼓吏。〔三九〕後至八月朝，〔四〇〕大宴，賓客並會。時鼓吏擊鼓過，〔四一〕皆當脱其故服，易著新衣。次衡，衡擊爲漁陽參撾，容態不常，音節殊妙。坐上賓客聽之，莫不慷慨。過不易衣，吏呵之，衡乃當太祖前，以次脱衣，裸身而立。徐徐乃著褌帽畢，〔四二〕復擊鼓參撾，〔四三〕而顔色不怍。太祖大笑，告四坐曰：「本欲辱衡，衡反辱孤。」至今有漁陽參撾，自衡造也。〔四四〕融深責數衡，並宣太祖意，欲令與太祖相見，衡許之。曰：「當爲卿往。」至十月朝，融先見太祖，説「衡欲求見」。至日宴，衡著布單衣，疏巾履，〔四五〕坐太祖營門外，以杖捶地，數駡太祖。太祖勑外廄急具精馬二匹，并騎二人，謂融曰：「禰衡豎子，乃敢爾！孤殺之無異於雀鼠。顧此人數有虚名，〔四六〕遠近所聞，今日殺之，人將謂孤不能容。今送與劉表，視卒當何如。」乃令騎以衡置馬上，兩騎扶送至南陽。

傅子曰：衡辯於言，而剋於論。見荆州牧劉表日，所以自結於表者甚至。表悦之，以爲上賓。衡稱表之美盈口，而論表左右，不廢繩墨。於是左右因形而譖之，曰：「衡稱將軍之仁，西伯不過也，唯以爲不能斷。終不濟者，〔四七〕必由此也。」是言實指表智短，而非衡所言也。表不詳察，遂疏衡而逐之。衡以交絶於劉表，智窮於黄祖，身死名滅，爲天下笑者，譖之者有形也。〔四八〕

太祖問彧，「誰能代卿爲我謀者？」彧言「荀攸、鍾繇。」先是彧言策謀士，進戲志才。〔四九〕志才卒，又進郭嘉。〔五〇〕太祖以彧爲知人。諸所進達皆稱職。惟嚴象爲揚州，〔五一〕韋康爲涼州，〔五二〕後敗亡。〔五三〕

三輔決録曰：〔五四〕象字文則，京兆人。少聰博，有膽智。〔五五〕以督軍御史中丞〔五六〕詣揚州討袁術。會術病卒，因以爲揚州刺史。建安五年，爲孫策廬江太守李術所殺，時年三十八。〔五七〕象同郡趙岐作三輔決録，恐時人不盡其意，故隱其書，唯以示象。

康字元將，亦京兆人。孔融與康父端書曰：〔五八〕「前日元將來，淵才亮茂，〔五九〕雅度弘毅，偉世之器也。昨日仲將又來，〔六〇〕懿性貞實，文愍篤誠，〔六一〕保家之主也。不意雙珠，近出老蚌，甚珍貴之。」端從涼州牧徵爲太僕，〔六二〕康代爲涼州刺史，時人榮之。後爲馬超所圍，堅守歷時，救軍不至，遂爲超所殺。〔六三〕仲將名誕，見劉卲傳。〔六四〕

〔一〕許縣見武紀建安元年。胡三省曰：「帝既徙都，改曰許昌。杜佑曰：漢許昌故城，在今縣南三十里。宋白曰：在今縣西南四十里。」周壽昌曰：「獻帝改都許在建安元年八月，改許縣爲許昌縣在魏文帝黄初二年，非獻帝徙都時改名也。」酈安邑曰：「故城在今許州東北四十里。」李清植曰：「奉迎之後，用董昭勸，乃都許耳，其初未有都許之議也。事見武紀甚明，此都許二字，乃史家隨筆之誤。」

〔二〕范書作「韓暹、楊奉，負功恣睢，未可卒制」。胡三省曰：「恣睢，暴戾之貌。卒，讀曰猝。」

〔三〕何焯曰：「太平御覽，高祖東伐上有晉文納周襄王而諸侯願從十一字。此於名義有關，何可脱略！」弼按：范書、通鑑均有此句，顧從作景從。師古曰：景從，言如景之從形也。

〔四〕范書、通鑑「播越」作「蒙塵」。胡三省曰：「言播越在草莽，蒙冒塵埃也。」

〔五〕章懷注：「尚書曰：雖爾身在外，乃心無不在王室。乃，汝也。」

〔六〕鄭玄注周禮曰：「軫，輿後横木也。」范書、通鑑此句下有「東京榛蕪」四字，爲都許之由。

〔七〕袁紀作「百姓懷感舊之哀」，范書作「兆人懷感舊之哀」，通鑑「兆人」作「兆民」。

〔八〕范書、通鑑「民」作「人」，「雄傑」作「天下」。

〔九〕范書、通鑑作「四方雖有逆節，其何能爲？韓暹、楊奉，安足恤哉！若不時定，使豪傑生心，後雖爲慮，亦無及矣」。

〔一〇〕趙翼曰：「彧勸操迎天子，引晉文、漢高，是早以帝王創業之事勸操，似不得謂之盡忠於漢。不知獻帝遭董卓大亂之後，四海鼎沸，彧計諸臣中非操不能削羣雄，以匡漢室。則不得不歸心於操，而爲之盡力，爲操即所以爲漢也。其勸操迎天子之論，可知彧欲藉操匡漢之本懷。且是時操亦遽未有覬覦神器之心，及權勢已極，董昭等欲加以上公九錫，則非復人臣之事。彧亦明知操之已懷僭妄，而終不肯附和，姑以名義折之，卒見忌於操，而飲藥以殉，其爲劉之心，亦可共白於天下矣。」

〔一一〕或曰：是時魏國未建，特加漢字，此承祚之微詞也。與之者至矣。李清植曰：「史於彧官，獨書漢，蓋原其本志，非魏純臣，與攸、詡等異。」潘眉曰：「大書漢侍中，是特筆。」劉咸炘曰：「當時魏臺已建，漢官自當書漢以爲別，何用意之有！」弼按：魏國初建在建安十八年，事見武紀。建安初元，無所謂魏，安得有臺？劉說誤。論者或謂衛覬傳（覲）覬還漢朝爲侍郎，衛臻傳臻爲漢黃門侍郎，皆書漢字，似非有抑揚褒貶之意存乎其間。不知衛（覲）覬之漢侍郎在爲魏侍中之後，衛臻之漢侍郎乃爲奉詔聘貴人于魏之張本，均在魏國既建以後，究與文若之例，不能無別。純臣衷曲，良史孤懷，是在讀史者之善自得之耳。

〔一二〕章宗源曰：「禰衡別傳見藝文類聚。」侯康曰：「平原禰衡傳，當即別傳也。類聚、御覽引者，多與范書本傳同，惟御覽五百九十六弔胡政文一事，本傳不載。又八百三十三黃祖殺衡事，亦視本傳爲詳。」

〔一三〕范書文苑傳禰衡傳：「衡，平原般人也。」縣有般河，公孫瓚破黃巾於此，即爾雅九河鈎磐河。一統志：「般縣故城，今濟南府德平縣東北。」

〔一四〕范書衡傳：「興平中，避難荆州。建安初，來游許下。」

〔一五〕范書：「衡始弱冠，融年四十，遂與爲友。」

〔一六〕范書此句上有「臣聞洪水橫流，帝思俾乂，旁求四方，以招賢俊。昔孝武繼統，將弘祖業，疇咨熙載，羣士響臻。陛下叡聖，纂承基緒，遭遇戹運，勞謙日昃，惟岳降神，異人並出。竊見處士平原禰衡，年二十四，字正平」七十四字。

〔一七〕范書「犖」作「礫」，文選作「轢」。

〔一八〕范書「暫」作「瞥」。

〔一九〕淮南子曰：「所謂真人者，性合於道也。」

〔二〇〕章懷注：「前書曰：桑弘羊，雒陽賈人子，以心計，年十三，爲侍中。又曰：張安世，字子孺，爲郎。上幸河東，嘗亡書三篋，詔問莫能知，唯安世識之，具上其事。後購求得書，以相校，無所遺失。」

〔二一〕范書此句下接「忠果正直，志懷霜雪，見善若驚，疾惡如讎，任座抗行，史魚厲節，殆無以過也。鷙鳥累百，不如一鶚，使衡立朝，必有可觀。飛辯騁辭，溢氣坌涌，解疑釋結，臨敵有餘。昔賈誼求試屬國，詭係單于；終軍欲以長纓，牽致勁越。弱冠慷慨，前世美之。近日路粹、嚴象，亦用異才，擢拜臺郎，衡宜與爲比。如得龍躍天衢，振翼雲漢，揚聲紫微，垂光虹蜺，足以昭近署之多士，增四門之穆穆。鈞天廣樂，必有奇麗之觀；帝室皇居，必蓄非常之寶。若衡等輩，不可多得。激楚揚阿，至妙之容，臺牧者之所貪；飛兔騕褭，絕足奔放，良、樂之所急。臣等區區，敢不以聞。」文選此下有「陛下篤慎取士，必須效試，乞令衡以褐衣召見。必無可觀采，臣等受面欺之罪」二十九字。黄山曰：「表兩言臣等，非融一人之辭，當時必有附名同薦衡者。」

〔二二〕陳羣字長文，司馬朗字伯達。

〔二三〕孔融字文舉，楊修字德祖。

〔二四〕范書作「趙稚長」。章懷注：「趙爲盪寇將軍，見魏志。」沈欽韓曰：「稚長，史失其名。按金石萃編隋趙芬碑載十一世祖融，字稚長。可證稚長名融。又魏書趙逸傳，十世祖融，漢光禄大夫。」

〔二五〕章懷注引典略曰：「衡見荀儀容，但有貌耳，故可弔喪。趙有腹大，健噉肉，故可監廚也。」劉攽曰：「注有腹大，案舊作腹尺。」

〔二六〕元本、吴本、毛本「咷」作「跳」。

〔二七〕范書作「衆問其故，衡曰：坐者爲冢，臥者爲屍，屍冢之閒，能不悲乎」。

〔二八〕范書：「劉表及荆州士大夫，先服其才名，甚賓禮之。文章言議，非衡不定。表嘗與諸文人共草章奏，並極其才思。時衡出，還見之，開省未周，因毁以抵地。表憮然爲駭。衡迺從求筆札，須臾立成，辭義可觀。表大悦，益重之。後復侮慢於表，表恥不能容。以江夏太守黄祖性急，故送衡與之。」

〔二九〕范書：「祖長子射爲章陵太守，尤善於衡。嘗與衡俱遊，共讀蔡邕所作碑文，射愛其辭，還，恨不繕寫。衡曰：吾雖一覽，猶能識之，唯其中石缺二字，爲不明耳。因書出之。射馳使寫碑，還校，如衡所書，莫不歎伏。射時大會賓客，人有獻鸚鵡者，射舉卮於衡曰：願先生賦之！以娱嘉賓。衡攬筆而作，文不加點，辭采甚麗。」

〔三〇〕范書：「衡爲作書記，輕重疏密，各得體宜。祖持其手曰：處士，此正得祖意，如祖腹中之所欲言也。」

〔三一〕周壽昌曰：「大約即俗言。范史衡傳，衡更熟視曰：死公云等道，蓋即此等語也。」

〔三二〕范書作「五百」。章懷注：「五百，猶今之問事也。」韋昭辨釋名曰：「五百字本爲伍。伍，當也；伯，道也。使之導引，當道陌中，以驅除也。案，今俗呼行杖人爲五百也。」

〔三三〕范書：「黄祖大會賓客，衡言不遜順，祖慙，迺訶之。衡更熟視，曰：死公云等道？祖大怒，令五百將出，欲加箠。衡方大罵，祖恚，遂令殺之。祖主簿素疾衡，即時殺焉。射徒跣來救，不及；祖亦悔之，迺厚加棺斂。衡時年二十六，其文章多亡云。」衡別傳曰：「十月朝，祖在艨衝舟，賓客皆會，作黍臛。既至，先在衡前，衡得便飲食，初不顧左右。既畢，復摶弄以戲。時江夏有張伯雲亦在坐，調之曰：禮教云何？而食此！正平不答，弄黍如故。祖曰：處士不當摶之也？衡謂祖曰：君子寧聞車前馬糟。祖呵之，衡熟視罵曰：死鍛錫公！祖大怒，令五百將出，欲杖之，而罵不止，遂令絞殺。黄射來救，無所復及。愴悽流涕曰：此有異才，曹操及劉荆州不殺，大人柰何殺之！祖曰：人罵汝父作鍛錫公，柰何不殺！」姚振宗曰：「禰死當在建安六年。」隋書經籍志：「禰衡集二卷，録一卷。」嚴可均輯存鸚鵡賦、書魯夫子碑、顔子碑、弔張衡文，凡五篇。一統志：「衡墓在江夏縣西鸚鵡洲，今淪於江。」柳從辰曰：「今洲尚有衡墓，或非眞冢。」

〔三四〕勗事見武紀建安十八年注。藝文類聚四十八載潘勗尚書令荀彧碑云：「夫其爲德也，則主忠履信，孝友温惠，高亮以固其中，柔嘉以宣其外，廉愼以爲己任，仁恕以察人物。踐行則無轍迹，出言則無辭費，納規無敬辱之心，機情有密静之性。若乃奉身蹈道，勤禮貢德，後之事閒，匪云予克。然後教以黄中之叡，守以貞固之直，注焉若洪河之源，不可竭也；確焉若華嶽之停，不可拔也。故能言之斯立，行之斯成，身匪隆汚，直哉惟情，紊綱用亂，廢禮復經。于是百揆時序，王猷允塞，告厥成功，用俟萬歲。」

〔三五〕宋書卷十八禮志徐爰曰：「俗説，帢本未有岐。荀文若巾之行，觸樹枝成岐，謂之爲善，因而弗改。通以爲慶弔服巾，以葛爲之，形如帢而横著之。」顧千里曰：「引衡借面弔喪一語，以見荀之有貌；而引衡傳過詳，於本傳文無與。」

〔三六〕解見曹休傳注張隱文士傳。

〔三七〕馮本「狂」作「往」，誤。世説注「狂」作「稱」。案文，「稱」字爲長。

〔三八〕沈家本曰：「聞名而即圖辱之，於事理不合。世説注作帝甚忿之，以其才名不殺。范史亦云，操懷忿，而以其才名，不欲殺之。疑此注有譌奪也。」

〔三九〕范書吏作史。

〔四〇〕世説言語篇作「正月半試鼓」。

〔四一〕何焯校本「吏」作「史」。

〔四二〕元本、馮本、吴本「帽」作「冒」。

〔四三〕李賢曰：「文士傳作參檛。」賢案，檛及檛，並擊鼓杖也。參撾，是擊鼓之法。參，七甘反。」惠棟曰：「楊文公談苑載禰衡鼓歌云：邊城晏開漁陽摻，黄塵蕭蕭白日暗。徐鍇云：摻，音七鑒反，三撾鼓也。以其三撾鼓，故因謂之參。」梁章鉅曰：「自王僧孺詩散度廣陵音，參寫漁陽曲，自音云：參，音七紺反，而世説注又加手作摻，以後文人遂無作平聲用者。蓋參者，猶曰散、曰引、曰操、曰弄之類。參撾，乃擊鼓曲調，禰生當有所受之。若依章懷注作七甘反，則鼓僅三撾，詘然而止，安得音節悲壯，聲出金石，使四坐爲之忼慨邪？」潘眉曰：「參撾，猶參槌，是擊鼓之法。參，音七甘反。其曲又謂之漁陽參，參，音七紺反。王僧孺詩參寫漁陽曲，此參字與參撾之參不同，讀者誤泥參撾之參爲曲奏名，紛紛聚訟，迄無定解。」侯康曰：「抱朴子彈衡篇，衡縛角於柱口，就吹之，乃有異聲；並搖鼗擊鼓，聞者不知其一人也。」黄山曰：「據此，則衡妙於聲音之道，不止善擊鼓矣。」

〔四四〕范書：「融愛衡才，數稱述於操，操欲見之，衡不肯往。操以其才名，不欲殺之。聞善擊鼓，迺召爲鼓吏。因大會賓客，閱試音節。諸史過者，皆令脱其故衣，更著岑牟單絞之服。次至衡，衡方爲漁陽參撾，蹀躣而前，容態有異，聲節悲壯，聽者莫不慷慨。衡進至操前而止。吏訶之曰：鼓史何不改裝，而敢輕進乎！衡曰：諾。於是先解衵衣，次釋餘服，裸身而立，徐取岑牟單絞而著之。畢，復參撾而去。」潘眉曰：「太平御覽五百八十二引後漢書，衡反辱孤句下有衡對曰：不敢以先王之法服，爲伶倫之衣。今後漢書無此二句。裴注引文士傳亦無。唐書李綱傳引禰衡曰：不敢以先王法服爲伶人衣，疑出謝承書也。」

〔四五〕官本考證云：「北宋本作疏布履。」

〔四六〕「數」，宋本、元本作「素」。

〔四七〕監本、官本「終」作「功」。

〔四八〕胡三省曰：「操怒衡而送與表，猶以表爲寬和愛士，觀其能容與否也。表怒衡而送與祖，知祖性急，必不能容衡，是直欲寘之死地耳。二人皆挾數用術，表則淺矣。」王補曰：「禰衡徒以侮辱曹操，取快一時，操以雀鼠視衡，一再假手，斃於黄祖。奸雄意忌，自古所歎。然解衵裸立，果大雅所當爾邪？適以長後進輕猥之僻，而授殺士者以口實也。無行才士，遂爲世詬，流宕忘返，君子懼旃。劉摯嘗言：士當以器識爲先，一命爲文人，無足觀矣。葉適亦謂文不足關世教，雖工無益。士之學古而負才俊者，尚鑒於斯！」黄山曰：「衡誠不幸，亦視所遘何時，所不屈者何人耳。固非濡忍苟賤，求合當世，以弋富貴者也。不得中行，必也狂狷乎！」

〔四九〕惠棟曰：「孫恆云：志才，潁川人。或別傳云：戲志才、郭嘉等，有負俗之譏，彧皆以智策舉之，終各顯名。案：戲，姓；漢有北海戲子然也。」

〔五〇〕彧所進之人，見後注引彧別傳。郭嘉傳：「潁川戲志才，籌畫士也，早卒。太祖與彧書曰：自志才亡後，莫可與計事者，汝、潁固多奇士，誰可以繼之？彧進嘉。」杜畿傳：「彧進畿於太祖，薦畿爲河東太守。」范書彧傳，彧所進者，尚有陳羣、杜襲、司馬懿。

〔五一〕范書禰衡傳孔融薦衡表有云：「近日路粹、嚴象，亦用異才，擢拜臺郎。」本志王粲傳注：「建安初，路粹以高才與京兆嚴像擢拜尚書郎；像以兼有文武，出爲揚州刺史。」像、象，古同字。

〔五二〕本志楊阜傳：「涼州牧韋端，徵爲太僕，其子康，代爲刺史。」裴注引皇甫謐列女傳云：「刺史韋康，素仁，慜吏民傷殘，與馬超和，超背約害康。」

〔五三〕顧千里曰：「嚴、韋敗亡，亦所遭不幸，未足爲知人之累。」

〔五四〕陳景雲曰：「三輔決録下脱注字。趙岐決録序云：其人既亡，行乃可書。嚴象敗没，在決録成書後。至韋康遇害，岐卒已久，尤不相及。其爲摯虞注無疑。」張澍輯本按語同。

〔五五〕宋本「贍」作「膽」，范書彧傳注同。

〔五六〕督軍御史中丞，見文紀延康元年。

〔五七〕李術害嚴象事，見吳志孫權傳建安五年注引江表傳。

〔五八〕韋端字休甫，京兆杜陵人，見陶淵明羣輔録。

〔五九〕御覽作「高茂」。

〔六〇〕御覽作「昨日又見弟仲將來」。

〔六一〕盧明楷曰：「愍，訓傷。此係孔融讚仲將之言，于義無取，疑是慜字。慜即敏，又與愍通。輾轉而訛也。」弼按：御覽引此作「敏」。

〔六二〕明監本「牧」作「拔」，誤。

〔六三〕林國贊曰：「如此，文康直一死報國，非不稱職。」

〔六四〕此八字爲裴注，非三輔決録注之文也。誕事見齊王紀嘉平六年注。御覽二百六十五：「韋元將年十五，身長八尺五寸，爲郡主簿。楊彪稱曰：韋主簿年雖少，有老成之風，昂昂千里之駒。」又七百四十七：「韋誕字仲將，除武都太守，以能書，不得之郡。轉侍中，典作魏書，號散騎書，一名大魏書，凡五十篇。洛陽三都，宮觀始就，命誕銘題，以爲永制。以御筆墨皆不任用，因奏曰：夫工欲善其事，必先利其器。用張芝筆、左伯紙及臣墨，皆古法；兼此三具，又得臣手，然後可逞徑丈之勢，方寸千言。」張澍曰：「按，北堂書鈔引云：韋誕奏蔡邕自矜能書，兼明斯籀之法，非得紈素，不妄下筆。工欲善其事，必先利其器。又按文章敘録云：韋誕，京兆杜陵人，太僕端子。有文學，善屬辭，以光禄大夫卒。衛恒四體書執曰：誕善楷書，魏宮殿多誕所題。明帝立陵霄觀，誤先釘榜，乃籠盛誕，轆轤多絚，引上，使就題之。去地三十五丈，誕甚危懼，乃戒子孫，絶此楷法。」

自太祖之迎天子也，袁紹内懷不服。紹既并河朔，天下畏其彊。太祖方東憂吕布，南拒張繡，而繡敗太祖軍於宛。〔一〕紹益驕，與太祖書，其辭悖慢。太祖大怒，出入動静變於常，衆皆謂以失利於張繡故也。〔二〕鍾繇以問彧，彧曰：「公之聰明，必不追咎往事，殆有他慮。」則見太祖問之。太祖乃以紹書示彧，曰：「今將討不義，而力不敵，何如？」彧曰：「古之成敗者，誠有其才，雖弱必彊；苟非其人，雖彊易弱。劉、項之存亡，足以觀矣。今與公爭天下者，唯袁紹爾。紹貌外寬而內忌，任人而疑其心；公明達不拘，唯才所宜，此度勝也。紹遲重少決，失在後機；公能斷大事，應變無方，此謀勝也。紹御軍寬緩，法令不立，士卒雖衆，其實難用；公法令既明，賞罰必行，士卒雖寡，皆爭致死，此武勝也。紹憑世資，從容飾智，以收名譽，故士之寡能好問者多歸之；公以至仁待人，推誠心，不爲虛美，行己謹儉，而與有功者無所恡惜；〔三〕故天下忠正效實之士，咸願爲用，此德勝也。夫以四勝輔天子，扶義征伐，誰敢不從？紹之彊，其何能爲！」〔四〕太祖悅。彧曰：「不先取呂布，河北亦未易圖也。」〔五〕太祖曰：「然吾所惑者，又恐紹侵擾關中，亂羌、胡，〔六〕南誘蜀漢，是我獨以兖、豫抗天下六分之五也。爲將柰何？」彧曰：「關中將帥以十數，莫能相一，唯韓遂、馬超最彊。〔七〕彼見山東方爭，必各擁衆自保。今若撫以恩德，遣使連和，相持〔八〕雖不能久安，比公安定山東，足以不動。〔九〕鍾繇可屬以西事，則公無憂矣。」〔一〇〕

〔一〕事見武紀建安二年。

〔二〕范書彧傳：「紹與操書，甚倨。」章懷注：「陳琳爲紹作檄書曰：操祖父騰，饕餮放横；父嵩，乞匄攜養；操，贅閹遺醜。並倨慢之詞也。」錢大昕曰：「紹與操書，章懷注以檄書當之，誤也。操爲張繡所敗，在建安二年，而紹宣檄乃在建安五年，亦不相涉。」何焯曰：「此書即陳琳所作檄豫州將校文，操陽怒以激其士卒耳。」沈家本曰：「琳書乃檄州郡，非與操者，恐別有與操書，今不傳也。傳言衆皆謂失利於張繡，故是此書在建安二年操敗於張繡之時。陳琳檄文作於四年紹并公孫瓚之後，其時實不同也。」弼按：傳文明言以紹書示彧，其非檄文可知。錢、沈二說是。

〔三〕恡與吝同音義。

〔四〕郭嘉傳注引傅子載郭嘉語，與文若所見略同，通鑑采之。顧千里曰：「視淮陰登壇數語，覺頌美較多，然實見得如此，非徒貢諛也。」

〔五〕胡三省曰：「紹攻公孫瓚，而操乘閒東取呂布；操擊劉備，而紹不能襲許，此其所以敗也。」

〔六〕通鑑「亂」上有「西」字。

〔七〕通鑑作馬騰，是。

〔八〕通鑑無「相持」二字。

〔九〕胡三省曰：「遂、騰之叛服，卒如荀彧所料。」

〔一〇〕鍾繇傳：「繇至長安，移書騰、遂等，騰、遂各遣子入侍。太祖在官渡，與袁紹相持，繇送馬一千餘匹給軍。」

三年，太祖既破張繡，〔一〕東禽呂布，定徐州，遂與袁紹相拒。〔二〕孔融謂彧曰：「紹地廣兵彊，田豐、許攸，智計之士也，爲之謀；審配、逢紀，盡忠之臣也，任其事；〔三〕顏良、文醜，勇冠三軍，統其兵。殆難克乎！」彧曰：「紹兵雖多，而法不整。田豐剛而犯上，許攸貪而不治；〔四〕審配專而無謀，逢紀果而自用。此二人留知後事，若攸家犯其法，必不能縱也。不縱，攸必爲變。〔五〕顏良、文醜，一夫之勇耳，可一戰而禽也。」〔六〕五年，與紹連戰，太祖保官渡，〔七〕紹圍之。太祖軍糧方盡，書與彧議，欲還許以引紹。〔八〕彧曰：「今軍食雖少，未若楚、漢在滎陽、成皋閒也。〔九〕是時劉、項莫肯先退，先退者，勢屈也。〔一〇〕公以十分居一之衆，〔一一〕畫地而守之，〔一二〕阸其喉而不得進，已半年矣。〔一三〕情見勢竭，必將有變，此用奇之時，不可失也。」〔一四〕太祖乃住。遂以奇兵襲紹別屯，斬其將淳于瓊等，紹退走。〔一五〕審配以許攸家不法，收其妻子，攸怒，叛紹；〔一六〕顏良、文醜臨陣授首，田豐以諫見誅，皆如彧所策。

〔一〕武紀：「公與彧書曰：吾到安衆，破繡必矣。」

〔二〕范書彧傳：「五年，袁紹率大衆以攻許，操與相距，甲兵甚盛，議者咸懷惶懼。」

〔三〕田豐、審配、逢紀均見袁紹傳注，許攸見崔琰傳注。

〔四〕范書「治」作「正」。

〔五〕通鑑「逢紀果而自用」下作「此數人者，勢不相容，必生内變」。

〔六〕范書作「匹夫之勇，可一戰而擒也。後皆如彧之籌」。顧千里曰：「知人料事，無不奇中，魏之崔浩，庶幾近之。」李安溪曰：「不特知君，特又知臣。」

〔七〕官渡見武紀建安四年。

〔八〕范書彧傳作「欲還許，以致紹師」。

〔九〕滎陽見武紀初平元年，成皋見武紀卷首。

〔一〇〕李賢曰：「高祖與項羽於滎陽成皋閒，久相持不決。後羽請鴻溝以西爲漢而退。高祖遂乘羽，敗之垓下，追殺之。」

〔一一〕毛本「公」誤作「分」。李賢曰：「言與紹衆寡相懸也。」

〔一二〕李賢曰：「言畫地作限隔也。」

〔一三〕范書「阨」作「搤」。搤，音厄。搤，謂促持之也。

〔一四〕文若爲魏武畫策雖多，如先定兗州、迎帝還許及此三策，皆關成敗所繫。袁宏後漢紀載彧書云：「紹聚官渡，欲與決勝負，公以至弱當至强，若不制，必爲所乘，是天下之大機也。且紹布衣之雄，能聚人而不能用也，以公神武明哲，而奉以大順，何向而不濟」云云，下接「今軍食雖少」，與此同。通鑑兩采之。

〔一五〕惠棟曰：「魏武帝軍策令云：袁本初鎧萬領，吾大鎧二十領；本初馬鎧三百具，吾不能有十具。見其少，遂不施也。吾遂出奇破之，是時士卒鍊，不與今時等也。」
〔一六〕通鑑：「會攸家犯法，審配收繫之。攸怒，遂奔操。」考異曰：「魏志武紀攸貪財，袁紹不能足，來奔。今從范書紹傳。」

六年，太祖就穀東平之安民，〔一〕糧少，不足與河北相支，〔二〕欲因紹新破，以其閒擊討劉表。彧曰：「今紹敗，其衆離心，宜乘其困，遂定之；而背兖、豫，遠師江、漢，若紹收其餘燼，乘虛以出人後，則公事去矣！」〔三〕太祖復次于河上，紹病死。〔四〕太祖渡河，擊紹子譚、尚，而高幹、郭援侵略河東，關右震動，〔五〕鍾繇帥馬騰等擊破之。語在繇傳。八年，太祖録彧前後功，表封彧爲萬歲亭侯。〔六〕

彧別傳載太祖表曰：〔七〕「臣聞慮爲功首，謀爲賞本，野績不越廟堂，戰多不踰國動。是故曲阜之錫，不後營丘；〔八〕蕭何之土，先於平陽。〔九〕珍策重計，古今所尚。侍中守尚書令彧，積德累行，少長無悔，遭世紛擾，懷忠念治。臣自始舉義兵，周游征伐，與彧戮力同心，左右王略，發言授策，無施不効。彧之功業，臣由以濟，用披浮雲，顯光日月。陛下幸許，彧左右機近，忠恪祗順，如履薄冰，研精極鋭，以撫庶事。天下之定，彧之功也。宜享高爵，以彰元勳。」〔一〇〕彧固辭無野戰之勞，不通太祖表。太祖與彧書曰：「與君共事以來，立朝廷，君之相爲匡弼，君之相爲舉人，君之相爲建計，君之相爲密謀，亦以多矣。夫功，未必皆野戰也；願君勿讓！」彧乃受。

九年，太祖拔鄴，領冀州牧。〔一一〕或說太祖「宜復古置九州，則冀州所制者廣大，天下服矣」。太祖將從之，彧言曰：「若是，則冀州當得河東、馮翊、扶風、西河、幽、并之地，所奪者衆。前日公破袁尚，禽審配，〔一一〕海内震駭，必人人自恐，不得保其土地，守其兵衆也。今使分屬冀州，將皆動心。且人多説關右諸將以閉關之計，今聞此，以爲必以次見奪。一旦生變，雖有善守者，〔一二〕轉相脅爲非，則袁尚得寬其死，而袁譚懷貳，劉表遂保江、漢之閒，天下未易圖也。願公急引兵先定河北，然後修復舊京，南臨荆州，責貢之不入，〔一四〕則天下咸知公意，人人自安。天下大定，乃議古制，此社稷長久之利也。」〔一五〕太祖遂寢九州議。〔一六〕

〔一〕胡三省曰：「據水經注，東平壽張縣西界有安民亭，亭在濟水東，亭北對安民山。洪氏隸釋：濟水逕須句城西，水西有安民山。趙明誠金石録：須句城即今中都縣。」李兆洛曰：「中都縣，今山東兗州府汶上縣治。」方輿紀要卷三十三：「安民亭在東平州西南。」謝鍾英曰：「在鄆城縣東。」互見李典傳。

〔二〕何焯曰：「時所在屯田積穀，猶患糧少；況仰給桑椹，虜掠田野者，宜其一敗之後、不能再舉也。」

〔三〕范書彧傳：「六年，操以紹新破，未能爲患，自欲南征劉表，以計問彧。對曰：紹既新敗，衆懼人擾，今不因而定之，而欲遠兵江、漢，若紹收離糾散，乘虚以出，則公之事去矣。」

〔四〕袁紀：「七年夏五月庚戌，袁紹發病死。」

〔五〕通鑑：「尚遣所置河東太守郭援，與高幹、匈奴南單于共攻河東，發使與關中諸將馬騰等連兵，騰等陰許之。」

〔六〕胡三省曰：「九域志，鄭州有萬歲亭，彧所封也。」潘眉曰：「太平寰宇記九，新鄭，漢舊縣，屬河南郡，有萬歲亭，後漢荀彧封萬歲亭侯於此。」弼按：韓浩封萬歲亭侯，見武紀建安十八年注。彧第六子顗亦封萬歲亭侯，見晉書荀顗傳。

〔七〕侯康曰：「荀彧別傳見本傳注。書中稱曹操爲太祖，司馬懿爲宣王，則非漢、晉人作明矣。」章宗源曰：「荀彧別傳見三國志注及御覽。」

〔八〕史記魯周公世家：「偏封功臣同姓戚者，封周公旦於少昊之虚曲阜，是爲魯公。」齊太公世家：「封師尚父於齊營丘。」正義云：「括地志，兗州曲阜縣外城，即魯公伯禽所築也。營丘在青州臨淄北百步外城中。」一統志：「魯國故城，今山東兗州府曲阜縣治，周時魯國舊都。營丘，今山東青州府臨淄縣西北。漢志臨淄名營丘。」

〔九〕漢書蕭何傳：「上以何功最盛，先封爲酇侯。」曹參傳：「賜參爵列侯，食邑平陽。」

〔一〇〕袁宏後漢紀：「建安八年七月，曹操上言，守尚書令荀彧，自在臣營，參同計畫，周旋征伐，每皆尅捷，奇策密謀，悉皆共決。及彧在臺，常私書往來，（袁紀「私」誤作「思」，嚴可均全三國文作「私」。）大小同策。詩美腹心，傳貴廟勝。勳業之定，彧之功也。而臣前後獨荷異寵，心所不安。彧與臣事通功並，宜進封賞，以勸後進者。」嚴可均曰：「此與別傳之表相當，而文全異。」

〔一一〕御覽一百八十一引荀氏家傳曰：「太祖既定冀州，爲公起大第於鄴，諸將各以功次受居第。太祖親游之，笑曰：此亦六勳之差。」

〔一二〕范書作「公前屠鄴城」。

〔一三〕袁紀作「守善」。

〔一四〕范書作「南臨楚郢，責王貢之不入」。

〔一五〕何焯曰：「既當時務之要，而修復舊京之語，亦猶乃心王室。」顧千里曰：「議立六國後，而留侯非之；議復古九州，而文若非之。因時制宜，各有攸當。明者審之，則兩得；闇者用之，則兩失矣。」

〔一六〕范書彧傳：「操報曰：微足下之相難，所失多矣。」

是時，荀攸常爲謀主。彧兄衍以監軍校尉守鄴，都督河北事。太祖之征袁尚也，高幹密遣兵謀襲鄴，衍逆覺，盡誅之，以功封列侯。

荀氏家傳曰：〔一〕衍字休若，彧弟三兄。彧弟四兄諶，字友若，事見袁紹傳。〔二〕陳羣與孔融論汝、潁人物，羣曰：「荀文若、公達、休若、友若、仲豫，當今並無對。」衍子紹，位至太僕。紹子融，字伯雅，與王弼、鍾會俱知名，爲洛陽令，參大將軍軍事，與弼、會論易老義，傳於世。〔三〕諶子閎，字仲茂，爲太子文學掾。時有甲乙疑論，閎與鍾繇、王朗、袁渙議各不同。文帝與繇書曰：「袁、王國士，更爲脣齒；荀閎勁悍，往來鋭師。真君侯之勍敵，左右之深憂也。」終黄門侍郎。〔四〕閎從孫惲，字景文，太子中庶子，亦知名。與賈充共定音律，又作易集解。〔五〕仲豫名悦，朗陵長儉之少子，彧從父兄也。〔六〕

張璠漢紀稱悦清虛沈静，善於著述。建安初，爲秘書監侍中，被詔删漢書，作漢紀三十篇。因事以明臧否，致有典要，其書大行於世。〔七〕

太祖以女妻彧長子惲，後稱安陽公主。彧及攸並貴重，皆謙沖節儉，禄賜散之宗族知舊，家無餘財。十二年，復增彧邑千户，合二千户。

彧别傳曰：太祖又表曰：「昔袁紹侵入郊甸，戰於官渡。時兵少糧盡，圖欲還許，書與彧議，彧不聽臣。建宜住之便，恢進討之規，更起臣心，易其愚慮，遂摧大逆，覆取其衆。此彧覩勝敗之機，略不世出也。及紹破敗，臣糧亦盡，以爲河北未易圖也，欲南討劉表。彧復止臣，陳其得失，臣用反旆，遂吞凶族，克平四州。〔八〕向使臣退於官渡，紹必鼓行而前，〔九〕有傾覆之形，無克捷之勢。後若南征，委棄兖、豫，利既難要，將失本據。彧之二策，以亡爲存，以禍致福，謀殊功異，臣所不及也。是以先帝貴指蹤之功，〔一〇〕薄搏獲之賞；〔一一〕古人尚帷幄之規，下攻拔之捷。〔一二〕前所賞録，未副彧巍巍之勳，乞重平議，疇其户邑。」〔一三〕彧深辭讓，太祖報之曰：「君之策謀，非但所表二事。前後謙沖，欲慕魯連先生乎？〔一四〕此聖人達節者所不貴也。〔一五〕昔介子推有言：〔一六〕竊人之財，猶謂之盜。況君密謀安衆，光顯於孤者，以百

數乎！以二事相還而復辭之，何取謙亮之多邪！」太祖欲表彧爲三公，〔一七〕彧使荀攸深讓，至于十數，太祖乃止。〔一八〕

〔一〕明監本、官本荀氏家傳作零陵先賢傳，誤。明監本初印者，仍作荀氏家傳，補板剜改，作零陵先賢傳，官本沿明監本之訛。沈家本曰：「荀氏家傳，隋志不著録。舊唐志譜牒類：荀子家傳十卷，荀伯子撰。新志卷同，無撰人。伯子，宋書有傳，官東陽太守，不言著此書。」章宗源曰：「世説德行篇注荀巨伯，排調篇注荀隱，亦引之，而云世有此書，尋之未得。然文選與鍾大理書注荀宏、元長曲水詩序注荀勖、安陸王碑注荀彧、通典職官門注荀爽、類聚禮部荀爽、御覽禮儀引之尤詳，是知此書至宋尚存。」

〔二〕本志紹傳：「以田豐、荀諶、許攸爲謀主。」范書紹傳同。本傳彧弟諶爲紹所任，見前。惟彼作彧弟，此作彧第四兄。

〔三〕本志鍾會傳注引王弼傳：「弼注易，潁川人荀融難弼大衍義。弼初與融善，後不終。」

〔四〕嚴可均全三國文載荀閎奏事及賜謚議。

〔五〕李龍官曰：「閎，荀彧第四兄諶之子也。其從孫似不應與彧子惲同名，疑有誤。」陳景雲曰：「惲當作煇，音當作晉，見晉書賈充傳。既定新律，加禄賞詔中有荀煇，彧長子。惲於煇爲大父行，命名自不應同也。」隋書經籍志：「魏散騎常侍荀煇注周易十卷。」侯康曰：「釋文敘録引張璠集解序稱煇爲晉太子中庶子，而隋志稱魏散騎常侍，豈注易在仕魏時邪？」姚振宗曰：「經義考引魏志，煇官至虎賁中郎將。乃彧子惲，非此煇也。」趙一清曰：「今荀爽九家集解，疑即煇所作。」吳承仕經典釋文序録疏證曰：「惲字長倩，爲彧子，魏文帝時卒。其字景文著易義者，爲閎之從孫，即彧之曾孫行，仕晉爲太子中庶子者也。隋志作魏人，誤。朱彝尊以景文、長倩爲一人，尤誤。」

〔六〕范書荀悦傳：「儉早卒，悦年十二，能説春秋。家貧無書，每之人閒，所見篇牘，一覽多能誦記。性沈静，美姿容，尤好著述。靈帝時，閹官用權，士多退身窮處。悦乃託疾隱居，時人莫之識，唯從弟彧特稱敬焉。初辟鎮東將軍曹操府，遷黄門侍郎。獻帝頗好文學，悦與彧及少府孔融侍講禁中，旦夕談論。累遷秘書監侍中。時政移曹氏，天子恭已而已。悦志在獻替，而謀無所用，乃作申鑒五篇。其所論辯，通見政體，既成而奏之。」胡三省曰：「荀悦申鑒，其立論精切，關於國家興亡之大致過於彧、攸，至於揣摩天下之埶，應敵設變以制一時之勝，悦未必能也。曹操姦雄，親信彧、攸，而悦乃在天子左右。悦非比於彧、攸，而操不之忌，蓋知悦但能持論，其才必不能辦也。嗚呼！東都之季，荀淑以名德稱，而彧、攸以智略濟。荀悦蓋得其祖父之彷彿耳。其才不足以用世，其言僅見於此書，後之有天下國家者，尚論其世，深味其言，則知悦之忠於漢室，而有補於天下國家也。」

〔七〕毛本「大」誤作「天」。范書悦傳：「帝好典籍，嘗以班固漢書，文繁難省，乃令悦依左氏傳體，以爲漢紀三十篇。詔尚書給筆札，辭約事詳，論辨多美。又著崇德正論及諸論數十篇。年六十二，建安十四年卒。」隋書經籍志：「漢紀三十卷，魏秘書監荀悦撰。」姚振宗曰：「此稱魏，誤。」四庫提要曰：「史通六家篇，以悦書爲左傳家之首，二體篇又稱歷代寶之，有逾本傳；班、荀二體，角力爭先。推之甚至。李燾跋曰：悦爲此紀，固不出班書，亦時有所删潤。司馬光通鑑有舍班而從荀者。」提要又曰：「崇德正論及諸論數十篇，今並不傳。」（見申鑒提要。）

〔八〕李賢曰：「謂冀、青、幽、并也。」

〔九〕李賢曰：「鼓行，謂鳴鼓而行，言無所畏也。」

〔一〇〕范書彧傳「蹤」作「縱」。李賢曰：「縱或作蹤，兩通。」

〔一一〕李賢曰：「搏，擊也。高祖既殺項羽，論功行封，以蕭何爲最。功臣多不服。高祖曰：諸君知獵乎？夫獵追殺獸者，狗也；而發縱指示獸者，人也。諸君徒能追得獸耳，功狗也；至如蕭何，發縱指示，功人也。」

〔一二〕李賢曰：「張良未嘗有戰鬭功，高帝謂運策帷幄中，決勝千里外，子房功也。」

〔一三〕李賢曰：「前書復其後代，疇其爵邑。音義：疇，等也。使其後常與先人等也。」弼按：范書彧傳載此表文，字句少異。

〔一四〕史記曰：「趙欲尊秦爲帝，魯連止之。平原君乃欲封魯連，連笑曰：所貴於天下之士，爲人排患、釋難、解紛，而無取也。即有取者，是商賈之士也，而連不忍爲也。」

〔一五〕左傳曰：「聖達節，次守節。」

〔一六〕左傳，介子推，晉文公臣。

〔一七〕范書彧傳：「又欲授以正司。」李賢曰：「彧先守尚書令，今欲正除也。」潘眉曰：「彧方守尚書令，位在九卿下，不得遽表爲三公。」

〔一八〕李安溪曰：「彧知操功大必自樹逼上，故累讓不伐，以身諫也。」

太祖將伐劉表，問彧策安出？彧曰：「今華夏已平，南土知困矣。可顯出宛、葉，〔一〕而間行輕進，以掩其不意。」太祖遂行。會表病死，太祖直趨宛、葉如彧計，表子琮以州逆降。

〔一〕宛見武紀卷首南陽郡注；葉見武紀建安二年。

十七年，董昭等謂太祖宜進爵國公，九錫備物，〔一〕以彰殊勳。密以諮彧。〔二〕彧以爲「太祖本興義兵，以匡朝寧國，秉忠貞之誠，守退讓之實。君子愛人以德，〔三〕不宜如此」。太祖由是心不能平。〔四〕會征孫權，表請彧勞軍於譙，因輒留彧，〔五〕以侍中光禄大夫持節，參丞相軍事。〔六〕太祖軍至濡須，〔七〕彧疾，留壽春，〔八〕以憂薨。〔九〕時年五十，〔一〇〕謚曰敬侯。〔一一〕明年，太祖遂爲魏公矣。〔一二〕

魏氏春秋曰：太祖饋彧食，發之，乃空器也。於是飲藥而卒。咸熙二年，贈彧太尉。〔一三〕

彧別傳曰：彧自爲尚書令，常以書陳事；臨薨，皆焚毁之，故奇策密謀不得盡聞也。是時征役草創，制度多所興復。彧嘗言於太祖曰：「昔舜分命禹、稷、契、皋陶以揆庶績，教化征伐，並時而用。及高祖之初，金革方殷，猶舉民能善教訓者，叔孫通習禮儀於戎旅之間。世祖有投戈講藝、息馬論道之事。君子無終食之間違仁。今公外定武功，内興文學，使干戈戢睦，大道流行，國難方弭，六禮俱治，此姬旦宰周之所以速平也。既立德立功，而又兼立言，誠仲尼述作之意，顯制度於當時，揚名於後世，〔一四〕豈不盛哉！若須武事畢而後制作，以稽治化，於事未敏。宜集天下大才通儒，考論六經，刊定傳記，存古今之學，除其煩重，以一聖真，並隆禮學，漸敦教化，則王道兩濟。」〔一五〕彧從容與太祖論治道，如此之類甚衆，太祖常嘉納之。彧德行周備，非正道不用心，名重天下，莫不以爲儀表，海内英儁咸宗焉。司馬宣王常稱書傳遠事，吾自耳目所從聞見，逮百數十年閒，賢才未有及荀令君者也。前後所舉者，命世大才，邦邑則荀攸、鍾繇、陳羣，海内則司馬宣王，及引致當世知名郗慮、華歆、王朗、荀悅、杜襲、辛毗、趙儼之儔，終爲卿相，以十數人。取士不以一揆，戲志才、郭嘉等有負俗之譏，杜畿簡傲少文，皆以智策舉之，終各顯名。荀攸後爲魏尚書令，亦推賢進士。太祖曰：「二荀令之論人，久而益信，吾没世不忘。」鍾繇以爲顔子既没，能備九德，不貳其過，唯荀彧然。或問繇曰：「君雅重荀君，比之顔子，自以不及，可得聞乎？」曰：「夫明君師臣，其次友之。〔一六〕以太祖之聰明，每有大事，常先諮之荀君，是則古師友之義也。吾等受命而行，猶或不盡，相去顧不遠邪！」

獻帝春秋曰：董承之誅，伏后與父完書，言司空殺董承，帝方爲報怨。完得書以示彧，彧惡之，久隱而不言。完以示妻弟樊普，普封以呈太祖，太祖陰爲之備。彧後恐事覺，欲自發之，因求使至鄴，〔一七〕勸太祖以女配帝。太祖曰：「今朝廷有伏后，吾女何得以配上？吾以微功見録，位爲宰相，豈復賴女寵乎！」彧曰：「伏后無子，性又凶邪，往常與父書，言辭醜惡，可因此廢也。」太祖曰：「卿昔何不道之？」彧陽驚曰：「昔已嘗爲公言也。」太祖曰：「此豈小事，而吾忘之？」彧又驚曰：「誠未語公邪？昔公在官渡與袁紹相持，恐增内顧之念，故不言爾。」太祖曰：「官渡事後，何以不言？」彧無對，謝闕而已。太祖以此恨彧，而外含容之，故世莫得知。至董昭建立魏公之議，彧意不同，欲言之於太祖。及齎璽書犒軍，飲饗禮畢，彧留請閒。〔一八〕太祖知彧欲言封事，揖而遣之，彧遂不得言。彧卒於壽春，壽春亡者告孫權，言太祖使彧殺伏后，彧不從，故自殺。〔一九〕權以露布於蜀。劉備聞之，曰：「老賊不死，禍亂不已。」臣松之案獻帝春秋云：彧欲發伏后事，而求使至鄴，而方誣太祖云「昔已嘗言」。言既無徵，迴託以官渡之虞，〔二〇〕俯仰之閒，辭情頓屈。雖在庸人，猶不至此，何以玷累賢哲哉！凡諸云云，皆出自鄙俚，可謂以吾儕之言而厚誣君子者矣。袁暐虚罔之類，此最爲甚也。〔二一〕

〔一〕九錫解見武紀建安十八年。

〔二〕官本攷證云：「北宋本作密以詔諮彧。」沈家本曰：「范書作密以訪彧。此時董昭等建議，未有詔也。不當有詔字。」

〔三〕禮記檀弓：「曾子曰：君子之愛人也以德，細人之愛人也以姑息。」

〔四〕范書彧傳：「彧曰：曹公本興義兵，以匡振漢朝，雖勳庸崇著，猶秉忠貞之節，君子愛人以德，不宜如此。事遂寢，操心不能平。」

〔五〕胡三省曰：「輒，言專輒也。」

〔六〕元本「事」作「吏」，誤。范書彧傳：「操表留彧曰：臣聞古之遺將，上設監督之重，下建副二之任，所以尊嚴國命，謀而鮮過者也。臣今當濟江，奉辭伐罪，宜有大使，肅將天命，文武並用，自古有之。使持節侍中守尚書令萬歲亭侯彧，國之重臣，德洽華夏，既停軍所次，便宜與臣俱進，宣示國命，威懷醜虜，軍禮尚速，不及先請。臣輒留彧，依以爲重。」

〔七〕濡須，今安徽無爲州東北，見武紀建安十八年。

〔八〕壽春見文紀黄初五年，今安徽鳳陽府壽州治。

〔九〕范書彧傳：「帝哀惜之，祖日，爲之廢讌樂。」

〔一〇〕潘眉曰：「彧，初平二年年二十九；薨年五十，建安十七年也。本傳言太祖軍至濡須，彧疾留壽春，以憂薨。攷魏武帝紀，進軍濡須口在十八年正月，吴主傳亦云，十八年正月，曹公攻濡須。太祖以十八年正月進軍濡須，彧薨在後，似薨於十八年矣。然下云明年，太祖遂爲魏公，爲魏公在十八年，彧薨實在十七年，則此傳言太祖軍至濡須者，將往濡須實未至也。」弼按：文選載檄吴將校部曲文，首署彧名。文中敘馬超、宋建、張魯事，皆在彧卒之後。姜皋疑彧爲攸之譌。案攸傳注，建安十九年攸卒，年五十八。與文中事亦不符。疑攸卒於二十一年，則於檄中情事皆合耳。

〔一一〕曹植光禄大夫荀侯誄云：「如冰之清，如玉之潔，法而不威，和而不褻。百僚欷歔，天子霑纓，機女投杼，農夫輟耕，輪結轍而不轉，馬悲鳴而倚衡。」

〔一二〕李清植曰：「史家此言，所以原彧本志也。先文貞公曰：（弼按：即李光地。）朱子謂陳羣爲賊佐命，詞嚴而義正。荀攸、賈詡，自應入此例。彧之侍中，原是漢官，未嘗仕操。操建國稱魏，則彧死而後操爲之。其阻董昭，以致殺身一節，亦自可取。彧之罪當從末減。」潘眉曰：「彧前沮復古九州，後又沮九錫議。彧薨，太祖遂爲魏公。是年，即復十四州爲九州。」弼按，時以冀州之河東、河内、魏郡、趙國、中山、常山、鉅鹿、安平、甘陵、平原，凡十郡，爲魏國。見武紀建安十八年。韓慕廬曰：「文若智略不世，魏武特以事際相需，其畏忌之久矣。且同爲漢臣，與結分委贄者亦異，是太祖内憂也。觀其表請犒師，輒留不遣，即漢祖雲夢之意，不關九錫一議也。」弼按：操爲奮武將軍，以彧爲司馬，後爲鎮東將軍，彧以司馬從。韓説似有未合。

〔一三〕通鑑考異曰：「陳志彧傳曰：以憂薨。范書彧傳曰：操饋之食，發視，乃空器也。於是飲藥而卒。孫盛魏氏春秋亦同。按彧之死，操隱其誅。陳壽云，以憂卒，蓋闕疑也。今不正言其飲藥，恐後世爲人上者謂隱誅可得而行也。」

〔一四〕馮本「揚」作「楊」，誤。

〔一五〕何焯曰：「不及時圖之，則宿儒老生，日就衰落。後生一失派别，則聖籍湮微，復尋其緒，爲力甚難。此荀令君所以汲汲於兩濟也。」

〔一六〕毛本「友」誤作「有」。

〔一七〕趙一清曰：「姜氏云：若依此書，荀令君全無主持，何謂謀士？恐史傳之譌。」

〔一八〕毛本「彧」作「或」，誤。

〔一九〕錢振鍠曰：「我固知弑父與君，彧不爲也。雖然，郗慮、華歆，亦名士也，而勒兵牽后，竟忍爲之，此非鑒於彧之自殺，而不能不出於此乎！操必使名士爲反逆之事，以彧寧自殺不出此，猶疑名士多能爲漢盡節也。及慮、歆破壁牽后，乃知天下名士，不足忌矣；皆可以鷹犬使之矣。」

〔二〇〕「迴」，何焯校改「迺」。

〔二一〕毛本「此」作「以」，「也」作「邪」，均誤。

子惲，嗣侯，官至虎賁中郎將。初，文帝與平原侯植並有擬論，文帝曲禮事彧。及彧卒，惲又與植善，而與夏侯尚不穆，〔一〕文帝深恨惲。惲早卒，子甝、霬，

霬，音翼。〔二〕

以外甥故，猶寵待。惲弟俁，御史中丞；俁弟詵，〔三〕大將軍從事中郎。〔四〕皆知名，早卒。

荀氏家傳曰：惲字長倩，俁字叔倩，詵字曼倩。俁子寓，字景伯。世語曰：寓少與裴楷、王戎、杜默俱

有名京邑，〔五〕仕晉，位至尚書，名見顯著。子羽嗣，位至尚書。

詵弟顗，〔六〕咸熙中爲司空。〔七〕

晉陽秋曰：顗字景倩，幼爲姊夫陳羣所異。〔八〕博學洽聞，意思愼密。司馬宣王見顗，奇之，曰：「荀令君之子也。近見袁偘，亦曜卿之子也。」〔九〕擢拜散騎侍郎。顗佐命晉室，位至太尉，封臨淮康公。嘗難鍾會「易無互體」，見稱於世。〔一〇〕顗弟粲，字奉倩。何劭爲粲傳曰：〔一一〕粲字奉倩。〔一二〕粲諸兄並以儒術論議，而粲獨好言道，常以爲子貢稱夫子之言性與天道，不可得聞，然則六籍雖存，固聖人之穅秕。〔一三〕粲兄俁難曰：「易亦云聖人立象以盡意，繫辭焉以盡言，則微言胡爲不可得而聞見哉？」粲答曰：「蓋理之微者，非物象之所舉也。今稱立象以盡意，此非通於意外者也。繫辭焉以盡言，此非言乎繫表者也。斯則象外之意，繫表之言，固蘊而不出矣。」及當時能言者，不能屈也。又論父彧不如從兄攸。彧立德高整，軌儀以訓物，而攸不治外形，愼密自居而已。粲以此言善攸，諸兄怒而不能迴也。太和初，到京邑與傅嘏談，嘏善名理，而粲尚玄遠，宗致雖同，倉卒時或有格而不相得意。裴徽通彼我之懷，爲二家騎驛，〔一四〕頃之，粲與嘏善。夏侯玄亦親。常謂嘏、玄曰：「子等在世塗閒，功名必勝我，但識劣我耳！」嘏難曰：「能盛功名者，識也。天下孰有本不足而末有餘者邪！」〔一五〕粲曰：「功名者，志局之所奬也。然則志局自一物耳，固非識之所獨濟也。我以能使子等爲貴，然未必齊子等所爲也。」粲常以婦人者，才智不足論，自宜以色爲主。驃騎將軍曹洪女，有美色，粲於是娉焉。容服帷帳甚麗，專房歡宴。歷年後，婦病亡，未殯。傅嘏往喭粲，〔一六〕粲不哭而神傷。嘏問曰：「婦人才色並茂爲難，子之娶也，遺才而好色。此自易遇，今何哀之甚！」粲曰：「佳人難再得！顧逝者不能有傾國之色，然未可謂之易遇。」痛悼不能已。歲餘，亦亡。時年二十九。〔一七〕粲簡貴，不能與常人交接，所交皆一時俊傑。至葬夕，赴者裁十餘人，皆同時知名士也。哭之，感動路人。〔一八〕

惲子甝嗣爲散騎常侍，進爵廣陽鄉侯。〔一九〕年三十，薨。子顗嗣。〔二〇〕

荀氏家傳曰：顗字温伯，爲羽林右監，早卒。顗子崧，字景猷。晉陽秋稱崧少有志操，雅好文學，孝義和愛，在朝恪勤，位至左右光禄大夫、開府儀同三司。〔二一〕崧子羨，字令則，〔二二〕清和有才，尚公主，少歷顯位。年二十八，爲北中郎將、徐、兗二州刺史，假節都督徐、兗、青三州諸軍事。在任十年，遇疾解職，卒於家。追贈驃騎將軍。〔二三〕羨孫伯子，今御史中丞也。〔二四〕

霬，官至中領軍。薨，諡曰貞侯，追贈驃騎將軍。子愷嗣。霬妻，司馬景王、文王之妹也。〔二五〕二王皆與親善。咸熙中，開建五等，霬以著勳前朝，改封愷南頓子。〔二六〕

荀氏家傳曰：愷，晉武帝時爲侍中。

干寶晉紀曰：武帝使侍中荀顗、和嶠俱至東宮，觀察太子。顗還稱太子德識進茂，而嶠云聖質如初。

孫盛曰「遣荀勖」，其餘語則同。〔二七〕

臣松之案：和嶠爲侍中，荀顗亡没久矣。荀勖位亞台司，不與嶠同班，無緣方稱侍中。二書所云，皆爲非也。〔二八〕考其時位，愷實當之。愷位至征西大將軍。愷兄憺，少府；弟悝，護軍將軍，追贈車騎大將軍。

〔一〕錢大昭曰：「穆與睦通。詩大雅穆如清風鄭箋云：穆，和也。」

〔二〕潘眉曰：「霬當爲廙。唐韻，廙，與職反，與翼同音。夏侯玄傳注引世語，散騎常侍荀廙，少帝紀，中壘將軍昌武亭侯臣廙，皆作廙。又晉書侯史光傳亦作荀廙，廙字字書所無。」

〔三〕馮本「俁」作「侯」，誤。詵事見劉劭傳。林國贊曰：「張璠漢紀詵爲俁叔祖，俁弟似不宜同名，疑誤。」弼按：范書詵作注，章懷注同。

〔四〕續百官志：「大將軍從事中郎二人，六百石，職參謀議。」

〔五〕裴楷事見本志裴潛傳注。楷字叔則，弱冠知名，尤精老、易，少與王戎齊名，晉書有傳。王戎字濬沖，琅邪臨沂人，晉書有傳。

〔六〕晉書荀顗傳：「顗，魏太尉彧第六子。」案本傳及注，彧子惲、俁、詵、顗、粲，尚有一子，史失之。

〔七〕顗爲司空，見陳留王紀咸熙元年。世説品藻篇注引晉諸公讚曰：「顗蹈禮立德，思議温雅，兼深識國體。」

〔八〕羣爲彧壻。晉書荀顗傳「異」作「賞」。

〔九〕本志袁涣傳，涣字曜卿。裴注引袁氏世紀曰：「涣有四子，侃、寓、奥、準。」侶字疑係侃字之誤。胡玉縉曰：「侶與侃同，乃别體，非誤字。」

〔一〇〕晉書荀顗傳：「顗性至孝，總角知名。魏時以父勳除中郎，難鍾會易無互體，又與扶風王駿論仁孝孰先，見稱於世。顗預討毌丘儉等有功，進爵萬歲亭侯。顗甥陳泰卒，顗代泰爲僕射。咸熙中，遷司空。咸熙初，封臨淮侯。武帝踐阼，進爵爲公。阿意苟合於荀勖、賈充之閒。皇太子將納妃，顗上言賈充女姿德淑茂，可以參選。以此獲譏於世。」何夔傳注傅子稱何曾、荀顗曰：「古稱曾、閔，今曰荀、何。」李通傳注引王隱晉書曰：「李秉家誡論爲官當清慎勤，秉舉故太尉荀景倩能慎。」隋書經籍志：「周易無互體論三卷，鍾會撰，亡。」

〔一一〕何劭見何夔傳注引晉諸公讚。晉書何劭傳云：「劭撰荀粲傳。」世説文學篇、惑溺篇注、書鈔一百，均作荀粲别傳，又見文選注。劭又作王弼傳，見鍾會傳注。

〔一二〕世説文學篇注云：「粲，太尉彧少子。」

〔一三〕馮本「糠秕」作「糠粃」。沈家本曰：「說文有秕無粃，玉篇粃俗秕。」

〔一四〕裴徽見裴潛傳注。世說文學篇注引此，作「爲二家釋」。

〔一五〕毛本「末」作「未」，誤。

〔一六〕官本「喭」作「唁」，喭與唁通。集韻「唁或作喭」。

〔一七〕世說惑溺篇：「荀奉倩與婦至篤。冬月婦病熱，乃出中庭自取冷還，以身熨之。婦亡，奉倩後少時亦卒，以是獲譏於世。奉倩曰：婦人德不足稱，當以色爲主。裴令聞之曰：此乃是興到之事，非盛德言，冀後人未昧此語。」何劭論粲曰：「仲尼稱有德者有言，而荀粲減於是。力顧所言有餘，而識不足。」顧千里曰：「好色殉身，爲高識邪？爲好道邪？或曰，文若子不肖至此，死已爲晚。」

〔一八〕元本「動」作「慟」。

〔一九〕郡國志：「幽州廣陽郡廣陽。」一統志：「廣陽故城，今順天府良鄉縣東北十里。」

〔二〇〕晉書荀崧傳，頵，安陵鄉侯。非嗣廣陽鄉侯，未知孰是。

〔二一〕晉書荀崧傳：「崧，彧玄孫。族曾祖顗，見而奇之。王彌入洛，崧與百官奔於密，未至，而母亡。崧守喪號泣。賊至，棄母尸於地。崧被四創，氣絶，至夜方蘇。葬母於密。族父藩承制以崧監江北軍事、襄陽太守，遷平南將軍，爲賊杜曾所圍。崧力弱食盡，使小女灌求救於石覽、周訪。賊聞救至，散走。元帝踐阼，崧定中興禮儀，請增儀禮、公羊、穀梁、鄭易博士。以平王敦功，封平樂伯，遷右光禄大夫、開府儀同三司。蘇峻之役，崧與王導、陸曄，共登御牀擁衛帝。咸和三年薨，年六十七。」晉書列女傳：「荀崧小女灌，幼有奇節。崧爲襄城太守，爲杜曾所圍。灌年十三，踰城突圍夜出，詣石覽乞師，又爲崧書與周訪請援。訪遣子撫救崧，賊聞兵至，散走。」

〔二二〕趙一清曰：「晉書荀崧傳，二子蕤、羨。蕤字令遠，有儀操風望，爲簡文帝所重。官建威將軍、吴國内史。子籍，仕至散騎常侍、大長秋。」

〔二三〕晉書荀崧傳：「羨年七歲，遇蘇峻亂，隨父在石頭，峻甚愛之。羨目其母曰：得一利刀子，足以殺賊。母掩其口曰：無妄言！年十五，將尚尋陽公主。羨不欲連婚帝室，仍遠遁去。監司追不獲已，乃出尚公主。後除北中郎將、徐州刺史，監徐、兖二州諸軍事。時年二十八。中興方伯，未有如羨之少者。升平二年卒，時年三十八。」

〔二四〕宋書荀伯子傳：「祖羨，驃騎將軍；父猗，秘書郎。伯子博覽經傳，助撰晉史，文集傳世。」

〔二五〕陳羣爲荀彧壻，荀惲爲曹操壻，荀粲爲曹洪壻，荀霬爲司馬懿壻。荀氏本世族，故男女嫁娶，皆結高門。自與賈文和之起自寒門者不同。又李翼後妻爲荀廙姊，廙即霬也。翼，李豐弟。

〔二六〕郡國志：「豫州汝南郡南頓，本頓國。」一統志：「南頓故城，今河南陳州府項城縣北五十里。」范書光武紀「南頓令欽，生光武」，即此。

〔二七〕毛本「則」誤作「時」。晉書荀勖傳：「勖字公曾，漢司空爽曾孫。祖棐，射聲校尉；父肸，早亡。勖依於舅氏。從外祖鍾繇曰：此兒當及其曾祖。」

〔二八〕晉書荀勖傳：「帝素知太子闇弱，恐後亂國，遣勖及和嶠往觀。勖還，盛稱太子之德；而嶠云太子如初。於是天下貴嶠而賤勖。」御覽一百四十八引王隱晉書：「勖還，盛稱太子德更進茂，不同西宮之時也。」弼案：今本晉書勖傳，勖時官侍中，裴注或未細審耳。沈家本曰：「荀顗卒於泰始十年，而和嶠爲侍中在太康元年吴平之後，其時顗没已七年。裴氏所駁誠是。至荀勖爲中書監，嶠爲中書令，至太康中，勖爲光禄大夫、儀同三司開府，而守中書監、侍中侯如故，時嶠亦爲侍中。是勖、嶠同在中書，同爲侍中，未嘗不同班。勖之稱侍中，亦未爲非也。荀愷雖曾爲侍中，而武帝時不聞信任，諸書亦無及愷者。裴氏揣測之詞，轉失其實。世説劉孝標注亦引干寶晉紀及晉陽秋之言，而以孫盛爲得，其説卻是。至晉書和嶠傳采二家之説，並舉顗、勖，則大誤矣。」

荀攸字公達，或從子也。祖父曇，廣陵太守。

荀氏家傳曰：曇字元智。兄昱，字伯修。〔一〕張璠漢紀稱昱、曇並傑俊，有殊才。昱與李膺、王暢、杜密等號爲八俊，位至沛相。〔二〕攸父彝，州從事。彝於彧爲從祖兄弟。

攸少孤。及曇卒，故吏張權求守曇墓。攸年十三，疑之，謂叔父衢曰：「此吏有非常之色，殆將有姦！」衢寤，乃推問，果殺人亡命。由是異之。

魏書曰：攸年七八歲，衢曾醉，誤傷攸耳；而攸出入遊戲，常避護不欲令衢見。衢後聞之，乃驚其夙智如此。

荀氏家傳曰：衢子祈，字伯旗，〔三〕與族父愔俱著名。祈與孔融論肉刑，愔與孔融論聖人優劣，並在融集。〔四〕祈，位至濟陰太守。愔後徵有道，至丞相祭酒。〔五〕

何進秉政，徵海内名士攸等二十餘人。〔六〕攸到，拜黄門侍郎。董卓之亂，關東兵起，卓徙都長安。攸與議郎鄭泰、何顒，侍中种輯，〔七〕越騎校尉伍瓊等謀曰：「董卓無道，甚於桀、紂，天下皆怨之。雖資彊兵，實一匹夫耳。今直刺殺之，以謝百姓；然後據殽、函，輔王命，以號令天下，此桓、文之舉也。」事垂就而覺，收顒、攸繫獄。〔八〕顒憂懼自殺，〔九〕

張璠漢紀曰：顒字伯求，少與郭泰、賈彪等游學洛陽，泰等與同風好。顒顯名太學，於是中朝名臣太傅陳蕃、司隸李膺等皆深接之。及黨事起，顒亦名在其中。乃變名姓亡匿汝南閒，所至皆交結其豪桀。〔一〇〕顒既奇太祖，〔一一〕而知荀彧，〔一二〕袁紹慕之，與爲奔走之友。〔一三〕是時天下士大夫多遇黨難，顒常歲再三私入洛陽，從紹計議，爲諸窮窘之士解釋患禍。〔一四〕而袁術亦豪俠，與紹爭名。顒未嘗造術，術深恨之。漢末名士録曰：術嘗於衆坐數顒三罪曰：「王德彌先覺儁老，名德高亮，而伯求踈之，是一罪也。許子遠凶淫之人，性行不純，而伯求親之，是二罪也。〔一五〕郭、賈寒窶，〔一六〕無他資業，而伯求肥馬輕裘，光曜道路，是三罪也。」陶丘洪曰：〔一七〕「王德彌大賢，而短於濟時；許子遠雖不純，而赴難不憚濡足。伯求舉善，則以德彌爲首；濟難，則以子遠爲宗。且伯求嘗爲虞偉高手刃復仇，義名奮發。其怨家積財巨萬，文馬百駟，而欲使伯求羸牛疲馬，頓伏道路，此爲披其胸而假仇敵之刃也。」〔一八〕術意猶不平。後與南陽宗承會於闕下，術發怒曰：「何伯求，凶德也，吾當殺之！」承曰：「何生英俊之士，足下善遇之，使延令名於天下。」術乃止。後黨禁除解，辟司空府。每三府掾屬會議，顒策謀有餘，議者皆自以爲不及。遷北軍中候，董卓以爲長史。〔一九〕後荀彧爲尚書令，遣人迎叔父司空爽喪，使并置顒尸，而葬之於爽冢傍。〔二〇〕

攸言語飲食自若。會卓死，得免。魏書云：攸使人説卓得免。與此不同。棄官歸，復辟公府，舉高第，遷任城相，不行。〔二一〕攸以蜀漢險固，人民殷盛，乃求爲蜀郡太守，〔二二〕道絶不得至，駐荆州。

〔一〕范書荀淑傳：「淑兄子昱，字伯條。」惠棟曰：「條，荀氏家傳作脩。謝承書又作儵。三君八俊録曰：天下好交荀伯條。條與交韻，當從本傳也。」

〔二〕范書荀淑傳：「昱爲沛相，曇爲廣陵太守，兄弟皆正身疾惡，志除閹官。其支黨賓客有在二郡者，纖罪必誅。昱後共大將軍竇武謀誅中官，與李膺俱死，曇亦禁錮終身。」黨錮傳：「李膺、荀昱、杜密、王暢、劉祐、魏朗、趙典、朱寓爲八俊。俊者，言人之英也。」惠棟曰：「昱，通鑑作翊。李膺家傳云：膺坐黨事，與杜密、荀翊同繫新汲縣獄。時歲旦，翊引杯曰：正朝從小起。膺謂翊曰：死者，人情所惡，今子無柔色者何？翊曰：求仁得仁，又誰恨也！膺乃歎曰：漢其亡矣！漢其亡矣！善人，天地之紀，而多害之，何以存國！」

〔三〕趙一清曰：「祈當作旂。晉有樂安孫旂，亦字伯旗，可證。」

〔四〕孔融肉刑議，見范書融傳。聖人優劣論，見藝文類聚二十、初學記十七。其論云：「荀愔等以爲聖人俱受乾坤之醇靈，稟造化之和氣，該百行之高善，備九德之淑懿，極鴻源之深閭，窮品物之情類。曠蕩出於無外，沈微淪於無類，器不是周，不充聖極。荀以爲孔子稱大哉堯之爲君也，唯天爲大，唯堯則之。是則爲覆蓋衆聖最優之明文也。孔以堯作天子九十餘年，政化洽於民心，雅頌流於衆聽，是以聲德發聞，遂爲稱首。則易所謂聖人久於其道，而天下化成，百年然後勝殘去殺，必世而後仁者也。故曰，大哉堯之爲君也，堯之爲聖也。明其聖與諸聖同，但以久見稱爲君爾。」

〔五〕宋書百官志云：「獻帝建安十三年，復置丞相。魏世及晉初又廢。」又云：「位從公以上，置西閤、東閤祭酒。」又云：「祭祀以酒爲本，長者主之，故以祭酒爲稱。漢之侍中，魏之散騎常侍，功高者，並爲祭酒焉。公府祭酒，蓋因其名也。」洪飴孫三國職官表：「相國府屬有軍師祭酒，主簿祭酒，參軍祭酒。」

〔六〕范書鄭太傳：「大將軍何進輔政，徵用名士，以公業爲尚書侍郎。」（鄭泰字公業。范曄父名泰，故改爲太傳，中皆稱字。）

〔七〕范書獻帝紀：「建安五年，車騎將(車)〔軍〕董承、偏將軍王服、越騎校尉种輯受密詔誅曹操。事洩，操殺董承等，夷三族。」輯初謀殺卓，後謀殺操，事雖未濟，忠烈可見。范書董卓傳、獻帝起居注均作長水校尉种輯。

〔八〕馮本「攸」作「收」，誤。何焯校改作「攸，顒收繫獄」。

〔九〕顒事見武紀卷首。通鑑：「獻帝初平三年初，黄門侍郎荀攸與尚書鄭泰、侍中种輯等謀曰：董卓驕忍無親，雖資强兵，實一匹夫耳，可直刺殺也。事垂就而覺，收攸繫獄，泰逃奔袁術。攸言語飲食自若。會卓死，得免。」考異曰：「魏志云，攸與何顒、伍瓊同謀。按顒、瓊死已久，恐誤。」弼按：范書鄭太傳，太初爲尚書侍郎，後留拜議郎。陳志云議郎是。太傳又云：「與何顒、荀攸共謀殺卓，事洩，顒等被執，公業脱身，自武關走，東歸袁術。術上以爲揚州刺史。未至官，道卒。」何顒傳：「董卓秉政，與司空荀爽、司徒王允等共謀卓。會爽薨，顒以他事爲卓所繫，憂憤而卒。」黄山曰：「范書鄭太傳載何顒被執事，與黨錮傳異，與袁紀、魏志亦互異。參之荀淑、王允傳，抑又未嘗不各異。黨錮傳言顒同謀爲荀爽、王允，袁紀則謂爲荀攸、鄭太、种輯，魏志更及伍瓊。王允傳載允同謀者僅黄琬、鄭公業，惟荀淑傳載荀爽同謀者，適如黨錮傳。而黨錮傳則謂顒以它事爲卓所繫，憂憤而卒。太傳則謂因謀卓事洩，顒等被執。曰顒等，似被執者不止顒。而袁紀謂顒與荀攸同繫獄，顒憂懼自殺。魏志攸傳則云攸同被收繫獄，顒自殺，攸言語飲食自若。會卓死，得免。是同繫者固有攸，而顒之卒與自殺異。蓋無論顒之死爲自殺與否，要爲自死於獄，非卓聲其罪而殺之也。夫以卓之暴，諸將言語蹉跌，便戮於前，伍瓊、周珌、李旻、張温、伍孚皆死不旋踵。苟知顒謀殺己，將必立致之死，何暇下之獄，此易知也。顒乃猶得死於獄，且既死之後，不聞同繫者皆死。公業脱身走矣，而同謀之允、琬亦尚安然無禍。則顒等之被執，必以它事，雖其事未必不與所謀有涉，而本謀必仍未洩，謂爲事洩者，度不過公業等與謀之人，聞變驚竄，自疑實然，范書故兩存之耳。當卓得志，虐殺朝士，人皆岌岌不自保，謀之者固宜多也。自通鑑不載荀爽之謀與何顒之死，姜宸英首斷荀爽必不得有是謀。後之讀考異者，遂並疑顒亦無其事。然則范書反可廢邪！」

〔一〇〕范書顒傳：「陳蕃、李膺之敗，顒以與蕃、膺善，遂爲宦官所陷。乃變姓名亡匿汝南閒，所至皆親其豪傑，有聲荆、豫之域。」劉攽曰：「若祗在汝南，則無用閒字，不當云荆，蓋漏南郡兩字也。南郡則屬荆州。」

〔一一〕事見武紀卷首。

〔一二〕事見彧傳。

〔一三〕詩大雅：「予曰有奔走。」毛傳云：「諭德宣譽曰奔走。」

〔一四〕范書顒傳：「顒常私入洛，從紹計議。其窮困閉戹者，爲求援救，以濟其患。有被掩捕者，則廣設權計，使得逃隱，全免者甚衆。」王補曰：「黨錮諸公，意存矯枉；夏馥、賈彪，較爲裁正。何顒保全善類，近中道矣。」

〔一五〕許攸字子遠，見武紀建安五年，又見崔琰傳注引魏略，又見前荀彧傳。公路之評，雖有所激，然不爲無因。

〔一六〕郭泰、賈彪。

〔一七〕洪事見華歆傳，又見吴志劉繇傳。范書孔融傳：「融與平原陶丘洪、陳留邊讓齊聲稱。」李賢曰：「青州先賢傳，洪字子林，（官本「林」作「休」。）平原人。清達博辯，文冠當代。舉孝廉，不行；辟太尉府。年三十，卒。」惠棟曰：「元和姓纂云，丹朱居陶丘，爲氏。」

〔一八〕范書顒傳：「友人虞偉高，有父仇未報，而篤病。將終，顒往候之，偉高泣而訴。顒感其義，爲復讎，以頭醊其墓。」章懷注：「醊，祭酹也。」

〔一九〕范書顒傳：「顒辟司空府，每三府會議，莫不推顒之長，累遷。及董卓秉政，逼顒爲長史，託病不就。」

〔二〇〕范書顒傳「置」作「致」。王補曰：「諸史無言荀爽圖卓者，惟見爽本傳及何顒傳，殆由彧作僞，以欺耳目。范史摭而録之耳。袁紀言是時忠正者慷慨，懷道者深默。爽解禍於董卓之朝，旬日之閒，位極人臣，君子以此譏之。彧蓋病此，獨計以爲詭稱圖卓，可解當世之譏。然無可附以市重，而取信於時者，惟爽爲顒等所薦拔，又與王允同官三府，二子方以殺卓爲時矜頌，是足以附耳。且彼皆既死，孰與明其詐？此飲藥以蓋謀篡之智也。既而并致顒屍葬爽冢傍，謂合志同穴，更足證成其事，其虛僞益不可掩矣。史通謂八龍之目，出於家傳，徵彼虛譽，定爲實録，何與是非，其有見於斯乎！」又曰：「袁紀顒與荀攸、鄭太、种輯謀卓，事垂就而發覺，收攸、顒繫獄，顒憂懼自殺。本書鄭太傳亦言太與顒、攸共謀殺卓，事洩，顒等被執。而顒本傳獨言與荀爽、王允等共謀卓，會爽薨，顒以它事爲卓所繫。與諸書異。蓋允手正董卓之誅，爽既死而被虚美，均不可言事洩，因謂顒爲他事所繫耳。事涉虚僞，諸多違反，故通鑑不載顒死，考異於攸與太、輯之謀，并疑魏志並列顒及伍瓊爲誤，殆覺其詐耳。」

〔三〕兗州任城國，今山東濟寧州治。

〔三〕韓慕廬曰：「據殽、函，保巴、蜀，兩計絶偉。公達意度，殆不可測。」

太祖迎天子都許，遺攸書曰：「方今天下大亂，智士勞心之時也，而顧觀變蜀漢，不已久乎！」於是徵攸爲汝南太守，入爲尚書。太祖素聞攸名，與語，大悦。謂荀彧、鍾繇曰：「公達非常人也。吾得與之計事，天下當何憂哉！」以爲軍師。建安三年，〔一〕從征張繡。攸言於太祖曰：「繡與劉表相恃爲彊，然繡以遊軍仰食於表，表不能供也，勢必離。不如緩軍以待之，可誘而致也；若急之，其勢必相救。」太祖不從，遂進軍之穰，與戰。繡急，表果救之，軍不利。太祖謂攸曰：「不用君言，至是！」乃設奇兵復戰，大破之。

〔一〕元本、監本、官本「三」作「二」。趙一清曰：「據武紀，當作三。」弼按：通鑑引荀攸語在建安三年。

是歲，太祖自宛征吕布，

魏書曰：議者云：「表、繡在後，而還襲吕布，〔一〕其危必也。」攸以爲「表、繡新破，勢不敢動。布驍猛，又恃袁術，若縱横淮、泗間，豪傑必應之。今乘其初叛，衆心未一，〔二〕往可破也。」太祖曰：「善。」比行，布以敗劉備，〔三〕而臧霸等應之。〔四〕

至下邳，〔五〕布敗退固守，攻之不拔。連戰，士卒疲，太祖欲還。攸與郭嘉説曰：「吕布勇而無謀，今三戰皆北，〔六〕其鋭氣衰矣。三軍以將爲主，主衰則軍無奮意。夫陳宮有智而遲，今及布氣之未復，宮謀之未定，進急攻之，〔七〕布可拔也。」乃引沂、泗灌城，〔八〕城潰，生禽布。

〔一〕馮本「還」作「遠」。通鑑引此亦作「遠」。

〔二〕監本、官本「二」作「附」，通鑑作「一」。

〔三〕古以、已通。

〔四〕通鑑：「泰山屯帥臧霸、孫觀、吴敦、尹禮、昌豨等皆附於布。」胡三省曰：「史言攸料敵之審。」

〔五〕下邳見武紀初平四年。

〔六〕通鑑「三」作「屢」。

〔七〕通鑑無「進」字。

〔八〕沂、泗水詳見武紀建安三年。

後從救劉延於白馬，〔一〕攸畫策斬顏良，語在武紀。太祖拔白馬還，遣輜重循河而西。袁紹渡河追，卒與太祖遇。諸將皆恐，説太祖還保營。攸曰：「此所以禽敵，〔二〕柰何去之！」太祖目攸而笑，遂以輜重餌賊，賊競奔之，陣亂。乃縱步騎擊，大破之，斬其騎將文醜。太祖遂與紹相拒於官渡，軍食方盡，攸言於太祖曰：「紹運車旦暮至，其將韓莄，〔三〕鋭而輕敵，擊可破也。」

臣松之案：諸書韓莄或作韓猛，或云韓若，未詳孰是。〔四〕

太祖曰：「誰可使？」攸曰：「徐晃可。」乃遣晃及史涣邀擊，破走之，燒其輜重。〔五〕會許攸來降，言「紹遣淳于瓊等將萬餘兵迎運糧，將驕卒惰，可要擊也」。衆皆疑，唯攸與賈詡勸太祖。太祖乃留攸及曹洪守，太祖自將攻破之，盡斬瓊等。紹將張郃、高覽燒攻櫓降，〔六〕紹遂棄軍走。郃之來，洪疑不敢受。攸謂洪曰：「郃計不用，怒而來，君何疑？」乃受之。

〔一〕白馬縣見武紀建安五年。

〔二〕武紀「禽」作「餌」，通鑑同。

〔三〕曹仁傳作「荀」。

〔四〕趙一清曰：「武紀注引曹瞞傳曰，斬騎督韓莒子，豈即莒乎？」弼按：通鑑作韓猛。

〔五〕晃傳：「與史渙擊袁紹運車於故市，功最多。」

〔六〕通鑑：「郃忿懼，遂與高覽焚攻具，詣操營降。」文選載檄吳將校部曲文云：「官渡之役，張郃、高奐舉事立功。」李(賢)〔善〕注曰：「魏志作覽，此云奐，蓋有二名。」康發祥曰：「袁紹傳，紹爲高櫓，起土山，射營中。公孫瓚傳，樓櫓千里。考城上望樓爲櫓，戰陣高巢車亦曰櫓。郃、覽所燒，皆此類也。」

七年，從討袁譚、尚於黎陽。〔一〕明年，太祖方征劉表，譚、尚爭冀州。譚遣辛毗乞降請救，太祖將許之，以問羣下。羣下多以爲表彊，宜先平之，譚、尚不足憂也。攸曰：「天下方有事，而劉表坐保江、漢之閒，其無四方志可知矣。袁氏據四州之地，帶甲十萬，〔二〕紹以寬厚得衆，借使二子和睦，〔三〕以守其成業，則天下之難未息也。〔四〕今兄弟遘惡，〔五〕其勢不兩全。〔六〕若有所并則力專，力專則難圖也。〔七〕及其亂而取之，天下定矣，此時不可失也。」太祖曰：「善。」乃許譚和親，遂還擊破尚。其後譚叛，從斬譚於南皮。〔八〕冀州平，太祖表封攸曰：「軍師荀攸，自初佐臣，無征不從，前後克敵，皆攸之謀也。」於是封陵樹亭侯。〔九〕十二年，下令大論功行封。太祖曰：「忠正密謀，撫寧内外，文若是也；公達其次也。」增邑四百，并前七百户。

魏書曰：太祖自柳城還，〔一〇〕過攸舍，稱述攸前後謀謨勞勳，曰：「今天下事略已定矣，孤願與賢士大夫共饗其勞。昔高祖使張子房自擇邑三萬户，〔一一〕今孤亦欲君自擇所封焉。」

轉爲中軍師。〔一二〕魏國初建，爲尚書令。〔一三〕

〔一〕黎陽見武紀建安四年。

〔二〕官本考證云：「毛本作百萬。何焯校本作十萬。」弼按：宋本、元本、馮本、監本均作十萬，官本作數萬，通鑑作數十萬。沈家本曰：「張範傳，敵十萬之衆，即指紹。程昱傳亦云，袁紹擁十萬之衆。作十萬是。」

〔三〕通鑑「衆」下有「心」字，無「借」字。

〔四〕胡三省曰：「謂能爲曹操患也。」

〔五〕胡三省曰：「遘當作構。或曰，遘，遇也。謂以惡相遇也。」

〔六〕元本、馮本、監本「其」作「此」。

〔七〕胡三省曰：「謂譚、尚若并於一，則能專力以禦操，其勢難圖。」

〔八〕南皮見武紀建安九年。

〔九〕郡國志：「兖州陳留郡尉氏。」劉昭注引陳留□□志曰：「有陵樹鄉。」方輿紀要：「陵樹亭在今河南開封府尉氏縣東北三十五里。」趙一清曰：「水經渠水注，長明溝水北分爲康溝，東逕平陸縣故城北，建武元年以户不滿三千，罷爲尉氏縣之陵樹鄉。又有陵樹亭，漢建安中封尚書荀攸爲陵樹亭侯。故陳留風俗傳曰：陵樹鄉，故平陸縣也。」

〔一〇〕柳城見武紀建安十二年。

〔一〕漢書張良傳："高帝曰：運籌策帷幄中，決勝千里外，子房功也。自擇齊三萬户。"

〔二〕洪飴孫曰："中軍師一人，第五品。"

〔三〕尚書令見武紀建安十八年注。洪飴孫曰："尚書令一人，千石；第三品。建安十八年置，掌凡選署及奏下尚書文書衆事，總典綱紀，無所不統。所居曰尚書臺，出征則以行臺從。漢猶隸少府，魏時政歸臺閣，則不復隸矣。"

攸深密有智防，〔一〕自從太祖征伐，常謀謩帷幄，時人及子弟莫知其所言。〔二〕

魏書曰：攸姑子辛韜，曾問攸説太祖取冀州時事。攸曰："佐治爲袁譚乞降，〔三〕王師自往平之，吾何知焉！"自是韜及内外莫敢復問軍國事也。

太祖每稱曰："公達外愚内智，外怯内勇，外弱内彊。不伐善，無施勞，智可及，愚不可及，雖顔子、甯武，不能過也。"文帝在東宫，太祖謂曰："荀公達，人之師表也，汝當盡禮敬之。"攸曾病，世子問病，獨拜牀下，其見尊異如此。攸與鍾繇善，繇言："我每有所行，反覆思惟，自謂無以易。以咨公達，輒復過人意。"公達前後凡畫奇策十二，唯繇知之。繇撰集未就，會薨，故世不得盡聞也。

臣松之案：攸亡後十六年，鍾繇乃卒；撰攸奇策，亦有何難？而年造八十，猶云未就，遂使攸從征機策之謀，不傳於世，惜哉！

攸從征孫權，道薨。太祖言則流涕。

魏書曰：時建安十九年，攸年五十八。〔四〕計其年，大彧六歲。

魏書載太祖令曰："孤與荀公達周遊二十餘年，無毫毛可非者。"又曰："荀公達真賢人也，所謂温良恭儉讓以得之。孔子稱晏平仲善與人交，久而敬之。公達即其人也。」傅子曰：或問近世大賢君子，答曰：「荀令君之仁，荀軍師之智，斯可謂近世大賢君子矣。荀令君仁以立德，明以舉賢，行無諂黷，謀能應機。孟軻稱五百年而有王者興，其間必有命世者。〔五〕其荀令君乎！太祖稱荀令君之進善，不進不休，荀軍師之去惡，不去不止也。」

〔一〕胡三省曰：「智以料事，防以保身。」

〔二〕何焯曰：「攸後陵夷，豈以陰謀故耶？」

〔三〕辛毗字佐治，辛評之弟。袁譚遣毗詣操請救。

〔四〕朱建平傳：「潁川荀攸、鍾繇，相與親善。攸先亡，子幼；繇經紀其門户，欲嫁其妾。與人書曰：吾與公達使朱建平相，建平謂荀君雖少，當以後事付鍾君。吾時啁之曰：惟當嫁卿阿鶩耳。何意戲言遂驗乎！」弼按：攸卒之年，說見或傳。

〔五〕趙一清曰：「命當作名。」

長子緝，有攸風，早没。次子適嗣，無子，絶。黄初中，紹封攸孫彪爲陵樹亭侯，邑三百户。後轉封丘陽亭侯。〔一〕正始中，追謚攸曰敬侯。〔二〕

〔一〕趙一清曰：「丘陽疑是陽丘。前漢書王子侯表有陽丘共侯安。」方輿紀要卷三十一：「陽丘城在濟南府章丘縣東南十里。」

〔二〕正始五年，從祀太祖廟庭。

賈詡字文和，武威姑臧人也。〔一〕少時人莫知，唯漢陽閻忠異之，〔二〕謂詡有良、平之奇。〔三〕

九州春秋曰：中平元年，車騎將軍皇甫嵩既破黃巾，威震天下。閻忠時罷信都令，〔四〕說嵩曰：「夫難得而易失者，時也；時至而不旋踵者，機也。故聖人常順時而動，智者必因機以發。今將軍遭難得之運，蹈易解之機，〔五〕而踐運不撫，臨機不發，將何以享大名乎！」〔六〕嵩曰：「何謂也？」忠曰：「天道無親，百姓與能。〔七〕故有高人之功者，不受庸主之賞。今將軍授鉞於初春，〔八〕收功於末冬，兵動若神，謀不再計，旬月之閒，神兵電埽，攻堅易於折枯，摧敵甚於湯雪，七州席卷，屠三十六萬方，〔九〕夷黃巾之師，除邪害之患，或封户刻石，〔一〇〕南向以報德，威震本朝，風馳海外。〔一一〕是以羣雄迴首，百姓企踵，雖湯、武之舉，未有高於將軍者。身建高人之功，北面以事庸主，將何以圖安？」嵩曰：「心不忘忠，何爲不安？」忠曰：「不然。昔韓信不忍一餐之遇，而棄三分之利，〔一二〕拒蒯通之忠，忽鼎跱之勢，利劍已揣其喉，乃歎息而悔，所以見烹於兒女也。今主勢弱於劉、項，將軍權重於淮陰，指麾可以振風雲，叱咤足以興雷電。〔一三〕赫然奮發，因危抵頹，崇恩以綏前附，振武以臨後服。徵冀方之士，動七州之衆，羽檄先馳於前，大軍震響於後，蹈蹟漳河，〔一四〕飲馬孟津，舉天網以網羅京都，〔一五〕誅閹宦之罪，除羣怨之積忿，〔一六〕解久危之倒懸，如此則攻守無堅城，不招必影從，〔一七〕雖兒童可使奮空拳以致力，女子可使其褰裳以用命。況厲智能之士，因迅風之勢，則大功不足合，八方不足同也。功業已就，天下已順，乃燎于上帝，告以天命，混齊六合，南面以制，移神器於己家，推亡漢以定祚，〔一八〕實神機之至決，風發之良時也。夫木朽不彫，世衰難佐，將軍雖欲委忠難佐之朝，彫畫朽敗之木，猶逆坂而走丸，必不可也。方今權宦羣居，同惡如市，主上不自由，詔命出左右。如有至聰不察，〔一九〕機事不先，必嬰後悔，亦無及矣。」嵩不從，忠乃亡去。〔二〇〕

英雄記曰：涼州賊王國等起兵，共劫忠爲主，統三十六部，號車騎將軍。忠感慨發病而死。〔二一〕

察孝廉爲郎，疾病去官。西還至汧，〔二二〕道遇叛氐，同行數十人皆爲所執。詡曰：「我段公外孫也，〔二三〕汝別埋我，我家必厚贖之。」時太尉段熲，昔久爲邊將，威震西土，〔二四〕故詡假以懼氐。氐果不敢害，與盟而送之。其餘悉死。詡實非段甥，權以濟事，咸此類也。

〔一〕郡國志：「涼州武威郡，治姑臧。」又爲涼州刺史治，故匈奴休屠王地也。一統志：「武威故城，今甘肅涼州府武威縣治。」惠棟曰：「西河舊事云，昔匈奴蓋藏城也。後人音訛，名姑臧。案，此則臧音藏也。」

〔二〕郡國志：「涼州漢陽郡，治冀。」靈帝中平以後迄建安末，涼州刺史治冀。今甘肅鞏昌府伏羌縣治。

〔三〕官本考證云：「太平御覽作良、平之計。」

〔四〕郡國志：「冀州安平國，治信都。」一統志：「故城今直隸冀州治。」

〔五〕范書皇甫嵩傳「解」作「駭」。

〔六〕范書「享」作「保」。

〔七〕老子曰：「天道無親，常與善人。」易曰：「人謀鬼謀，百姓與能。」

〔八〕淮南子曰：「凡命將，王親受鉞曰：從此上至天，將軍制之。」范書嵩傳作「暮春」。潘眉曰：「黄巾以中平元年春二月起，嵩以三月討之。此作初春者，誤也。」

〔九〕官本考證云：「何焯曰，萬字疑衍，想因下方字而妄增加也。」范書嵩傳：「黄巾置三十六方。方，猶將軍號也。大方萬餘人，小方六七千，各立渠帥。」趙一清曰：「靈帝紀作三十六萬。注引續漢書作三十六萬餘人，孫堅傳亦作三十六萬，恐皆後人誤改。」

〔一〇〕范書嵩傳「户」作「尸」。黄山曰：「封尸，本左傳築武軍而封晉尸。若以封侯爲封户，語殊費解。」

〔一一〕范書作「威德震本朝，風聲馳海外。」

〔一二〕范書「利」作「業」。

〔一三〕李賢曰：「叱咤，怒聲也。」

〔一四〕范書嵩傳「頹」作「積」，「前附」作「先附」，「蹈蹟」作「蹈流」。

〔一五〕元本作「舉天綱」。

〔一六〕范書嵩傳作「除羣凶之積」。

〔一七〕趙一清曰：「不字疑誤。」

〔一八〕范書作「南面稱制，移寶器於將興，推亡漢於已墜」。

〔一九〕監本、官本「至」作「主」。

〔二〇〕范書嵩傳：「嵩曰：非常之謀，不施於有常之勢，創圖大功，豈庸才所致？黄巾細孼，敵非秦、項，新結易散，難以濟業。且人未忘主，天不祐逆。若虛造不冀之功，以速朝夕之禍，孰與委忠本朝，守其臣節？雖云多讒，不過放廢，猶有令名，死且不朽。反常之論，所不敢聞。忠知計不用，因亡去。」

〔二一〕范書嵩傳注引此作「三十六郡」，誤。蘇輿曰：「忠恥被衆脅，病死事，亦見范書董卓傳。彼云：韓遂等因廢王國而劫忠，與注引英雄記不同。」何焯曰：「張元説張温以誅宦官，清君側，此則直教義真以反耳。然用元之言，必至如忠之計，騎虎豈得中下？其歸於逆亂，一也。其後王國之亂，忠亦卒爲逆魁。」又曰：「人心未忘漢，而擁兵作逆，必且變生麾下，身膏齊斧，以膺禍始之罰。使嵩聽之，則董卓之前驅耳。忠導人作賊，卒爲賊所迫脅，憤慨而死。其氣燄有以取之矣！」顧千里曰：「淮陰之時，臣主分非素定，舉足可爲輕重，鼎峙之勢，實可望也。至嵩當日，漢室雖衰，儼然共主。嵩受脤專征，本仗國威，何得忽焉造亂？且爾時同爲將者，如朱儁、盧植輩，皆知兵善戰，即獷悍如董卓，肯北面爲嵩用乎？若從忠言，立見屠滅，逆亂之禍，先卓而見矣。忠之傾險凶悖，非比蒯通；

賈詡心術不端，宜乎爲忠所識賞也。」

〔二二〕郡國志：「司隸右扶風汧。」一統志：「今陝西鳳翔府隴州南。」

〔二三〕各本「段」作「叚」，誤。下同。

〔二四〕段熲字紀明，武威姑臧人。光和二年，代橋玄爲太尉。

董卓之入洛陽，詡以太尉掾爲平津都尉，〔一〕遷討虜校尉。卓壻中郎將牛輔屯陝，詡在輔軍。卓敗，輔又死，衆恐懼。校尉李傕、郭汜、張濟等欲解散，閒行歸鄉里。〔二〕詡曰：「聞長安中議，欲盡誅涼州人，而諸君棄衆單行，即一亭長能束君矣。不如率衆而西，所在收兵，以攻長安，爲董公報仇。幸而事濟，奉國家以征天下，若不濟，走未後也。」〔三〕衆以爲然。傕乃西攻長安，語在卓傳。

臣松之以爲：傳稱仁人之言，其利博哉！〔四〕然則不仁之言，理必反是。夫仁功難著，而亂源易成，是故有禍機一發，而殃流百世者矣。當是時，元惡既梟，天地始開，致使厲階重結，大梗殷流，邦國遘殄悴之哀，黎民嬰周餘之酷，豈不由賈詡片言乎？詡之罪也，一何大哉！自古兆亂，未有如此之甚。〔五〕

後詡爲左馮翊，傕等欲以功侯之。詡曰：「此救命之計，何功之有！」固辭不受。〔六〕又以爲尚書僕射，〔七〕詡曰：「尚書僕射，官之師長，天下所望。詡名不素重，非所以服人也。縱詡昧於榮利，奈國朝何！」〔八〕乃更拜詡尚書，〔九〕典選舉，多所匡濟，傕等親而憚之。

獻帝紀曰：郭汜、樊稠與傕互相違戾，〔一〇〕欲鬬者數矣。詡輒以道理責之，頗受詡言。

魏書曰：詡典選舉，多選舊名，以爲令僕，論者以此多詡。

會母喪，去官；拜光禄大夫。〔一一〕傕、汜等鬭長安中，

獻帝記曰：〔一二〕傕等與詡議迎天子，置其營中。詡曰：「不可。脅天子，非義也。」傕不聽。張繡謂詡曰：「此中不可久處，君胡不去？」詡曰：「吾受國恩，義不可背；卿自行，我不能也。」〔一三〕

傕復請詡爲宣義將軍。〔一四〕

獻帝紀曰：傕時召羌、胡數千人，先以御物繒綵與之；又許以宮人婦女，欲令攻郭汜。羌、胡數來闚省門，曰：「天子在中邪？李將軍許我宮人美女，今皆安在？」帝患之，使詡爲之方計。詡乃密呼羌、胡大帥飲食之，許以封爵重寶，於是皆引去。傕由此衰弱。

傕等和，出天子，祐護大臣，詡有力焉。〔一五〕

獻帝記曰：天子既東，而李傕來追，王師敗績。司徒趙温、太常王偉、〔一六〕衛尉周忠、司隸榮邵，〔一七〕皆爲傕所嫌，欲殺之。詡謂傕曰：「此皆天子大臣，卿柰何害之！」傕乃止。〔一八〕

天子既出，詡上還印綬。是時將軍段煨屯華陰，〔一九〕

典略稱煨在華陰時，修農事，不虜略。天子東還，煨迎道，貢遺周急。獻帝紀曰：後以煨爲大鴻臚、光禄大夫。建安十四年，以壽終。〔二〇〕

與詡同郡，遂去傕託煨。詡素知名，爲煨軍所望。煨内恐其見奪，而外奉詡禮甚備，詡愈不自安。

〔一〕續百官志：「太尉掾史屬二十四人。」劉昭注引漢書音義曰：「正曰掾，副曰屬。」惠棟曰：「崔實政論曰：後漢品秩爲下，優禮甚宏，三公乃天子之股肱，掾屬則三公之喉舌。故三府掾乃言行之本，禍福之主。及其遷除，或朞月而長

州郡，或數年而至公卿。」趙一清曰：「平津，即小平津也。方輿紀要卷四十八：小平城在孟津縣西北，城北有河津，曰小平津。津上有城，靈帝時河南八關之一也。」弼按：范書皇甫嵩傳：「靈帝中平元年，自函谷、大谷、廣城、伊闕、轘轅、旋門、孟津、小平津諸關，並置都尉。」

〔二〕范書董卓傳：「傕等恐，乃先遣使詣長安，求乞赦免。王允以爲一歲不可再赦，不許之。傕等益懷憂懼，不知所爲。武威人賈詡，時在傕軍。」李賢曰：「牛輔既死，故詡在傕軍。」

〔三〕范書董卓傳「以征」作「以正」，「若不濟」作「若其不合」。

〔四〕官本「博」作「溥」。

〔五〕何焯曰：「詡，涼州人，爲此救死，當咎王允，不得獨恨詡也。」錢大昭曰：「裴説誠是。然李傕、郭汜、樊稠、張濟之徒，皆董卓黨羽。渠魁既伏其辜，餘衆方免死之不暇，敢有他志？自王允有一歲不可再赦之議，且欲盡誅涼州人，於是李傕等遂蟻聚蜂屯，至於敗壞不可收拾。卒之允既誅死，漢遂以亡。故吾謂漢室之亡，不亡於賈詡，而亡於王允之一言也。允雖有誅卓之功，實爲漢室之一大罪人矣。」梁章鉅曰：「詡爲賊計，則忠矣。李、郭之亂，詡實造之；良、平之計，豈出此乎！後傕等欲以功侯之，詡曰：此救命之計，何功之有？蓋亦本心不昧矣。」顧千里曰：「董卓之死，舉世稱快，詡獨何心，而欲爲報仇。且傕、汜之不足與成事，詡料之審矣。以詡之智計，何患無途進身，乃必佐若輩爲亂。卒之亂賊之閒，亦有何利？此殊不可解。殆天生此賊，以亡漢而啓魏也。」弼按：賈詡爲李、郭畫策，西攻長安，其罪不容誅，人盡知之。然當徐州刺史陶謙，連合豪桀，移檄牧伯，推朱儁討賊，李傕用賈詡策，徵儁入朝，義師方集，垂成而罷。此又詡之陰謀貽誤國家者也。

〔六〕韓慕廬曰：「賴此語，差足湔浣；要亦其智譎處。」

〔七〕尚書僕射見武紀建安十八年。

〔八〕劉家立曰：「朝字疑係家字。」

〔九〕袁宏後漢紀：「獻帝初平四年，日有蝕之。未晡八刻，太史令王立奏曰：日晷過度，無有變色，羣臣皆賀。帝密令尚書候焉。未晡一刻而蝕。尚書賈詡奏立司候不明，疑誤上下；太尉周忠，職所典掌，請皆治罪。」

〔一〇〕馮本「互」作「乎」，誤。

〔一一〕光祿大夫見文紀黃初二年。

〔一二〕「記」應作「紀」，下同。

〔一三〕顧千里曰：「誰生厲階，猶謂國恩難背，言之羞人。」

〔一四〕胡三省曰：「宣義將軍，亦一時暫置。」

〔一五〕顧千里曰：「獨不曰傕等入長安，脅天子，害大臣，詡有力焉。」

〔一六〕通鑑作王絳。

〔一七〕通鑑作「司隸校尉管郃」。續百官志注：「獻帝分置左右僕射。建安四年，以榮郃爲尚書左右僕射」是也。獻帝起居注曰：「郃卒官，贈執金吾。」

〔一八〕范書皇后紀：「唐姬，潁川人。李傕破長安，遣兵鈔關東，略得姬。傕因欲妻之，固不聽，而終不自名。尚書賈詡知之，以狀白獻帝。帝聞感愴，乃下詔迎姬，置園中。使侍中持節，拜爲弘農王妃。」

〔一九〕郡國志：「司隸弘農郡華陰。」一統志：「今陝西同州府華陰縣東南。」

〔二〇〕范書董卓傳：「車駕進至華陰，寧輯將軍段煨乃具服御及公卿以下資儲，請帝幸其營。初，楊定與煨有隙，遂誣煨欲反，乃攻其營，十餘日不下。而煨猶奉給御膳，稟贍百官，終無二意。」袁宏紀曰：「煨與楊定有隙，煨迎乘輿，不敢下馬，揖馬上。侍中种輯，素與定親，乃言曰：段煨欲反。上曰：煨屬來迎，何謂反？對曰：迎不至界，拜不下馬，其色變，必有異心。太尉楊彪等曰：煨不反，臣等敢以死保，車駕可幸其營。董承、楊定言曰：郭汜今且將七百騎來入煨營。天子信之，遂露次於道南。」胡三省曰：「寧輯之號，亦一時暫置也。」通鑑：「獻帝建安三年，詔關中諸將段煨等（范書獻帝紀作「中郎將段煨」。）討李傕，夷其三族。以煨爲安南將軍，封闅鄉侯。」宋書百官志：「安西將軍一人，後漢末段煨居之。」

張繡在南陽，詡陰結繡。繡遣人迎詡，詡將行。或謂詡曰：「煨待君厚矣，君安去之？」詡曰：「煨性多疑，有忌詡意。禮雖厚，不可恃，久將爲所圖。〔二〕我去必喜，又望吾結大援於外，必厚吾妻子。繡無謀主，亦願得詡，則家與身必俱全矣。」〔三〕詡遂往，繡執子孫禮，〔三〕煨果善視其家。詡説繡與劉表連和。

傅子曰：詡南見劉表，表以客禮待之。詡曰：「表，平世三公才也。不見事變，多疑無決，無能爲也。」

太祖比征之，一朝引軍退，繡自追之。詡謂繡曰：「不可追也，追必敗。」繡不從，進兵交戰，大敗而還。詡謂繡曰：〔四〕「促更追之，更戰必勝。」繡謝曰：「不用公言，以至於此；今已敗，奈何復追！」詡曰：「兵勢有變，亟往必利。」〔五〕繡信之，遂收散卒，赴追大戰，〔六〕果以勝還。〔七〕問詡曰：「繡以精兵追退軍，而公曰必敗；退以敗卒擊勝兵，而公曰必剋。悉如公言，何其反而皆驗也？」詡曰：「此易知耳。將軍雖善用兵，非曹公敵也。軍雖新退，曹公必自斷後，追兵雖精，將既不敵，彼士亦鋭，故知必敗。曹公攻將軍無失策，力未盡而退，必國内有故。〔八〕已破將軍，必輕軍速進；縱留諸將斷後，諸將雖勇，亦非將軍敵。故雖用敗兵，而戰必勝也。」繡乃服。是後太祖拒袁紹於官渡，紹遣人招繡，并與詡書結援。繡欲許之，詡顯於繡坐上謂紹使曰：「歸謝袁本初，兄弟不能相容，〔九〕而能容天下國士乎？」〔一〇〕繡驚懼曰：

「何至於此！」竊謂詡曰：「若此，當何歸？」詡曰：「不如從曹公。」繡曰：「袁彊曹弱，又與曹爲讎，〔一一〕從之如何？」詡曰：「此乃所以宜從也。夫曹公奉天子以令天下，其宜從一也。紹彊盛，我以少衆從之，必不以我爲重。曹公衆弱，其得我必喜，其宜從二也。夫有霸王之志者，固將釋私怨，以明德於四海，其宜從三也。願將軍無疑。」〔一二〕繡從之，率衆歸太祖。太祖見之，喜，執詡手曰：「使我信重於天下者，子也！」表詡爲執金吾，〔一三〕封都亭侯，〔一四〕遷冀州牧。〔一五〕冀州未平，留參司空軍事。袁紹圍太祖於官渡，太祖糧方盡，問詡計焉出？詡曰：「公明勝紹，勇勝紹，用人勝紹，決機勝紹。有此四勝而半年不定者，但顧萬全故也。〔一六〕必決其機，須臾可定也。」太祖曰：「善。」乃并兵出，圍擊紹三十餘里營，〔一七〕破之。紹軍大潰，河北平。太祖領冀州牧，徙詡爲太中大夫。〔一八〕建安十三年，太祖破荊州，欲順江東下。詡諫曰：「明公昔破袁氏，今收漢南，威名遠著，軍勢既大，若乘舊楚之饒，〔一九〕以饗吏士，撫安百姓，使安土樂業，則可不勞衆而江東稽服矣。」太祖不從，軍遂無利。〔二〇〕

臣松之以爲：詡之此謀，未合當時之宜。于時韓、馬之徒，尚狼顧關右，魏武不得安坐郢都，以威懷吴會，亦已明矣。彼荊州者，孫、劉之所必爭也。荊人服劉主之雄姿，憚孫權之武略，〔二一〕爲日已久，誠非曹氏諸將所能抗禦。故曹仁守江陵，敗不旋踵，何撫安之得行，稽服之可期？將此既新平江、漢，威懾揚、越，資劉表水戰之具，藉荊、楚檝櫂之手，實震蕩之良會，廓定之大機。不乘此取吴，將安俟哉！至於赤壁之敗，蓋有運數，實由疾疫大興，以損淩厲之鋒；凱風自南，用成焚如之勢。〔二二〕天實爲之，豈人事哉！然則魏武之東下，非失算也。詡之此規，爲無當矣。魏武後克平張魯，蜀中一日數十驚，劉備雖斬之而不能止。由不用劉曄之計，以失席卷之會，斤石既差，悔無所及，即亦此事之類也。世咸謂劉計爲是，即愈見賈言之非也。〔二三〕

太祖後與韓遂、馬超戰於渭南，超等索割地以和，并求任子。詡以爲可僞許之。又問詡計策，詡曰：「離之而已。」太祖曰：「解。」〔二四〕一承用詡謀，語在武紀。卒破遂、超，詡本謀也。

〔一〕胡三省曰：「詡既爲煨軍所望，則必爲煨所忌矣。久留則煨懼詡奪其軍，必將圖殺之。」

〔二〕顧千里曰：「詡身家之計密矣，猶念及國恩乎？」

〔三〕張範傳：「世子執子孫禮。」崔琰傳注引九州春秋云：「孔融禮高密鄭玄，執子孫禮。」蓋當日風尚如此。

〔四〕通鑑作「詡登城謂繡曰」。

〔五〕通鑑作「兵勢有變，促追之」。胡三省曰：「言兵勢無常，審知其變，則因敗而爲勝。」

〔六〕通鑑作「更追合戰」。

〔七〕胡三省曰：「此亦小勝耳。」

〔八〕胡三省曰：「有故，謂有變也。」

〔九〕胡三省曰：「謂與袁術有隙，各結黨與，以相圖也。顯者，明言之於稠人中也。」

〔一〇〕此與隨何直喝楚使者，同一機變。

〔一一〕胡三省曰：「謂淯水之戰，殺其子也。」

〔一二〕識明而言辯，魏武當日逆節未著，固天子之宰也。較羣雄已不同，而其人又可託命，故願從者衆也。

〔一三〕執金吾見武紀初平元年。

〔一四〕武紀建安十八年注作都鄉侯。胡三省曰：「凡郡國縣道治所，皆有都亭。」顧千里曰：「詡幸而遇操，其凶德正同耳。設遇英君哲輔，必揭其罪狀，明正典刑，雪朝野之憤，不止如丁公爲戮已也。」

〔一五〕蓋遥領冀州也。冀州既平，則魏武自領耳。

〔一六〕諸葛武侯之不能規復中原者，亦坐此病。

〔一七〕趙一清曰：「里字疑衍。」弼按：淳于瓊宿烏巢，去紹軍四十里，魏武潛往攻瓊，似里字不誤。

〔一八〕續百官志：「太中大夫，千石。」

〔一九〕毛本作「若舊江、楚之饒。」

〔二〇〕何焯曰：「譚、尚兄弟，三駕而後克順。江東下顧，易了若是乎？從賈言而以爲後圖，養威持勝之善謀也。」

〔二一〕何焯曰：「權自赤壁之勝，始能立國，前此荆人何憚之有？」

〔二二〕潘眉曰：「松之此二句，足證唐人東風之誤。」

〔二三〕何焯曰：「賈言未可非。然使劉琦倚仗昭烈，收父故地，荆州猶必旋得而復失，固無暇遠望江東之稽服耳。」顧千里曰：「詡用兵之道，先勝後戰，量敵論將，赤壁之役，亦有人事，豈盡天爲之哉！紫髯、大耳，皆命世之雄，非操所遽能并吞者。詡蓋審之當時，未便直言，故姑爲是寬緩之辭耳。觀詡後所以對文帝者，可見裴謂詡之此謀，未合當時之宜，過矣！」

〔二四〕問答會心，情景如畫。胡三省曰：「解，曉也。」

是時文帝爲五官將，而臨菑侯植才名方盛，各有黨與，有奪宗之議。文帝使人問詡自固之術，詡曰：「願將軍恢崇德度，躬素士之業，朝夕孜孜，不違子道。如此而已。」文帝從之，深自砥礪。太祖又嘗屏除左右問詡，詡嘿然不對。太祖曰：「與卿言而不答，何也？」詡曰：「屬適有所思，故不即對耳。」太祖曰：「何思？」詡曰：「思袁本初、劉景升父子也。」太祖大笑，於是太子遂定。詡自以非太祖舊臣，而策謀深長，懼見猜嫌，闔門自守，退無私交；男女嫁娶，不結高門。天下之論智計者歸之。〔一〕

〔一〕謀身涉世，可謂最工。韓慕廬曰：「文和周旋羣雄，晚歸太祖，惟其智防沈密，而機速過人，故能不受牢籠。」

文帝即位，以詡爲太尉，〔一〕

魏略曰：文帝得詡之對太祖，〔二〕故即位首登上司。

荀勖別傳曰：「晉司徒闕，武帝問其人於勖。答曰：三公具瞻所歸，不可用非其人。昔魏文帝用賈詡爲三公，孫權笑之。」

進爵魏壽鄉侯，〔三〕增邑三百，并前八百户。又分邑二百，封小子訪爲列侯。以長子穆爲駙馬都尉。〔四〕帝問詡曰：「吾欲伐不從命，以一天下，吴、蜀何先？」對曰：「攻取者先兵權，建本者尚德化。陛下應期受禪，撫臨率土，若綏之以文德而俟其變，則平之不難矣。吴、蜀雖蕞爾小國，依阻山水，劉備有雄才，諸葛亮善治國；孫權識虚實，陸遜見兵勢；〔五〕據險守要，汎舟江湖，皆難卒謀也。〔六〕用兵之道，先勝後戰，量敵論將，故舉無遺策。臣竊料羣臣，無備、權對，雖以天威臨之，未見萬全之勢也。昔舜舞干戚而有苗服，〔七〕臣以爲當今宜先文後武。」文帝不納。後興江陵之役，士卒多死。〔八〕詡年七十七，薨，〔九〕謚曰肅侯。〔一〇〕子穆嗣，歷位郡守。穆薨，子模嗣。〔一一〕

世語曰：（謨）〔模〕，晉惠帝時爲散騎常侍、護軍將軍。模子胤，胤弟龕，從弟疋，皆至大官，並顯於

晉也。〔一二〕

〔一〕詡列名勸進，上尊號奏云：「太尉都亭侯臣詡。」杭世駿曰：「太平御覽引齊職儀曰：魏文黃初二年，日蝕，奏免太尉賈詡。詔：天地災害，責在朕躬，無貶三公，遂爲永制。」弼按：此與本志文紀及晉書天文志、藝文類聚所載稍異。

〔二〕官本「得」作「德」。趙一清曰：「得即德，古通。」

〔三〕趙一清曰：「續漢志郡國志，武陵郡漢壽，故索，陽嘉三年更名。魏改爲魏壽，故蜀又改葭萌爲漢壽也。」王先謙曰：「漢壽縣，三國吳改曰吳壽，見沈志。晉志仍曰漢壽。獻帝封關羽漢壽亭侯，當即縣亭。」一統志：「今湖南常德府武陵縣東北六十里。」

〔四〕駙馬都尉見明紀青龍元年。

〔五〕宋本「遜」作「議」。

〔六〕胡三省曰：「據險守要，謂蜀；汎舟江湖，謂吳。卒，讀曰猝。」

〔七〕舜誕敷文德，舞干羽於兩階，七旬有苗格。

〔八〕顧千里曰：「前魏武破荊州，欲順江東下，詡以寬緩之語沮之，與此對大意略同。此時三分之形勢已成，而魏文之才更非乃父比，故遂直言之耳。詡之識略，實蓋一時，獨其勸傕、汜爲可痛恨，不知爾時其識安在。」

〔九〕文紀：「黃初四年六月甲申，太尉賈詡薨。」

〔一〇〕隋書經籍志：「鈔孫子兵法一卷，魏太尉賈詡鈔。」日本國見在書目：「孫子兵書一卷，臣詡撰。」隋志：「吳起兵法一卷，賈詡注。」

〔一一〕魏有二賈詡，一見蜀志諸葛亮傳注引漢晉春秋；晉有二賈模。顧千里曰：「傕、汜作亂，職詡之由，荼毒生靈，不可勝算。乃詡位登台司，壽考令終，子孫累葉，皆至大官。福善禍淫，徒虛語耳。天道寧論，可爲三歎。」

〔一二〕趙一清曰：「晉書賈疋傳：疋字彥度，魏太尉詡之曾孫。少有志略，器望甚偉。愍帝以爲驃騎將軍、雍州刺史，封酒泉公。爲胡彭夫護所害。疋以匡復晉室爲己任，不幸顛墜，時人咸痛惜之。」梁章鉅曰：「唐書宰相世系表作詡子璣，璣子通、延，通子疋。延後無考，與本傳所載子孫不合。潘眉謂當從本傳，是也。然唐書作表，當亦有所依據。如晉書賈疋傳云：疋爲詡曾孫。與世語合，與唐書亦合，存以俟考。」

評曰：荀彧清秀通雅，有王佐之風，然機鑒先識，未能充其志也。〔一〕

世之論者，〔二〕多譏彧協規魏氏，以傾漢祚，君臣易位，實彧之由。雖晚節立異，無救運移，功既違義，識亦疚焉。陳氏此評，蓋亦同乎世識。臣松之以爲，斯言之作，誠未得其遠大者也。彧豈不知魏武之志氣，非衰漢之貞臣哉？良以於時王道既微，横流已及，〔三〕雄豪虎視，人懷異心，不有撥亂之資，仗順之略，則漢室之亡忽諸，黔首之類殄矣。夫欲翼讚時英，一匡屯運，非斯人之與而誰與哉！是故經綸急病，若救身首，用能動於嶮中，至於大亨，蒼生蒙舟航之接，劉宗延二紀之祚，豈非荀生之本圖，仁恕之遠致乎？及至霸業既隆，翦漢迹著，然後亡身殉節，以申素情，全大正於當年，布誠心於百代，可謂任重道遠，志行義立。謂之未充，其殆誣歟！〔四〕

荀攸、賈詡，庶乎算無遺策，經達權變，其良、平之亞歟！〔五〕

臣松之以爲：列傳之體，以事類相從。張子房青雲之士，誠非陳平之倫。然漢之謀臣，良、平而已。若不共列，則餘無所附。故前史合之，蓋其宜也。魏氏如詡之儔，其比幸多。詡不編程、郭之篇，而與二荀並列，失其類矣。且攸、詡之爲人，其猶夜光之與蒸燭乎！其照雖均，質則異焉。今荀、賈之評，共同

一稱，尤失區别之宜也。〔六〕

〔一〕何焯云：「評謂如魏武者，豈能終爲純臣，恨文若辨之不早。有王佐之才，而必欲自見，遂不暇於擇主，不如孔明潛見，皆合龍德。」

〔二〕陳少章云：「世之論者上當有書名，或前人名氏，今脱略。」

〔三〕官本「及」作「極」。考證云：「明監本極誤作及。」

〔四〕弼按：世論荀彧者極多，今分别彙録如下，以爲知人論世者之參證。袁宏曰：「漢自桓、靈，君失其柄，陵遲不振，亂殄海内。以弱致弊，虐不及民，劉氏之澤未盡，天下之望未改。故征伐者奉漢，拜爵賞者稱帝。名器之重，未嘗一日非漢。魏之平亂，資漢之義，功之克濟，荀生之謀。謀適則勛隆，勛隆則移漢，劉氏之失天下，荀生爲之也。若始圖一匡，終與勢乖，情見事屈，容身無所，則荀生之識爲不智矣。若取濟生民，振其塗炭，百姓安而君位危，中原定而社稷亡，於魏雖親，於漢已疏，則荀生之功，爲不義也。殺身猶有餘愧，焉足成名，惜哉！」王應麟曰：「東漢之季，彧附曹羣，忘漢荃，蕙化爲茅，苦節之士安在哉！」宋景文筆記，荀彧之於曹操，本許以天下；及議者欲加九錫，彧未之許，非不之許，欲出諸己耳。操不悟，遽殺之，然則天奪其爽以誅彧，寧不信乎！」趙一清曰：「彧之得禍，與劉穆之慙忿而死正同。後人猶欲寬其罪，吾不取也。」翁元圻曰：「管仲有尊周室之功，其實亦挾天子以令諸侯，假大義以强齊國。彧蓋欲爲管仲者也，惜所事非桓公耳。及代漢之勢已成，始阻九錫之議，譬猶教猱升木，爲虎添翼，而後制之，豈可及哉！」顧千里曰：「漢末崇尚志節，文若又名家之子，故雖委身曹氏，卒亦畏忌清議，欲稍示異同，以免世譏。度其隱情，謂君臣之契素厚，不至中否。及以憂殞命，則操之猜忍實甚，非所及料也。裴氏以爲翼贊時英，以延劉祚，亡身殉節，以中素情，非其理矣。漢、魏之交，名士如華子魚輩，希操意旨，無所不爲。文若猶爲顧惜廉恥，君子蓋重傷之。然其進退失據，實有如時人所譏者。裴氏乃以不情之論掩其實，而張其美，亦何益矣！」弼按：以上皆貶彧之辭。茲再録原彧之論，以昭平允。袁宏三國名臣序曰：「文若懷獨見之明，而有救世之心，論時則民方塗炭，計能則莫出魏武。故委面霸朝，豫議世事，舉才不以標鑒，故久之而後顯；籌畫不以要功，故事至而後定。雖亡身明順，識亦高矣。」又贊曰：「達人兼善，廢己存愛，謀解時紛，功濟宇內。始救生人，終明風槩。」范蔚宗論曰：「自遷帝西京，山東騰沸，天下之命倒縣矣。荀君乃越河、冀，閒關以從曹氏，察其定舉措，立言策，崇明王略，以急國艱，豈云因亂假義，以就違正之謀乎！誠仁爲己任，期紓民於倉卒也。及阻董昭之議，以致非命，豈數也夫！世言荀君者，通塞或過矣。常以爲中賢以下，道無求備，智算有所；研疏原始，未必要末，斯理之不可全詰者也。方時運之屯邅，非雄才無以濟其溺，功高埶强，則皇器自移矣。此又時之不可並也。蓋取其歸正而已，亦殺身以成仁之義也。」又贊曰：「彧之有弼，誠感國疾，功申運改，迹疑心一。」司馬光曰：「孔子之言仁也，重矣。自子路、冉求、公西赤門人之高第，令尹子文、陳文子諸侯之賢大夫，皆不足以當之，而獨稱管仲之仁。豈非以其輔佐齊桓，大濟生民乎！齊桓之行若狗彘，管仲不羞而相之，其志蓋以非桓公則生民不可得而濟也。漢末大亂，羣生塗炭，自非高世之才，不能濟也。然則荀彧捨魏武，將誰事哉！齊桓之時，周室雖衰，未若建安之初也。建安之初，四海蕩覆，尺土一民，皆非漢有。荀彧佐魏武而興之，舉賢用能，訓卒厲兵，決機發策，征伐四克，遂能以弱爲强，化亂爲治，十分天下，而有其八，其功豈在管仲之後乎！管仲不死子糾，而荀彧死漢室，其仁復居管仲之先矣。而杜牧乃以爲彧之勸魏武取兖州，則比之高、光；官渡不令還許，則比之楚、漢。及事就功畢，乃欲邀名於漢代，譬之教盜穴牆發匱，而不與同挈，得不爲盜乎？臣以爲孔子稱文勝質則史。凡爲史者，記人之言，必有以文之。然則比魏武於高、光、楚、漢者，史氏之文也，豈皆彧口所言邪？用是貶彧，非其罪矣。且使魏武爲帝，則彧爲佐命元功，與蕭何同賞矣。彧不利此，而利於殺身以邀名，豈人情乎！」唐庚曰：「董昭建議，曹公宜進爵國公，九錫備物，以彰殊勳。荀彧稱曹公興師，本爲朝廷，君子愛人以德，不宜如此。曹公由是不平，彧以憂卒。昔管仲相桓公，其意欲尊周耳，而桓公遂有封禪之志。文若依曹公，其志欲尊漢耳，而曹公遂有九錫之議。管仲知封禪之不可許也，故設詞以拒之；文若知九錫之不可長也，故遜詞以卻之。管仲幸，故桓公從其說，以全勤王之功；文若不幸，故曹公不用其語，以成竊國之禍。究其終始，幸與不幸異耳，用心豈不同哉！論者何得非之。」何焯曰：「彧以爭九錫建國自殺，豈可擠之附曹之列？南宋人持論太峻，病在不詳考本末耳。」李安溪曰：「考彧本末，誠不宜深貶。由其前事，則管子之於桓公；推其晚節，則龔勝之於王莽也。當曹丕登壇之頃，王朗、華歆之徒，如有能引義深規，仰藥不臣者，君子猶將許之；況睹逆節於未萌者乎？然則管寧、荀彧，雖黽勉於亂世，其行必不絶於春秋也。至裴論文若，千古知己，萬世生色。」胡玉縉曰：「朱珔編輯國朝古文彙鈔，凡八百九十家，所録荀彧論計三人，梁佩蘭、王大經均失之深文。王汝驤稱其才智過人，而志不充，命不允，究由遇非其主，如生高、光時，功名不在良、平、弇、禹下，持論特爲平允。竊謂公山佛肸之叛，視操未建國前何如？而子尚欲赴其召，曰：吾其（按：其，豈也。）爲東周乎！曰：磨而不磷，涅而不淄。後雖不果往，而用世之志固自若也。彧見操，即進以高、光根本之説，猶不失爲東周之旨也。爭九錫自殺，心終爲漢，是不磷不淄也。彧固萬不能希孔子，而苟以是推論，則於彧當有恕詞焉。」

〔五〕袁宏三國名臣序贊曰：「公達潛朗，思同蓍蔡，運用無方，動攝羣會。爰初發跡，遘此顛沛，神情玄定，處之彌泰。愔愔幕裏，筭無不理，亹亹通韻，跡不暫停。雖懷尺璧，顧哂連城；知能拯物，愚足全生。」

〔六〕或曰，裴論亦是。然賈惟李、郭之事爲負耳，若以謀論，亦未見果有優劣也。且儲位定於一言，非嘉謨乎？

魏書十一

袁張涼國田王邴管傳第十一〔一〕

〔一〕何焯曰："志節之士同傳。"王鳴盛曰："諸人生於亂世，或不忘故君，或甘心死節。其仕於操者，皆因緣託寄，非其本心也。況皆未入黃初，篡奪之事不與焉。以管寧終之，以見隱見不同，臭味各別。必如寧之志行，方爲最高耳。"

袁渙字曜卿，〔二〕陳郡扶樂人也。〔三〕父滂，爲漢司徒。〔三〕

袁宏漢紀曰：滂字公熙，〔四〕純素寡欲，終不言人之短。當權寵之盛，或以同異致禍，滂獨中立於朝，故愛憎不及焉。〔五〕

當時諸公子多越法度，而渙清静，舉動必以禮。郡命爲功曹，郡中姦吏皆自引去。後辟公府，舉高第，遷侍御史。除譙令，〔六〕不就。劉備之爲豫州，舉渙茂才。〔七〕後避地江、淮閒，爲袁術所命。術每有所咨訪，渙常正議，術不能抗；〔八〕然敬之不敢不禮也。頃之，吕布擊術於阜陵，〔九〕渙往從之，遂復爲布所拘留。布初與劉備和親，後離隙。布欲使渙作書詈辱備，渙不可，再三彊之，不許。布大怒，以兵脅渙，曰：「爲之則生，不爲則死。」〔一〇〕渙顏色不變，笑而應之曰：「渙聞唯德可以辱人，不聞以罵。使彼固君子邪，且不恥將軍之言；彼誠小人邪，將復將軍之意。〔一一〕則辱在此，不在於彼。且渙他日之事劉將軍，猶今日之事將軍也。如一日去此，復罵將軍，可乎？」〔一二〕布慙而止。

〔一〕官本考證云：「何焯曰：渙當作煥。今太康縣猶有魏袁煥碑。陳浩曰：蜀志許靖傳亦作煥。」趙一清曰：「例以曜卿之字，渙當作煥。晉袁瓌傳，煥之曾孫亦从火作煥。」王鳴盛曰：「北平黃叔璥玉圃輯中州金石考，陳州府扶溝縣有魏袁渙碑，此縣又有漢國三老袁良碑。方輿紀要云，金石林載入太康縣，何氏因此遂以爲在太康，但作渙甚明，不知何以云當作煥。惟是蜀志許靖傳云，靖與陳郡袁煥親善，且其字曰曜卿，則又似从火爲合。且其父名滂，不應渙亦从水，未知其審。」

〔二〕郡國志：「豫州陳國扶樂。」一統志：「扶樂故城，今河南陳州府太康縣西北。」弼按：元和志，漢末陳王寵爲袁紹所殺，國除爲郡，故承祚書陳郡也。又按蜀志許靖傳、吳志士燮傳稱渙從弟徽，俱云陳國袁徽，或在未改郡之前。本志夏侯玄傳注引魏略稱渙子云陳國袁侃，或在東阿王徙封陳，改郡爲國之後也。扶樂縣，晉志省。晉書袁瓌傳，陳郡陽夏人。陽夏爲今太康縣治。可知晉時扶樂併於陽夏，故袁氏又爲陽夏人也。

〔三〕范書靈帝紀：「光和元年二月，光祿勳陳國袁滂爲司徒；二年三月，免。」嚴可均曰：「按唐宰相世系表，以滂爲袁安同祖弟。章帝章和元年，安爲司徒，靈帝光和元年，滂爲司徒，相距九十二年。元和姓纂此處脫一語，竊疑滂於安爲孫曾行，非兄弟行也。袁氏四世五公，謂安、湯、滂、逢、隗也。」弼按：四世五公，謂安、敞、湯、逢、隗也。至汝南汝陽、陳郡扶樂，則郡縣有沿革，居處有遷移，史稱籍貫兩岐，往往如此。

〔四〕李賢曰：「滂字公喜。」

〔五〕惠棟曰：「滂爲梁相良之孫。良字厚卿，扶樂人。少子璋，謁者，生滂。」弼按：良爲袁安之祖，（見范書袁安傳。）則滂與安爲同祖弟，嚴可均疑爲孫曾行，誤也。

〔六〕一統志：「譙縣故城，今安徽潁州府亳州治。」

〔七〕胡三省曰：「武帝元封六年，詔州郡舉茂才。茂才，即秀才也。避光武諱，史遂書爲茂才。」

〔八〕錢儀吉曰：「抗，疑悦之譌。」弼按：抗對正議言，不誤。

〔九〕郡國志：「揚州九江郡阜陵。」一統志：「今安徽滁州全椒縣東十五里。」互見吳志孫權傳黃龍三年。

〔一〇〕或曰，此處猶可識布面目。

〔一一〕胡三省曰：「言布以書罵備，備君子邪，固不以罵爲恥；其小人邪，將復以書罵布也。」

〔一二〕或曰，於術、布猶正議，可謂顛沛必於是矣。

布誅，〔一〕渙得歸太祖。〔二〕

袁氏世紀曰：〔三〕布之破也，陳羣父子時亦在布之軍，〔四〕見太祖皆拜，渙獨高揖不爲禮，太祖甚嚴憚之。時太祖又給衆官車各數乘，使取布軍中物，唯其所欲。衆人皆重載，唯渙取書數百卷，〔五〕資糧而已。衆人聞之，大慙。渙謂所親曰：「脱我以行陳，令軍發足以爲行糧而已，不以此爲我有。由是厲名也，大悔恨之。」太祖益以此重焉。

渙言曰：「夫兵者，凶器也，不得已而用之。鼓之以道德，征之以仁義，兼撫其民，而除其害。夫然，故可與之死，而可與之生。自大亂以來，十數年矣，民之欲安，甚於倒縣。然而暴亂未息者，何也？意者政失其道歟？渙聞明君善於救世，故世亂則齊之以義，〔六〕時僞則鎮之以樸。世異事變，治國不同，不可不察也。夫制度損益，此古今之不必同者也。若夫兼愛天下〔七〕而反之於正，雖以武平亂而濟之以德，誠百王不易之道也。公明哲超世，古之所以得其民者，公既勤之矣；〔八〕今之所以失其民者，公既戒之矣。海内賴公，得免於危亡之禍，然而民未知義，其唯公所以訓之，則天下幸甚！」太祖深納焉。拜爲沛南部都尉。〔九〕

〔一〕元本、官本「誅」作「破」。
〔二〕宋本、元本、馮本「涣」作「乃」。袁宏後漢紀曰：「涣展轉劉備、袁術、吕布之閒，晚乃遇曹公。」
〔三〕章宗源曰：「隋志不著録，世説文學篇注亦引之。」
〔四〕陳羣傳：「羣隨父紀避難徐州。屬吕布破，太祖辟羣爲司空西曹掾屬。」趙一清曰：「之字衍。」
〔五〕周壽昌曰：「布軍中有書可取，亦異事。」
〔六〕袁宏紀「齊」作「濟」。
〔七〕袁宏紀「兼」作「惠」。
〔八〕袁宏紀「勤」作「動」。
〔九〕趙一清曰：「前漢書地理志，沛郡蘄縣，都尉治。」弼按：續百官志：「建武六年，省諸郡都尉。」應劭曰：「每有劇賊，郡臨時置都尉，事訖罷之。」

是時新募民開屯田，民不樂，多逃亡。涣白太祖曰：「夫民安土重遷，不可卒變；易以順行，難以逆動。宜順其意，樂之者乃取，不欲者勿彊。」〔一〇〕太祖從之，百姓大悦。遷爲梁相。〔一一〕涣每敕諸縣：「務存鰥寡高年，表異孝子貞婦。常談曰：世治則禮詳，世亂則禮簡，全在斟酌之間耳。方今雖擾攘，難以禮化，然在吾所以爲之。」爲政崇教訓，恕思而後行，外溫柔而內能斷。

魏書曰：穀熟長呂岐〔三〕善朱淵、袁津，〔四〕遣使行學還，召用之。〔五〕與相見，出署淵師友祭酒，津決疑祭酒。〔六〕淵等因各歸家，不受署。岐大怒，將吏民收淵等，皆杖殺之，議者多非焉。渙教勿劾。主簿孫徽等以爲「淵等罪不足死，長吏無專殺之義。孔子稱唯器與名，不可以假人。謂之師友，而加大戮，刑名相伐，不可以訓」。渙教曰：「主簿以不請爲罪，此則然矣；謂淵等罪不足死，則非也。夫師友之名，古今有之，然有君之師友，有士大夫之師友。夫君置師友之官者，所以敬其臣也；有罪加於刑焉，國之法也。今不論其罪，而謂之戮師友，斯失之矣。主簿取弟子戮師之名，而加君誅臣之實，非其類也。夫聖哲之治，觀時而動，故不必循常，將有權也。閒者世亂，民陵其上，雖務尊君卑臣，猶或未也，而反長世之過，不亦謬乎！」遂不劾。〔七〕

以病去官，百姓思之。後徵爲諫議大夫、丞相軍祭酒。〔八〕前後得賜甚多，皆散盡之，家無所儲，終不問產業。乏則取之於人，〔九〕不爲皦察之行，然時人服其清。

〔一〕「勿」，北宋本作「弗」。
〔二〕郡國志：「豫州梁國。」寰宇記：「自漢至晉爲梁國，是也。治睢陽。」一統志：「睢陽故城，今歸德府商丘縣南。」
〔三〕郡國志：「豫州梁國穀熟。」寰宇記：「魏文帝時廢，至晉復立。」一統志：「故城今商丘縣東南。」謝鍾英云：「穀熟長呂岐，時在建安末年。」
〔四〕何焯校改「袁」作「爰」。

〔五〕官本考證云：「監本脱還字，今添。」弼按：各本皆有還字。

〔六〕范書劉寬傳：「寬每行縣，止息亭傳，輒引學官祭酒及處士諸生，執經講對。」章懷注引續漢書曰：「博士祭酒，秩六百石。祭酒，本僕射也，中興改爲祭酒。處士，有道藝而在家者。」

〔七〕顧千里曰：「令長之於士，不可以師友之實論，獨真可以君臣之義律之乎？且漢末處士之不應詔命者多矣，天子之威尚有以屈，而長吏敢於專殺，横暴孰甚！渙之此論，增酷吏之燄，摧志士之氣，千載而下，猶爲不平。」周壽昌曰：「師友祭酒、決疑祭酒，不過如今學長、里長之類，故其長得杖殺之。渙至比之於君殺臣，蓋漢時最重府主，其誼直比於君臣。」

〔八〕袁宏紀曰：「操重渙言，以爲軍諮祭酒。渙嘗謂人曰：夫居兵亂之閒，非吾所長，每謙不敢處也。」本志武紀建安十八年注引魏書，但稱祭酒袁焕。丞相祭酒見荀攸傳。洪飴孫曰：「軍師祭酒，志避晉諱，但稱軍祭酒，或稱軍謀祭酒。」

〔九〕或曰，此亦不可爲訓。何如不散盡？伊尹之一介不取，必先一介不與，此所以爲聖賢之學也。

魏國初建，爲郎中令，〔一〕行御史大夫事。渙言於太祖曰：「今天下大難已除，文武並用，長久之道也。以爲可大收篇籍，明先聖之教，〔二〕以易民視聽，使海内斐然向風。則遠人不服，可以文德來之。」太祖善其言。時有傳劉備死者，羣臣皆賀；渙以嘗爲備舉吏，獨不賀。居官數年，卒。太祖爲之流涕，賜穀二千斛；一教「以太倉穀千斛賜郎中令之家」，一教「以垣下穀千斛與曜卿家」。外不解其意。教曰：「以太倉穀者，官法也；以垣下穀者，親舊也。」〔三〕文帝聞渙昔拒吕布之事，〔四〕問渙從弟敏：「渙勇怯何如？」敏對曰：「渙貌似和柔，

然其臨大節，處危難，雖賁、育不過也。」渙子侃，亦清粹閑素，有父風，歷位郡守、尚書。〔五〕

袁氏世紀曰：渙有四子，侃、寓、奥、準。〔六〕侃字公然，論議清當，柔而不犯，善與人交，在興廢之間。〔七〕人之所趣務者，常謙退不爲也。時人以是稱之。歷位黄門選部郎，〔八〕號爲清平。稍遷至尚書，早卒。〔九〕寓字宣厚，精辯有機理，好道家之言。少被病，未官而卒。奥字公榮，行足以厲俗，言約而理當，終於光禄勳。〔一〇〕準字孝尼，忠信公正，不恥下問，唯恐人之不勝己。以世事多險，故常恬退，而不敢求進。〔一一〕著書十餘萬言，論治世之務，爲易、周官、詩傳，及論五經滯義，聖人之微言，以傳於世。此準之自序也。〔一二〕

荀綽九州記〔一三〕稱：準有儁才，泰始中爲給事中。袁氏子孫，世有名位，貴達至今。〔一四〕

〔一〕官本考證曰：「監本脱爲字，今添。」弼按：各本皆有爲字。續漢志百官志：「郎中令一人。」建安十八年魏國初置郎中令，黄初元年改爲光禄勳。」

〔二〕此與文若所見相同。

〔三〕趙一清曰：「水經阪水注，倉垣城，即大梁之倉垣亭也。」

〔四〕各本「文」作「又」，誤。何焯曰：「北宋本作文。」

〔五〕渙子拜郎中，見文紀延康元年注引丁亥令。隋書經籍志：「行御史大夫袁渙集五卷，録一卷。」袁宏三國名臣序贊曰：「郎中温雅，器識純素，貞而不諒，通而能固。恂恂德心，汪汪軌度，志成弱冠，道敷歲暮。仁者必勇，德亦有言，雖遇履虎，神氣恬然。行不修飾，名節無愆，操不激切，素風愈鮮。」

〔六〕本志荀彧傳注引晉陽秋云：「袁偘，曜卿子。」偘字當爲侃字之譌。唐書宰相世系表「寓」作「寓」。

〔七〕宋本作「在廢興之閒」。

〔八〕侃爲黄門郎，見杜恕傳注引杜氏新書。洪飴孫三國職官表列名於給事黄門侍郎。

〔九〕王基傳：「基與司馬師書云：許允、傅嘏、袁侃、崔贊，皆一時正士。」侃事又見夏侯玄傳注引魏略。

〔一〇〕書鈔五十六云：「太子大夫新蔡男袁奥，志高表行，所宜優異，可從九卿崇重之例，給使四人。」

〔一一〕「恬」，各本作「治」，誤。

〔一二〕嚴可均曰：「隋書經籍志儒家，袁子正論十九卷，袁準撰。梁又有袁子正書二十五卷，袁準撰，亡。舊唐志儒家，政論二十卷，正書二十五卷，袁淮撰。新唐志作正論，作袁準，卷數與舊同。各書或稱袁準，或稱袁淮，或稱袁淮，蓋隸、俗變準爲淮，因誤爲淮，止是一人；政論即正論之誤，亦止一書。準，漢司徒滂孫，郎中令渙第四子。渙卒于建安中。魏志渙傳注引袁氏世紀，有準自序一首。蓋仕魏未顯，其正論乃魏時所作。入晉，拜給事中，見袁渙傳注引荀綽兗州記，（弼按：魏志注作九州記。）亦引見北堂書鈔五十八、藝文類聚四十八、初學記十二、御覽二百二十一。晉書附袁瓌傳。準，陳郡扶樂人；瓌，梁國陽夏人。（弼按：晉書作陳郡陽夏人。）瓌即準之從孫。瓌子喬，喬子山松，（弼按：應作喬子方平，方平子山松方合。或作喬孫山松。）名位顯著。故準附瓌傳。唐初人似未知袁淮即袁準，故羣書治要載正書，題曰袁淮，而晉書於準所著，但言注喪服經，不言正論、正書，蓋誤分袁準、袁淮爲兩人。今搜輯各書，得正論三十許事，正書四十許事。校補譌脱，仍依隋、唐志先正論，次正書，定著各爲一卷。其所注喪服經，隋志作喪服經傳，舊唐志作喪服紀，新唐志作儀禮注，皆一卷，今僅存一條。以其僅見，別附文集之後。」

〔一三〕九州記見夏侯玄傳注引冀州記。

〔一四〕晉書袁瓌傳：「準字孝尼，以儒學知名。注喪服經，官至給事中。準子沖，光禄勳；沖子耽，歷陽太守；耽子質，東陽太守。自渙至質五世，並以道素繼業，惟耽以雄豪著。」又按袁瓌傳，瓌，焕之曾孫。瓌子喬，喬孫山松，著後漢書一百卷，集十卷。瓌弟猷，猷孫宏，著後漢紀三十卷、正始名士傳三卷、竹林名士傳三卷、中朝名士傳若干卷、集二十卷。宏事詳見文紀延康元年注。

初，渙從弟霸，公恪有公幹，魏初爲大司農，〔一〕及同郡何夔，並知名於時。而霸子亮，夔子曾，與侃復齊聲友善。亮貞固有學行，疾何晏、鄧颺等，著論以譏切之。位至河南尹、尚書。

晉諸公贊曰：亮子粲，字儀祖。文學博識，〔二〕累爲儒官，至尚書。

霸弟徽，以儒素稱。遭天下亂，避難交州，司徒辟，不至。〔三〕

袁宏漢紀曰：初，天下將亂，渙慨然歎曰：「漢室陵遲，亂無日矣！苟天下擾攘，逃將安之？若天未喪道，民以義存，唯彊而有禮，可以庇身乎！」徽曰：「古人有言，知幾其神乎！〔四〕見幾而作，君子所以元吉也。天理盛衰，漢其亡矣！夫有大功必有大事，此又君子之所深識，退藏於密者也。且兵革既興，外患必衆，徽將遠迹山海，以求免身。」及亂作，各行其志。

徽弟敏，有武藝，而好水功。官至河隄謁者。〔五〕

〔一〕霸爲長史，列名勸進。
〔二〕馮本「博」作「傳」，誤。
〔三〕蜀志許靖傳、吴志士燮傳俱載徽與尚書令荀彧書。
〔四〕宋本「幾」作「機」，下同。
〔五〕趙一清曰：「宋書百官志，都水使者一人，掌舟航及運部。秦、漢有都水長丞，主陂池灌溉，保守河渠，屬太常。漢東京省都水，置河隄謁者，魏因之。」

張範字公儀，河内修武人也。〔一〕祖父歆，爲漢司徒；〔二〕父延，爲太尉。〔三〕太傅袁隗欲以女妻範，範辭不受。性恬静樂道，忽於榮利，徵命無所就。弟承，字公先，亦知名。以方正徵，拜議郎，遷伊闕都尉。〔四〕董卓作亂，承欲合徒衆，與天下共誅卓。承弟昭，〔五〕時爲議郎，適從長安來，謂承曰：「今欲誅卓，衆寡不敵。且起一朝之謀，戰阡陌之民，士不素撫，兵不練習，難以成功。卓阻兵而無義，固不能久；不若擇所歸附，待時而動，然後可以如志。」承然之，乃解印綬閒行歸家，與範避地揚州。袁術備禮招請，範稱疾不往，術不彊屈也。遣承與相見，術問曰：「昔周室陵遲，則有桓、文之霸；秦失其政，漢接而用之。今孤以土地之廣，士民之衆，欲徼福齊桓，擬迹高祖，何如？」承對曰：「在德不在彊。夫能用德，以同天下之欲，〔六〕雖由匹夫之資，而興霸王之功，不足爲難。若苟僭擬，干時而動，衆之所棄，誰能興之！」術不悅。是時太祖將征冀州，術復問曰：「今曹公欲以弊兵數千，敵十萬之衆，可謂不量力矣。子以爲何如？」承乃曰：「漢德雖衰，天命未改。今曹公挾天子以令天下，雖敵百萬之衆可也。」術作色不懌，承去之。

〔一〕郡國志：「司隸河内郡修武。」司隸，三國屬魏，爲司州。一統志：「修武故城，今河南衛輝府獲嘉縣治。」顧祖禹曰：「修武故城，在懷慶府修武縣東，古寧邑。周武王伐紂，勒兵於寧，因曰修武。」梁章鉅曰：「此出韓詩外傳。」

〔二〕范書桓帝紀：「建和三年，大司農河内張歆爲司徒。元嘉元年罷。」章懷注：「歆字敬讓。」

〔三〕范書靈帝紀：「中平二年五月，太僕河南張延爲太尉。三年二月，罷；十月，爲宦人所譖，下獄死。」章懷注：「延字公威，歆之子。」惠棟曰：「延，河內人，誤作河南。」

〔四〕趙一清曰：「即靈帝八關都尉之一。」

〔五〕三國有兩張承，兩張昭。吳張昭之子，亦名承。

〔六〕太平御覽「同」作「從」。

太祖平冀州，遣使迎範，範以疾留彭城，遣承詣太祖，太祖表以爲諫議大夫。範子陵及承子戩爲山東賊所得，範直詣賊，請二子，賊以陵還範。範謝曰：「諸君相還兒，厚矣！夫人情雖愛其子，然吾憐戩之小，請以陵易之。」賊義其言，悉以還範。太祖自荊州還，範得見於陳，以爲議郎，參丞相軍事，甚見敬重。太祖征伐，常令範及邴原留，與世子居守。太祖謂文帝：「舉動必諮此二人。」世子執子孫禮。救恤窮乏，家無所餘，中外孤寡皆歸焉。贈遺無所逆，亦終不用，及去，皆以還之。〔一〕建安十七年，卒。魏國初建，承以丞相參軍祭酒〔二〕領趙郡太守，〔三〕政化大行。太祖將西征，徵承參軍事。至長安，病卒。

魏書曰：文帝即位，以範子參爲郎中。承孫邵，晉中護軍，與舅楊駿俱被誅。事見晉書。〔四〕

〔一〕或曰，不逆，人之情善矣；得無不憚煩乎！

〔二〕洪飴孫三國職官表：「參軍祭酒一人，第七品。參軍久次者爲之。太祖爲漢丞相時置，後無。」

〔三〕郡國志：「冀州趙國，治邯鄲。」一統志：「故城今直隸廣平府邯鄲縣西南十里。」桓階傳，階遷趙郡太守在建安時，是漢末已改爲郡矣。

〔四〕晉書楊駿傳：「駿慮左右間已，乃以其甥段廣、張劭爲近侍之職。」

涼茂字伯方，山陽昌邑人也。〔一〕少好學，論議常據經典，〔二〕以處是非。太祖辟爲司空掾，舉高第，補侍御史。〔三〕時泰山多盜賊，以茂爲泰山太守。〔四〕旬月之閒，襁負而至者千餘家。

博物記曰：襁，織縷爲之。廣八寸，長尺二，以約小兒於背上，負之而行。

轉爲樂浪太守。〔五〕公孫度在遼東，擅留茂，不遣之官。然茂終不爲屈。度謂茂及諸將曰：「聞曹公遠征，鄴無守備，今吾欲以步卒三萬，騎萬匹，直指鄴，誰能禦之？」諸將皆曰：「然。」

臣松之案：此傳云公孫度聞曹公遠征，鄴無守備，則太祖定鄴後也。案度傳，度以建安九年卒，太祖亦以此年定鄴，自後遠征，唯有北征柳城耳。征柳城之年，度已不復在矣。

又顧謂茂曰：「於君意何如？」茂答曰：「比者海内大亂，社稷將傾，將軍擁十萬之衆，安坐而觀成敗。夫爲人臣者固若是邪？曹公憂國家之危敗，愍百姓之苦毒，率義兵爲天下誅殘賊，功高而德廣，可謂無二矣。以海内初定，民始安集，故未責將軍之罪耳。而將軍乃欲稱兵西向，則存亡之効，不崇朝而決，將軍其勉之！」諸將聞茂言，皆震動。良久，度曰：「涼君言是也！」〔六〕後徵還，爲魏郡太守、〔七〕甘陵相，〔八〕所在有績。文帝爲五官將，茂以選爲長史，〔九〕遷左軍師。〔一〇〕魏國初建，遷尚書僕射，〔一一〕後爲中尉、奉常。〔一二〕文帝在東宮，茂復爲太

子太傅，甚見敬禮。卒官。〔一三〕

英雄記曰：茂名在八友中。〔一四〕

〔一〕郡國志：「兗州山陽郡昌邑。」一統志：「昌邑故城，今山東濟寧州金鄉縣西北四十里。」

〔二〕官本考證云：「北宋本常作多。」

〔三〕續百官志：「司空掾屬二十九人。侍御史，六百石，掌察舉非法，受公卿羣吏奏事。有違失，舉劾之。」

〔四〕泰山郡見武紀初平元年。

〔五〕樂浪郡見明紀青龍元年。洪亮吉曰：「漢末公孫度分樂浪置帶方郡。魏景初二年，公孫淵滅，郡入魏。」

〔六〕或曰，茂傳中惟此一事，然又歲月不合。

〔七〕魏郡治鄴，見武紀初平元年。

〔八〕甘陵見武紀建安九年。郡國志：「冀州清河國，桓帝建和二年改爲甘陵。」王先謙曰：「建安十一年，國除爲郡，見獻帝紀。三國魏爲清河郡，見輿地廣記。」弼按：茂爲甘陵相，當在建安十一年以前。

〔九〕洪飴孫三國職官表：「漢建安十六年，文帝爲五官中郎將，時副丞相，置官屬，有長史涼茂、邴原、吴質，見魏略。」

〔一〇〕相國府屬有左軍師一人，第五品。

〔一一〕尚書僕射二人，六百石，第三品。建安十八年初置。

〔一二〕續百官志：「中尉一人，比二千石。」建安十八年，魏國初置中尉，（見魏都賦注。）黄初元年改爲執金吾。建安二十一年，魏國初置奉常，（見武紀注。）黄初元年改爲太常。

〔一三〕茂子拜郎中，見文紀延康元年注引丁亥令。

〔一四〕周壽昌曰：「按後漢書及本志劉表傳注引漢末名士録，八友中俱無涼茂名。」

國淵字子尼，〔一〕樂安蓋人也。〔二〕師事鄭玄。〔三〕

玄別傳曰：淵始未知名。玄稱之曰：「國子尼，美才也。吾觀其人，必爲國器。」

後與邴原、管寧等避亂遼東。

魏書曰：淵篤學好古，在遼東常講學於山巖，士人多推慕之，由此知名。

既還舊土，太祖辟爲司空掾屬，每於公朝論議，常直言正色，退無私焉。太祖欲廣置屯田，使淵典其事。〔四〕淵屢陳損益，相土處民，計民置吏，明功課之法。五年中，倉廩豐實，百姓競勸樂業。太祖征關中，〔五〕以淵爲居府長史，〔六〕統留事。田銀、蘇伯反河閒，〔七〕銀等既破，後有餘黨，皆應伏法。淵以爲非首惡，請不行刑，太祖從之。賴淵得生者千餘人。破賊文書，舊以一爲十；及淵上首級，如其實數。太祖問其故，淵曰：「夫征討外寇，多其斬獲之數者，欲以大武功，且示民聽也。〔八〕河閒在封域之內，銀等叛逆，雖克捷有功，淵竊恥之。」太祖大悅，〔九〕遷魏郡太守。

〔一〕胡三省曰：「姓譜：齊有國氏，世爲上卿。又鄭七穆子國之後爲國氏。」

〔二〕郡國志：「青州樂安國，益，侯國。故屬北海。」錢大昕曰：「蓋縣屬泰山，不屬樂安。蓋當爲益字之譌。」趙一清曰：「漢書泰山郡蓋縣，北海郡益縣。今云樂安蓋縣，未詳；或蓋、益字相似而誤。」一統志：「益縣故城，今山東青州府壽光縣西三十里豐城鎮。」謝鍾英曰：「西當作東，始與水經注合。」

〔三〕范書鄭玄傳云：「樂安國淵、任嘏時並童幼。玄稱淵爲國器，嘏有道德。」

〔四〕武紀建安元年注引魏書：「募民屯田許下，州郡例置田官。」
〔五〕在建安十六年。
〔六〕洪飴孫曰：「留府長史一人，丞相領兵出征，則統留事。太祖置。國淵傳稱居府。」
〔七〕事見常林傳，又見程昱傳注引魏書。
〔八〕通鑑作「聳民聽也」。
〔九〕「大武功」、「大悦」，毛本皆誤作「太」。

時有投書誹謗者，〔一〕太祖疾之，欲必知其主。淵請留其本書，而不宣露。其書多引二京賦，淵勑功曹曰：「此郡既大，今在都輦，而少學問者。其簡開解年少，欲遣就師。」功曹差三人，臨遣引見，訓以「所學未及。二京賦，博物之書也，世人忽略，少有其師，可求能讀者從受之」。又密喻旨，旬日得能讀者，遂往受業。吏因請使作箋，比方其書，與投書人同手。收攝案問，具得情理。〔二〕遷太僕。居列卿位，布衣蔬食，〔三〕禄賜散之舊故宗族，以恭儉自守。卒官。

魏書曰：太祖以其子泰爲郎。〔四〕

〔一〕監本、官本無「者」字。
〔二〕或曰，求謗書之主，極見計數。然防民之口，古人所非，況操之殘忍，此人必不生全。何苦爲此以逢其欲，非大臣之事，不足多也。
〔三〕宋本「蔬」作「蔬」。

〔四〕淵爲中尉，以其子爲郎中。見文紀延康元年注引丁亥令。

田疇字子泰，〔一〕右北平無終人也。〔二〕好讀書，善擊劍。〔三〕初平元年，義兵起，董卓遷帝于長安。幽州牧劉虞歎曰：「賊臣作亂，朝廷播蕩，四海俄然，〔四〕莫有固志。身備宗室遺老，不得自同於衆。今欲奉使展効臣節，安得不辱命之士乎！」衆議咸曰：「田疇雖年少，多稱其奇。」疇時年二十二矣。虞乃備禮，請與相見，〔五〕大悦之。遂署爲從事，〔六〕具其車騎。將行，疇曰：「今道路阻絶，寇虜縱横，稱官奉使，爲衆所指名。〔七〕願以私行，期於得達而已。」虞從之。疇乃歸，自選其家客與年少之勇壯慕從者〔八〕二十騎俱往，虞自出祖而遣之。

先賢行狀曰：疇將行，引虞密與議。疇因説虞曰：「今帝主幼弱，奸臣擅命，表上須報，懼失事機。且公孫瓚阻兵安忍，不早圖之，必有後悔。」虞不聽。

既取道，疇乃更上西關，出塞，傍北山，〔九〕直趣朔方，循閒逕去，〔一〇〕遂至長安致命。詔拜騎都尉。疇以爲天子方蒙塵未安，不可以荷佩榮寵，固辭不受。朝廷高其義，三府並辟，皆不就。得報，馳還，未至，虞已爲公孫瓚所害。疇至，謁祭虞墓，〔一一〕陳發章表，〔一二〕哭泣而去。瓚聞之，大怒，購求獲疇，謂曰：「汝何自哭劉虞墓，而不送章報於我也？」疇答曰：「漢室衰穨，人懷異心，唯劉公不失忠節。章報所言，於將軍未美，恐非所樂聞，故不進也。今將軍方舉大事〔一三〕以求所欲，既滅無罪之君，又讎守義之臣，誠行此事，則燕、趙之士，將皆蹈東海而死耳，豈忍有從將軍者乎！」瓚壯其對，釋不誅也。拘之軍下，禁其故人莫得與通。或說瓚曰：「田疇義士，君弗能禮，而又囚之，恐失衆心。」瓚乃縱遣疇。

〔一〕趙一清曰：「後漢書劉虞傳注引魏志云，字子春。」王鳴盛曰：「陶潛擬古詩云，辭家夙嚴駕，當往至無終，聞有田子春，節義爲士雄。春字下注云：一作泰。此係宋紹熙壬子冬贛川曾集刻本。觀此，則知或作子泰，或作子春，宋人已不能定。然畢竟以春爲正也。」

〔二〕郡國志：「幽州右北平郡無終。」一統志：「無終故城，今順天府薊州治。」互見武紀建安十二年。

〔三〕官本考證：「宋本無善字。何焯校本北宋本有善字。」

〔四〕郝經續後漢書「俄」作「嚻」。

〔五〕官本考證：「宋本無相字。何校云，北宋本有之。」

〔六〕范書劉虞傳：「選掾右北平田疇，從事鮮于銀，與此異。」

〔七〕通鑑作「爲衆所指」。

〔八〕監本、毛本、官本「慕」作「募」，宋本、元本、馮本、吳本作「慕」。

〔九〕胡三省曰：「傍，步浪翻。西關即居庸關，北山即陰山。」方輿紀要：「西關即居庸關，今昌平州西北二十五里。」

〔一〇〕通鑑作「循閒道」。

〔一一〕趙一清曰：「拾遺記，劉虞爲公孫瓚所害，疇追慕無已。往虞墓，設雞酒之禮，慟哭之音，動於林野；翔鳥爲之悽鳴，走獸爲之吟伏。疇卧於草閒，忽有人通云：劉幽州來，欲與田子泰言平生之事。疇神悟遠識，知是劉虞之魂，既近而拜，疇泣不自支。因相與進雞酒，疇醉。虞曰：公孫瓚求子甚急，宜竄伏以避害。疇拜曰：聞君臣之義，生則盡禮。今見君之靈，願得同歸九地，死且不朽，安可逃乎！虞曰：子，萬古之貞士也，深慎爾儀。奄然不見，疇亦醉醒。」

〔一二〕胡三省曰：「章表，當依下文作章報。」

〔一三〕宋本、元本、馮本、監本、官本「令」作「且」，通鑑同。

疇得北歸，率舉宗族他附從數百人，埽地而盟曰：「君仇不報，吾不可以立於世！」遂入徐無山中，〔一〕營深險、平敞地而居，躬耕以養父母。百姓歸之，數年閒至五千餘家。〔二〕疇謂其父老曰：「諸君不以疇不肖，遠來相就，衆成都邑，而莫相統一，恐非久安之道。願推擇其賢長者，以爲之主。」皆曰：「善。」同僉推疇。疇曰：「今來在此，非苟安而已，將圖大事，復怨雪恥。竊恐未得其志，而輕薄之徒，自相侵侮，偷快一時，無深計遠慮。疇有愚計，願與諸君共施之，可乎？」皆曰：「可。」疇乃爲約束相殺傷、犯盜、諍訟之法，〔三〕法重者至死，其次抵罪，二十餘條。又制爲婚姻嫁娶之禮，興舉學校講授之業，〔四〕班行其衆，衆皆便之。至道不拾遺，北邊翕然，服其威信。烏丸、鮮卑並各遣譯使致貢遺，疇悉撫納，令不爲寇。袁紹數遣使招命，又即授將軍印，因安輯所統，疇皆拒不當。〔五〕紹死，其子尚又辟焉，疇終不行。

〔一〕胡三省曰：「徐無縣屬右北平郡，有徐無山。」一統志：「今玉田縣東北二十里，遵化州西境。」

〔二〕水經鮑丘水注：「庚水出右北平徐無縣北塞中，歷徐無山。昔田子泰避難居之，衆至五千家。」

〔三〕胡三省曰：「諍讀曰爭。」

〔四〕毛本校作「挍」，誤。

〔五〕監本「當」作「留」。官本考證云：「元本當作受。」

疇常忿烏丸昔多賊殺其郡冠蓋，〔一〕有欲討之意，而力未能。建安十二年，太祖北征烏丸，未至，先遣使辟疇，〔二〕又命田預喻指。〔三〕疇戒其門下趣治嚴。〔四〕門人謂曰：「昔袁公慕君，禮命五至，君義不屈。今曹公使一來，而君若恐弗及者，何也？」疇笑而應之曰：「此非君所識也。」〔五〕遂隨使者到軍，署司空戶曹掾，〔六〕引見諮議。明日出令曰：「田子泰非吾所宜吏者。」即舉茂才，〔七〕拜爲蓨令。〔八〕不之官，隨軍次無終。時方夏水雨，〔九〕而濱海洿下，濘滯不通。〔一〇〕虜亦遮守蹊要，〔一一〕軍不得進。太祖患之，以問疇。疇曰：「此道秋夏每常有水，淺不通車馬，深不載舟船，爲難久矣。舊北平郡治在平岡，道出盧龍，達于柳城。〔一二〕自建武以來，陷壞斷絶，垂二百載，〔一三〕而尚有微徑可從。今虜將以大軍當由無終，不得進而退，懈弛無備。若嘿回軍，從盧龍口〔一四〕越白檀之險，〔一五〕出空虛之地，路近而便，掩其不備，蹋頓之首可不戰而禽也。」太祖曰：「善。」乃引軍還，而署大木表於水側路傍，曰：「方今暑夏，〔一六〕道路不通，且俟秋冬，乃復進軍。」虜候騎見之，誠以爲大軍去也。太祖令疇將其衆爲鄉導，〔一七〕上徐無山，出盧龍，歷平岡，登白狼堆，〔一八〕去柳城二百餘里，〔一九〕虜乃驚覺。單于身自臨陣，太祖與交戰，遂大斬獲，追奔逐北，至柳城。軍還入塞，論功行封，封疇亭侯，邑五百戶。

先賢行狀載太祖表論疇功曰：「文雅優備，忠武又著，和於撫下，慎於事上，量時度理，進退合義。幽州始擾，胡、漢交萃，蕩析離居，〔二〇〕靡所依懷。疇率宗人避難於無終山，〔二一〕北拒盧龍，南守要害，清靜隱約，耕而後食，人民化從，咸共資奉。及袁紹父子威力加於朔野，遠結烏丸，與爲首尾，前後召疇，終不陷撓。後臣奉命，軍次易縣，〔二二〕疇長驅自到，陳討胡之埶，猶廣武之建燕策，〔二三〕薛公之度淮南。〔二四〕又使部曲持臣露布，出誘胡衆，漢民或因亡來，烏丸聞之震蕩。王旅出塞，塗由山中九百餘里，疇帥兵五百，啟導山谷，遂滅烏丸，蕩平塞表。疇文武有效，節義可嘉，誠應寵賞，以旌其美。」

疇自以始爲居難，〔二五〕率衆遯逃，志義不立，反以爲利，非本意也，固讓。太祖知其至心，許而不奪。〔二六〕

魏書載太祖令曰：「昔伯成棄國，夏后不奪，〔二七〕將欲使高尚之士，優賢之主，不止於一世也。其聽疇所執。」

〔一〕謂有冠蓋之士大夫。

〔二〕本志邢顒傳：「顒易姓字，適右北平，從田疇游。積五年，而太祖定冀州。顒謂疇曰：黄巾起來二十餘年，海内鼎沸，百姓流離。今聞曹公法令嚴。民厭亂矣，亂極則平，請以身先。遂裝還鄉里。田疇曰：邢顒，民之先覺也。乃見太祖，求爲鄉導，以克柳城。太祖辟顒爲冀州從事。」

〔三〕官本考證云：「北宋本預作豫。」通鑑：「建安四年，漁陽田豫説太守鮮于輔曰：曹氏奉天子以令諸侯，終能定天下，宜早從之。輔乃率其衆以奉王命。」亦作豫，本志田豫傳同。

〔四〕胡三省曰：「趣，讀曰促。嚴，即裝也。自東都避明帝諱，改裝曰嚴，後遂因之。」

〔五〕或曰，埽地之盟，所謂君仇者，公孫瓚耳，非烏丸也。不肯資紹之力以報瓚，而必資操之力以討烏丸，豈其本意哉！謂疇有擇主之識則可，謂疇得出處之義，則未也。非君所識一語，大意已見。唐庚曰：「昔漢明帝問吳良曰：先帝召卿不至，及從驃騎游何邪？良曰：先帝以禮待下，故臣得以禮進退；驃騎以法檢下，故臣爲法屈耳。疇之用意，蓋亦如此。是時袁氏政寬，故疇可得不至；曹氏刻急，故不敢不來。來非慕義，故終身不受封爵。疇雖不言，言在其中矣。」弼按：劉虞從事漁陽鮮于輔等，合率州兵，爲虞報瓚，推舉閻柔，招誘胡、漢，南迎虞子和，與袁紹將麴義合兵十萬，破瓚於鮑丘。斯時正田疇踐盟復仇之時，何以寂無所聞，無亦以招致烏桓、鮮卑爲不然邪？抑亦如疇所謂輕薄之徒，自相侵侮，偷快一時，無深計遠慮者乎？

〔六〕洪飴孫曰：「户曹掾一人，比三百石，第七品。太祖時置，後因之。」

〔七〕宋百官志：「漢武元封四年，令諸州歲各舉秀才一人。後漢避光武諱，改茂才；魏復曰秀才。」

〔八〕胡三省曰：「蓨縣，前漢屬信都，後漢屬勃海。」師古曰：「蓨，音條。」趙一清曰：「周亞夫封條侯。師古曰：縣在勃海。地理志作蓨字，其音同耳。師古之云，蓋古本漢書也。」一統志：「蓨縣故城，今河間府景州南。」

〔九〕劉家立曰：「應作雨水。」

〔一〇〕武紀：「建安十二年秋七月，大水，傍海道不通。」

〔一一〕胡三省曰：「蹊，徑路也；蹊要，徑路要處也。」

〔一二〕平岡、盧龍、柳城俱詳見武紀建安十二年。胡三省曰：「前漢右北平郡治平岡縣，後漢省平岡縣，改治土垠縣。垠，音銀。賢曰：土垠故城在今平州西南。水經注曰：自無終東出盧龍塞，又東越青陘至凡城二百許里，自凡城東北出趣平岡，可百八十里，向黄龍則五百里。故田疇引軍出盧龍塞，塹山堙谷、五百餘里。逕白檀，歷平岡，登白狼山，望柳城也。」錢大昕曰：「前漢志，右北平郡有平剛縣，即平岡也。」謝鍾英曰：「平岡當在今哈喇沁中旗界。」

〔一三〕潘眉曰：「平岡縣，後漢廢，故云陷壞斷絶。」

〔一四〕謝鍾英曰：「盧龍塞，疑即今龍井關，塞道自遵化州東北出。」

〔一五〕白檀見武紀建安十二年。潘眉曰：「白檀，前漢漁陽郡屬縣，後漢廢。今云越白檀，歷平岡，蓋本其舊名。」

〔一六〕通鑑作「夏暑」，郝經續後漢書作「暑雨」。

〔一七〕鄉，讀曰嚮。

〔一八〕潘眉曰：「白狼堆，今名布祜圖山。熱河志，在建昌縣南。」

〔一九〕一統志：「柳城，今土默特右翼旗西一百里。」

〔二〇〕官本考證云：「監本誤作傷析，今改正。」

〔二一〕按傳文，疇居徐無山，非無終山也。

〔二二〕郡國志：「冀州河閒國易縣。」一統志：「易縣故城，今直隸保定府雄縣西北。」

〔二三〕漢書韓信傳：「韓信用廣武君策，發使燕，燕從風而靡。」

〔二四〕漢書高帝紀：「十一年秋七月，淮南王布反。上問諸將，滕公言，故楚令尹薛公有籌策。上召見薛公，言布形埶。上善之，封薛公千户。」

〔二五〕錢大昕曰：「居當作君。」

〔二六〕胡三省曰：「不奪其志也。孔子曰：匹夫不可奪其志。」

〔二七〕莊子：「堯治天下，伯成子高立爲諸侯。堯授舜，舜授禹，伯成子高辭爲諸侯而耕，禹往見之，則耕在野。禹趨就下風，立而問其故。子高曰：昔堯治天下，不賞而民勸，不罰而民畏。今子賞罰而民且不仁，德自此衰，刑自此立，後世之亂，自此始矣。盍行邪，無落吾事！俋俋乎耕而不顧。」呂氏春秋恃君覽篇所載大略相同。

遼東斬送袁尚首，令：「三軍敢有哭之者，斬。」疇以嘗爲尚所辟，乃往弔祭。太祖亦不問。

臣松之以爲：田疇不應袁紹父子之命，以其非正也。故盡規魏祖，建盧龍之策。致使袁尚奔迸，授首遼東，皆疇之由也。既以明其爲賊，胡爲復弔祭其首乎？若以嘗被辟命，義在其中，則不應爲人設謀，使其至此也。疇此舉止，良爲進退無當，與王脩哭袁譚，貌同而心異也。〔一〕

疇盡將其家屬及宗人三百餘家居鄴。太祖賜疇車馬穀帛，皆散之宗族知舊。從征荆州還，太祖追念疇功殊美，恨前聽疇之讓，曰：「是成一人之志，而虧王法大制也。」於是乃復以前爵封疇。

先賢行狀載太祖令曰：〔二〕「蓨令田疇，志節高尚，遭值州里戎夏交亂，引身深山，研精味道，百姓從之，以成都邑。袁賊之盛，命召不屈；慷慨守志，以徼真主。及孤奉詔征定河北，遂服幽都，將定胡寇，時加禮命。〔三〕疇即受署，陳建攻胡蹊路所由，率齊山民，一時向化，開塞導道，〔四〕供承使役，路近而便，令虜不意。斬蹋頓於白狼，遂長驅於柳城，疇有力焉。及軍入塞，將圖其功，表封亭侯，食邑五百，而疇懇惻，前後辭賞。出入三載，歷年未賜。此爲成一人之高，甚違王典，失之多矣。宜從表封，無久留吾過。」

疇上疏陳誠，以死自誓。太祖不聽，欲引拜之，至于數四，終不受。有司劾疇，狷介違道，苟立小節，宜免官加刑。太祖重其事，依違者久之。乃下世子及大臣博議，世子以疇同於子文辭祿，〔五〕申胥逃賞，〔六〕宜勿奪以優其節。尚書令荀彧、司隸校尉鍾繇，亦以爲可聽。

魏書載世子議曰：「昔薳敖逃祿，〔七〕傳載其美，所以激濁世，勵貪夫，賢於尸祿素餐之人也。故可得而小，不可得而毁。至於田疇，方斯近矣。〔八〕免官加刑，於法爲重。」

魏略載教曰：「昔夷、齊棄爵而譏武王，可謂愚闇，孔子猶以爲求仁得仁。疇之所守，雖不合道，但欲清高耳。使天下悉如疇志，即墨翟兼愛尚同之事，而老聃使民結繩之道也。外議雖善，爲復使令司隸以決之。」〔九〕魏書載荀彧議，以爲「君子之道，或出或處，期於爲善而已。故匹夫守志，聖人各因而成之」。鍾繇以爲「原思辭粟，仲尼不與；子路拒牛，謂之止善。雖可以激清勵濁，猶不足多也。疇雖不合大義，有益推讓之風，宜如世子議」。

臣松之案：呂氏春秋：「魯國之法，魯人有爲臣妾於諸侯，有能贖之者，取其金於府。子貢贖人而辭不取金。〔一〇〕孔子曰：賜失之矣！自今以來，魯人不贖矣。子路拯溺者，其人拜之以牛，子路受之。孔子曰：魯人必拯溺矣。」〔一一〕案此語不與繇所引者相應，未詳爲繇之事誤邪？而事將别有所出。〔一二〕

太祖猶欲侯之，疇素與夏侯惇善，太祖語惇曰：「且往以情喻之，自從君所言，無告吾意也。」惇就疇宿，如太祖所戒。疇揣知其指，不復發言。惇臨去，乃拊疇背曰：「田君，主意殷勤，曾不能顧乎！」疇答曰：「是何言之過也！疇，負義逃竄之人耳。〔一三〕蒙恩全活，爲幸多矣，豈可賣盧龍之塞，以易賞禄哉！縱國私疇，疇獨不愧於心乎？將軍雅知疇者，猶復如此，若必不得已，請願效死，刎首於前。」〔一四〕言未卒，涕泣横流。惇具答太祖。太祖喟然，知不可屈，乃拜爲議郎。年四十六，卒。子又早死。文帝踐阼，高疇德義，賜疇從孫續爵關内侯，以奉其嗣。

〔一〕何焯曰：「疇自報烏丸耳。」姚範曰：「疇以郡冠蓋，見殺於烏丸，後烏丸、鮮卑已就撫納，而疇猶欲報之。」公孫瓚殺其故君，疇不能報，而袁氏卒能破滅。公孫雖非以虞之故，而疇亦藉以快其夙志，今可使尚由我而死乎！疇之讓爵，蓋有媿於尚耳。裴氏之論爲得。」

〔二〕毛本、官本「令」作「命」，誤。

〔三〕宋本「時」作「特」。

〔四〕馮本「道」作「送」。

〔五〕左傳莊公三十年：「鬭穀於菟字子文，爲令尹，自毀其家，以紓楚國之難。」

〔六〕左傳定公五年：「申包胥以秦師至，王賞申包胥。申包胥曰：吾爲君也，非爲身也。遂逃賞。」

〔七〕薳敖即蔿敖，又即孫叔敖，如薳啟彊爲蔿啟彊，是也。韓非子：「莊公賞孫叔敖，叔敖請漢間之地。地瘠，故九世而祀不絶。」

〔八〕官本考證云：「北宋本作方斯遠矣。」

〔九〕宋本無「以」字。

〔一〇〕宋本「取」作「受」。

〔一一〕見呂氏春秋先識覽察微篇。「魯人不贖矣」下有「取其金則無損於行，不取其金則不復贖人矣」數語。

〔一二〕何焯校本云：「北宋本出下有耳字。」

〔一三〕胡三省曰：「謂不能爲劉虞報讎，自竄於徐無山也。」

〔一四〕通鑑輯覽曰：「田疇不賣盧龍，世所稱高蹈者。然因欲報公孫瓚，而引道以殲熙、尚，隱遯忠厚之士，或不出此。」弼按：疇之引道，忿烏丸多殺其郡冠蓋，非爲殲熙、尚也。或曰，受封亦何害？況既受官矣，與受爵不甚相遠。刎首自誓，何爲哉！恐難與魯連同日語也。

王脩字叔治，北海營陵人也。〔一〕年七歲，喪母。母以社日亡，〔二〕來歲鄰里社，脩感念母，哀甚。鄰里聞之，爲之罷社。年二十，游學南陽，止張奉舍。〔三〕奉舉家得疾病，無相視者。脩親隱恤之，病愈，乃去。初平中，北海孔融召以爲主簿，守高密令。〔四〕高密孫氏素豪俠，人客數犯法。民有相劫者，賊入孫氏，吏不能執。〔五〕脩將吏民圍之，孫氏拒守，吏民畏憚不敢近。脩令吏民「敢有不攻者，與同罪」。孫氏懼，乃出賊。由是豪彊懾服。舉孝廉，脩讓邴原，融不聽。

融集有融答脩教曰：〔六〕「原之賢也，吾已知之矣。昔高陽氏有才子八人，堯不能用，〔七〕舜實舉之。原可謂不患無位之德，〔八〕以遺後賢，不亦可乎！」脩重辭。融答曰：「掾清身絜己，歷試諸難，謀而鮮過，惠訓不倦。余嘉乃勳，應乃懿德，用升爾于王庭，其可辭乎！」

時天下亂，〔九〕遂不行。頃之，郡中有反者。脩聞融有難，夜往奔融。賊初發，融謂左右曰：「能冒難來，唯王脩耳！」言終，而脩至，復署功曹。時膠東多賊寇，復令脩守膠東令。〔一〇〕膠東人公沙盧宗彊，〔一一〕自爲營塹，不肯應發調。脩獨將數騎，徑入其門，斬盧兄弟，公沙氏驚愕莫敢動。脩撫慰其餘，由是寇少止。融每有難，脩雖休歸在家，無不至。融常賴脩以免。

〔一〕郡國志：「青州北海國營陵。」一統志：「營陵故城，今山東青州府昌樂縣東南。」

〔二〕社日見董卓傳。孝經緯曰：「社，土地之主也。封土爲社以報功。」禮記月令：「二月之節，擇元日，命人社。」

〔三〕周壽昌曰：「後漢書毛義傳有云，南陽人張奉慕其名。又云：奉者，志尚士，蓋即此人也。」弼按：毛義無傳，見劉平等傳序，可稱類傳。史通列傳篇所謂廬江毛義，名在劉平之上者，是也。周氏言毛義傳，似誤。又按，毛義爲章帝時人，南陽張奉慕義名往候，必爲義同時人。王脩爲漢末人，相去百數十年。周氏蓋誤兩張奉爲一人也。

〔四〕郡國志：「北海國高密，侯國。」一統志：「高密故城，今山東萊州府高密縣西南。」

〔五〕官本考證云：「太平御覽作吏不能得。一本校作吏不得執。」

〔六〕范書孔融傳：「魏文深好融文辭，募天下有上融文章者，輒賞以金帛。所著詩頌、碑文、論議、六言策文、表檄、教令、書記，凡二十五篇。」隋書經籍志：「後漢少府孔融集九卷，梁十卷，録一卷。」兩唐志同。四庫提要曰：「孔北海集一卷。其集宋史始不著録，此本乃明人掇拾，凡三十一篇。然人既國器，文亦鴻寶，雖闕佚之餘，彌可珍也。詩詞凡近，盛稱曹操功德，必黄初間購求遺文，贋託融作也。」嚴可均輯存文一卷，凡三十九篇。馮惟訥詩紀，存詩八首。

〔七〕何焯校改「不」作「弗」。

〔八〕宋本「德」作「士」。

〔九〕北宋本作「時天下大亂」。

〔一〇〕郡國志：「北海國膠東，侯國。」一統志：「膠東故城，今山東萊州府平度州治。」

〔一一〕范書方術傳：「公沙穆，北海膠東人，爲弘農令。」沈欽韓曰：「羣輔録云，穆五子，並有令名，京師號曰：公沙五龍，天下無雙。」惠棟曰：「北海耆舊傳，公沙孚與荀爽約，出不得事貴勢，而爽當董卓時，脱巾未百日，位至司空。後相見，以爽違命，割席而坐。」

袁譚在青州，辟脩爲治中從事。別駕劉獻數毀短脩，後獻以事當死，脩理之，得免。時人益以此多焉。袁紹又辟脩除即墨令，〔一〕後復爲譚別駕。紹死，譚、尚有隙。尚攻譚，譚軍敗，脩率吏民往救譚。譚喜曰：「成吾軍者，王別駕也。」譚之敗，劉詢起兵漯陰，〔二〕諸城皆應。譚歎息曰：「今舉州皆叛，〔三〕豈孤之不德邪？」脩曰：「東萊太守管統，〔四〕雖在海表，此人不反，必來。」後十餘日，統果棄其妻子來赴譚，妻子爲賊所殺，譚更以統爲樂安太守。〔五〕譚復欲攻尚，脩諫曰：「兄弟還相攻擊，是敗亡之道也。」譚不悦，然知其志節。〔六〕後又問脩，「計安出？」脩曰：「夫兄弟者，左右手也。譬人將鬭，而斷其右手，而曰我必勝，若是者，可乎？夫棄兄弟而不親，天下其誰親之！屬有讒人，固將交鬭其閒，以求一朝之利。願明使君塞耳勿聽也。若斬佞臣數人，復相親睦，以禦四方，可以横行天下。」譚不聽，遂與尚相攻擊，請救於太祖。太祖既破冀州，譚又叛。太祖遂引軍攻譚於南皮。脩時運糧在樂安，聞譚急，將所領兵及諸從事數十人往赴譚。至高密，聞譚死，下馬號哭曰：「無君焉歸！」遂詣太祖，乞收葬譚屍。太祖欲觀脩意，默然不應。脩復曰：「受袁氏厚恩，若得收斂譚屍，然後就戮，無所恨。」太祖嘉其義，聽之。

傅子曰：太祖既誅袁譚，梟其首，令曰：「敢哭之者，戮及妻子！」於是王叔治、田子泰相謂曰：「生受辟命，亡而不哭，非義也。畏死忘義，何以立世！」遂造其首而哭之，哀動三軍。軍正白「行其戮」。太祖曰：「義士也！」赦之。

臣松之案：田疇傳疇爲袁尚所辟，不被譚命。傅子合而言之，有違事實。

以脩爲督軍糧，〔七〕還樂安。譚之破，諸城皆服，唯管統以樂安不從命。太祖命脩取統首，〔八〕脩以統亡國之忠臣，因解其縛，使詣太祖。太祖悦而赦之。袁氏政寬，在職勢者多畜聚。太祖破鄴，籍没審配等家財物貨以萬數。〔九〕及破南皮，閲脩家，穀不滿十斛，有書數百卷。太祖歎曰：「士不妄有名！」乃禮辟爲司空掾，行司金中郎將。〔一〇〕遷魏郡太守。〔一一〕爲治抑彊扶弱，明賞罰，百姓稱之。

魏略曰：脩爲司金中郎將，〔一二〕陳黄白異議，因奏記曰：「脩聞枳棘之林，無梁柱之質；涓流之水，無洪波之勢。是以在職七年，忠讜不昭於時，功業不見於事，欣於所受，俯慙不報，未嘗不長夜起坐，中飯釋餐。何者？力小任重，〔一三〕不堪而懼也。謹貢所議如左。」太祖甚然之，乃與脩書曰：「君澡身浴德，流聲本州，忠能成績，爲世美談，名實相副，過人甚遠。孤以心知君，至深至熟，非徒耳目而已也。察觀先賢之論，多以鹽鐵之利，足贍軍國之用。昔孤初立司金之官，念非屈君，餘無可者。故與君教曰：昔過父陶正，民賴其器用，及子嬀滿，建侯于陳；〔一四〕近桑弘羊，位至三公。〔一五〕此君元龜之兆，先告者也，是孤用君之本言也，或恐衆人未曉此意。自是以來，在朝之士，每得一顯選，常舉君爲首。及聞袁軍師衆賢之議，〔一六〕以爲不宜越君。然孤執心將有所底，以軍師之職，閒於司金；至於建功，重於軍師。孤之精誠，足以達君；君之察孤，足以不疑。但恐傍人淺見，以蠡測海，爲蛇畫足，將言前後百選，輒不用之，而使此君沈滯冶官。張甲李乙，尚猶先之，此主人意待之不優之效也。孤懼有此空聲冒實，淫鼃亂耳。假有斯事，亦庶鍾期不失聽也；〔一七〕若其無也，過備何害？昔宣帝察少府蕭望之才任宰相，故復出之，令爲馮翊。從正卿往，似於左遷。上使侍中宣意曰：君守平原日淺，故復試君三輔，非有所閒也。〔一八〕孤揆先主中宗之意，〔一九〕誠備此事。既君崇勳業，〔二〇〕以副孤意。公叔文子與臣俱升，〔二一〕獨何人哉！」後無幾，而遷魏郡太守。〔二二〕

魏國既建，爲大司農郎中令。〔二三〕太祖議行肉刑，脩以爲時未可行，太祖採其議。徙爲奉常。〔二四〕其後嚴才反，與其徒屬數十人攻掖門。脩聞變，召車馬未至，便將官屬步至宮門。太祖在銅爵臺望見之，曰：「彼來者，必王叔治也。」〔二五〕相國鍾繇謂脩：「舊，京城有變，九卿各居其府。」脩曰：「食其祿，焉避其難？居府雖舊，非赴難之義。」〔二六〕頃之，病，卒官。〔二七〕子忠，官至東萊太守、〔二八〕散騎常侍。初，脩識高柔於弱冠，異王基於童幼，〔二九〕終皆遠至，世稱其知人。

王隱晉書曰：〔三〇〕脩一子名儀，字朱表。〔三一〕高亮雅直。司馬文王爲安東，儀爲司馬。東關之敗，〔三二〕文王曰：「近日之事，誰任其咎？」〔三三〕儀曰：「責在軍帥。」〔三四〕文王怒曰：「司馬欲委罪於孤邪？」遂殺之。〔三五〕子裒〔三六〕字偉元。少立操尚，非禮不動。身長八尺四寸，容貌絶異。痛父不以命終，絶世不仕。立屋墓側，以教授爲務。旦夕常至墓前拜，輒悲號斷絶。墓前有一柏樹，裒常所攀援，涕泣所著，樹色與凡樹不同。〔三七〕讀詩至「哀哀父母，〔三八〕生我勞悴」，未曾不反覆流涕，〔三九〕泣下沾襟。〔四〇〕家貧躬耕，計口而田，度身而蠶。諸生有密爲裒刈麥者，裒遂棄之，自是莫敢復佐刈者。裒門人爲本縣所役，求裒爲屬。裒曰：「卿學不足以庇身，吾德薄，不足以蔭卿，屬之何益？且吾不捉筆已四十年。」乃步擔乾飯，兒負鹽豉，〔四一〕門徒從者千餘人。〔四二〕安丘令以爲見己，〔四三〕整衣出，迎之於門。裒乃下道至土牛，〔四四〕磬折而立，〔四五〕云：「門生爲縣所役，故來送別。」執手涕泣而去。令即放遣諸生，一縣以爲恥。同縣管彥，少有才力，未知名；〔四六〕裒獨以爲當自達，常友愛之；男女各始生，共許爲婚。彥果爲西夷校尉。〔四七〕裒後更以女嫁人，彥弟馥問裒，裒曰：「吾薄志，畢願山藪自處，姊妹皆遠，〔四八〕吉凶斷絶，以此自誓。賢兄子葬父於帝都，此則洛陽之人也，豈吾欲婚之本指邪？」馥曰：「嫂，齊人也，當還臨菑。」裒曰：「安有葬父河南，隨妻還齊！〔四九〕用意如此，何婚之有！」遂不婚。邴春者，〔五〇〕根矩之後也。少立志操，寒苦自居。負笈游學，身不停家，鄉邑翕然，以爲能傒其先也。〔五一〕褒以爲春性險狹，慕名意多，終必不成。及後，春果無學業，流離遠外，有識以此歸之。褒常以爲人所行，其當歸於善道，不可以己所能，而責人所不能也。有致遺者，皆不受。及洛都傾覆，寇賊蠭起，褒宗親悉欲移江東，褒戀墳壠。賊大盛，乃南達泰山郡。褒思土不肯去，賊害之。〔五二〕

漢晉春秋曰：褒與濟南劉兆字延世，俱以不仕顯名。褒以父爲文王所濫殺，終身不應徵聘，未嘗西向坐，〔五三〕以示不臣於晉也。

魏略純固傳以脂習、王脩、龐淯、文聘、成公英、郭憲、單固七人爲一傳。其脩、淯、聘三人自各有傳，成公英別見張既傳，〔五四〕單固見王淩傳，〔五五〕餘習、憲二人列於脩傳後也。

脂習字元升，京兆人也。中平中，仕郡。公府辟，舉高第，除太醫令。天子西遷，及東詣許昌，習常隨從。與少府孔融親善。太祖爲司空，威德日盛，而融故以舊意，〔五六〕書疏倨傲。習常責融，欲令改節。融不從。會融被誅，當時許中百官先與融親善者，莫敢收恤。而習獨往，撫而哭之，曰：「文舉！卿捨我死，我當復與誰語者！」〔五七〕哀歎無已。太祖聞之，收習，欲理之；尋以其事直，見原，徙許東土橋下。〔五八〕習後見太祖，陳謝前愆。太祖呼其字曰：「元升，卿故慷慨！」因問其居處，以新移徙，賜穀百斛。至黃初，〔五九〕詔欲用之，以其年老。然嘉其敦舊，有欒布之節，〔六〇〕賜拜中散大夫。還家，年八十餘，卒。

郭憲字幼簡，西平人。〔六一〕爲其郡右姓。〔六二〕建安中，爲郡功曹。州辟不就，以仁篤爲一郡所歸。至十七年，韓約失衆，從羌中還，依憲。衆人多欲取約以徼功，而憲皆責怒之，言：「人窮來歸我，云何欲危之！」遂擁護，厚遇之。其後約病死，而田樂、陽逵等〔六三〕就斬約頭。〔六四〕當送之，逵等欲條疏憲名，憲不肯在名中，言：「我尚不忍生圖之，豈忍取死人以要功乎！」逵等乃止。時太祖方攻漢中，在武都，而逵等送約首到。太祖宿聞憲名，及視條疏，怪不在中，以問逵等。逵具以情對，太祖歎其志義，乃并表列，與逵等並賜爵關內侯，由是名震隴右。黄初元年，病亡。正始初，國家追嘉其事，復賜其子爵關內侯。

〔一〕即墨見呂布傳。

〔二〕郡國志：「青州平原郡濕陰。」惠棟曰：「地理風俗記，平原漯陰縣，今巨漯亭。前志亦作漯陰。」一統志：「漯陰故城，今山東濟南府臨邑縣西。」

〔三〕馮本、官本皆作「背」。

〔四〕東萊郡見臧洪傳。

〔五〕樂安國見夏侯淵傳。

〔六〕宋本「志」作「忠」。

〔七〕魏有督軍糧、執法督軍糧御史，見杜襲傳。通鑑：「建安九年，袁尚遣從事安平牽招至上黨，督軍糧。」

〔八〕胡三省曰：「使還運糧，就取統首也。或曰，命脩取統首，正欲降之耳。」

〔九〕宋本「貨」作「貲」。

〔一〇〕錢大昕曰：「陳琳爲袁紹檄，稱操特置發丘中郎將、摸金校尉，即謂此也。韓暨傳，就加司金都尉。」潘眉曰：「摸金、發丘，皆主發掘墳陵，搜括金寶，此敵國詆斥之詞，未必真有其官。錢氏以司金中郎將當之，非也。國之所重，在於食貨，既立司鹽，必設司金。太祖與王脩書云：先賢之論，多以鹽鐵之利，足贍軍國之用。昔孤初立司金之官，念非屈君，餘無可者。又云：使此君沈滯冶官。然則司金中郎將，蓋冶官也。同時蜀漢亦立此官，張裔傳云，還爲司金中郎將，典作農戰之器。錢氏近不察裴注，遠不考蜀書，率臆而言，難以示信矣。」吳鳴鈞曰：「韓暨徙監冶謁者，在職七年，器用充實。制書褒歎，就加司金都尉。足證司金是冶官，非發丘、摸金可混。魏韓暨爲司金都尉，猶蜀王連爲司鹽校尉，其品秩同也。」趙一清曰：「後漢書百官志，郡國鹽官、鐵官，本屬司農，中興皆屬郡縣。至曹公始置司金中郎將以主之，利權悉歸於上矣。魏都賦：白藏之藏，富有無隄，同賑大内，控引世資。劉逵注：白藏庫在西城下，有屋一百七十四間。水經漯水注，沙陵，魏金田之地也。」

〔一一〕魏郡治鄴，見武紀初平元年。

〔一二〕官本考證云：「太平御覽作河北始開冶，以脩爲司金中郎將。多河北下六字。」

〔一三〕宋本「小」作「少」。

〔一四〕左傳襄公二十五年：「子產曰：昔虞閼父爲周陶正，以服事我先王。我先王賴其利器用也，與其神明之後也，庸以元女大姬配胡公，而封諸陳，以備三恪。」杜注：「閼父，舜之後，爲周武王陶正。元女，武王長女；胡公，閼父之子滿也。」史記：「舜居潙内，其後因姓嬀氏。」

〔一五〕史記貨殖傳：「元封元年，桑弘羊爲治粟都尉，領大農，筦天下鹽鐵。」漢書百官公卿表：「武帝後元二年，桑弘羊爲御史大夫。」

〔一六〕沈家本曰：「袁軍師，蓋謂袁渙。渙爲丞相軍祭酒。」

〔一七〕呂氏春秋：「伯牙鼓琴，鍾子期聽之，方鼓而志在太山。鍾子期曰：善哉乎鼓琴，巍巍乎若太山。少選之間，而志在流水。鍾子期復曰：善哉乎鼓琴，湯湯乎若流水。鍾子期死，伯牙破琴絶絃，終身不復鼓琴。以爲世無足爲鼓琴者。」韓詩外傳同。

〔一八〕事見漢書蕭望之傳，「閒」作「聞」。師古曰：「所聞，謂聞其短失。」

〔一九〕主疑作帝。宣帝曰中宗。

〔二〇〕「既」，應作「冀」。

〔二一〕論語：「公叔文子之臣大夫僎，與文子同升諸公。」注云：「大夫僎，本文子家臣，薦之，使與己並爲大夫，同（外）〔升〕在公朝。」

〔二二〕「而」疑衍。

〔二三〕建安十八年，魏國初置。黄初元年，改爲光禄勳。

〔二四〕建安二十一年，魏國初置奉常，黄初元年，改爲太常。隋志：「梁有魏國奉常王脩集二卷，亡。」

〔二五〕或曰，孔北海先有是言矣。聞變赴難，一生已歷多次，豈皆能逆料必全邪？臨難毋苟免，叔治真無愧斯言。

〔二六〕水經濁漳水注：「中曰銅雀臺，魏武望奉常王叔治之處，時人以爲美談矣。」「九卿各居其府」下，水經注有「卿何來也」四字。

〔二七〕趙一清曰：「寰宇記卷二十四，王脩墓在密州安丘縣西四十七里。又引晏氏齊記曰：慈阜，王脩葬此。俗以叔治之孝，故以慈表稱。」杭世駿曰：「冢記云，漢孫嵩墓、魏王脩墓俱在安丘城南四十里。名勝志云，脩以慈孝表，後人稱其葬處曰慈阜。」

〔二八〕東萊見臧洪傳。子拜郎中，見文紀延康元年注引丁亥令。

〔二九〕北宋本作「幼童」。

〔三〇〕晉書王隱傳：「隱字處叔，陳郡陳人。父銓，歷陽令。每私録晉事及功臣行狀，未就而卒。隱受父遺業，西都舊事，多所諳究。太興初，隱及郭璞俱爲著作郎，令撰晉史。時虞預私撰晉書，而生長東南，不知中朝事，數訪於隱，並借隱所著書竊寫之，所聞漸廣。是後更疾隱，隱竟以謗免。依庾亮於武昌，供其紙筆，書乃得成，詣闕上之。隱雖好著述，而文辭鄙拙，蕪舛不倫。其書次第可觀者，皆其父所撰；文體混漫、義不可解者，隱之作也。」隋書經籍志：「晉書八十六卷，本九十三卷，今殘缺。晉著作郎王隱撰。」兩唐志作八十九卷。畢沅輯存地道記一卷，湯球輯本十一卷。湯本有地道記，與畢輯本同。章宗源隋志考證，歷舉史通正史、書事、論贊、書志、稱謂、浮詞、曲筆、人物各篇，論隱書率多貶詞。沈家本曰：「玉海四十六載貞觀詔敘晉書十八家，謂處叔不與於中興，然則隱書皆西晉事。其書有瑞異志、才士傳、寒儁傳、鬼神傳，並見史通。史記索隱曰：外戚，紀后妃也，漢書編之列傳。王隱則謂之紀，在列傳之首。是皇后之稱紀，不始於范蔚宗矣。」

〔三一〕趙一清曰：「御覽卷四百五十九王脩誡子書曰：我實老矣，所恃汝等也。汝今踰郡縣、越山河、離兄弟、去日下者，欲令見舉動之宜，勸高人遠節，聞一得三。父欲令子善，唯不能殺身，其餘無惜也。王儀事見齊王紀嘉平六年注引魏書奏永寧宫臣儀注。」

〔三二〕東關見齊王紀嘉平四年注，在今安徽廬州府巢縣東南。嘉平四年東關之敗，司馬昭爲安東將軍，儀爲司馬。晉書孝友傳王裒傳，父儀，爲文帝司馬，是也。

〔三三〕司馬師方引爲己過，習鑿齒著論稱之，何昭竟與之相反邪？

〔三四〕晉書裒傳作「責在元帥」。

〔三五〕御覽二百四十八引魏略云：「諸葛誕伐吳，戰於東關，上欲速進軍，司馬王儀諫曰：吳賊必有伏，宜持重，不可進。上不聽，（上指司馬文王。）果爲吳人所覆。儀曰：今日之敗，誰當其咎？上曰：司馬欲委罪孤邪？遂法儀。」

〔三六〕官本「裒」作「哀」，下同。

〔三七〕晉書裒傳：「裒痛父非命，未嘗西向而坐，示不臣朝廷也。於是隱居教授，三徵七辟皆不就。廬於墓側，旦夕常至墓所拜跪，攀柏悲號，涕淚著樹，樹爲之枯。母性畏雷，母没，每雷輒到墓曰：裒在此。」

〔三八〕官本考證云：「北宋本讀詩上多一每字。」

〔三九〕官本「曾」作「嘗」。

〔四〇〕晉書裒傳作「未嘗不三復流涕。門人受業者，並廢蓼莪之篇」。

〔四一〕晉書褒傳此句下有「草屩送所役生到縣」八字。

〔四二〕「千」，疑「十」字之誤。

〔四三〕郡國志：「青州北海國安丘。」一統志：「今青州府安丘縣西南。」案，王氏墓在安丘，故王褒居此。

〔四四〕晉書褒傳「牛」下有「傍」字。後漢書禮儀志：「立春之日，夜漏未盡，五更施土牛、耕人於門外，以示兆民。」

〔四五〕史記滑稽傳：「西門豹簪筆磬折。」正義云：「磬折，謂曲體揖之，若石磬之形曲折也。磬，一片黑石，凡十二片；樹在虡上擊之，其形皆中曲，垂兩頭；言人腰側似也。」范書馬援傳：「磬折而入。」章懷注：「磬折者，曲身如磬之曲折，敬也。」

〔四六〕晉書「力」作「而」。

〔四七〕晉書褒傳此句下有「卒而葬於洛陽」六字。

〔四八〕晉書褒傳作「吾薄志畢願山藪，昔嫁姊妹皆遠」。

〔四九〕晉書「隨」上有「而」字，「妻」作「母」。沈家本曰：「此妻字誤也。上文云，賢兄子葬父於帝都，是管彥卒而彥子葬之洛陽。馥爲彥弟，則馥之嫂，彥之妻，而彥子之母也。故云隨母還齊。此注上文奪卒而葬於洛陽句，又譌母爲妻，遂不可通。當從晉書改正。」吴士鑑晉書斠注云：「當作妻，説誤。」

〔五〇〕宋本「邴」字上空一格。

〔五一〕吴本「係」作「繼」。

〔五二〕或曰，漢末名賢如袁閎輩，賊皆相約不入其閭。偉元之至行，乃爲賊所害，豈晉之賊遠不逮於漢邪？何所遇之不幸也！趙一清曰：「城冢記，王褒墓在濰縣南三十里之營丘。」沈家本曰：「既云南達泰山郡，則下句思土之語不相接，恐有譌字。晉書云，褒戀墳壠不去，賊大盛，方行，猶思慕不能進，遂爲賊所害。語意較明。」

〔五三〕胡三省曰：「褒居城陽，晉朝在洛陽，故未嘗西向。」

〔五四〕本志張既傳注引魏略曰：「成公英，金城人也。中平末，隨韓約爲腹心。建安中，約從華陰破走，還湟中，部黨散去，唯英獨從。」

〔五五〕吴本、毛本「淩」作「俊」，誤。

〔五六〕「意」應作「誼」。

〔五七〕語有餘悲。范書孔融傳作「文舉舍我死，吾何用生爲」。

〔五八〕馮本「徙」作「徒」，誤。

〔五九〕黄初下當更有初字。

〔六〇〕前書曰：「欒布，梁人，爲梁王彭越大夫。使於齊，未反，漢誅越，梟首洛陽下。布還，奏事越頭下，祠而哭之。」

〔六一〕西平郡見武紀建安十九年。郡國志「涼州金城郡」王先謙曰：「三國魏因。漢末分置西平郡。」又引吴增僅説云：「郭憲爲西平郡功曹，見王脩傳注。」弼按：下文云憲爲郡右姓，爲郡功曹，韓約從羌中依憲，均可證郭憲爲涼州之西平郡人。乃王氏於郡國志汝南郡西平縣下引馬與龍説，以郭憲爲汝南郡西平縣人。所引兩岐，地望亦誤。

〔六二〕官本考證云：「北宋本無其字。」

〔六三〕官本考證宋本逵作達，下同。

〔六四〕韓約即韓遂。斬韓遂首，見武紀建安二十年。

邴原字根矩，北海朱虚人也。〔一〕少與管寧俱以操尚稱，州府辟命皆不就。黄巾起，原將家屬入海，住鬱洲山中。〔二〕時孔融爲北海相，舉原有道。〔三〕原以黄巾方盛，遂至遼東，與同郡劉政俱有勇略雄氣。遼東太守公孫度畏惡，欲殺之，盡收捕其家，政得脱。度告州縣，〔四〕「敢有藏政者，與同罪」。政窘急，往投原。魏氏春秋曰：政投原曰：「窮鳥入懷。」原曰：「安知斯懷之可入邪？」原匿之月餘。時東萊太史慈當歸，〔五〕原因以政付之。既而謂度曰：「將軍前日欲殺劉政，以其爲己害。今政已去，君之害豈不除哉！」度曰：「然。」原曰：「君之畏政者，以其有智也。今政已免，智將用矣，尚奚拘政之家？不若赦之，無重怨。」度乃出之。原又資送政家，皆得歸故郡。〔六〕原在遼東，一年中往歸原居者數百家。游學之士，教授之聲，不絕。

〔一〕郡國志：「青州北海國朱虛。」惠棟曰：「十三州志云，縣東三十里有袚亭故縣也。」馬與龍曰：「北海相孔融保朱虛縣，更置城邑，見融傳。」一統志：「朱虛故城，在今山東青州府臨朐縣東北。」

〔二〕趙一清曰：「山海經海內東經，都州在海中，一曰郁州。郭璞注：今在東海朐縣界。世傳此山自蒼梧從南徙來，上皆有南方物也。郁，音鬱。郁州即鬱州也。」

〔三〕范書孔融傳：「時黃巾寇數州，北海最爲賊衝。董卓諷三府同舉融爲北海相。融到郡，薦舉賢良鄭玄、彭璆、邴原等。」汪文臺曰：「世說注、續漢書云，以彭璆爲方正，邴原爲有道，王脩爲孝廉。告高密縣，爲鄭玄特立一鄉，名爲鄭公鄉。其禮賢如此。」

〔四〕宋本、元本「州」作「諸」。

〔五〕東萊見臧洪傳。

〔六〕或曰，此策更妙於朱家之託季布。侯康曰：「藝文類聚卷八十三引邴原別傳，劉正作劉攀。云：攀臨去，以其手所杖劍金三餅與原，原受金辭劍。還，謂度曰：將軍平日與攀無郄，而欲殺之者，但恐其爲蜂蠆耳。今攀已去，而尚拘閉其家，以情推之，其念爲毒螫，必滋甚矣。度從之，即出攀家。原以金還之。太平御覽八百十一引原別傳又作劉舉。」

後得歸，太祖辟爲司空掾。〔一〕原女早亡，時太祖愛子倉舒亦没。〔二〕太祖欲求合葬。原辭曰：「合葬，非禮也。〔三〕原之所以自容於明公，公之所以待原者，以能守訓典而不易也。若聽明公之命，則是凡庸也，明公焉以爲哉！」太祖乃止，徙署丞相徵事。

獻帝起居注曰：建安十五年，初置徵事二人，原與平原王烈，俱以選補。〔四〕

崔琰爲東曹掾，記讓曰：〔五〕「徵事邴原、議郎張範，皆秉德純懿，志行忠方，清静足以厲俗，貞固足以幹事，所謂龍翰鳳翼，國之重寶。舉而用之，不仁者遠。」代涼茂爲五官將長史，〔六〕閉門自守，非公事不出。太祖征吴，原從行，卒。〔七〕

原别傳曰：〔八〕原十一而喪父，家貧，早孤。鄰有書舍，原過其傍而泣。師問曰：「童子何悲？」原曰：「孤者易傷，貧者易感。夫書者，必皆具有父兄者，一則羨其不孤，二則羨其得學。心中惻然，而爲涕零也。」師亦哀原之言，而爲之泣曰：「欲書可耳。」答曰：「無錢資。」師曰：「童子苟有志，我徒相教，不求資也。」於是遂就書。一冬之閒，誦孝經、論語。自在童齓之中，〔九〕嶷然有異。及長，金玉其行。欲遠游學，詣安丘孫崧。〔一〇〕崧辭曰：「君鄉里鄭君，君知之乎？」原答曰：「然。」崧曰：「鄭君學覽古今，博聞彊識，鉤深致遠，誠學者之師模也。君乃舍之，躡屣千里，所謂以鄭爲東家丘者也。君似不知，而曰然者，何？」原曰：「先生之説，誠可謂苦藥良鍼矣，然猶未達僕之微趣也。人各有志，所規不同，故乃有登山而採玉者，有入海而採珠者，豈可謂登山者不知海之深，入海者不知山之高哉！君謂僕以鄭爲東家丘，君以僕爲西家愚夫邪？」崧辭謝焉。又曰：「兖、豫之士，吾多所識，未有若君者，適以書相分。」〔一一〕原重其意，難辭之，持書而別。原心以爲求師啓學，志高者通，非若交游待分而成也。書何爲哉！乃藏書於家而行。原舊能飲酒，自行之後，八九年閒，酒不向口。單步負笈，苦身持力。至陳留則師韓子助，潁川則宗陳仲弓，汝南則交范孟博，涿郡則親盧子幹。臨別，師友以原不飲酒，會米肉送原。原曰：「本能飲酒，但以荒思廢業，故斷之耳。今當遠別，因見貺餞，可一飲燕。」於是共坐飲酒，終日不醉。歸，以書還孫崧，解不致書之意。後爲郡所召，署功曹主簿。時魯國孔融在郡，教選計當任公卿之才，乃以鄭玄爲計掾，彭璆爲計吏，原爲計佐。融有所愛一人，常盛嗟歎之。後恚望，欲殺之，朝吏皆請。時其人亦在坐，叩頭流血，而融意不解。原獨不爲請。融謂原曰：「衆皆請，而君何獨不？」原對曰：「明府於某，本不薄也，常言歲終當舉之，此所謂吾一子也。如是，朝吏受恩未有在某前者矣，而今乃欲殺之，明府愛之，則引而方之於子；憎之，則推之欲危其身。原愚，不知明府以何愛之？以何惡之？」融曰：「某生於微門，吾成就其兄弟，拔擢而用之。某今孤負恩施。〔一二〕夫善則進之，惡則誅之，固君道也。往者，應仲遠爲泰山太守，舉一孝廉，旬月之閒而殺之。夫君人者，厚薄何常之有！」原對曰：「仲遠舉孝廉殺之，其義焉在？夫孝廉，國之俊選也。舉之若是，則殺之非也；〔一三〕若殺之是，則舉之非也。詩云：彼己之子，不遂其媾。蓋譏之也。語云：〔一四〕愛之欲其生，惡之欲其死，既欲其生，又欲其死，是惑也。仲遠之惑甚矣，明府奚取焉！」融乃大笑曰：「吾乃戲耳。」〔一五〕原又曰：「君子於其言，出乎身，加乎民。言行，君子之樞機也，安有欲殺人而可以爲戲者哉！」融無以答。〔一六〕是時漢朝陵遲，政以賄成。原乃將家人入鬱洲山中。郡舉有道，融書喻原曰：「脩性保真，〔一七〕清虛守高，危邦不入，久潛樂土。王室多難，西遷鎬京，聖朝勞謙，疇咨儁乂。我徂求定，策命懇惻。國之將隕，釐不恤緯；〔一八〕家之將亡，緹縈跋涉。〔一九〕彼匹婦也，猶執此義，實望根矩，仁爲己任，授手援溺，振民於難。乃或晏晏居息，莫我肯顧，謂之君子，固如此乎！根矩，根矩，可以來矣！」原遂到遼東。遼東多虎，原之邑落，獨無虎患。原嘗行而得遺錢，拾以繫樹枝。〔二〇〕此錢既不見取，而繫錢者愈多。問其故，答者謂之神樹。原惡其由己而成淫祀，乃辨之，〔二一〕于是里中遂斂其錢，以爲社供。〔二二〕後原欲歸鄉里，止於三山。〔二三〕孔融書曰：「隨會在秦，賈季在翟，〔二四〕諮仰靡所，歎息增懷。頃知來至，近在三山。詩不云乎？來歸自鎬，我行永久。故遣五官掾，〔二五〕奉問榜人舟楫之勞，禍福動靜告慰。〔二六〕亂階未已，阻兵之雄，若棊弈爭梟。」原〔亦〕〔於〕是遂復反還。〔二七〕積十餘年，後乃遁還。南行已數日，而度甫覺。度知原之不可復追也，因曰：「邴君所謂雲中白鶴，非鶉鷃之網所能羅矣。又吾自遣之，勿復求也。」遂免危難。〔二八〕自反國土，原於是講述禮樂，吟咏詩書，門徒數百，服道數十。時鄭玄以博學洽聞，注解典籍，故儒雅之士集焉。原亦以高遠清白，頤志澹泊，口無擇言，身無擇行，故英偉之士向焉。是時海內清議，云「青州有邴、鄭之學」。〔二九〕魏太祖爲司空，辟原署東閤祭酒。〔三〇〕太祖北伐三郡單于，還住昌國，〔三一〕燕士大夫。酒酣，太祖曰：「孤反，鄴守諸君必將來迎，今日明旦，度皆至矣。其不來者，獨有邴祭酒耳。」言訖，未久，而原先至。門下通謁，太祖大驚喜，擥履而起，遠出迎原曰：「賢者誠難測度。孤謂君將不能來，而遠自屈，誠副饑虛之心。」謁訖而出，〔三二〕軍中士大夫〔三三〕詣原者數百人。太祖怪而問之，時荀文若在坐，對曰：「獨可省問邴原耳。」太祖曰：「此君名重，乃亦傾士大夫心？」文若曰：「此一世異人，士之精藻，公宜盡禮以待之。」太祖曰：「固孤之宿心也。」自是之後，見敬益重。原雖在軍歷署，常以病疾，高枕里巷，終不當事，又希會見。河內張範，〔三四〕名公之子也，其志行有與原符，甚相親敬。令曰：「邴原名高德大，清規邈世，魁然而峙，不爲孤用。聞張子頗欲學之，吾恐造之者富，隨之者貧也。」魏太子爲五官中郎將，天下向慕，賓客如雲。而原獨守道持常，自非公事，不妄舉動。太祖微使人從容問之，原曰：「吾聞國危不事家宰，君老不奉世子，此典制也。」於是乃轉五官長史。令曰：「子弱不才，懼其難正，貪欲相屈，以匡勵之。雖云利賢，能不恧恧！」太子燕會，衆賓百數十人。太子建議曰：「君父各有篤疾，有藥一丸，可救一人，當救君邪？父邪？」衆人紛紜，或父或君。時原在坐，不與此論。太子諮之於原，原悖然對曰：〔三五〕「父也！」太子亦不復難之。〔三六〕

〔一〕侯康曰：「御覽卷二百九引邴原別傳云：原字根矩。魏武皇帝初爲司空，辟署議曹掾。請見禮畢，上送至門中，原辭，直去不顧。上還語左右：孤甚敬此人。於其辭，遠送之，謂其尚顧，而終不顧：此人誠高士也。人謂曰：君宜謝公。公望君一日，辭不顧揖。原勃然曰：夫何謝哉！夫揖讓者，謂其敵耳。吾人臣也，公人君也，君尊臣卑，揖讓何施？且孔子反命曰：賓不顧矣。吾何謝哉！人以語上，上曰：快乎，斯言也！夫有其名，而豈徒哉。」

〔二〕本志武文世王公傳：「鄧哀王沖，字倉舒，年十三，建安十三年病亡。爲娉甄氏亡女，與合葬。」

〔三〕通鑑作「嫁殤，非禮也。」胡注：「未成人而死曰殤，未爲配偶，而死合葬，故曰非禮。」

〔四〕王烈事見管寧傳。

〔五〕當爲奏記而讓之也。

〔六〕代字上疑有脫字。

〔七〕趙一清曰：「水經汶水注，汶水又東北逕柴阜山北山之東，有徵士邴原冢，碑誌存焉。寰宇記卷二十四，邴原墓在安丘縣北五十里。」

〔八〕邴原別傳，隋志不著録。

〔九〕亂，音襯。説文，毁齒也。男八月生齒，八歲而亂。

〔一〇〕本志閻温傳注引魏略孫賓碩事，即孫嵩。范書趙岐傳作孫嵩。趙一清曰：「後漢書郡國志，北海國安丘有渠丘亭。方輿紀要卷三十五，安丘故城在青州府安丘縣東北。漢安丘有二，一屬北海，即此安丘也；一屬琅邪，在今縣東南。建武五年，張步降封安丘侯。尋省琅邪之安丘，而北海之安丘如故。一清案：前漢書地理志北海安丘注，孟康曰：今渠丘是。康，三國魏人，豈是時改安丘爲渠丘乎？」

〔一一〕官本考證盧明楷曰：「分字於文義晦。册府元龜作介，蓋謂孫崧與兖、豫多相識，欲以書爲介紹，而先容之。下文非若交游之待分而成也，亦當作介，其誤同。」潘眉曰：「分當爲㐱，即介字。國語、一㐱嫡女、一㐱嫡男。古本並作㐱。宋庠音㐱古本切，一作介。」

〔一二〕官本考證云：「監本脱今字，今添。」

〔一三〕官本考證云：「監本脱則字。陳浩曰：此二語與下句若殺之是，則舉之非也爲對舉之文，今照別本添。」

〔一四〕西漢人稱論語曰傳，後漢及三國時人引論語，或曰論，或曰語。凌統傳注引語曰：「雖小道，必有可觀者焉。」此單稱語者也。趙岐孟子章句稱論語曰論。王通中説「論失於齊魯」，此單稱論者也。

〔一五〕宋本「乃」作「但」，元本作「直」。

〔一六〕周壽昌曰：「孔融好士，而欲殺所拔擢之才。應劭爲泰山太守，舉一孝廉，旬日即殺之。穀熟長吕岐，連杖殺兩祭酒，袁涣爲沛南郡都尉，不劾治之，反以君誅臣爲説。東漢有司之權重、專殺如此，而無人奏劾，豈其末造，政教陵夷故邪？」

〔一七〕「真」一作「貞」。

〔一八〕「釐」，官本作「嫠」。左傳昭公二十四年：「子太叔曰：嫠不恤其緯，而憂宗周之隕，爲將及焉。」杜注：「嫠，寡婦也。織者，常苦緯少，寡婦所宜憂。」錢大昕曰：「釐，古嫠字。説文無嫠。」

〔一九〕漢書刑法志：「孝文即位，十三年，齊太倉令淳于公有罪，當刑。其少女緹縈，自傷悲泣。迺隨其父至長安，上書願没入爲官婢，以贖父刑罪。天子憐悲其意，除肉刑。」

〔二〇〕官本考證云：「監本作捨以繫樹枝，别本作拾，于義較長。今改正。」

〔二一〕元本「辨」作「辯」。辨、辯古通今别。

〔二二〕御覽五百三十三引原别傳云：「里老爲之頌曰：邴君行仁，邑落無虎；（一作遼邑無虎。）邴君行廉，路樹爲社。」

〔二三〕趙一清曰：「方輿紀要卷三十四，三山島在萊州府北五十里，海之南岸。史記封禪書：八祀，四曰陰主，祠三山。」謝鍾英曰：「原自遼東欲歸鄉里，止於三山。孔融與書，頃知來至，近在三山。融時爲北海太守，原朱虛人。原歸鄉里，止於三山，山當在朱虛縣境。」

〔二四〕左傳文公十三年：「晉人患秦之用士會也，趙宣子曰：隨會在秦，賈季在狄，難日至矣，若之何！」

〔二五〕宋本、元本「故」作「今」。續漢志百官志：「郡有五官掾，署功曹及諸曹事。」

〔二六〕或曰，此處句讀未詳。

〔二七〕或曰，此句亦有誤。

〔二八〕世説賞譽篇注引原别傳云：「原避地遼東，公孫度厚禮之。中國既寧，欲還鄉里，爲度禁絶。原密自治嚴，謂部落曰：移比近郡，以觀其意。皆曰：樂移。原舊有捕魚大船，請村落，皆令熟醉，因夜去之。」

〔二九〕何焯曰：「鄭公業亦以鄭、邴並言，非家傳妄相推高之語。」

〔三〇〕晉書職官志：「諸公及開府位從公者，置西、東閤祭酒。」

〔三一〕郡國志：「青州齊國昌國。」一統志：「昌國故城，今山東濟南府淄川縣東北三十五里。」弼按：武紀建安十二年九月，公引兵自柳城還。十一月，至易水。十三年正月，還鄴。似無道經昌國之理。昌國或爲昌平之誤。昌平爲由遼東還鄴必經之道也。

〔三二〕何焯曰：「如此張弛，則無損大節，而仍得謙以受福之道矣。」

〔三三〕士大夫，謂將士也。見武紀建安十二年注。

〔三四〕毛本作河南，誤。

〔三五〕悖、勃，古字通。

〔三六〕通典卷六十七：「邴原有駮鄭玄皇后敬父母議。」

是後大鴻臚鉅鹿張泰、河南尹扶風龐迪〔一〕以清賢稱，

荀綽冀州記曰：鉅鹿張貔，字邵虎。祖父泰，字伯陽，有名於魏。父邈，〔二〕字叔遼，遼東太守。著名自然好學論，在嵇康集。爲人弘深有遠識，恢恢然，使求之者莫之能測也。官歷二官，〔三〕元康初爲城陽太守，〔四〕未行而卒。

永寧太僕東郡張閣，以簡質聞。〔五〕

〔一〕張既傳：「扶風龐延，終有名位。」未知延即迪字之誤否？迪，一本作辿。鍾會傳「兄子辿」注：「勑連切。」

〔二〕錢儀吉曰：「有兩張邈。」

〔三〕陳景雲曰：「二官當作二宮。歷二宮者，謂以朝臣而更爲東宮官屬也。語見吴志薛綜傳注引王隱晉書：綜孫兼歷位二宮、丞相長史。」

〔四〕洪亮吉曰：「城陽郡，漢置城陽國，中興後省，入北海；魏復分北海置。」

〔五〕洪飴孫曰：「太后三卿，衛尉、太僕、少府，皆隨太后宮爲官號，本在九卿上。魏改漢制，在九卿下。景初三年，尊明元郭后爲皇太后，稱永寧宮。三少帝紀嘉平六年注引魏書，有永寧太僕臣閎，邴原傳有張閣，按閣即閎字，相似而譌也。」弼按：閣字子臺，以作閣爲是。

杜恕著家戒稱閣曰："張子臺，視之似鄙樸人，然其心中不知天地間何者爲美，何者爲好，敦然似如與陰陽合德者。作人如此，自可不富貴，然而患禍當何從而來？世有高亮如子臺者，皆多力慕，體之不如也。"〔一〕

〔一〕或曰："力"字疑"方"字之誤。李慈銘曰："杜恕著家戒以下，蓋亦裴氏之注，誤爲正文者也。陳氏史裁簡質，其文亦與傳體不類。且此傳所附張太、龐迪、張閣三人事同一例，何得于閣下獨著杜恕家戒云云？明傳文以簡質閘句止，可無疑也。"姚振宗曰："御覽五百九十三引杜恕家事戒文，與此略相同。疑此在篤論中，或亦在其後人所編杜氏新書中。然在當日，則自爲一書，貽其子孫也。"

管寧字幼安，北海朱虛人也。〔一〕傅子曰：齊相管仲之後也。昔田氏有齊，而管氏去之，或適魯，或適楚。漢興，有管少卿爲燕令，始家朱虛，世有名節。九世而生寧。年十六，喪父。中表愍其孤貧，咸共贈賵，悉辭不受，稱財以送終。長八尺，美須眉，與平原華歆、同縣邴原相友，〔二〕俱游學於異國，〔三〕並敬善陳仲弓。〔四〕天下大亂，聞公孫度令行於海外，遂與原及平原王烈等至於遼東，度虛館以候之。〔五〕既往見度，乃廬於山谷。時避難者多居郡南，而寧居北，示無遷志，後漸來從之。太祖爲司空，辟寧，度子康絶命不宣。〔六〕傅子曰：寧往見度，語唯經典，不及世事。還，乃因山爲廬，鑿坏爲室。〔七〕越海避難者皆來就之而居，旬月而成邑。遂講詩書，陳俎豆，飾威儀，明禮讓，非學者無見也。由是度安其賢，民化其德。邴原性剛直，清議以格物，度已下心不安之。寧謂原曰：「潛龍以不見成德，言非其時，皆招禍之道也。」密遣令西還。度庶子康代居郡，外〔八〕以將軍太守爲號，而內實有王心，卑己崇禮，欲官寧以自鎮輔，而終莫敢發言。其敬憚如此。

皇甫謐高士傳曰：〔九〕寧所居屯落，會井汲者，或男女雜錯，或爭井鬬鬩。寧患之，乃多買器，〔一〇〕分置井傍，汲以待之，又不使知，來者得而怪之。問，知寧所爲，〔一一〕乃各相責，不復鬬訟。鄰有牛暴寧田者，寧爲牽牛着涼處，自爲飲食，過於牛主。牛主得牛，大慙，若犯嚴刑。是以左右無鬬訟之聲，禮讓移於海表。

〔一〕朱虛見邴原傳。趙一清曰：「名勝志：管公都在安丘縣西南四十五里，魏管寧家於此。」

〔二〕世說德行篇：「管寧、華歆共園中鋤菜，見地有片金，管揮鋤與瓦石不異，華捉而擲去之。又嘗同席讀書，有乘軒冕過門者，寧讀如故，歆廢書出看。寧割席分坐曰：子非吾友也！」

〔三〕漢爲郡國制，本郡國之外爲異國。

〔四〕陳寔，字仲弓，見陳羣傳注。趙一清曰：「幼安爲陳球弟子。水經泗水注：下相縣故城西北有漢太尉陳球墓，墓前有三碑，是弟子管寧、華歆等所造。」

〔五〕「候」，北宋本作「侯」，吴本同。

〔六〕嚴可均曰：「書鈔七十三、通典三十二引管寧集辭辟別駕文，魏志本傳不言辟別駕，當是在遼東時事耳。」

〔七〕坏，鋪杯切。爾雅釋山：「山再成曰坏。」

〔八〕郝經續後漢書作「度父子代居海外」。

〔九〕皇甫謐事見武紀建安十三年注。隋書經籍志：「高士傳六卷，皇甫謐撰。」舊唐志七卷，新唐志、崇文總目、通志均作十卷。今本三卷。丁國鈞曰：「御覽引書目既列皇甫謐高士傳，又列皇甫士安高士傳，複，誤。」黄逢元曰：「御覽五百一十引高士傳序，末云：自堯至魏凡九十餘人，雖執節若夷、齊，去就若兩龔，皆不録也。今本人數據晁氏、陳氏所稱，多寡不符，殆後人摭御覽所引合嵇康高士傳、後漢書隱逸傳成篇，非謐原書。」沈家本曰：「其自序稱采自堯至魏九十餘人，玉海所引亦同。讀書志稱九十六人，與自序亦無不合。而書録解題自披衣至管寧八十七人，南宋李石續博物志又稱七十二人，是宋時傳本已多不同。今本九十六人，與晁志所言符。御覽五百六卷至五百九卷，采此書七十一人，其七十人與今本同，惟東郭先生一人爲今本所無。四庫總目據此謂與李石所言之數，僅佚其一，乃御覽久無善本，傳刻偶脱。然御覽三百九十九引此傳老子、四百九十九引此傳孔嵩，今本有老子，無孔嵩，而增此二人，則與李石所言又不合。又後漢書周燮傳注引閔貢，王霸、嚴光二傳注引霸、光，是唐本有此三人，而不在御覽所引之内，則據御覽及李石之説，謂確是七十二人者，未必然也。」

〔一〇〕吴本、毛本「多」作「各」。

〔一一〕北宋本「問」作「聞」。

王烈者，字彦方，〔一〕於時名聞在原、寧之右。辭公孫度長史，商賈自穢。〔二〕太祖命爲丞相掾，徵事未至，卒於海表。〔三〕

先賢行狀曰：烈通識達道，秉義不回，以潁川陳太丘爲師，二子爲友。〔四〕時潁川荀慈明、〔五〕賈偉節、〔六〕李元禮、〔七〕韓元長，〔八〕皆就陳君學。見烈器業過人，歎服所履，亦與相親。由是英名著於海内。道成德立，還歸舊廬，遂遭父喪，泣淚三年。遇歲饑饉，路有餓殍，烈乃分釜庾之儲，〔九〕以救邑里之命。是以宗族稱孝，鄉黨歸仁。以典籍娱心，育人爲務，遂建學校，敦崇庠序。其誘人也，皆不因其性氣，誨之以道，使之從善遠惡。益者不自覺，而大化隆行，皆成寶器。門人出入，容止可觀，時在市井，行步有異，人皆別之。州閭承風，咸競爲善。時國中有盜牛者，牛主得之。盜者曰：「我邂逅迷惑，從今已後，將爲改過。子既以赦宥，〔一〇〕幸無使王烈聞之。」人有以告烈者，烈以布一端遺之。或問：「此人既爲盜，畏君聞之，反與之布何也？」烈曰：「昔秦穆公人盜其駿馬食之，乃賜之酒。盜者不愛其死，以救穆公之難。〔一一〕既此盜人能悔其過，懼吾聞之，是知恥惡。知恥惡，則善心將生，故與布勸爲善也。」閒年之中，行路老父擔重，人代擔行數十里；欲至家，置而去，問姓名，不以告。頃之，老父復行，失劒於路，有人行而遇之，欲置而去，懼後人得之，劒主於是永失；欲取而購募，或恐差錯，遂守之。至暮，劒主還，見之，前者代擔人也。老父擥其袂問曰：「子前者代吾擔，不得姓名，今子復守吾劒于路，未有若子之仁，請子告吾姓名，吾將以告王烈。」乃語之而去。老父以告烈，烈曰：「世有仁人，吾未之見。」遂使人推之，乃昔時盜牛人也。烈歎曰：「韶樂九成，虞賓以和；人能有感，乃至於斯也！」遂使國人表其閭而異之。時人或訟曲直，將質於烈，或至塗而反，或望廬而還，皆相推以直，不敢使烈聞之。時國主皆親驂乘〔一二〕適烈私館，疇諮政令。察孝廉，三府並辟，皆不就。會董卓作亂，避地遼東，躬秉農器，編於四民，布衣蔬食，不改其樂。東域之人，奉之若君。時衰世弊，識真者少，朋黨之人，互相讒謗。自避世在東國者，多爲人所害，烈居之歷年，未嘗有患。使遼東彊不陵弱，衆不暴寡，商賈之人，市不二價。太祖累徵召，〔一三〕遼東爲解而不遣。〔一四〕以建安二十三年寢疾，年七十八而終。

〔一〕宋本、元本「方」作「考」。范書獨行傳：「王烈字彥方，太原人。」章懷注引魏志，烈字彥考。周壽昌曰：「今魏志亦作彥方，不作彥考，殆後改也。」何焯曰：「本爲彥考，後漢書注可據。方字，寡學者所定也。北宋本正作考。」

〔三〕沈欽韓曰：「漢制，賈人不得宦爲吏。御覽六百九十七晉令曰：『占儈賣者，皆當著巾帖，額題所儈賣者姓名，一足著黑履，一足著白履。』此其穢賤可知也。唐六典，工商之家，不得預於士。」

〔三〕范書王烈傳：「察孝廉，三府並辟，皆不就。遭黄巾、董卓之亂，乃避地遼東，夷人尊奉之。太守公孫度接以昆弟之禮，訪酬政事，欲以爲長史。烈乃爲商賈自穢，得免。曹操聞烈高名，遣徵不至。建安二十四年，終於遼東，年七十八。」晉書嵇康傳：「康遇王烈，共入山。烈嘗得石髓如飴，即自服半，餘半與康，皆凝而爲石。又於石室中見一卷素書，遽呼康往取，輒不復見。烈乃歎曰：『叔夜趣非常，而輒不遇，命也。』」

〔四〕陳寔爲太丘長，二子紀、諶，俱見陳羣傳。

〔五〕荀爽。

〔六〕賈彪字偉節，潁川定陵人。

〔七〕李膺字元禮，潁川襄城人。

〔八〕范書韓韶傳：「韶字仲黄，潁川舞陽人。子融，字元長，少能辯理，而不爲章句學，聲名甚盛。五府並辟，獻帝初至太僕，年七十卒。」惠棟曰：「魏明甄表狀云：『融聰識知機，發於岐嶷，時人名之曰窮神知化。兄弟同居，至於没齒，卿相之位，且二十年，奉身守約，不隕厥問。』陶淵明遺誡曰：『潁川韓元長，漢末名士，身處卿佐，八十而終。』」

〔九〕左傳昭公三年「豆區釜鍾」、昭公二十六年「粟五千庾」杜注：「釜，六斗四升；庾，十六斗。」

〔一〇〕宋本「以」作「已」。

〔一一〕史記秦本紀：「初，秦繆公亡善馬，岐下野人共得而食之者三百餘人。吏逐得，欲法之。繆公曰：『君子不以畜産害人。吾聞食善馬肉不飲酒，傷人。』乃皆賜酒而赦之。三百人者聞秦擊晉，皆求從，從而見繆公窘，亦皆推鋒爭死，以報食馬之德。於是繆公虜晉君以歸。」

〔一二〕郡國之守相也。

〔一三〕選補烈爲徵事，見邴原傳注。

〔一四〕此烈自不欲至耳。

中國少安，客人皆還，唯寧晏然若將終焉。黄初四年，詔公卿舉獨行君子，司徒華歆薦寧。〔一〕文帝即位，〔二〕徵寧，遂將家屬浮海還郡，公孫恭送之南郊，加贈服物。自寧之東也，度、康、恭前後所資遺，皆受而藏諸。既已西渡，〔三〕盡封還之。〔四〕

傅子曰：是時康又已死，嫡子不立而立弟恭，恭懦弱，而康孽子淵有儁才。寧曰：「廢嫡立庶，下有異心，亂之所由起也。」乃將家屬乘海即受徵。〔五〕寧在遼東，積三十七年〔六〕乃歸，其後淵果襲奪恭位，叛國家而南連吳，僭號稱王。明帝使相國宣文侯征滅之。〔七〕遼東之死者以萬計，如寧所籌。〔八〕寧之歸也，海中遇暴風，船皆沒，〔九〕唯寧乘船自若。時夜風晦冥，船人盡惑，莫知所泊。望見有火光，輒趣之，得島；島無居人，又無火燼。行人咸異焉，以爲神光之祐也。皇甫謐曰：「積善之應也。」〔一〇〕

詔以寧爲太中大夫，〔一一〕固辭不受。

傅子曰：寧上書天子，且以疾辭曰：「臣聞傅説發夢，以感殷宗；〔一二〕呂尚啟兆，以動周文。〔一三〕以通神之才，悟於聖主，用能匡佐帝業，克成大勳。臣之器朽，實非其人，雖貪清時，釋體蟬蛻，内省頑病，日薄西山，唯陛下聽野人山藪之願，使一老者得盡微命。」書奏，帝親覽焉。

明帝即位，太尉華歆遜位讓寧。

傅子曰：司空陳羣又薦寧曰：「臣聞王者顯善以消惡，故湯舉伊尹，不仁者遠。伏見徵士北海管寧，行爲世表，學任人師，清儉足以激濁，貞正足以矯時。前雖徵命，禮未優備。昔司空荀爽，家拜光禄，先儒鄭玄，即授司農。若加備禮，庶必可致。至延西序，〔一四〕坐而論道，必能昭明古今，有益大化。」

遂下詔曰：「太中大夫管寧，耽懷道德，服膺六藝，清虚足以侔古，廉白可以當世。曩遭王道衰缺，浮海遁居，大魏受命，則襁負而至，〔一五〕斯蓋應龍潛升之道，聖賢用舍之義。而黄初以來，徵命屢下，每輒辭疾，拒違不至。豈朝廷之政，與生殊趣，〔一六〕將安樂山林，往而不能反乎？夫以姬公之聖，而耇德不降，則鳴鳥弗聞；

尚書君奭曰：〔一七〕「耇造德不降，我則鳴鳥不聞，矧曰其有能格。」鄭玄曰：「耇，老也；造，成也。詩云：小子有造。老成德之人，不降志與我並在位，則鳴鳥之聲不得聞，况乃曰有能德格於天者乎！言必無也。鳴鳥，謂鳳也。」

以秦穆之賢，猶思詢乎黄髮。〔一八〕况朕寡德，曷能不願聞道于子大夫哉！今以寧爲光禄勳。禮有大倫，君臣之道，不可廢也。望必速至，稱朕意焉。」又詔青州刺史曰：「寧抱道懷貞，潛翳海隅，比下徵書，違命不至，盤桓利居，高尚其事。雖有素履幽人之貞，〔一九〕而失考父兹恭之義，〔二〇〕使朕虚心引領歷年，其何謂邪？徒欲懷安，必肆其志，不惟古人、亦有翻然改節以隆斯民乎！〔二一〕日逝月除，時方已過，澡身浴德，將以曷爲？仲尼有言：吾非斯人之徒與而誰與哉！其命别駕從事郡丞掾奉詔，以禮發遣寧詣行在所，給安車、吏從、茵蓐，道上廚食，上道先奏。」寧稱「草莽臣」上疏曰：「臣，海濱孤微，罷農無伍，禄運幸厚。横蒙陛下，纂承洪緒，德侔三皇，化溢有唐。久荷渥澤，積祀一紀，不能仰答陛下恩養之福。沈委篤痾，寑疾彌留，逋違臣隸顛倒之節，夙宵戰怖，無地自厝。臣元年十一月、被公車司馬令所下州郡，〔二二〕八月甲申，詔書徵臣，更賜安車、衣被、茵蓐，以禮發遣。光寵並臻，優命屢至，怔營竦息，悼心失圖。思自陳聞，申展愚情，而明詔抑割，不令稍脩章表；是以鬱滯，訖于今日。誠謂乾覆，恩有紀極，不意靈潤，彌以隆赫。奉今年二月被州郡所下三年十二月辛酉詔書，重賜安車、衣服，別駕從事與郡功曹以禮發遣，又特被璽書，以臣爲光禄勳。躬秉勞謙，引喻周、秦，損上益下。受詔之日，精魄飛散，靡所投死。臣重自省揆，德非園、綺，〔二三〕而蒙安車之榮；功無竇融，而蒙璽封之寵。〔二四〕粲棁駑下，〔二五〕荷棟梁之任；垂没之命，獲九棘之位。〔二六〕懼有朱博鼓妖之眚。〔二七〕又年疾日侵，有加無損，不任扶輿進路，以塞元責。望慕閶闔，徘徊闕庭，謹拜章陳情，乞蒙哀省，抑恩聽放，無令骸骨填於衢路。」自黄初至于青龍，徵命相仍，常以八月賜牛酒。詔書問青州刺史程喜：〔二八〕「寧爲守節高乎，審老疾尫頓邪？」〔二九〕喜上言：「寧有族人管貢爲州吏，與寧鄰比，臣常使經營消息。貢說：寧常著皁帽、布襦袴、布裙，〔三〇〕隨時單複，出入閨庭，能自任杖，不須扶持。四時祠祭，輒自力彊，改加衣服，著絮巾，故在遼東所有白布單衣，親薦饌饋，跪拜成禮。寧少而喪母，不識形象，常特加觴，泫然流涕。又居宅離水七八十步，夏時詣水中澡灑手足，闚於園圃。臣揆寧前後辭讓之意，獨自以生長潛逸，耆艾智衰，是以棲遲，每執謙退，此寧志行，所欲必全，不爲守高。」〔三一〕

高士傳曰：管寧自越海及歸，常坐一木榻，積五十餘年，未嘗箕股，其榻上當膝處皆穿。〔三二〕

〔一〕世說德行篇注引魏略云：「寧少恬静，常笑邴原、華子魚有仕宦意。及歆爲司徒，上書讓寧。寧聞之，笑曰：子魚本欲作老吏，故榮之耳。」

〔二〕上已有黄初四年，位字疑衍。

〔三〕官本考證云：「宋本無既字。」

〔四〕王鳴盛曰：「管寧客遼東公孫度。及文帝徵寧，遂將家屬浮海還郡，不但知公孫氏將亡，亦以不還則必結怨於曹氏也。潔其身，巽其迹，可謂兩得之矣。」

〔五〕或曰：此幼安受徵之故，具見有識，所謂亂邦不居也。否則，與「若將終焉」之初志相左矣。史不宜略之。

〔六〕寧往遼東以三十七年計之，當在靈帝中平四年；元本三作二，則在建安二年。按後文陶丘一表云：中平之際，羈旅遼東三十餘年。以作三爲是。

〔七〕潘眉曰：「司馬懿初謚文貞，改謚文宣，此作宣文侯，字倒誤也。宣王未爲相國，此亦傅子之誤。」

〔八〕嚴可均曰：「寧歸受徵在文帝時，此竟其事。」

〔九〕御覽「没」作「破」。

〔一〇〕侯康曰：「御覽卷六十引周景式孝子傳曰：管寧避地遼東，遇風，船人危懼，皆叩頭悔過。寧思惟㬅咎，念常如廁不冠而已。向天叩頭，風亦尋静。」

〔一一〕續漢志百官志：「太中大夫千石，無員。」漢官曰：「二十人，秩比二千石。」韋昭辨釋名曰：「太中大夫，在中最高大也。」

〔一二〕史記殷本紀：「武丁夜夢得聖人，名曰説，迺求諸野，得説於傅巖，舉以爲相，殷國大治。」

〔一三〕史記齊太公世家：「太公望吕尚，東海上人。西伯將出獵，卜之曰：所獲霸王之輔。果遇太公於渭之陽。」

〔一四〕禮記：「養庶老於西序。」

〔一五〕「襁負」見涼茂傳。

〔一六〕史記儒林傳：「言禮自魯高堂生。」謝承曰：「生者，自漢以來，儒者皆號生，亦先生者，省字呼之耳。」漢書高帝紀：「二年，漢王謂酈食其曰：以魏地萬户封生。」師古曰：「生，猶言先生，他皆類此。」漢書賈誼傳：「文帝曰：吾久不見賈生，自以爲過之，今不及也。」漢書貢禹傳：「天子報曰：朕以生有伯魚之廉，故親近生。」師古曰：「生，謂先生也。」王先謙曰：「漢書或稱先，或稱生，此類甚多。」

〔一七〕尚書見後。

〔一八〕尚書秦誓：「尚猷詢兹黄髮，則罔所愆。」史記秦本紀：「秦繆公誓於軍曰：古之人謀黄髮番番。」

〔一九〕錢大昭曰：「易，履道坦坦，幽人貞吉。虞翻謂履自訟來，時時在坎獄中，故稱幽人之貞。」惠棟曰：「幽人，幽繫之人。尸子曰：文王幽於羑里，荀子曰：公侯失禮則幽。俗謂高士爲幽人，非也。」

〔二〇〕官本考證云：「兹當作滋。左傳昭公七年：正考父佐戴、武、宣，三命益兹共。」家語本姓篇：「考父生孔父嘉，其後以孔爲氏。」

〔二一〕惟，思也。

〔二二〕續百官志：「公車司馬令一人，六百石，掌宫南闕門。凡吏民上章、四方貢獻及徵詣公車者。」互見陳思王植傳。

〔二三〕史記留侯世家：「太子侍四人從，各言名姓曰：東園公，甪里先生，綺里季，夏黄公。」漢書張良傳：「良曰：顧上有所不能致者四人。」師古曰：「四人，謂園公、綺里季、夏黄公、甪里先生，所謂商山四皓也。」又曰：「四皓無姓名可稱，諸家臆説不取。」見漢書王貢兩龔鮑傳序。

〔二四〕范書竇融傳：「融決策東向，遣長史劉鈞奉書獻馬。帝賜融璽書，因授爲涼州牧。」

〔二五〕毛本「棁」作「梲」，誤。爾雅釋宫：「宋廇謂之梁，其上楹謂之棁，栭謂之楶。」注云：「棁，侏儒柱也。楶，櫨也。楶音節，棁音拙。」楶、棁皆梁上短柱也。禮記禮器篇：「管仲山節藻棁，君子以爲濫矣。」

〔二六〕禮記王制：「大司寇聽於棘木之下。」注：「左九棘，孤卿大夫位焉；右九棘，公、侯、伯、子、男位焉。」九棘，又見鍾繇傳。

〔二七〕漢書五行志中之下：「哀帝建平二年，朱博爲丞相，臨延登受策，有大聲如鍾鳴。李尋曰：洪範所謂鼓妖也。博坐姦謀自殺。」

〔二八〕程喜字申伯，見杜恕傳。

〔二九〕尪，馮本作尫，音汪；廢疾之人也。

〔三〇〕趙一清曰：「杜甫詩，皁帽仍兼似管寧。又：管寧紗帽淨。即本此傳。」

〔三一〕或曰：備載程喜奏辭，瑣屑有情景，得遷、固遺意，非以後史筆所及。王鳴盛曰：「程喜之言，可謂善爲我辭矣。全寧之節者，喜也。其後正始二年，太僕陶丘一等薦寧，宜備禮徵聘，而奏末又言若寧固執守志，斯亦聖朝同符唐、虞，雖出處殊塗，於興治美俗一也。此又諸公之留此地步，以爲寧地者。然此時寧年已八十四，寧亦自知必免矣。」弼按：景初二年司徒缺，盧毓薦處士管寧，帝不能用。見盧毓傳。

〔三二〕何焯曰：「以未嘗箕股稱之，則當時之人不皆危坐，但胡床未行耳。向栩傳云：（范書獨行傳）坐板牀積久，乃有膝踝足指之處，亦以能危坐異之。」潘眉曰：「據所云則管寧之坐，如今之跪。」梁章鉅曰：「三代以上，席地而坐，皆如今之跪，所謂未嘗箕股也。」顧炎武曰：「古人席地而坐，西漢尚然。古人之坐，皆以兩膝著席，有所敬引身而起，則爲長跪矣。禮記坐皆訓跪。管寧坐木榻，榻上當膝處皆穿，以此。」

正始二年，太僕陶丘一、永寧衛尉孟觀、〔一〕侍中孫邕、〔二〕中書侍郎王基薦寧曰：

臣聞龍鳳隱耀，應德而臻，明哲潛遁，俟時而動。是以鸑鷟鳴岐，周道興隆，〔三〕四皓爲佐，漢帝用康。伏見太中大夫管寧，應二儀之中和，總九德之純懿，含章素質，冰潔淵清，玄虛澹泊，與道逍遥。娱心黄、老，游志六藝，升堂入室，究其閫奥，韜古今於胸懷，包道德之機要。中平之際，黄巾陸梁，華夏傾蕩，王綱弛頓。遂避時難，乘桴越海，羈旅遼東，三十餘年。在乾之姤，匿景藏光，嘉遁養浩，韜韞儒墨，潛化傍流，〔四〕暢於殊俗。黄初四年，高祖文皇帝疇諮羣公，思求儁乂，故司徒華歆，舉寧應選，公車特徵，振翼遐裔，翻然來翔。行遇屯厄，遭罹疾病，即拜太中大夫。烈祖明皇帝嘉美其德，登爲光禄勳。寧疾彌留，未能進道。今寧舊疾已瘳，行年八十，志無衰倦。環堵篳門，〔五〕偃息窮巷，飯鬻糊口，〔六〕并日而食，吟詠詩書，不改其樂。困而能通，遭難必濟，經危蹈險，不易其節，金聲玉色，久而彌彰。揆其終始，殆天所祚，當贊大魏，輔亮雍熙。衮職有闕，羣下屬望。昔高宗刻象，營求賢哲，周文啟龜，以卜良佐。况寧前朝所表，名德已著，而久棲遲，未時引致，非所以奉遵明訓，繼成前志也。陛下踐阼，纂承洪緒，聖敬日躋，超越周成，每發德音，動諮師傅。若繼二祖招賢故典，賓禮儁邁，以廣緝熙，濟濟之化，侔於前代。

寧清高恬泊，擬跡前軌，德行卓絶，海内無偶。歷觀前世，〔七〕玉帛所命，申公、枚乘、周黨、樊英之儔，〔八〕測其淵源，覽其清濁，未有厲俗獨行若寧者也。誠宜束帛加璧，備禮徵聘，仍授几杖，延登東序，〔九〕敷陳墳素，〔一〇〕坐而問道，〔一一〕上正璇璣，〔一二〕協和皇極，下阜羣生，彝倫攸敘，必有可觀，光益大化。若寧固執匪石，〔一三〕守志箕山，〔一四〕追迹洪崖，〔二五〕參蹤巢、許，斯亦聖朝同符唐、虞，優賢揚歷，垂聲千載。

今文尚書曰：〔二六〕「優賢揚曆。」謂揚其所曆試。左思魏都賦曰：「優賢著於揚曆」也。〔二七〕

〔一〕錢大昭曰：「明元郭皇后爲太后，稱永寧宫，故設衛尉。」

〔二〕孫邕見齊王紀嘉平六年注，又見鮑勛傳、盧毓傳。

〔三〕宋本作「隆興」。國語：「周文王時，鸑鷟鳴于岐。」説文曰：「鸑鷟，鳳屬，神鳥也。」

〔四〕册府作「潛澤滂流」。

〔五〕馮本「箄」作「莗」。禮記、左傳並从「竹」。

〔六〕「鬻」，古通「粥」。宋本「糊」作「餬」。

〔七〕毛本「前」作「何」，誤。

〔八〕史記儒林傳：「申公者，魯人也。天子使使束帛加璧、安車駟馬迎申公。申公時已八十餘，老，對曰：爲治不在多言，顧力行何如耳。」漢書枚乘傳：「乘字叔，淮陰人也。武帝自爲太子，聞乘名，及即位，以安車蒲輪徵乘。」范書逸民傳：「周黨字伯況，太原廣武人。建武中，徵爲議郎，以病去職，復被徵。光武引見，黨伏而不謁，自陳願守所志，帝乃許焉。」范書方術傳：「樊英字季齊，南陽魯陽人。天子爲英設壇席，令公車令導尚書奉引，賜几杖，待以師傅之禮。」

〔九〕禮記：「夏后氏養國老於東序。」

〔一〇〕監本、官本「素」作「索」。

〔一一〕宋本「問」作「論」。

〔一二〕官本「琁」作「璇」。尚書舜典：「在璿璣玉衡，以齊七政。」孔傳曰：「璿，美玉也。璣衡，王者正天文之器，可運轉者七政，日月五星各異政。」師古曰：「璿，美玉也。璣轉而衡平，以玉爲璣衡，謂渾天儀也。七政，日月五星也。言舜觀察璣衡，以齊同日月五星之政。」

〔一三〕詩國風：「我心匪石，不可轉也。」毛傳云：「石雖堅，尚可轉也。」鄭箋云：「言心堅過於石也。」

〔一四〕一統志：「箕山在河南河南府登封縣東南。」史記：「太史公曰：余登箕山，上有許由冢。」高士傳：「箕山亦名許由山，在陽城縣南十三里。」水經注：「陽城縣南對箕山，山上有許由冢，下有牽牛墟，側潁水，有犢泉，是巢父還牛處。」

〔一五〕神仙傳：「衛叔〔卿〕與數人博，其子度曰：向與博者爲誰？叔卿曰：洪崖先生也。」

〔一六〕沈家本曰：「漢志，尚書古文經四十六卷，經二十九卷，傳四十一篇。歐陽章句三十一卷，大小夏侯章句各二十九卷，大小夏侯解故二十九篇。其序論云：秦燔書禁學，濟南伏生獨壁藏之。漢興，亡失，求得二十九篇，以教齊、魯之閒。訖孝宣世，有歐陽、大、小夏侯氏立於學官。古文尚書者，出孔子壁中。武帝末，魯恭王壞孔子宅，欲以廣其宮，而得古文尚書及禮記、論語、孝經凡數十篇，皆古字也。恭王往入其宅，聞鼓琴瑟鐘磬之音，於是懼，乃止不壞。孔安國者，孔子後也。悉得其書，以考二十九篇，得多十六篇。安國獻之，遭巫蠱事，未列於學官。今案：自古文尚書出，遂目伏生所誦爲今文，於是尚書有今文、古文之學。左思魏都賦：優賢著於揚曆。張載注：尚書盤庚曰，優賢揚曆，曆，試也。段玉裁古文尚書撰異云：左時未經永嘉之亂，夏侯、歐陽等書無恙也。漢、魏人於夏侯、歐陽曰尚書，於孔壁則分別之，云古文尚書。范氏後漢書體例尚如此，裴氏正與相反，蓋古文尚書盛行，遂易其稱焉爾。但言今文尚書，而不言何篇，略之也。裴氏時，歐陽、夏侯書已亡，度裴所引，即魏都賦注，故兼引賦語以足之。今案：裴氏引尚書，但稱盤庚、洪範、君奭、文侯之命，而不冠以尚書之名，省文耳。其稱今文尚書者，必當時有此標目，故裴得引之。其時今文是否已亡，無可考見。段氏謂裴氏今文已亡者，特以永嘉之亂爲書之一劫，故推測言之。」

〔一七〕隋志：「晉齊王府記室左思集二卷，梁有五卷，録一卷。」沈家本曰：「裴注所引魏都賦、蜀都賦（見秦宓傳）當在集中。」梁章鉅曰：「文選魏都賦注，盤庚云，優賢揚曆。此是鄭康成所注古文盤庚，即今文其敷心腹腎腸，歷告爾百姓於朕志二句，詳見尚書序疏。而何義門批文選，乃謂盤庚無此文，亦疏矣。」

雖出處殊塗，俯仰異體，至於興治美俗，其揆一也。〔一〕

〔一〕梁章鉅曰：「此表凡五百餘字，文采巨麗，不識蕭選何以遺之？殆緣不得撰者主名耳。」

於是特具安車蒲輪、束帛加璧聘焉。〔一〕會寧卒，〔二〕時年八十四。拜子邈郎中，後爲博士。初，寧妻先卒，知故勸更娶。寧曰：「每省曾子、王駿之言，〔三〕意常嘉之；豈自遭之，而違本心哉！」

傅子曰：寧以衰亂之時，世多妄變氏族者，違聖人之制，非禮命姓之意，故著氏姓歌〔四〕以原本世系，文多不載。〔五〕每所居姻親、知舊、鄰里有困窮者，家儲雖不盈擔石，〔六〕必分以贍救之。與人子言，教以孝；與人弟言，教以悌；〔七〕言及人臣，誨以忠。貌甚恭，言甚順，觀其行，邈然若不可及，即之，熙熙然甚柔而温，因其事而導之於善，是以漸之者無不化焉。寧之亡，天下知與不知，聞之無不嗟歎。醇德之所感若此，不亦至乎！〔八〕

〔一〕藝文類聚卷三十七載桓範薦管寧表云：「臣聞殷湯聘伊尹於畎畝之中，周文進吕尚於渭水之濱。竊見東莞管寧，束脩箸行，少有令稱，州閭之名，亞故太尉華歆。遭亂浮海，遠客遼東，於混濁之中，履絜清之節，篤行足以厲俗，清風足以矯世。以簞食瓢飲過於顏子，漏屋敝衣踰於原憲。臣聞唐堯寵許由，虞舜禮支父，夏禹優伯成，文王養夷、齊，及漢祖高四皓之名，屈命於商洛之野，史籍歎述，以爲美談。陛下紹五帝之鴻烈，並三王之遺軌，膺期受命，光昭百代，仍有優崇之禮，於大夫管寧寵以上卿之位，榮以安車之稱，斯之爲美，當在魏典，流之無窮。明世之高士也，臣以爲既加其大，不受其細，可重之以玄纁，聘之以殊禮矣。」又載管寧答桓範書：「乾道輔誠，誕膺嘉祚，膺受多福，爲國蕃維，雖分陝之任，未足比盛。遠近隆望，何慶如之！昔值險阻，越竄海濱，于裔歷載，風綱不紀。曁蒙國恩，還踐舊土，簿佐多難，恒嬰篤疾。愧使區區，展之無偕，泛愛遇隆，遠辱綸墨，降尊誘卑，訓喻過泰，見得思義，抱以踧踖，不勝來顧，裁因答辱。」

〔二〕隋志：「梁又有魏徵士管寧集三卷，録一卷。」趙一清曰：「水經汶水注，朱虛縣東北逕管寧冢東，故晏謨言，柴阜西南有魏獨行君子管寧墓，墓前有碑。寰宇記卷二十四：管寧墓在安丘縣西十二里。」杭世駿曰：「丘淵之征齊道里記曰：朱虛城東有管寧舊宅，前有水，是寧嘗所澡浴處。」

〔三〕漢書王吉傳：「吉字子陽，琅邪皐虞人。子駿，以孝廉爲郎。駿爲少府時妻死，因不復娶。或問之，駿曰：德非曾參，子非華、元，亦何敢娶！」如淳曰：「華與元，曾參二子也。」韓詩外傳曰：「曾參喪妻不更娶，人問其故。曾子曰：以華、元善人也。」

〔四〕宋本「歌」作「論」。侯康曰：「歌字疑誤，據玉海訂正。」

〔五〕隋經籍志：「梁有魏徵士管寧集三卷，録一卷。」唐志同。

〔六〕毛本「擔」作「檐」，誤。

〔七〕宋本「教」作「訓」。

〔八〕困學紀聞云：「管幼安如郭林宗，天子不得臣，諸侯不得友。蘇文定贊之曰：少非漢人，老非魏人，何以命之，天之逸民。」胡三省曰：「華歆、邴原、管寧三人，號爲一龍。歆爲龍頭，原爲龍腹，寧爲龍尾。歆所爲乃爾，原亦爲操爵所縻，高尚其事，獨管寧耳。當時頭尾之論，蓋以名位言也。嗚呼！」

時鉅鹿張𬌗，〔一〕字子明，潁川胡昭，字孔明，亦養志不仕。〔二〕𬌗少游太學，學兼内外，後歸鄉里。袁紹前後辟命，不應，移居上黨。并州牧高幹表除樂平令，〔三〕不就，徙遁常山，門徒且數百人。遷居任縣。〔四〕太祖爲丞相，辟，不詣。太和中，詔求隱學之士能消災復異者，郡累上𬌗，發遣，老病不行。廣平太守盧毓，到官三日，綱紀白承前致版謁𬌗。毓教曰：「張先生所謂上不事天子，下不友諸侯者也。此豈版謁所可光飾哉！」但遣主簿奉書致羊酒之禮。青龍四年辛亥〔五〕詔書：「張掖郡玄川溢涌，激波奮蕩，寶石負圖，狀像靈龜，宅于川西，〔六〕嶷然磐峙，倉質素章，麟鳳龍馬，焕炳成形，文字告命，粲然著明。太史令高堂隆上言：〔七〕古皇聖帝所未嘗蒙，實有魏之禎命，東序之世寶。」〔八〕

尚書顧命篇曰：「大玉、夷玉、天球、河圖，在東序。」注曰：「河圖，圖出于河，帝王聖者之所受。」

事班天下。任令于綽連齎以問𬌗，〔九〕𬌗密謂綽曰：「夫神以知來，不追已往，禎祥先見，〔一〇〕而後廢興從之。漢已久亡，魏已得之，何所追興徵祥乎！此石當今之變異，而將來之禎瑞也。」〔一一〕正始元年，戴鵀之鳥，巢𬌗門陰。〔一二〕𬌗告門人曰：「夫戴鵀陽鳥，而巢門陰，此凶祥也。」乃援琴歌詠，作詩二篇，旬日而卒，時年一百五歲。是歲，廣平太守王肅至官，教下縣曰：「前在京都，聞張子明，來至問之，會其已亡，致痛惜之。此君篤學隱居，不與時競，以道樂身。昔絳縣老人屈在泥塗，趙孟升之，諸侯用睦。〔一三〕愍其耄勤好道，而不蒙榮寵。書到，遣吏勞問其家，顯題門户，務加殊異，以慰既往，以勸將來。」

〔一〕胡三省曰：「臶，徂悶翻，又在甸翻、祖問翻。」

〔二〕王鳴盛曰：「邴原傳末所附三人，皆曾貴仕者；管寧傳末所附二人，皆能終遯者。義類謹嚴，非漫然也。又二人者，張臶一百五歲，胡昭八十九歲，亦以壽高相爲類。」

〔三〕趙一清曰：「方輿紀要卷四十，山西平定州樂平縣，漢沾縣地，屬上黨郡，後漢因之，三國魏析置樂平縣。」潘眉曰：「樂平，建安初新置縣。」洪亮吉曰：「樂平郡，漢建安中置。晉地理志序例，魏武置郡十二，其一樂平。樂平縣當是與郡同立。」

〔四〕潘眉曰：「任縣本屬鉅鹿，建安十七年移屬魏郡，黄初二年分魏郡西部置廣平郡，任縣屬廣平，故張臶居任縣，而廣平太守來致羊酒之禮。」謝鍾英曰：「廣平太守盧毓，到官三日，致版謁臶。是任縣魏屬廣平。方輿紀要：今順德府任縣東南。」

〔五〕錢大昭曰：「四年下有日無月，史脱文。宋書符瑞志四年作三年。」

〔六〕錢大昭曰：「宋書符瑞志云：廣一丈七尺一寸，圍五丈八寸，立於川西。」

〔七〕胡三省曰：「太史令屬太常，隆以侍中領之。漢儒有高堂生，魯人，隆其後也。姓譜：齊公族有高堂氏。風俗通：齊卿高恭仲食采於高堂。」

〔八〕高堂隆撰張掖郡玄石圖，詳見明紀青龍三年注。

〔九〕通鑑：「青龍三年十一月，張掖柳谷口水溢涌寶石負圖狀，象靈龜，立於川西。有石馬七及鳳凰、麒麟、白虎、犧牛、璜玦、八卦、列宿孛彗之象，又有文曰大討曹，詔書班。天下以爲嘉瑞。任令于綽連齎以問鉅鹿張臶。」胡三省曰：「連齎者，連詔書及班下石圖，齎以問張臶也。張臶兼内外學，故以問之。」

〔一〇〕通鑑「禎祥」作「祥兆」，下同。

〔一一〕通鑑「禎瑞」作「符瑞」。胡三省曰：「後人以此爲晉繼魏之徵。牛繼馬，又以爲元帝本牛氏，繼司馬之徵。」

〔一〕戴儁詳見本志烏丸傳注引魏書。

〔二〕左傳襄公三十年：「絳縣人或年長矣，趙孟召之，而謝過焉。曰：武不才，使吾子辱在泥塗久矣，武之罪也。遂仕之。魯使者在晉，歸以語諸大夫。季武子曰：晉未可媮也。其朝多君子，其庸可媮乎！勉事之而後可。」

胡昭始避地冀州，亦辭袁紹之命，遁還鄉里。太祖爲司空丞相，頻加禮辟。昭往應命，既至，自陳一介野生，無軍國之用，歸誠求去。太祖曰：「人各有志，出處異趣，勉卒雅尚，義不相屈。」〔一〕昭乃轉居陸渾山中，〔二〕躬耕樂道，以經籍自娱，閭里敬而愛之。

高士傳曰：初，晉宣帝爲布衣時，與昭有舊。同郡周生等謀害帝，昭聞而步陟險，邀生于崤、澠之間，〔三〕止生，生不肯。昭泣與結誠，生感其義，乃止。昭因與斫棗樹共盟而別。昭雖有陰德於帝，口終不言，人莫知之，信行於鄉鄰。〔四〕建安十六年，百姓聞馬超叛，避兵入山者千餘家，饑乏，漸相劫略，昭常遜辭以解之，是以寇難消息，衆咸宗焉。故其所居部落中，三百里無相侵暴者。

建安二十三年，陸渾長張固〔五〕被書調丁夫，當給漢中。百姓惡憚遠役，並懷擾擾。民孫狼等因興兵殺縣主簿，作爲叛亂，縣邑殘破。固率將十餘吏卒，依昭住止，招集遺民，安復社稷。狼等遂南附關羽，羽授印給兵，還爲賊寇，〔六〕到陸渾南長樂亭，自相約誓，言：「胡居士賢者也，〔七〕一不得犯其部落。」一川賴昭，咸無怵惕。天下安輯，徙宅宜陽。〔八〕

高士傳曰：幽州刺史杜恕嘗過昭所居草廬之中，言事論理，辭意謙敬，恕甚重焉。太尉蔣濟辟，不就。

正始中，驃騎將軍趙儼、尚書黄休、郭彝、散騎常侍荀顗、鍾毓、太僕庾嶷，〔九〕

案庾氏譜：嶷字劭然，潁川人。子龕字玄默，晉尚書、陽翟子。嶷弟遁，字德先，太中大夫。遁胤嗣克昌，爲世盛門。侍中峻、〔一〇〕河南尹純，〔一一〕皆遁之子。豫州牧長史顗，〔一二〕遁之孫，太尉文康公亮，〔一三〕司空冰，〔一四〕皆遁之曾孫，貴達至今。

弘農太守何楨等〔一五〕

文士傳曰：楨字元幹，廬江人，有文學器幹，容貌甚偉。歷幽州刺史、廷尉，〔一六〕入晉爲尚書光禄大夫。楨子龕，後將軍；勗，車騎將軍；惲，豫州刺史。其餘多至大官，自後累世昌阜。〔一七〕司空文穆公充，惲之孫也。〔一八〕貴達至今。

遞薦昭曰：「天真高絜，老而彌篤，玄虚静素，有夷、皓之節，宜蒙徵命，以勵風俗。」

高士傳曰：朝廷以戎車未息，徵命之事，且須後之，昭以故不即徵。後顗、休復與庾嶷薦昭，有詔訪於本州評議。侍中韋誕駮曰：「禮賢徵士，王政之所重也。古者考行於鄉。〔一九〕今顗等位皆常伯，納言嶷爲卿佐，足以取信。附下罔上，忠臣之所不行也。昭宿德耆艾，遺逸山林，世所高尚，〔二〇〕誠宜嘉異。」乃從誕議也。

至嘉平二年，〔二一〕公車特徵，會卒，年八十九。拜子纂郎中。初，昭善史書，〔二二〕與鍾繇、邯鄲淳、衛覬、〔二三〕韋誕並有名，尺牘之迹，動見模楷焉。〔二四〕

傅子曰：胡徵君怡怡無不愛也，雖僕隸必加禮焉。外同乎俗，内秉純絜，心非其好，王公不能屈。年八十而不倦於書籍者，吾於胡徵君見之矣。

時有隱者焦先，河東人也。魏略曰：先字孝然。中平末，白波賊起。時先年二十餘，與同郡侯武陽相隨。武陽年小，有母；先與相扶接，避白波，東客揚州，取婦。建安初來西還，武陽詣大陽占户，〔二五〕先留陝界。至十六年，關中亂，先失家屬，獨竄於河渚閒。〔二六〕食草飲水，無衣履。時大陽長朱南望見之，謂爲亡士，欲遣船捕取。武陽語縣：「此狂癡人耳！」遂注其籍。給廩日五升。後有疫病，人多死者，縣常使埋藏，童兒豎子，皆輕易之。然其行不踐邪徑，必循阡陌，及其捃拾，不取大穗。飢不苟食，寒不苟衣，結草以爲裳，科頭徒跣。每出，見婦人則隱翳，須去乃出。自作一瓜牛廬，淨埽其中，營木爲牀，布草蓐其上。至天寒時，構火以自炙，〔二七〕呻吟獨語。飢則出爲人客作，飽食而已，不取其直。又出於道中，邂逅與人相遇，輒下道藏匿。或問其故，常言「草茅之人，與狐兎同羣」。不肯妄語。太和、青龍中，嘗持一杖南渡淺河水，輒獨云：「未可也。」由是人頗疑其不狂。至嘉平中，太守賈穆初之官，故過其廬。先見穆再拜。穆與語，不應；與食，不食。穆謂之曰：「國家使我來爲卿作君，我食卿，卿不肯食，我與卿語，卿不應我。如是，我不中爲卿作君，當去耳！」先乃曰：「寧有是邪？」遂不復語。其明年，大發卒，將伐吴。有竊問先：「今討吴何如？」先不肯應，而謬歌曰：「祝衄祝衄，〔二八〕非魚非肉，更相追逐。本心爲當殺牂羊，更殺其羖㸲邪！」〔二九〕郡人不知其謂。會諸軍敗，好事者乃推其意，疑牂羊謂吴，羖㸲謂魏，於是後人僉謂之隱者也。議郎河東董經特嘉異節，與先非故人，密往觀之。經到，乃奮其白鬚，爲如與之有舊者，謂曰：「阿先闊乎！念共避白波時不？」先熟視而不言。經素知其昔受武陽恩，因復曰：「念武陽不邪？」先乃曰：「已報之矣。」經又復挑，欲與語；遂不肯復應。後歲餘病亡，時年八十九矣。

高士傳曰：世莫知先所出。或言生乎漢末，自陝居大陽，無父母、兄弟、妻子。見漢室衰，乃自絕不言。及魏受禪，常結草爲廬，於河之湄，獨止其中。冬夏恒不着衣，臥不設席，又無草蓐，以身親土，其體垢污皆如泥漆，五形盡露，不行人閒。或數日一食。欲食，則爲人賃作，人以衣衣之，乃使限功受直，足得一食，輒去；人欲多與，終不肯取。亦有數日不食時。行不由邪徑，目不與女子逆視。口未嘗言，雖有驚急，不與人語。遺以食物，皆不受。河東太守杜恕，嘗以衣服迎見，而不與語。司馬景王聞，而使安定太守董經因事過視，又不肯語。經以爲大賢。其後野火燒其廬，先因露寢，遭冬雪大至，先袒臥不移，人以爲死，就視知生；〔三〇〕不以爲病，人莫能審其意。度年可百歲餘，乃卒。或問皇甫謐曰：「焦先何人？」曰：「吾不足以知之也。考之於表，可略而言矣。夫世之所常趣者，榮味也；形之所不可釋者，衣裳也；身之所不可離者，室宅也；口之所不能已者，言語也；心之不可絶者，親戚也。今焦先棄榮味，釋衣服，離室宅，絶親戚，閉口不言，曠然以天地爲棟宇，闇然合至道之前，出羣形之表，入玄寂之幽，一世之人不足以挂其意，四海之廣不能以回其顧，妙乎與夫三皇之先者同矣。結繩已來，未及其至也。豈羣言之所能髣髴，常心之所得測量哉！彼行人所不能行，堪人所不能堪，犯寒暑不以傷其性，居曠野不以恐其形，遭驚急不以迫其慮，離榮愛不以累其心，損視聽不以汙其耳目，〔三一〕舍足於不損之地，居身於獨立之處，延年歷百，壽越期頤，雖上識不能尚也。自羲皇已來，一人而已矣。」

魏氏春秋曰：故梁州刺史耿黼〔三二〕以先爲仙人也。北地傅玄謂之性同禽獸，並爲之傳，而莫能測之。〔三三〕

魏略又載扈累及寒貧者。累字伯重，京兆人也。初平中，山東人有青牛先生者，字正方，客三輔。曉知星歷、風角、鳥情。常食青葙芫華，〔三四〕年似如五六十者。人或親識之，謂其已百餘歲矣。初，累年四十餘，隨正方遊學，人謂之得其術。有婦無子。建安十六年，三輔亂，又隨正方南入漢中。漢中壞，正方入蜀，累與相失，隨徙民詣鄴，遭疾疫喪其婦。至黃初元年，又徙詣洛陽，遂不復娶婦。獨居道側，以甂甎爲障，〔三五〕施一廚牀，食宿其中。晝日潛思，夜則仰觀星宿，吟詠內書。人或問之，閉口不肯言。至嘉平中，年八九十，裁若四五十者。縣官以其孤老，日給廩五升。〔三六〕五升不足食，頗行傭作以裨糧，糧盡復出，人與不取。食不求美，衣弊緼，故後一二年病亡。〔三七〕寒貧者，本姓石，字德林，安定人也。建安初，客三輔，是時長安有宿儒欒文博者，〔三八〕門徒數千，〔三九〕德林亦就學，始精詩、書。後好內事，於衆輩中最玄默。至十六年，關中亂，南入漢中。初不治產業，不畜妻孥，常讀老子五千文及諸內書，晝夜吟詠。到二十五年，漢中破，隨衆還長安，遂癡愚不復識人。食不求味，冬夏常衣弊布連結衣，體如無所勝，目如無所見。獨居窮巷小屋，無親里。人與之衣食，不肯取。郡縣以其鰥窮，給廩日五升。食不足，頗行乞；乞不取多。人問其姓字，口不肯言。〔四〇〕故因號之曰「寒貧」也。或素有與相知者，往存恤之，輒拜跪；由是人謂其不癡。車騎將軍郭淮以意氣呼之，問其所欲，亦不肯言。淮因與脯糒及衣，〔四一〕不取其衣，取其脯一朐，〔四二〕糒一升而止。

臣松之案：魏略云：焦先及楊沛並作瓜牛廬，止其中。以爲瓜當作蝸，蝸牛，螺蟲之有角者也，俗或呼爲黃犢。先等作圜舍，形如蝸牛蔽，故謂之蝸牛廬。〔四三〕莊子曰：「有國於蝸之左角者，曰觸氏，有國於右角者，曰蠻氏。時相與爭地而戰，伏尸數萬，逐北。旬有五日而後反。」謂此物也。

〔一〕抱朴子逸民篇：「魏武帝乃心欲用乎孔明，孔明自陳不樂出身，武帝謝遣之曰：義不使高世之士，辱於汙君之朝也。」

〔二〕趙一清曰：「水經伊水注，伊水又東北，涓水注之，水出陸渾西山，即陸渾都也。尋郭文之故居，訪胡昭之遺像，世去不停，莫識所在。方輿紀要卷四十八：陸渾山在河南嵩縣東北四十里，一名方山。」御覽卷九百六十七引嵩高山記云：「魏文帝時，嵇叔夜、胡昭在此學，桃樹見在。」

〔三〕崤、澠見張既傳。趙一清曰：「方輿紀要卷四十六，三崤山在河南永寧縣北六十里，其地或謂之崤、澠，或謂之澠隘，或謂之崤塞，有盤崤、石崤、千崤之山，是爲三崤。」

〔四〕宋本「鄉鄰」作「鄰黨」。

〔五〕郡國志：「弘農郡陸渾。」方輿紀要：「今河南府嵩縣北三十里。」胡三省曰：「秦、晉遷陸渾之戎於此。宋白曰：陸渾，河南府伊陽縣地。師古曰：渾，音胡昆翻。」

〔六〕宋本作「還爲寇賊」。蜀志關羽傳：「梁郟、陸渾羣盜，或遥受羽印號，爲之支黨。」

〔七〕錢大昭曰：「禮記玉藻云：居士錦帶，弟子縞帶。鄭注：居士，道藝處士也。居士與弟子對文，則居士當有師表可爲矜式者。稱人爲居士，昉此。」

〔八〕郡國志：「弘農郡宜陽。」一統志：「今河南府宜陽縣西。」

〔九〕庾嶷見齊王紀嘉平六年注。

〔一〇〕峻事見高貴鄉公紀甘露元年，又見吴志孫皓傳天紀三年注。晉書庾峻傳：「峻字山甫，潁川鄢陵人。祖乘，才學洽聞，漢司徒辟有道徵，皆不就。伯父嶷，中正簡素，仕魏爲太僕。父道，廉退貞固，養志不仕。（峻父名道，此作遁，異。）與峻游京師，往候蘇林。林曰：尊伯爲當世令器，君兄弟復俊茂，此尊祖積德之所由也。太常鄭袤見峻，大奇之，舉爲博士。時重老、莊，而輕經史。峻懼雅道陵遲，潛心儒典。屬高貴鄉公幸太學，問尚書義於峻，峻援引師說，發明經旨，申暢疑滯，對答詳悉。」

〔一一〕晉書庾純傳：「純字謀甫，博學有才義，爲世儒宗。歷中書令、河南尹。純以賈充姦佞，舉充西鎮關中，充由是不平。純行酒，充不時飲。純因發怒曰：賈充，天下兇兇，由爾一人！充曰：充輔佐二世，蕩平巴、蜀，有何罪而天下爲之兇兇？純曰：高貴鄉公何在？」

〔一二〕晉書「顗」作「敳」。庾峻傳：「峻二子，珉字子琚，敳字子嵩。（聖賢羣輔録下引作庾凱。）敳爲陳留相，嘗讀老、莊曰：正與人意闇同。太尉王衍雅重之，遷豫州牧長史。石勒之亂，與衍俱被害。」

〔一三〕晉書庾亮傳：「亮字元規，明穆皇后之兄也。父琛。亮美姿容，善談論，性好老、莊，風格峻整，動由禮節，時人或以爲夏侯太初、陳長文之倫也。元帝爲鎮東時，辟西曹掾，聘亮妹爲皇太子妃。中興初，拜中書郎，領著作，侍講東宮。明帝即位，爲中書監。王敦有異志，内深忌亮，亮以疾去官。及敦舉兵，加亮左衛將軍，都督東征諸軍。事平，封永昌縣開國公。帝疾篤，與王導受遺詔輔幼主。蘇峻舉兵反，亮與温嶠共推陶侃爲盟主。峻平，亮乃求外鎮，受命鎮蕪湖，與陶侃共平郭默之亂，遷亮都督江、荆、豫、益、梁、雍六州諸軍事，領江、荆、豫三州刺史，進號征西將軍，開府儀同三司，假節。亮固讓開府，遷鎮武昌，徵爲司徒，固辭。咸康六年薨，追贈太尉，謚曰文康。」

〔一四〕晉書庾冰傳：「冰字季堅，預討華軼功封都鄉侯。王導新喪，冰兄亮固辭不入，衆望歸冰，咸曰賢相。康帝即位，冰懼權盛，乃求外出，鎮武昌。康帝崩，徵冰輔政，以疾篤，尋卒。贈司空。」

〔一五〕何楨見齊王紀嘉平六年注。侯康曰：「藝文類聚卷五十六引文士傳曰：何楨字元幹，青龍元年天子特詔曰：揚州別駕何楨，有文章才識，使作許都賦成，封上，不得令人見。楨遂造賦表上。御覽三百八十五引何楨别傳曰：楨，廬江灊人。父他，字文奇，有雋才，早卒。楨在孕而孤，生遇荒亂，歸依舅氏，齠齔乃追行喪，哀泣合禮，鄉邑稱焉。十餘歲，耽志博覽，研精羣籍，名馳淮、泗。隋經籍志何楨集一卷，梁五卷。」趙一清曰：「史通人物篇云：當三國異朝，兩晉殊宅，若元則、仲景，時才重於許、洛；何楨、許詢，文雅高於揚、豫。而陳壽國志、王隱晉史，廣列諸傳，而遺此不編，斯亦網漏吞舟，過爲迂闊者。」一清案：楨入晉，歷任顯位，非終魏臣，以規承祚，所未喻矣。」

〔一六〕晉書文帝紀：「甘露二年，假廷尉何楨節，使淮南，宣慰將士。」

〔一七〕吴本、毛本「世」作「至」，誤。

〔一八〕晉書何充傳：「充字次道，廬江灊人，魏光禄大夫楨之曾孫也。祖惲，豫州刺史；父叡，安豐太守。充即王導妻之姊子，充妻，明穆皇后之妹也，故早歷顯官。王導、庾亮並薦，加吏部尚書。穆帝即位，充輔幼主，臨朝正色，以社稷爲己任。永和二年卒，贈司空，謚文穆。」趙一清曰：「晉書外戚傳：何準字幼道，穆章皇后父也。高尚寡欲，州府交辟，並不就。兄充爲驃騎將軍，勸其令仕。準曰：第五之名，何減驃騎！準兄弟中第五，故有此言。孝友傳：何琦字萬倫，充之從兄也。祖父龕，後將軍；父阜，淮南内史。」

〔一九〕馮本「鄉」作「卿」，誤。

〔二〇〕官本考證云：「宋本無世所高尚四字。」

〔二一〕宋本作嘉平，各本皆誤作熹平，熹平爲漢靈帝年號，嘉平爲魏齊王芳年號。金陵局本作嘉平，不誤。官本考證云：「北宋本作嘉平。」

〔二二〕漢書元帝紀贊曰：「元帝多材藝，好史書。」應劭曰：「周宣王太史史籀所作大篆。」錢大昕曰：「應説非也。漢律，太史試學童能諷書九千字以上，乃得爲史。貢禹傳，武帝時，盜賊起，郡國擇便巧史書者，以爲右職。俗皆曰：何以禮義爲？史書而仕宦。酷吏傳，嚴延年善史書，所欲誅殺，奏成於手中，主簿親近史不得聞。知蓋史書者，令史所習之書，猶言隸書也。善史書者，謂能識字作隸書耳，豈皆盡通史籀十五篇乎？外戚傳，許皇后聰慧善史書；西域傳，楚主侍者馮嫽能史書；王尊傳，少善史書；後漢書安帝紀，年十歲，好學史書；皇后紀，鄧皇后六歲能史書；梁皇后少好史書；章八王傳，安帝所生母左姬善史書；齊武王傳，北海敬王睦善史書，當世以爲楷則；明八王傳，樂成靖王黨善史書，喜正文字。諸所稱善史書者，無過諸王、后妃、嬪侍之流，略知隸楷，已足成名，非真精通篆籀也。魏志管寧傳：潁川胡昭善史書，與鍾繇、邯鄲淳、衛覬、韋誕並有名，尺牘之迹，動見模楷。則史書之即隸書明矣。」弼按：錢氏謂史書即隸書，可備一説。惟胡、鍾、衛、韋、邯鄲皆爲千古書家，不能與僅能識字作隸書者相提並論，竹汀考訂，夙稱精審，此則似騁筆鋒，未顧事實矣。

〔二三〕毛本「覬」作「顗」。

〔二四〕潘眉曰：「史籀所作大篆，謂之史書。衛恒書勢云：魏初有鍾、胡二家，俱學於劉德升。又荀勗立書博士，以鍾繇、胡昭爲法。當時鍾、胡齊名。」趙一清曰：「張懷瓘書斷云：昭少而博學，不慕榮利，有夷、皓之節。甚能籀書，真行又妙。衛恒曰：胡昭與鍾繇並師劉德升，俱善草行，而胡肥鍾瘦，尺牘之迹，動見模楷。羊欣云：胡昭得張芝骨，索靖得其肉，韋誕得其筋。張華云：胡昭善隸書，茂先與荀勗共整理記籍，又立書博士，置弟子，教習以鍾、胡爲法，可謂宿士矣。」

〔二五〕大陽見董卓傳，「獻帝至大陽，止人家屋中」，即此。應劭曰：「在大河之陽。」水經注：「河水東逕大陽縣故城南。」一統志：「今山西解州平陸縣東北十五里。」

〔二六〕趙一清曰：「方輿紀要卷二十五：焦山在鎮江府東北九里江中，以後漢處士焦先隱此而名。一清案，孝然未嘗至吳，蓋俗傳耳。」弼按：先東客揚州，非未至吳也。又按阮元焦山采略云：「余家藏嘉定鎮江志云：江淹焦山詩舊本作譙山，是北宋以前尚名譙山，北宋以後始以焦孝然事傅會之。孝然避兵，娶婦於揚州，年尚幼，并無隱焦山三詔之事。蔡伯喈卒於漢末，在孝然之前，焦君之贊，當別有一焦君，斷無爲孝然作贊之事。」

〔二七〕潘眉曰：「構與篝通。史記陳涉世家篝火，漢書作構火。」

〔二八〕衄音忸。敗北曰衄。

〔二九〕爾雅釋畜「牝羘夏羊」郭注：「詩曰，羘羊墳首。夏羊，黑羖䍽也。」陸德明音義：「羘，子郎反。字林云：三歲曰羘。夏，黑羖羊也。羖，音古；䍽，音歷。」

〔三〇〕官本考證云：「宋本作就視如故。」

〔三一〕宋本「損」作「捐」。

〔三二〕晉書地理志：「泰始三年，分益州，立梁州於漢中。」

〔三三〕趙一清曰：「神仙傳：焦先年百七十歲，常食白石，以分與人，熟煮如芋食之。日日入山伐薪以施人，先自村頭一家起，周而復始，負薪以置人門外，人見之鋪席與坐，爲設食。先便坐，亦不與人語。負薪來，如不見人，便私置於門閒便去，連年如此。及魏受禪，居河之湄，結草爲菴，獨止其中。不設牀席，以草蓐襯坐，其身垢污濁如泥潦。或數日一食。行不由徑，不與女人交游。衣敝，則賣薪以買故衣著之。冬夏單衣。遭野火燒其菴，人往視之，見先危坐菴下，不動。火過菴燼，先方徐徐而起，衣物悉不焦灼。又大雪，人屋多壞，先菴倒。人往，不見所在，恐已凍死。乃共拆菴求之，見先熟臥於雪下，顏色赫然，氣息休休，如盛暑醉臥之狀。人知其異，多欲從學道。先曰：我無道也。後與人別去，不知所適。博物志曰：近魏明帝時，河東有焦生者，裸而不衣，處火不焦，入水不凍。杜恕爲太守，親所呼見，皆有實事。」

〔三四〕葙，音襄；芫，音元。史記倉公傳：「臨菑氾黑女子薄吾病甚，臣意飲以芫花一撮。」

〔三五〕𤮊，音鹿；甎，音專。爾雅「瓴甋謂之甓」郭注：「𤮊甎也。今江東呼爲瓴甓。」漢書酷吏傳尹賞傳：「賞修治長安獄，穿地方深各數丈，致令辟爲郭。」師古曰：「令辟，𤮊甎也。」六書故：「瓴牝，瓦仰蓋者。仰瓦受覆瓦之流，所謂瓦溝。」

〔三六〕王鳴盛曰：「古尺小於今尺，是以步數、畝數、里數皆古小今大。古量亦小於今量。後漢書南蠻傳軍行日三十里爲程，人日稟五升。李注：古升小，故曰五升也。是後漢時量小於今甚遠。魏志管寧傳注，扈累，嘉平中年八九十，縣官給廩日五升，不足。晉書司馬懿紀，與諸葛亮相拒於五丈原，亮使至，帝問諸葛公食可幾米？對曰：三四升。帝曰：孔明其能久乎！蜀志亮傳注作食不至數升。宋王楙野客叢書十一歷引周禮廩人注，魏李悝、漢趙充國、匈奴傳及後漢南蠻傳，與晉顧臻之言，證古量之小。又引北史庫伏連性吝，家口人食米二升，常有饑色。南北朝量比漢、魏前已略大，然比今則尚小。」

〔三七〕「故」字疑衍。

〔三八〕馮本「欒」作「爍」，吴本、毛本「博」作「傳」。
〔三九〕何焯校改「千」作「十」。
〔四〇〕元本「口」作「又」。
〔四一〕脯，音甫；精，音避。脯，肉乾也；精，乾飯也。
〔四二〕朐，音俱。屈曰朐，乾肉之屈者。
〔四三〕官本考證云：「宋本作形如蝸牛盧，無蔽字及故謂之蝸牛五字。」何焯校本云：「北宋本有之。」劉家立曰：「蔽字疑衍文。宋本并下五字無之，亦非是。」弼按：毛本作「故爲之瓜牛盧」，誤。

評曰：袁渙、邴原、張範，躬履清蹈，進退以道，

臣松之以爲蹈，猶履也。「躬履清蹈」，近非言乎！

蓋是貢禹、兩龔之匹。〔一〕涼茂、國淵，亦其次也。張承名行亞範，可謂能弟矣。田疇抗節，王脩忠貞，足以矯俗；管寧淵雅高尚，確然不拔；張臶、胡昭，闔門守静，不營當世，故并録焉。〔二〕

〔一〕漢書貢禹傳：「禹字少翁，琅邪人也。以明經絜行著聞。元帝即位，徵禹爲諫大夫。天子納善其忠，爲御史大夫。數言得失，書數十上，天子嘉其質直之意。」兩龔傳：「兩龔皆楚人。勝字君賓，舍字君倩，二人相友，並著名節，故世謂之楚兩龔。」王鳴盛曰：「此評以袁渙、邴原爲貢禹、兩龔之匹，意指顯然，其待魏室之輕重，亦在是矣。蓋借禪讓

以爲篡竊，始於莽、操，莽敗操成，其開後世以巧奪之門一也。陳壽目睹兩朝，故尤謹之，而寓其意於諸賢出處之間，示進退於列傳先後之際，其用心良苦矣。」趙一清曰：「袁、邴而外，尚有程仲。寰宇記：程徵君墓在開封府封丘縣南四里。魏書，程仲字孔禮，陳留封丘人，有志行。明帝青龍三年徵，不就；景初二年、正始五年徵，又不就。晉武帝太始三年卒，封元鄉亭侯。」

〔三〕王鳴盛有說，見前。劉咸炘曰：「王氏以諸人皆未入魏，其說是也。然以承祚尊其未臣魏，以示貶魏，則未見其然也。貢禹、兩龔，乃以清名，非易代不仕之節，若謂於列傳先後示進退，則何不列之荀、賈之前，而列之此邪？諸人固未及魏篡而卒，然未及篡而卒者，尚有郭嘉、劉馥、司馬朗、任峻、王粲諸人，何又列於鍾、華之後乎？傳之排列，止依義類年代，何關進退邪？此及下篇諸人，雖皆非魏純臣，而分爲兩傳，各自有意。此篇專取清節之士，下篇則取嚴峻之才，此二種迥不同。此篇仿王、貢等傳，下篇則非。」

魏書十二

崔毛徐何邢鮑司馬傳第十二〔一〕

〔一〕劉咸炘曰：「操矯漢末虛浮之弊，而尚刑名，以嚴御下，而崔、毛諸人，以清嚴應之。然兩嚴相遇，固必不容矣，此不獨崔、毛諸人之得失也。治道張弛之變，於此觀之。上篇諸人，乃東京清節之後勁，此編則曹魏刑名之前茅也。承祚立此二傳極有意，惜未自詳發耳。」又曰：「崔、毛、徐、何皆爲東曹及尚書典選舉，邢亦爲東曹，何、邢又皆爲太子傳。邢顒諫廢丕與崔、毛同，鮑勛在東宮持法與何、邢同，爲宮正執法與徐奕同，司馬芝亦以執法稱。」

崔琰字季珪，清河東武城人也。〔一〕少樸訥，好擊劍，尚武事。年二十三，鄉移爲正，〔二〕始感激，讀論語、韓詩。〔三〕至年二十九，乃結公孫方等就鄭玄受學。〔四〕學未朞，徐州黃巾賊攻破北海，玄與門人到不其山避亂。〔五〕時穀糴縣乏，玄罷謝諸生。〔六〕琰既受遣，而寇盜充斥，西道不通。於是周旋青、徐、兗、豫之郊，〔七〕東下壽春，南望江湖。自去家四年乃歸，以琴書自娛。

〔一〕郡國志：「冀州清河國東武城。」劉昭注：「桓帝建和二年，清河改爲甘陵。」王先謙曰：「建安十一年，國除爲郡。」

三國魏爲清河郡。黃初三年，封曹貢爲清河王；四年，國除爲郡。」惠棟曰：「酈元云，定襄有武城，故加東。太平寰宇記卷五十八史記平原君封東武城，即此。蓋以定襄有武城，同屬趙，故此加東也。」一統志：「東武城故城，今山東臨清州武城縣治。」

〔二〕何焯曰：「此正疑即正卒、羨卒之正。」沈欽韓曰：「漢官儀，民年二十三爲正，（謂正卒。）一歲以爲衛士，一歲爲材官、騎士，習射御、騎馳、戰陣；年五十六老衰，乃得免爲民。蓋爲文學弟子，則復其身。」

〔三〕漢書藝文志：「詩經二十八卷，魯、齊、韓三家。」應劭曰：「申公作魯詩，后蒼作齊詩，韓嬰作韓詩。」

〔四〕藝文類聚卷二十七引崔琰述初賦曰：「琰性頑口訥，至二十九，粗閱書傳。聞北海有鄭徵君者，當世名儒，遂往造焉。道由齊都，而作述初賦曰：有鄭氏之高訓，吾將往乎發矇，濯余髮於蘭池，振余佩於清風。望高密以亟征，戾衡門而造止，覿游、夏之峩峩，聽大猷之篇記。高洪崖之耿介，羨安期之長生，登州山以永望，臨洞浦之廣溟。左揚波於暘谷，右濯岸於濛，汜，運混元以升降，與三光而終始。蓬萊蔚其潛興，瀛、壺崛以駢羅，列金臺之嶕嶢，方玉闕之嵯峨。」

〔五〕趙一清曰：「前漢書地理志，琅邪郡不其。如淳曰，其，音基。續漢志郡國志作不期，屬東萊，蓋山在其境也。方輿紀要卷三十六，不其山在膠州即墨縣東南四十里。續志注引三齊記云，鄭玄教授不期山，山下生草，大如䪹，葉長一尺餘，堅韌異常，土人名曰康成書帶。」一統志：「不其故城，在今山東萊州府即墨縣西南不其社。」

〔六〕范書鄭玄傳：「玄自游學十餘年，乃歸鄉里，家貧客耕東萊，學徒相隨，已數百千人。」惠棟曰：「三齊略記云，鄭司農常居南成城南山中教授，黃巾亂，乃遣生徒崔琰諸賢於此，揮涕而散。」

〔七〕太平寰宇記卷二十文登縣昌山引郡國記云：「昌陽縣有巨神島，有祠，能行雲雨。崔琰避黃巾於此山。」郡國志：「青州東萊郡昌陽。」一統志：「今萊陽縣東南二十五里昌山南。」

大將軍袁紹聞而辟之。時士卒横暴，掘發丘壠。琰諫曰：「昔孫卿有言，士不素教，甲兵不利，雖湯、武不能以戰勝。今道路暴骨，民未見德，宜勑郡縣掩骼埋胔，〔一〕示憯怛之愛，追文王之仁。〔二〕」紹以爲騎都尉。後紹治兵黎陽，〔三〕次于延津，〔四〕琰復諫曰：「天子在許，民望助順，不如守境述職，以寧區宇。」〔五〕紹不聽，遂敗于官渡。〔六〕及紹卒，二子交爭，爭欲得琰。琰稱疾固辭，由是獲罪，幽於囹圄，賴陰夔、陳琳營救，得免。〔七〕

〔一〕禮記月令篇：「孟春之月，掩骼埋胔。」鄭注：「謂死氣逆生也。骨枯曰骼，肉腐曰胔。」骼，音格；胔，疾智切。

〔二〕新序：「周文王作靈臺及爲池沼，掘地得死人之骨。文王曰，更葬之。天下聞之，皆曰，文王賢矣！澤及枯骨，況於人乎？」

〔三〕郡國志：「兗州東郡白馬縣有黎陽津。」水經注：「黎陽津一名白馬津，津之東南，有白馬城。」在今河南衞輝府滑縣西北三十里。

〔四〕郡國志：「兗州陳留郡酸棗縣。」杜預曰：「縣北有延津。」今河南衞輝府延津縣東北。

〔五〕李安溪曰：「爲紹畫策者，惟此數語近正耳。」

〔六〕官渡見武紀建安四年。

〔七〕陰夔見武紀建安九年，陳琳見王粲傳。

太祖破袁氏，領冀州牧，辟琰爲别駕從事。〔一〕謂琰曰：「昨按户籍，可得三十萬衆，故爲大州也。」〔二〕琰對曰：「今天下分崩，九州幅裂，二袁兄弟，親尋干戈，〔三〕冀方蒸庶，〔四〕暴骨原野，未聞王師，仁聲先路，存問風俗，救其塗炭，而校計甲兵，〔五〕唯此爲先，斯豈鄙州士女所望於明公哉！」太祖改容謝之，于是賓客皆伏失色。〔六〕

〔一〕刺史官屬有別駕從事，或但云別駕。杜佑云：「舊解，以爲別乘傳車，故曰別駕。」胡三省曰：「別駕從事，州牧行部，則奉引録衆事。」

〔二〕沈家本曰：「續漢志冀州領郡國九，共户九十萬八千有五，口四百一萬三千三十三，此永和五年户口數也。此云三十萬衆，則不及十之一也。」

〔三〕左傳：「昔高辛氏有二子，日尋干戈。」杜預曰：「尋，用也。」

〔四〕詩大雅「天生烝民」鄭箋云：「烝，衆也。」

〔五〕毛本「校」作「挍」，誤。御覽作「計校甲兵」。

〔六〕胡三省曰：「此操之所以重崔琰，而亦不能不害崔琰也。」

太祖征并州，〔一〕留琰傅文帝於鄴。世子仍出田獵，變易服乘，志在驅逐。琰書諫曰：「蓋聞盤于游田，書之所戒；〔二〕魯隱觀魚，春秋譏之。〔三〕此周、孔之格言，二經之明義。殷鑒夏后，詩稱不遠，〔四〕子卯不樂，禮以爲忌；〔五〕此又近者之得失，不可不深察也。袁族富彊，公子寬放，盤游滋侈，義聲不聞，哲人君子，俄有色斯之志；〔六〕熊羆壯士，墮於吞噬之用。固所以擁徒百萬，跨有河朔，〔七〕無所容足也。今邦國殄瘁，惠康未洽，士女企踵，所思者德。況公親御戎馬，上下勞慘。世子宜遵大路，慎以行正，思經國之高略，内鑒近戒，〔八〕外揚遠節，深惟儲副，以身爲寶。而猥襲虞旅之賤服，忽馳鶩而陵險，志雉兎之小娱，忘社稷之爲重，斯誠有識所以惻心也。唯世子燔翳捐褶，〔九〕以塞衆望，不令老臣獲罪於天。」世子報曰：「昨奉嘉命，惠示雅數，〔一〇〕欲使燔翳捐褶，翳已壞矣，褶亦去焉。後有此比，蒙復誨諸。」太祖爲丞相，琰復爲東西曹掾屬、徵事。〔一一〕初授東曹時，教曰：「君有伯夷之風，史魚之直，貪夫慕名而清，壯士尚稱而厲，斯可以率時者已。故授東曹，往踐厥職。」魏國初建，拜尚書。〔一二〕時未立太子，臨菑侯植有才而愛。太祖狐疑，以函令密訪於外。唯琰露板答曰：「蓋聞春秋之義，立子以長，〔一三〕加五官將仁孝聰明，宜承正統，琰以死守之。〔一四〕植，琰之兄女壻也。太祖貴其公亮，喟然歎息。

世語曰：植妻衣繡，太祖登臺見之，以違制命，還家賜死。〔一五〕

遷中尉。〔一六〕

〔一〕建安十年，并州刺史高幹復以并州叛。

〔二〕尚書無逸篇：「周公曰，文王不敢盤于游田。」

〔三〕春秋隱公五年「公矢魚於棠」杜注：「書陳魚，以示非禮也；書棠，譏遠地也。」

〔四〕詩大雅蕩之什：「殷鑒不遠，在夏后之世。」

〔五〕禮記檀弓下：「晉知悼子卒，平公飲酒。杜蕢曰：子卯不樂。」鄭注：「紂以甲子死，桀以乙卯亡，王者謂之疾日，不以舉樂爲吉事。」

〔六〕論語「色斯舉矣」集解云：「見顔色不善，則去之。」

〔七〕沈家本曰：「荀攸傳，袁氏據四州之地，帶甲十萬。而此云百萬者，彼舉帶甲而言，此言其民數之衆。上文言冀州得三十萬，則四州之衆，不過如此。」

〔八〕毛本「近」作「述」，誤。

〔九〕潘岳射雉賦序曰：「以講肄之餘暇，而習媒翳之事。」徐爰注：「翳者，所隱以射者也。」錢大昭曰：「晉書輿服志云：袴褶之制，未詳所起。近世凡車駕親戎、中外戒嚴服之。」又云：「大戟一隊九人，楯一隊，刀楯一隊，弓一隊，弩一隊，隊各五十人，黑袴褶。」周壽昌曰：「御覽服章部引晉義熙起居注：安帝自荆州至新亭，詔曰：諸侍官戎行之時，不備朱服，悉令袴褶從也。足徵褶是戎裝便服。」

〔一〇〕何焯校改「數」作「疏」。

〔一一〕邴原傳辟原爲司空掾，徙署丞相徵事。崔琰爲東曹掾，裴注引獻帝起居注曰：「建安十五年，初置徵事二人，原與平原王烈俱以選補。」通鑑：「建安十三年六月，以曹操爲丞相，操以别駕崔琰爲丞相西曹掾。」據此，則琰始爲西曹掾，繼爲東曹掾，後爲徵事。細繹復爲東曹掾屬徵事一語，則下文初授東曹時，乃追述也。

〔一二〕建安十八年，魏置五曹尚書。

〔一三〕胡三省曰：「露板，不封也。春秋公羊傳曰：立嫡以長不以賢，立子以貴不以長。」

〔一四〕何焯曰：「以密函下訪，乃露板以答，非所以處骨肉之閒。季珪之禍，實萌於此。」

〔一五〕毛玠傳：「雖貴寵之臣，輿服不過度。」胡三省曰：「以違制命罪植妻，則當時蓋禁衣錦繡也。」趙一清曰：「晉輿服志，魏明帝始制天子服刺繡，公卿服織成文。今植妻以衣繡違制賜死，則其令不始於明帝也。」

〔一六〕建安十八年，魏國初置中尉。黄初元年，改爲執金吾。胡三省曰：「中尉，秦官，漢因之。至武帝，改爲執金吾。今操復置中尉，實則漢執金吾之職也。」

琰聲姿高暢，眉目疏朗，鬚長四尺，甚有威重，朝士瞻望，而太祖亦敬憚焉。〔一〕

先賢行狀曰：琰清忠高亮，雅識經遠，推方直道，正色於朝。魏氏初載，〔二〕委授銓衡，總齊清議，十有餘年。文武羣才，多所明拔，朝廷歸高，天下稱仁。〔三〕

琰嘗薦鉅鹿楊訓，雖才好不足，而清貞守道，太祖即禮辟之。後太祖爲魏王，訓發表稱贊功伐，褒述盛德。時人或笑訓希世浮僞，謂琰爲失所舉。琰從訓取表草視之，與訓書曰：「省表事佳耳，時乎時乎，會當有變時。」〔四〕琰本意譏論者好譴呵，而不尋情理也。有白琰此書傲世怨謗者。太祖怒曰：「諺言生女耳，耳非佳語。〔五〕會當有變時，意指不遜。」〔六〕於是罰琰爲徒隸，使人視之，辭色不撓。太祖令曰：「琰雖見刑，而通賓客，門若市人，對賓客虬鬚直視，若有所瞋。」〔七〕遂賜琰死。〔八〕

魏略曰：人得琰書，以裹幘籠，持其籠行部道中。〔九〕時有與琰宿不平者，遥見琰名著幘籠，從而視之，遂白之。〔一〇〕太祖以爲琰腹誹心謗，乃收付獄，髡刑輸徒。前所白琰者，又復白之，云「琰爲徒，虬鬚直視，心似不平」。時太祖亦以爲然，遂欲殺之。乃使清公大吏往經營琰，教吏曰：〔一一〕「三日期消息。」琰不悟，後數日，吏故白琰平安。公忿然曰：「崔琰必欲使孤行刀鋸乎！」吏以是教告琰，琰謝吏曰：「我殊不宜，不知公意至此也。」遂自殺。〔一二〕

〔一〕史通暗惑篇云：「魏志注語林曰：匈奴遣使人來朝，太祖令崔琰在座，而己握刀侍立。既而使人問匈奴使者曰，曹公何如？對曰，曹公美則美矣，而侍立者非人臣之相。太祖乃追殺使者。難曰：昔孟陽卧牀，詐稱齊后，紀信乘纛，矯號漢王，或主遘屯蒙，或朝罹兵革，故權以取濟，事非獲已。如崔琰本無此急，何得以臣代君者哉！且凡稱人君，皆慎其舉措，況魏武經綸霸業，南面受朝，而使臣居君座，君處臣位，將何以使萬國具瞻，百僚咸矚也？又漢代之於匈奴，其爲綏撫勤矣，雖復賂以金帛，結以親姻，猶恐虺毒不悛，狼心易擾，如輒殺其使者，不顯罪名，復何以懷四夷於外蕃，建五利於中國？且曹公必以所爲過失，懼招物議，故誅彼行人，將以杜兹謗口。而言同綸綍，聲徧寰區，欲蓋而彰，止益其辱，雖愚暗之主，猶所不爲，況英略之君，豈其若是！夫芻蕘鄙説，閭巷讕言，凡如此書，通無擊難。而裴引語林斯事，編入魏史注中，持彼虚詞，亂兹實録。蓋曹公多詐，好立詭謀，流俗相欺，遂爲此説。故特申掎摭辯其疑誤者焉。」浦起龍曰：「檢魏志注不見此段，殊不可曉。」趙一清曰：「世期未嘗採此事入注，不審知幾所云何謂？」梁章鉅説亦同。周壽昌曰：「今注並無此條，而史通譏之者，蓋當劉氏時，唐本尚有；後人因劉氏之譏，故爲删削，至今遂承而刊去也。」

〔二〕毛本「氏」作「士」，誤。

〔三〕宋本「仁」作「平」，各本同。毛本、官本作「仁」。

〔四〕姚範曰：「閲之情事不暢，大意言時有適然，不能拘於一轍而不變也。」

〔五〕王鳴盛曰：「谷音柯芝之詩，耳耳非佳語，陸陸難爲顔。以耳耳連讀，此宋季人讀，恐不可據。按文，當以生女耳爲句。」

〔六〕胡三省曰：「以會當有變爲意指不遜。」

〔七〕胡三省曰：「虬鬚，卷鬚也；直視者，目不他矚也；瞋者，怒目也。」

〔八〕毛玠傳：「崔琰既死，玠内不悦。有白玠者，收玠付獄。」和洽傳：「洽陳玠素行有本，求案實其事。太祖令曰：今言事者白玠不但謗吾，乃復爲崔琰觖望，此損君臣恩義，妄爲死友怨歎，殆不可忍也。」

〔九〕宋本「部」作「都」。官本考證曰：「宋本無持其籠三字。」

〔一〇〕姚範曰：「按徐奕傳注，白崔者，丁儀也。」

〔一一〕宋本「教」作「勅」。

〔一二〕或曰，魏武之必除孔北海，勢固宜爾，若崔季珪本爲操之心膂，徒以口語猜嫌殺之，殘惡極矣。弼按：魏武有篡奪之心，而又欲避篡奪之名，琰與訓書，不啻窺見其隱衷，發洩其詭謀，故深惡之，而置諸死地也。

始琰與司馬朗善，晉宣王方壯，琰謂朗曰：「子之弟，聰哲明允，剛斷英跱，殆非子之所及也。」〔一〕

臣松之案：跱或作特。竊謂「英特」爲是也。

朗以爲不然，而琰每秉此論。琰從弟林，少無名望，雖姻族猶多輕之。而琰常曰：「此所謂大器晚成者也，〔二〕終必遠至。」涿縣孫禮、盧毓始入軍府，琰又名之曰：「孫疏亮亢烈，剛簡能斷；盧清警明理，百鍊不消，皆公才也。」後林、禮、毓咸至鼎輔。及琰友人公孫育、〔三〕宋階早卒，琰撫其遺孤，恩若己子。其鑒識篤義，類皆如此。〔四〕

魏略曰：明帝時，崔林嘗與司空陳羣共論冀州人士，稱琰爲首。羣以「智不存身」貶之。林曰：「大丈夫爲有邂逅耳，即如卿諸人，良足貴乎！」〔五〕

〔一〕通鑑作「君弟聰亮明允，剛斷英特」。

〔二〕或曰，馬援兄況謂援大才當晚成，琰言蓋本此。

〔三〕宋本「育」作「方」。

〔四〕袁宏三國名臣序贊曰：「邈哉崔生，體正心直，天骨疏朗，牆宇高嶷。忠存軌跡，義形風色，思樹芳蘭，翦除荆棘。人惡其上，時不容哲，琅琅先生，雅仗名節。雖遇塵霧，猶振霜雪，運極道消，碎此明月。」

〔五〕趙一清曰：「陳長文爲人，輕薄如此，況玄伯乎？」

初，太祖性忌，有所不堪者，魯國孔融，〔一〕

融字文舉。續漢書曰：融〔二〕孔子二十世孫也。〔三〕高祖父尚，鉅鹿太守；父宙，太山都尉。〔四〕融幼有異才。〔五〕時河南尹李膺，有重名，勅門下簡通賓客，非當世英賢及通家子孫，弗見也。融年十餘歲，〔六〕欲觀其爲人，遂造膺門，語門者曰：「我，李君通家子孫也。」膺見融，問曰：「高明父祖嘗與僕周旋乎？」融曰：「然。先君孔子，與君先人李老君，同德比義，而相師友，則融與君累世通家也。」衆坐奇之，僉曰：「異童子也！」〔七〕太中大夫陳煒後至，〔八〕同坐以告煒，煒曰：「人小時了了者，大亦未必奇也。」融答曰：「即如所言，君之幼時，豈實慧乎！」〔九〕膺大笑，顧謂曰：「高明長大，必爲偉器。」〔一〇〕山陽張儉以忠正爲中常侍侯覽所忿疾，覽爲刊章下州郡捕儉，〔一一〕儉與融兄褒有舊，亡投褒，遇褒出，時融年十六，〔一二〕儉以其少，不告也。融知儉長者，有窘迫色，謂曰：「吾獨不能爲君主邪！」因留舍藏之。後事泄，國相以下〔一三〕密就掩捕，儉得脱走，登時收融及褒送獄。融曰：「保納藏舍者，融也，融當坐之。」褒曰：「彼來求我，罪我之由，非弟之過，我當坐之。」兄弟爭死，〔一四〕郡縣疑不能決，乃上讞，〔一五〕詔書令褒坐焉。融由是名震遠近，〔一六〕與平原陶丘洪、陳留邊讓〔一七〕並以俊秀，爲後進冠蓋。融持論經理不及讓等，而逸才宏博過之。司徒大司馬辟舉高第，〔一八〕累遷北軍中候、〔一九〕虎賁中郎將、〔二〇〕北海相，〔二一〕時年三十八。〔二二〕承黄巾殘破之後，修復城邑，崇學校，設庠序，舉賢才，顯儒士。以彭璆爲方正，邴原爲有道，王脩爲孝廉。告高密縣爲鄭玄特立一鄉，名爲鄭公鄉。〔二三〕又國人無後，及四方游士有死亡者，皆爲棺木以殯葬之。〔二四〕郡人甄子然，〔二五〕孝行知名，〔二六〕早卒，融恨不及之，乃令配食縣社，其禮賢如此。在郡六年，劉備表融領青州刺史。〔二七〕建安元年，徵還，爲將作大匠，〔二八〕遷少府。〔二九〕每朝會訪對，輒爲議主，諸卿大夫寄名而已。〔三〇〕

司馬彪九州春秋曰：融在北海，〔三一〕自以智能優贍，溢才命世，當世豪俊，〔三二〕皆不能及。亦自許大志，且欲舉軍曜甲，與羣賢要功。自於海岱結殖根本，不肯碌碌如平居郡守，事方伯、赴期會而已。然其所任用，好奇取異，皆輕剽之才。至於稽古之士，謬爲恭敬，禮之雖備，不與論國事也。〔三三〕高密鄭玄，稱之鄭公，執子孫禮。〔三四〕及高談教令，盈溢官曹，辭氣温雅，可玩而誦。論事考實，難可悉行。但能張磔網羅，〔三五〕其自理甚疏。租賦少稽，一朝殺五部督郵。〔三六〕姦民污吏，猾亂朝市，亦不能治。幽州精兵亂，至徐州，卒到城下，舉國皆恐；融直出說之，令無異志。遂與別校謀夜覆幽州，幽州軍敗，悉有其衆。無幾時，還復叛亡。黄巾將至，融大飲醇酒，躬自上馬，禦之淶水之上。〔三七〕寇令上部與融相拒，兩翼徑涉水，直到所治城。城潰，融不得入，轉至南縣，左右稍叛。連年傾覆，事無所濟，遂不能保障四境，棄郡而去。後徙徐州，以北海相自還領青州刺史，治郡北陲。欲附山東，外接遼東，得戎馬之利，建樹根本，孤立一隅，不與共也。于時曹、袁、公孫，共相首尾，戰士不滿數百，穀不至萬斛。王子法，劉孔慈凶辯小才，信爲腹心；左（承）〔丞〕祖、〔三八〕劉義遜，清儁之士，備在坐席而已。言此民望，不可失也。丞祖勸融自託彊國，融不聽而殺之。義遜棄去，遂爲袁譚所攻。自春至夏，城小寇衆，流矢雨集。然融憑几安坐，讀書論議自若。城壞衆亡，身奔山東，〔三九〕室家爲譚所虜。

張璠漢紀曰：融在郡八年，僅以身免。帝初都許，融以爲宜略依舊制，定王畿，正司隸所部，爲千里之封。乃引公卿上書言其義。〔四〇〕是時天下草創，曹、袁之權未分，融所建明，不識時務；又天性氣爽，頗推平生之意，狎侮太祖。太祖制酒禁，而融書啁之曰：「天有酒旗之星，地列酒泉之郡，人有旨酒之德。故堯不飲千鍾，無以成其聖。且桀、紂以色亡國，今令不禁婚姻也。」〔四一〕太祖外雖寬容，〔四二〕而內不能平。御史大夫郗慮知旨，以法免融官。歲餘，拜太中大夫。雖居家失勢，而賓客日滿其門，愛才樂酒。

常歎曰：「坐上客常滿，樽中酒不空，吾無憂矣！」〔四三〕虎賁士有貌似蔡邕者，融每酒酣，輒引與同坐。曰：「雖無老成人，尚有典刑。」其好士如此。

續漢書曰：太尉楊彪與袁術婚姻。〔四四〕術僭號，太祖與彪有隙，因是執彪，將殺焉。融聞之，不及朝服，往見太祖曰：「楊公累世清德，四葉重光。〔四五〕周書：父子兄弟，罪不相及。況以袁氏之罪乎！易稱積善餘慶，但欺人耳！」太祖曰：「國家之意也。」〔四六〕融曰：「假使成王欲殺召公，則周公可得言不知邪？今天下纓緌搢紳之士，所以瞻仰明公者，以明公聰明仁智，輔相漢朝，舉直錯枉，致之雍熙耳。今橫殺無辜，則海內觀聽，誰不解體！孔融魯國男子，明日便當褰衣而去，不復朝矣！」太祖意解，遂理出彪。

魏氏春秋曰：袁紹之敗也，融與太祖書曰：「武王伐紂，以妲己賜周公。」〔四七〕太祖以融學博，謂書傳所紀。後見問之，對曰：「以今度之，想其當然耳。」十三年，融對孫權使，有訕謗之言，坐棄市。〔四八〕二子年八歲，〔四九〕時方弈棊。融被收，端坐不起。左右曰：「而父見執，不起何也？」二子曰：「安有巢毀而卵不破者乎！」遂俱見殺。融有高名清才，世多哀之。太祖懼遠近之議也，乃令曰：「太中大夫孔融，既伏其罪矣，然世人多採其虛名，少於核實，見融浮豔，好作變異，眩其誑詐，〔五〇〕不復察其亂俗也。此州人說平原禰衡受傳融論，以爲父母與人無親，譬若缻器，〔五一〕寄盛其中，〔五二〕又言若遭饑饉，而父不肖，寧贍活餘人。融違天反道，敗倫亂理，雖肆市朝，猶恨其晚。更以此事列上，宣示諸軍將校掾屬，皆使聞見。」

世語曰：融二子皆齠齓。融見收，顧謂二子曰：「何以不辭？」〔五三〕二子俱曰：「父尚如此，復何所

辭！」以爲必俱死也。〔五四〕

臣松之以爲世語云融二子不辭，知必俱死，猶差可安；如孫盛之言，誠所未譬。八歲小兒，能玄了禍福，〔五五〕聰明特達，卓然既遠，則其憂樂之情，宜其有過成人，安有見父收執，而曾無變容，奕棊不起，若在暇豫者乎？昔申生就命，言不忘父，不以己身將死、而廢念父之情也。父安猶尚若玆，而況於顛沛哉！盛以此爲美談，無乃賊夫人之子與！蓋由好奇情多，而不知言之傷理。〔五六〕

南陽許攸、

魏略曰：攸字子遠，少與袁紹及太祖善。初平中，隨紹在冀州，嘗在坐席言議。官渡之役，諫紹勿與太祖相攻，語在紹傳。紹自以彊盛，必欲極其兵勢。攸知不可爲謀，乃亡詣太祖。紹破走，及後得冀州，攸有功焉。攸自恃勳勞，〔五七〕時與太祖相戲。每在席，不自限齊，至呼太祖小字，曰：「某甲，〔五八〕卿不得我，不得冀州也。」太祖笑曰：「汝言是也。」然內嫌之。其後從行出鄴東門，顧謂左右曰：「此家非得我，〔五九〕則不得出入此門也。」人有白者，遂見收治。〔六〇〕

婁圭，皆以恃舊不虔，見誅。〔六一〕

魏略曰：婁圭字子伯，少與太祖有舊。初平中，在荆州北界合衆，後詣太祖。太祖以爲大將，不使典兵，常在坐席言議。及河北平定，隨在冀州。其後太祖從諸子出游，子伯時亦隨從。子伯顧謂左右曰：「此家父子，如今日爲樂也。」人有白者，太祖以爲有腹誹意，遂收治之。

吴書曰：子伯少有猛志，嘗歎息曰：「男兒居世，會當得數萬兵、千匹騎著後耳！」儕輩笑之。後坐藏亡命，〔六二〕被繫當死，得偷獄出。〔六三〕捕者追之急，子伯乃變衣服如助捕者，吏不能覺，〔六四〕遂以得免。

會天下義兵起，子伯亦合衆，與劉表相依。後歸曹公，遂爲所用；軍國大計常與焉。劉表亡，曹公向荊州，表子琮降，以節迎曹公。諸將皆疑詐，曹公以問子伯，子伯曰：「天下擾攘，各貪王命以自重，今以節來，是必至誠。」曹公曰：「大善。」遂進兵。寵秩子伯，家累千金。曰：「妻子伯富樂於孤，但勢不如孤耳。」從破馬超等，子伯功爲多。曹公常歎曰：「子伯之計，孤不及也。」〔六五〕後與南郡習授同載，見曹公出，授曰：「父子如此，何其快耳！」〔六六〕子伯曰：「居世間當自爲之，而但觀他人乎！」授乃白之，遂見誅。

魚豢曰：古人有言曰：「得鳥者，羅之一目也。然張一目之羅，終不得鳥矣。鳥能遠飛，遠飛者，六翮之力也；然無衆毛之助，則飛不遠矣。」以此推之，大魏之作，雖有功臣，亦未必非茲輩胥附之由也。〔六七〕

而琰最爲世所歎惜，〔六八〕至今寃之。〔六九〕

世語曰：琰兄孫諒，字士文，以簡素稱。仕晉，爲尚書大鴻臚。荀綽冀州記云：諒即琰之孫也。〔七〇〕

〔一〕郡國志：「豫州魯國，治魯。」一統志：「今山東兖州府曲阜縣治。」

〔二〕宋本無「曰」字，毛本「融」作「曰」，均誤。

〔三〕世說言語篇注引續漢書云：「融，孔子二十四世孫。」

〔四〕范書桓帝紀：「永壽元年七月，初置太山、琅邪都尉官。」漢官儀曰：秦郡有尉一人，典兵禁，捕盜賊，景帝更名都尉。建武十年省，唯邊郡往往置都尉，及屬國都尉。今二郡盜賊不息，故置。」王先謙曰：「官本後漢書孔融傳，宙作伷。」惠棟曰：「泰山都尉碑作宙，碑云字季將，孔子十九世孫，（弼按：據此，則世說注云融二十四世孫，誤。）卒於延熹六年正月乙未，年六十一。後漢別有孔伷字公緒者，非融父也。」周壽昌曰：「韓勑碑陰郎中魯孔宙季將，魏志武帝紀、許靖傳，伷字公緒，乃獻帝時人；宙則靈帝時人。」丁紹基求是齋金石跋卷一云：「太山都尉孔宙碑，碑在今曲阜縣孔廟。後漢有豫州刺史孔伷，字公緒，見臧洪傳；又見符融傳：薦達郡士范冉、韓卓、孔伷等三人。符融係陳留浚儀人，則孔伷係陳留郡人，與此碑係孔融之父孔宙有别。」

〔五〕融家傳曰：「兄弟七人，融第六，幼有自然之性。年四歲時，每與諸兄共食梨，融輒引小者。大人問其故，答曰：我小兒，法當取小者。由是宗族奇之。」惠棟曰：「宙七子，融之外惟孔謙字德讓，歷仕郡諸曹吏，見孔譜碣；孔褒字文禮，見史晨碑。洪适曰：宙子載於譜録者惟有謙、襃、融三人。」侯康曰：「御覽四百九引會稽典録，盛憲字孝章，初爲臺郎，嘗出游，逢一童子，容貌非常。憲怪而問之，是魯國孔融，年十餘歲。憲下車執融手，載以歸舍，與融談宴，結爲兄弟。案，此當亦融隨父詣京師時事。」

〔六〕范書作年十歲，世説言語篇及注引融别傳同。

〔七〕惠棟曰：「御覽引□漢書云：膺大悦，引坐謂曰：卿欲食乎？融曰：須食。膺曰：教卿爲客之禮，主人問食，但讓不須。融曰：不然。教君爲主之禮，但置飲食，不須問客。膺曰：吾將老死，不見卿富貴也。後與膺談論百家經史，應答如流，膺不能下之。」

〔八〕世説「煒」作「韙」。

〔九〕范書融傳作「融應聲曰：觀君所言，將不早慧乎？」或曰，觀融答煒語，即可卜其後必以口舌取禍。何焯曰：「長大失學故無奇，融此對却輕薄。」

〔一〇〕范書融傳：「年十三，喪父，哀悴過毁，扶而後起，州里歸其孝。」

〔一一〕范書張儉傳：「儉爲東部督郵，時中常侍侯覽家在防東，殘暴百姓，所爲不軌。儉舉劾覽及其母罪惡，請誅之。覽遏絶章表，並不得通，由是結仇。於是刊章討捕，儉得亡命，困迫遁走，望門投止。莫不重其名行，破家相容，其所經歷，伏重誅者以十數。」

〔一二〕潘眉曰：「侯覽捕張儉事在建寧二年，融建安十三年見殺，年五十六，則建寧二年，已十七歲。」

〔一三〕魯國相也。

〔一四〕范書融傳：「吏問其母，母曰：家事任長，妾當其辜。一門爭死。」

〔一五〕李賢曰：「前書音義：讞，請也。」

〔一六〕或曰，兄死，弟於心何安？名震遠近，亦何爲哉！

〔一七〕陶丘洪事見荀攸傳注引漢末名士録；讓事見武紀建安二十五年注引曹瞞傳，又見袁紹傳注引魏氏春秋。

〔一八〕馮本「大司馬」作「大將軍」。大將軍，何進也。

〔一九〕北軍中候見本志劉表傳，范書融傳作中軍候。劉攽曰：「漢官無中軍候，唯有北軍中候耳。」刊誤補遺曰：「郭仲奇碑額云，北軍中候；祝睦碑云，北軍軍中候。然仲奇碑中但云拜軍中候，不言北軍，與額不同。郭究碑亦但以軍中稱之者，蓋當時官稱所尚如此。北海傳當云軍中候，其文倒耳，無脱字也。」沈家本曰：「續志，北軍中候一人，六百石。本注云，舊有中壘校尉，領北軍營壘之事，中興省，但置中候，以監五營。然則北軍中候不得省北字，其亦不得增軍字。碑文所言，或當時流俗沿用，非其實也。」王先謙曰：「中候自中興以來始有北軍軍中候之稱，其辭或省，則曰北軍中候、軍中候云。」

〔二〇〕虎賁中郎將見后妃傳甄后傳。

〔二一〕范書融傳：「辟司徒楊賜府。河南尹何進當遷爲大將軍，楊賜遣融奉謁賀，進不時通，融即奪謁還府，投劾而去。河南官屬恥之，私遣劍客欲追殺融。客有言於進曰：孔文舉有重名，將軍若造怨此人，則四方之士引領而去矣，不如因而禮之。進然之，既拜辟融舉高第爲侍御史。後辟司空掾，拜中軍候，在職三日，遷虎賁中郎將。會董卓廢立，融每因對答，輒有匡正之言，以忤卓旨，轉爲議郎。時黄巾寇數州，而北海最爲賊衝，卓乃諷三府，同舉融爲北海相。」

〔二二〕馮本作三十八，各本皆作二十八。（成都局本作三十八。）按融爲北海相在董卓廢立忤卓旨之後。證以在郡六年，劉備表領青州刺史，建安元年徵還，爲將作大匠，距建安十三年融死時年五十六，則此時適爲三十八歲無疑。

〔二三〕范書鄭玄傳：「國相孔融深敬於玄，屣履造門，告高密縣爲玄特立一鄉。曰：『昔齊置士鄉，越有君子軍，皆異賢之意也。鄭君好學，實懷明德。昔太史公、廷尉吳公、謁者僕射鄧公，皆漢之名臣；又南山四皓有園公、夏黃公，潛光隱耀，世加其高，皆悉稱公。然則公者，仁德之正號，不必三事大夫也。今鄭君鄉宜曰鄭公鄉。昔東海于公僅有一節，猶或戒鄉人侈其門閭，矧乃鄭公之德，而無駟牡之路？可廣開門衢，令容高車，號爲通德門。』」

〔二四〕馮本「以」作「而」。

〔二五〕宋本「甄」作「鄭」。御覽八百四十一作「鄧」。范書第五種傳：「種坐徙朔方，孫斌謂友人高密甄子然曰：『第五使君當投裔土，吾今方追使君，若奉以還，將以付子。』種得脫歸，匿於甄氏。」惠棟曰：「鄭志載答甄子然難禮，蓋與林碩孝存同爲康成之友，惜逸其名。孔融教高密令曰：『志士甄子然告困，焉得愛釜庾之問，以愓烈士之心，與豆三斛，後乏復言。（此四字據御覽補。）當是恤子然之後也。』」洪頤煊曰：「袁宏紀有北海甄子然送張儉事，范史儉傳不載。」

〔二六〕沈家本曰：「范史孝上有臨字，行作存。臨孝存，人姓名也，疑此譌奪。」

〔二七〕袁宏紀：「興平元年，融與陶謙謀迎天子還洛陽，會曹操襲徐州而止。」通鑑：「興平元年，徐州牧陶謙卒，州人迎劉備。融謂備曰：『今日之事，百姓與能，天與不取，悔不可追。』備遂領徐州。」

〔二八〕續百官志：「將作大匠一人，二千石，掌修作宗廟、路寢、宮室、陵園土木之功，並樹桐梓之類，列於道側。」通鑑：「建安二年三月，詔將作大匠孔融持節拜袁紹大將軍，兼督冀、青、幽、并四州。」

〔二九〕少府見武紀建安三年。

〔三〇〕融上書薦謝該，見范書儒林傳。秦子曰：「孔文舉爲北海相，有父喪，哭泣墓側，色無憔悴，文舉殺之。有母病瘥，思食新麥，家無，乃盜鄰人熟麥而進之。文舉聞，特賞之。盜而不罪者，以爲勸養於母也；哭而見殺者，以爲哀而不實也。」

〔三一〕吳本、毛本「在」作「住」，誤。

〔三二〕宋本「俊」作「傑」。

〔三三〕宋本「事」作「政」。

〔三四〕執子孫禮，解見賈詡傳。

〔三五〕胡三省曰：「磔，陟格翻，開也。」

〔三六〕續百官志：「郡監屬縣，有五部督郵曹掾一人。」

〔三七〕謝鍾英曰：「時北海治劇，淶水當與劇縣相近。」趙一清曰：「淶水當是沭水之譌。水在朱虛縣南。寰宇記卷十八：朱虛故城在青州臨朐縣東六十里，孔融爲黃巾賊所敗，曾保此城。」弼按：在朱虛南者，汶水也，沭水也。當作汶水，或作沭水，淶、沭均誤。范書融傳：「融到郡，收合士民，起兵講武，馳檄飛翰，引謀州郡。賊張饒等羣輩二十萬衆從冀州還。融逆擊，爲饒所敗。乃收散兵，保朱虛縣，稍復鳩集吏民爲黃巾所誤者男女四萬餘人。時黃巾復來侵暴，融乃出屯都昌，爲賊管亥所圍。融逼急，乃遣東萊太史慈求救於平原相劉備。備驚曰：孔北海乃復知天下有劉備邪！即遣兵三千救之，乃散走。」

〔三八〕范書融傳作「左丞黃祖」，通鑑作「左承祖」。趙一清曰：「其時有兩黃祖。」錢大昕曰：「黃祖非融所殺，承、丞，古通用。」

〔三九〕通鑑作「東山」。胡注：「都昌縣之東山也。」弼按：融出屯都昌，在黃巾復來侵暴之時，非袁譚來攻之時，是否爲都昌之東山，不能無疑。

〔四〇〕袁宏紀：「建安九年九月，太中大夫孔融上書曰：臣聞先王分九圻，以遠及近，春秋内諸夏而外夷狄。詩云：封畿千里，惟民所止。故曰天子之居，必以衆大言之。周室既衰，六國力征授賂，割裂諸夏，鎬京之制，商邑之度，歷載彌久，遂以闇昧。秦兼天下，政不遵舊，革剗五等，埽滅侯甸，築城萬里，濱海立門。欲以六合爲一區，五服爲一家，關衛不要，遂使陳、項作難，家庭臨海，擊柝不救。聖漢因循，未之匡改；猶依古法，潁川、南陽、陳留、上黨、三河近郡，不封爵諸侯。臣愚以爲千里國内，可略從周官六鄉六遂之文，分取北郡，皆令屬司隸校尉，以正王賦，以崇帝室。役自近以寬遠繇，華貢獻外薄四海，揆文奮武，各有典書。」通鑑：「操疑融所論建漸廣，益憚之。」胡三省曰：「周禮，方千里曰國畿，其外方五百里曰侯畿。鄭玄曰：畿，限也。千里寰内，不以封建，則操不可以居鄴矣，故憚之。」范書融傳：「太傅馬日磾喪還，朝廷議欲加禮。融乃獨議曰：日磾以上公之尊，秉旄節之使，銜命直指，寧輯東夏，而曲媚姦臣，爲所牽率，章表署用，輒使首名，附下罔上，姦以事君。昔國佐當晉軍而不撓，宜僚臨白刃而正色，王室大臣，豈得以見脅爲辭！又袁術僭逆，非一朝一夕，日磾隨從，周旋歷歲。漢律：與罪人交關三日已上，皆應知情。春秋魯叔孫得臣卒，以不發揚襄仲之罪，貶不書日。鄭人討幽公之亂，斲子家之棺。聖上哀矜舊臣，未忍追治，不宜加禮。朝廷從之。（袁宏紀在建安二年。）時論者多欲復肉刑，融乃建議曰：古者敦厖，善否不別，吏端刑清，政無過失，百姓有罪，皆自取之。末世陵遲，風化壞亂，政撓其俗，法害其人。故曰，上失其道，民散久矣。而欲繩之以古刑，投之以殘棄，非所謂與時消息者也。紂斮朝涉之脛，天下謂爲無道。夫九牧之地，千八百君，若各刖一人，是下常有千八百紂也。求俗休和，弗可得已。且被刑之人，慮不念生，志在思死，類多趨惡，莫復歸正。夙沙亂齊，伊戾禍宋，趙高、英布，爲世所患。不能止人，遂爲非也；適足絶人，還爲善耳。雖忠如鬻拳，信如卞和，智如孫臏，寃如巷伯，才如史遷，達如子政，一離刀鋸，没世不齒。是太甲之思庸，穆公之霸秦，南睢之骨立，衛武之初筵，陳湯之都賴，魏尚之守邊，無所復施也。漢開改惡之路，凡爲此也。故明德之君，遠度深惟，棄短就長，不苟革其政者也。朝廷善之，卒不改焉。是時荆州牧劉表，不供職貢，多行僭僞，遂乃郊祀天地，擬斥乘輿。詔書班下其事。融上書曰：竊聞領荆州牧劉表，桀逆放恣，所爲不軌，至乃郊祭天地，擬儀社稷，雖昏僭惡極，罪不容誅。至於國體，宜且諱之。何者？萬乘至重，天王至尊，身爲聖躬，國爲神器，陛級縣遠，祿位限絕，猶天之不可階，日月之不可踰也。每有一豎臣，輒云圖之，若形之四方，非所以杜塞邪萌。愚謂雖有重戾，必宜隱忍。賈誼所謂擲鼠忌器，蓋謂此也。是以齊兵次楚，唯責包茅；王師敗績，不書晉人。前已露袁術之罪，今復下劉表之事，是使跛牂欲闚高岸，天險可得而登也。案表跋扈，擅誅列侯，遏絕詔命，斷盜貢篚，招呼元惡，以自營衛，專爲羣逆，主萃淵藪，郜鼎在廟，章孰甚焉；桑落瓦解，其執可見。臣愚以爲宜隱郊祀之事，以崇國防。」王補曰：「阻馬日磾之加禮，劉表郊祀，隱不班示。漢季大臣知政體者，孰逾於文舉！」

〔四一〕章懷注引融集與操書云：「酒之爲德久矣。古先哲王，類帝禋宗，和神定人，以濟萬國，非酒莫以也。故天垂酒星之耀，地列酒泉之郡，人著旨酒之德。堯不千鍾，無以建太平；孔非百觚，無以堪上聖。樊噲解戹鴻門，非豕肩無以奮其怒；趙之厮養，東迎其王，非引巵酒無以激其氣。高祖非醉斬白蛇無以暢其靈；景帝非醉幸唐姬無以開中興。袁盎非醇醪之力，無以脫其命；定國不酣飲一斛，無以決其法。故酈生以高陽酒徒，著功於漢；屈原不餔糟歠醨，取困於楚。由是觀之，酒何負於政哉！」又書曰：「昨承訓答，陳二代之禍，及衆人之敗，以酒亡者，實如來誨。雖然，徐偃王行仁義而亡，今令不絕仁義；燕噲以讓失社稷，今令不禁謙退；魯因儒而損，今令不棄文學；夏、商亦以婦人失天下，今令不斷婚姻。而將酒獨急者，疑但惜穀耳，非以亡王爲戒也。」

〔四二〕宋本「容」下有「之」字。

〔四三〕何焯曰：「處亂世，遇多忌，二語有一於此，殺身有餘矣。」

〔四四〕胡三省曰：「據彪傳，彪子修，袁術之甥；彪蓋娶於袁氏也。」

〔四五〕胡三省曰：「震、秉、賜、彪，四世以清白稱。」

〔四六〕胡三省曰：「國家，謂帝也。」

〔四七〕范書融傳：「初，曹操攻屠鄴城，袁氏婦子多見侵略，而操子丕私納袁熙妻甄氏。」或曰，融此書蓋譏丕之納甄氏也。

〔四八〕趙一清曰：「後漢書獻帝紀，融以建安十三年八月見殺，是時曹操南征劉表。寰宇記卷百二十三：孔融墓在揚州江都縣高士坊西北，去州九里。」薛壽學詁齋文集卷上有揚州孔融宅墓考，文繁不録。

〔四九〕潘眉曰：「後漢書本傳云：女年七歲，男年九歲。此但云二子，不言男女，又二子不得同是八歲，當是後漢書分言爲是。」沈家本曰：「世説言語篇，孔融被收時，融兒大者九歲，小者八歲。注引魏氏春秋云，二子方八歲、九歲，與世説合。疑此注奪九歲二字也。至與范史異者，當由傳説不同耳。」

〔五〇〕監本「詆」作「誰」，誤。

〔五一〕章懷注：「（引）説文曰：⿰缶瓦，缶也。字書曰：⿰缶瓦似缶而高。」沈家本曰：「説文，缾，罋也。瓶、缾或從瓦。章懷注云缶也，疑傳寫奪爛其半耳。瓶字本或作⿰缶瓦者，誤。説文無⿰缶瓦字也。」

〔五二〕趙一清曰：「此即路粹所爲奏中語，見融傳。」王補曰：「融幼持父喪，哀悴過毀，州里歸其孝，何至謬爲此語？路粹嫁誣若斯，以無爲有，當時所以忌其筆也。或曰，造作醜論，以誣高賢，誰其信之！」

〔五三〕沈家本曰：「世説注，辭作辟，辟字是。」

〔五四〕趙一清曰：「世説，孔融被收，中外惶怖。時融兒大者九歲，小者八歲。二兒故琢釘戲，了無遽容。謂使者曰：冀罪止於身，二兒可得全不？兒徐進曰：大人豈見覆巢之下，復有完卵乎！尋亦收至。又曰：孔北海被收時，男方九歲，女纔七歲，以幼弱得全，寄住他舍。主人遺以肉汁，男飲之，女曰：今日之禍，豈得久活，何賴知肉味乎！或言於曹操，收之。女謂兄曰：若死而有知，得見父母，豈非至願！乃延頸就刑。范書融傳，融死時年五十六。」

〔五五〕「玄了」，或云，疑作「懸了」。世説注引此作「懸」。

〔五六〕趙一清曰：「晉書羊祜傳，祜母，孔融女，生兄發。則戮不及嗣可知。裴世期之論，爲有徵也。」弼按：羊祜傳作祜前母。祜母爲蔡邕女，發爲孔融女所生，祜與景獻皇后則蔡邕女所生也。邕亡命江海，往來依太山羊氏，亦以婚姻依之。范書融傳：「魏文帝深好融文辭，歎曰：楊、班儔也！募天下有上融文章者，輒賞以金帛。所著詩、頌、碑文、論議、六言、策文、表檄、教令、書記，凡二十五篇。」王補曰：「唐庚嘗言，魏文帝即位，求孔融之文，以爲不滅班、楊。晉武帝踐阼，詔定諸葛亮故事，而比之周誥。融既魏武之讐恨，而亮亦晉宣之仇敵，二人之言，宜非當時所欲聞，而並見收録，唯恐墜失，蕩然無忌，猶有先王大公至正之道存焉。予謂魏文、晉武固可取，而孔、葛之文不可磨滅，歐陽子所謂雖寃家仇人，不能少毀而揜蔽之也。」

〔五七〕胡三省曰：「烏巢之捷，計出於攸，故恃其功。」

〔五八〕胡三省曰：「操一名吉利，小字阿瞞。曰某甲者，史隱其辭。」

〔五九〕范書馬后紀：「是家志不好樂。」王常傳：「此家率下江諸家。」吳志朱然傳：「此家前初有表。」胡三省曰：「此家，猶言此人也。」

〔六〇〕宋本「治」作「之」。何焯曰：「許攸賣國邀功，小人之尤者，收治之殊快也，不得與北海比。」

〔六一〕劉咸炘曰：「恃舊云云，亦是曲筆。琰、融皆以衆望所歸被忌，攸、圭則以智計被忌，皆非以恃舊。」

〔六二〕毛本「藏」作「贓」。官本考證曰：「監本訛作贓，今改正。」

〔六三〕宋本「偷」作「踰」。

〔六四〕毛本「能」誤作「安」。

〔六五〕趙一清曰：「武紀，潼關之役，建沙城之謀者，婁子伯也。」

〔六六〕官本「耳」作「耶」。

〔六七〕毛本「附」作「付」。錢大昭曰：「此用詩予曰有疏附。胥、疏，聲相近。」

〔六八〕各本「歎」作「痛」。

〔六九〕或曰：漢末崇尚節義，雖以操之奸雄，不敢遽移漢鼎，實名教陰有以維之也。魏立國未幾，晉遂移之，雖天道好還，而亦操父子於剛直之士多不能容，摧折士氣，東漢風義，至魏而一變，其致之非無由也。

〔七〇〕潘眉曰：「二説不同，未知孰是。唐書宰相世系表、琰生諒，字士文，又以諒爲琰子。」

毛玠字孝先，陳留平丘人也。〔一〕少爲縣吏，以清公稱。將避亂荆州，未至，聞劉表政令不明，遂住魯陽。〔二〕太祖臨兗州，辟爲治中從事。〔三〕玠謂太祖曰：〔四〕「今天下分崩，國主遷移，生民廢業，饑饉流亡，公家無經歲之儲，百姓無安固之志，難以持久。今袁紹、劉表，雖士民衆彊，皆無經遠之慮，未有樹基建本者也。夫兵義者勝，〔五〕守位以財，〔六〕宜奉天子以令不臣，修耕植，畜軍資，〔七〕如此，則霸王之業可成也。」〔八〕太祖敬納其言，轉幕府功曹。

〔一〕郡國志：「兗州陳留郡平丘。」謝鍾英曰：「魏志，陳留恭王峻，太和六年封，以郡爲國。司馬芝傳，芝子岐爲陳留相。是陳留魏時爲國。」洪亮吉曰：「平丘，漢舊縣。地理沿革表晉省平丘，以縣屬陳留國。一統志：平丘故城，在今直隸大名府長垣縣西南。」

〔二〕通鑑「住」作「往」。魯陽見劉表傳注，又互見韓暨傳。馬與龍曰：「南陽太守袁術治魯陽；孫堅領豫州刺史，住魯陽；韓暨避亂魯陽山中。」

〔三〕續百官志：「刺史官屬，功曹從事爲治中從事。」

〔四〕各本「謂」作「語」。

〔五〕胡三省曰：「魏相嘗有是言。」

〔六〕胡三省曰：「易大傳：何以聚人，曰財；何以守位，曰仁。」

〔七〕胡三省曰：「操之所以芟羣雄者，在迎天子都許，屯田積穀而已。二事乃玠發其謀也。」

〔八〕合荀彧、棗祗之策，爲根本腹心之謀。

太祖爲司空丞相，玠嘗爲東曹掾，〔一〕與崔琰並典選舉。其所舉用，皆清正之士，雖於時有盛名，而行不由本者，終莫得進。務以儉率人，由是天下之士，莫不以廉節自勵；雖貴寵之臣，輿服不敢過度。太祖歎曰：「用人如此，使天下人自治，吾復何爲哉！」〔二〕文帝爲五官將，親自詣玠，屬所親眷。玠答曰：「老臣以能守職，幸得免戾，〔三〕今所説人非遷次，是以不敢奉命。」大軍還鄴，議所并省。玠請謁不行，時人憚之，咸欲省東曹。乃共白曰：「舊西曹爲上，東曹爲次，宜省東曹。」太祖知其情，令曰：「日出於東，月盛於東，凡人言方，亦復先東，何以省東曹？」遂省西曹。〔四〕初，太祖平柳城，〔五〕班所獲器物，特以素屏風、素馮几賜玠，曰：「君有古人之風，故賜君古人之服。」玠居顯位，常布衣蔬食，撫育孤兄子甚篤，賞賜以振施貧族，家無所餘。遷右軍師。魏國初建，爲尚書僕射，復典選舉。

先賢行狀曰：玠雅量公正，在官清恪。其典選舉，拔貞實，斥華僞，進遜行，抑阿黨。諸宰官治民，〔六〕功績不著而私財豐足者，皆免黜停廢，久不選用。于時四海翕然，莫不勵行。至乃長吏還者，垢面羸衣，常乘柴車。軍吏入府，朝服徒行。人擬壺飡之絜，家象濯纓之操，貴者無穢欲之累，賤者絶姦貨之求，吏潔于上，俗移乎下，民到于今稱之。〔七〕

時太子未定，而臨菑侯植有寵。玠密諫曰：「近者，袁紹以嫡庶不分，覆宗滅國，廢立大事，

非所宜聞。」後羣僚會，玠起更衣，太祖目指曰：「此古所謂國之司直，我之周昌也。」〔八〕

〔一〕續百官志：「西曹主府史署用，東曹主二千石長吏遷除及軍吏。」

〔二〕御覽卷二百十四傅咸集表曰：「昔毛玠爲吏部尚書，無敢好衣美食者。魏武歎曰：孤之法不如毛尚書，令使吏部用心如毛玠，風俗之易，蓋不難矣。」

〔三〕梁章鉅曰：「此與崔琰傳老臣獲罪於天，並先稱臣於操、丕之前。或曰，此史之駁文，然春秋時，仕於大夫之家者皆曰臣。漢代公卿郡守之屬吏、掾史，亦多稱臣，非必與操已定君臣之分也。」

〔四〕出諸滑稽，正爲操之計數。

〔五〕一統志：「柳城，今土默特右翼旗西一百里。」謝鍾英曰：「今熱河承德府建昌縣北哈喇沁右翼界，詳見武紀建安十二年。」

〔六〕馮本「官」作「臣」。

〔七〕通鑑輯覽曰：「六計弊吏，以廉爲本，輿服不過度似已，然亦不過從儉一端，尚不足語正本清源。至垢面羸衣，飾僞尤甚，其選舉又曷足憑邪！」

〔八〕漢書周昌傳：「高帝欲廢太子，昌庭爭之强。昌曰：臣口不能言，然臣期期知其不可；陛下欲廢太子，臣期期不奉詔。」

崔琰既死，玠內不悅。後有白玠者：「出見黥面反者，其妻子沒爲官奴婢。」玠言曰：「使天不雨者，蓋此也。」太祖大怒，收玠付獄。大理鍾繇詰玠曰：「自古聖帝明王，罪及妻子。書云：左不共左，右不共右，予則孥戮女。〔一〕司寇之職，男子入于罪隸，女子入于舂稟。〔二〕漢律：罪人妻子没爲奴婢，黥面。〔三〕漢法所行黥墨之刑，存于古典。今真奴婢祖先有罪，雖歷百世，猶有黥面供官，一以寬良民之命，二以宥并罪之辜。此何以負於神明之意，而當致旱？案典、謀，急恒寒若，〔四〕舒恒燠若，〔五〕寬則亢陽，所以爲旱。玠之吐言，以爲寬邪，以爲急也？急當陰霖，何以反旱？成湯聖世，野無生草，〔六〕周宣令主，旱魃爲虐。〔七〕亢旱以來，積三十年，歸咎黥面，爲相值不？衛人伐邢，師興而雨，〔八〕罪惡無徵，何以應天？玠譏謗之言，流於下民，不悦之聲，上聞聖聽。玠之吐言，埶不獨語，時見黥面，凡爲幾人？黥面奴婢，所識知邪？何緣得見，對之歎言？時以語誰？見答云何？以何日月？於何處所？事已發露，不得隱欺，具以狀對。」〔九〕玠曰：「臣聞蕭生縊死，困於石顯，〔一〇〕賈子放外，讒在絳、灌。〔一一〕白起賜劒於杜郵，〔一二〕晁錯致誅於東市，〔一三〕伍員絶命於吴都。〔一四〕斯數子者，或妒其前，或害其後。臣垂髫執簡，累勤取官，職在機近，人事所竄，屬臣以私，無埶不絶；語臣以冤，無細不理。人情淫利，爲法所禁，法禁於利，埶能害之。青蠅横生，爲臣作謗，謗臣之人，埶不在他。昔王叔陳生爭正王廷，宣子平理，命舉其契，〔一五〕是非有宜，曲直有所，春秋嘉焉，〔一六〕是以書之。臣不言此，無有時人，説臣此言，必有徵要。乞蒙宣子之辨，而求王叔之對。若臣以曲聞，即刑之日，方之安駟之贈；賜劒之來，比之重賞之惠。謹以狀對。」時桓階、和洽進言救玠，玠遂免黜，卒于家。〔一七〕

孫盛曰：魏武於是失政刑矣。易稱明折庶獄，傳有舉直錯枉。庶獄明則國無怨民，枉直當則民無不服。未有徵青蠅之浮聲，信浸潤之譖訴，可以允釐四海，惟清緝熙者也。昔者，漢高獄蕭何，出復相之。玠之一責，永見擯放。二主度量，豈不殊哉！〔一八〕

太祖賜棺器錢帛，拜子機郎中。〔一九〕

〔一〕尚書甘誓篇：「左不攻于左，汝不恭命；右不攻于右，汝不恭命。用命，賞于祖；弗用命，戮于社。予則孥戮汝。」孔傳云：「孥，子也。非但止汝身，辱及汝子。」

〔二〕周禮秋官司厲：「其奴，男子入于罪隸，女子入于舂槀。」鄭注：「鄭司農云：謂坐爲盜賊而爲奴者，輸於罪隸，舂人、槀人之官也。由是觀之，今之爲奴婢，古之罪人也。故書曰：予則奴戮汝。論語曰：箕子爲之奴。罪隸之奴也。故春秋傳曰：斐豹，隸也，著於丹書。請焚丹書，我殺督戎。恥爲奴，欲焚其籍也。玄謂：奴從坐而没入縣官者，男女同名。」

〔三〕毛本「黥」作「黠」，誤。

〔四〕「謀」應作「謨」。

〔五〕尚書洪範：「曰豫，恒燠若；曰急，恒寒若。」

〔六〕呂氏春秋：「湯克夏而正天下，天大旱，五年不收。」

〔七〕詩大雅蕩之什雲漢章：「旱既太甚，滌滌山川，旱魃爲虐，如惔如焚。」

〔八〕左傳：「衛人伐邢，以報菟圃之役。于是衛大旱，卜有事於山川，不吉。甯莊子曰：昔周饑，克殷而年豐，今邢方無道，諸侯無伯，天其或者欲使衛討邢乎？從之，師興而雨。」

〔九〕繇辭雖辨，特承意周内耳。劉咸炘曰：「詳録此無謂，蓋徒好其文耳。」

〔一〇〕漢書蕭望之傳：「弘恭、石顯等知望之素高節，不詘辱，建白非頗詘望之於牢獄，塞其怏怏心，則聖朝亡以施恩厚。」

上乃可其奏。望之以問門下生朱雲，雲者，好節士，勸望之自裁，望之竟飲鴆自殺。」郝書「縊死」作「飲藥」，陳志作「縊死」，誤。

〔一二〕漢書賈誼傳：「天子議以誼任公卿之位。絳、灌、東陽侯馮敬之屬盡害之，迺以誼爲長沙王太傅。」師古曰：「絳，絳侯周勃也；灌，灌嬰也。」

〔一三〕史記白起傳：「起，郿人，善用兵，遷爲武安君。秦王遣起，不得留咸陽中。武安君出咸陽西門十里，至杜郵，秦王乃使使者賜之劒，自裁。」

〔一四〕漢書晁錯傳：「錯衣朝衣，斬東市。鄧公曰：錯計畫始行，卒受大戮，内杜忠臣之口，外爲諸侯報仇，臣竊爲陛下不取也。」

〔一五〕史記伍子胥傳：「伍子胥者，楚人也，名員。吴王使使賜伍子胥屬鏤之劒，曰：子以此死。」

〔一六〕左傳襄公十年：「王叔陳生與伯輿爭政，王右伯輿。晉侯使士匄平王室，王叔與伯輿訟焉。范宣子曰：天子所右，寡君亦右之；所左，亦左之。使王叔氏與伯輿合要，王叔氏不能舉其契。」杜注：「（要）〔要〕，契之辭。」孔疏：「要辭，如今辯答。合要者，使其各爲要約言語，兩相辯答。伯輿辭直，王叔無以應之，故不能舉其要契之辭也。」

〔一七〕毛本「焉」作「馬」，誤。

〔一八〕和洽救玠事，詳見洽傳。

〔一九〕劉咸炘曰：「清公不容，自有故；安國之論，膚矣！」

〔二〇〕拜玠子郎中，見文紀延康元年注引丁亥令。

徐奕字季才，東莞人也。〔一〕避亂江東，孫策禮命之。奕改姓名，微服還本郡。太祖爲司空，辟爲掾屬，從西征馬超。超破，軍還。時關中新服，未甚安，留奕爲丞相長史，鎮撫西京，西京稱其威信。轉爲雍州刺史，復還爲東曹屬。丁儀等見寵於時，並害之，而奕終不爲動。

魏書曰：或謂奕曰：「夫以史魚之直，孰與蘧伯玉之智？丁儀方貴重，宜思所以下之。」奕曰：「以公明聖，儀豈得久行其僞乎！且姦以事君者，吾所能禦也，子寧以他規我。」

傅子曰：武皇帝，至明也。崔琰、徐奕，一時清賢，皆以忠信顯於魏朝。丁儀間之，徐奕失位，而崔琰被誅。

出爲魏郡太守。太祖征孫權，徙爲留府長史，謂奕曰：「君之忠亮，古人不過也，然微太嚴。昔西門豹佩韋以自緩，〔二〕夫能以柔弱制剛彊者，望之於君也。今使君統留事，孤無復還顧之憂也。」魏國既建，爲尚書，復典選舉，遷尚書令。

〔一〕東莞見陶謙傳，又見夏侯玄傳注引魏書，又見張既傳。郡國志：「徐州琅邪國東莞。」王先謙曰：「漢末置郡，三國魏末廢郡，還屬琅邪。通鑑胡注，魏既分而復合於琅邪，晉又分置，説與魏氏春秋亦合，今從之。晉志改屬東莞郡。一統志，故城今山東沂州府沂水縣治。」

〔二〕韓非子：「西門豹之性急，故佩韋以緩己。」

太祖征漢中，魏諷等謀反，〔一〕中尉楊俊左遷。〔二〕太祖歎曰：「諷所以敢生亂心，以吾爪牙之臣，無遏姦防謀者故也。安得如諸葛豐者，使代俊乎！」〔三〕桓階曰：「徐奕其人也。」太祖乃以奕爲中尉，〔四〕手令曰：「昔楚有子玉，文公爲之側席而坐；〔五〕汲黯在朝，淮南爲之折謀。〔六〕詩稱邦之司直，君之謂與！」在職數月，疾篤，乞退；拜諫議大夫，卒。

魏書曰：文帝每與朝臣會同，未嘗不嗟歎，思奕之爲人。奕無子，詔以其族子統爲郎，〔七〕以奉奕後。

〔一〕見武紀建安二十四年。

〔二〕楊俊傳：「魏諷反於鄴，俊自劾，詣行在所，左遷平原太守。」

〔三〕諸葛豐事見諸葛誕傳。

〔四〕中尉，見涼茂傳。趙一清引百官志，臆斷改中候爲中尉，説誤，不録。

〔五〕史記晉世家：「晉焚楚軍，火數日不息。文公歎。左右曰：勝楚而君猶憂何？文公曰：子玉猶在，庸可喜乎！」

〔六〕史記汲黯傳：「淮南王謀反，憚黯。曰：好直諫，守節死義，難惑以非。至如説丞相弘，如發蒙振落耳。」

〔七〕錢大昭曰：「郎下當有中字，見文帝紀。」

何夔字叔龍，陳郡陽夏人也。〔一〕曾祖父熙，漢安帝時官至車騎將軍。

華嶠漢書曰：熙字孟孫，少有大志，不拘小節。身長八尺五寸，體貌魁梧，善爲容儀。舉孝廉，爲謁者，贊拜殿中，音動左右，和帝佳之。〔二〕歷位司隸校尉、大司農。〔三〕永初二年，〔四〕南單于與烏桓俱反，以熙行車騎將軍征之，累有功。烏桓請降，單于復稱臣如舊。會熙暴疾卒。〔五〕

夔幼喪父，與母兄居，以孝友稱。長八尺三寸，容貌矜嚴。

魏書曰：漢末閹宦用事，夔從父衡爲尚書，有直言，由是在黨中，諸父兄皆禁錮。〔六〕夔歎曰：「天地閉，賢人隱。」故不應宰司之命。

避亂淮南。後袁術至壽春，〔七〕辟之，夔不應；然遂爲術所留。久之，術與橋蕤俱攻圍蘄陽，〔八〕蘄陽爲太祖固守。術以夔彼郡人，欲脅令説蘄陽。夔謂術謀臣李業曰：「昔柳下惠聞伐國之謀，而有憂色，曰：吾聞伐國不問仁人，斯言何爲至於我哉！」〔九〕遂遁匿灊山。〔一〇〕術知夔終不爲己用，乃止。術從兄山陽太守遺母，〔一一〕夔從姑也，是以雖恨夔而不加害。

〔一〕郡國志：「豫州陳國陽夏。」吴增僅曰：「魏志諸王傳，黄初四年，封曹邕爲陳王，是魏初改郡爲國。太和六年，封植爲陳王，植子志徙封濟北國，復爲郡。一統志：陽夏故城，今河南陳州府太康縣治。」

〔二〕何焯校改「佳」作「偉」。弼案：范書梁（懂）〔慬〕傳亦作「偉」。

〔三〕毛本「位」作「爲」。

〔四〕宋本二作三。沈家本曰：「范史安紀，南匈奴、烏桓二傳，事並在三年。」

〔五〕本志高柔傳注引陳留耆舊傳曰：「琅邪相何英，車騎將軍熙之父也。」

〔六〕馮、吴、毛本「錮」作「固」，誤。

〔七〕郡國志：「揚州九江郡壽春。」王先謙曰：「九江郡，三國魏、吴分據，吴割入廬江，魏改曰淮南。」謝鍾英曰：「袁術傳，興平元年，術建號，以九江太守爲淮南尹。魏略楊沛傳，太祖輔政，沛遷九江太守，是魏武復淮南爲九江。」弼按：興平元年應作建安二年，術建號應作僭號。謝氏誤。壽春，今安徽鳳陽府壽州治。九江，互見武紀初平四年。

〔八〕蘄陽見武紀建安十八年蘄陽之役注。趙一清曰：「蘄陽，漢沛國之蘄縣。陳承祚述史，屢有蘄陽之文，豈後漢末曾改蘄縣爲蘄陽乎？又何夔是陳郡人，而蘄屬沛郡，今云術以夔彼郡人，所未達也。或郡人下有缺文。」

〔九〕春秋繁露：「昔者魯君問於柳下惠曰：我欲攻齊，如何？柳下惠對曰：不可。退而有憂色。曰：吾聞之也，謀伐國者，不問於仁人也；此何爲至於我？」

〔一〇〕范書袁術傳：「術奔其部曲陳簡、雷薄於灊山。」章懷注：「灊縣之山也。灊，今壽州霍山縣也。」謝鍾英曰：「張遼傳，灊中有天柱山，高峻二十餘里，道險狹，步徑裁通，陳蘭等壁其上。遼攻斬之。鍾英按，山在灊山縣西北。方輿紀要卷二十六云：灊山在潛山縣西北二十里，與六安州霍山縣接界，即霍山矣。舊志，潛山與皖公、天柱三峯鼎峙，層巒叠嶂，爲長淮之扞蔽。説者皆以潛、皖、天柱爲三山，其實非也。蓋以形言之，則曰潛山，謂遠近山勢皆潛伏也。以地言之，則曰皖山，謂皖伯所封之國也。以峯言之，則曰天柱，其峯突出衆山之上，峭拔如柱也。名雖有三，實一山耳。或又謂山南爲皖，山北爲潛，雪山盤其東，霍山屏其西，皆即一山而强爲之説耳。」一統志：「霍山在安徽六安州霍山縣西北五里，又名天柱山。爾雅霍山爲南嶽，注即天柱山，灊水所出也。史記封禪書：元封五年，登禮灊之天柱山，號曰南嶽。應劭曰：灊縣屬廬江，南嶽霍山也。按，霍山與潛山縣之潛山，相去百餘里，本非一山。後人以潛有天柱峯，遂誤潛即霍山，又謂潛即南嶽，誤。又云皖山在安慶府潛山縣西北。考漢灊縣故城，在今霍山縣東北三十里，去今潛山頗遠。今潛山縣本漢皖縣，東晉以後爲懷寧縣地。晉以前灊縣實不在此，諸志紛紛，以皖山爲灊嶽爲霍山，俱誤。」弼按：綜上諸説，以一統志爲最詳明，以章懷注爲最簡要。章懷所云「灊山，灊縣之山」，蓋指漢時灊縣之山言。又云「灊，今壽州霍山縣」，蓋指唐時之地理言，亦即今日之霍山縣也。至今日之潛山縣，非漢、晉之灊縣，一統志已辨明之。則何夔當日所遁匿之灊山，爲漢時灊縣之山，即今日霍山縣之霍山。方輿紀要與謝説俱誤。

〔一一〕袁遺見武紀初平元年。

建安二年，夔將還鄉里，度術必急追，乃閒行得免。明年，到本郡。頃之，太祖辟爲司空掾屬。時有傳袁術軍亂者，太祖問夔曰：「君以爲信不？」夔對曰：「天之所助者順，人之所助者信。術無信順之實，而望天人之助，此不可以得志於天下。夫失道之主，親戚叛之，而況於左右乎！以夔觀之，其亂必矣。」太祖曰：「爲國失賢則亡。君不爲術所用，亂，不亦宜乎！」太祖性嚴，掾屬公事，往往加杖。夔常畜毒藥，誓死無辱，是以終不見及。

孫盛曰：夫君使臣以禮，臣事君以忠，是以上下休嘉，道光化洽。公府掾屬，古之造士也，〔一〕必擢時儁，搜揚英逸，得其人則論道之任隆，非其才則覆餗之患至。〔二〕苟有疵釁，刑黜可也。加其捶扑之罰，肅以小懲之戒，豈「導之以德、齊之以禮」之謂與！然士之出處，宜度德投趾；可不之節，〔三〕必審於所蹈。故高尚之徒，抗心於青雲之表，豈王侯之所能臣，名器之所羈紲哉！自非此族，委身世塗，否泰榮辱，制之由時，故箕子安於孥戮，〔四〕柳下夷於三黜；〔五〕蕭何、周勃，亦在縲絏。〔六〕夫豈不辱？君命故也。夔知時制，而甘其寵，挾藥要君，以避微恥。詩云「唯此褊心」，何夔其有焉。放之，可也；宥之，非也。〔七〕

出爲城父令。〔八〕

魏書曰：自劉備叛後，東南多變。太祖以陳羣爲酇令，〔九〕夔爲城父令，諸縣皆用名士以鎮撫之，其後吏民稍定。

遷長廣太守。〔一〇〕郡濱山海，黄巾未平，豪傑多背叛，袁譚就加以官位。長廣縣人管承，徒衆三千餘家，爲寇害，議者欲舉兵攻之。夔曰：「承等非生而樂亂也，習於亂不能自還，未被德教，故不知反善。今兵迫之急，彼恐夷滅，必并力戰。攻之既未易拔，雖勝，必傷吏民，不如徐喻以恩德，使容自悔，可不煩兵而定。」乃遣郡丞黄珍往，爲陳成敗，承等皆請服。夔遣吏成弘領校尉、長廣縣丞等郊迎，〔一一〕奉牛酒，詣郡。牟平賊從錢，衆亦數千，〔一二〕夔率郡兵與張遼共討定之。東牟人王營，衆三千餘家，〔一三〕脅昌陽縣爲亂。〔一四〕夔遣吏王欽等授以計略，使離散之；旬月，皆平定。〔一五〕

〔一〕禮記王制篇：「升於學者，不征於司徒，曰造士。」鄭注：「不征，不給其繇役。造，成也；能習禮則爲成士。」

〔二〕餗，音速。易鼎卦：「鼎折足，覆公餗。」正義云：「餗，糝也。」

〔三〕「不」讀曰「否」。局本「之」作「乏」，誤。

〔四〕論語：「箕子爲之奴。」

〔五〕風俗通：「柳下惠不枉道以事人，故三黜而不去。」

〔六〕史記蕭相國世家：「上使使拜丞相何爲相國。相國爲民請曰：上林中多空地，棄；願令民得入田。上大怒曰：相國多受賈人財物，乃爲請吾苑。乃下相國廷尉，械繫之。」史記絳侯周勃世家：「人有上書告勃欲反，下廷尉，逮捕勃治之。」

〔七〕魏武之杖掾屬，明代之廷杖，皆極不近人情之事。郝經曰：「士可殺而不可辱。命爲掾屬，而杖捶之，豈待士之禮？夔義不受辱，亦可尚已。謂爲挾毒要君，責之過矣。」

〔八〕郡國志：「豫州汝南郡城父。」三國魏改屬譙郡。一統志：「城父故城，今安徽潁州府亳州東南城父村。」謝鍾英曰：「今亳州東南七十里，渦陽縣之東。」

〔九〕元本、吳本「酇」作「鄖」，誤。酇見劉放傳，屬譙郡。魏國既建，特立譙郡，比豐、沛，選用名士爲守令。鄖縣遠不相涉，其誤無疑。

〔一〇〕胡三省曰：「長廣縣，前漢屬琅邪郡，後漢屬東萊郡。此蓋操遣樂進入青州，新收以爲郡。」錢大昭曰：「郡國志，長廣屬東萊郡。晉地理志、宋州郡志皆有長廣郡，並言咸寧三年置。晉領不其、長廣、挺三縣，宋領四縣。三縣之外，又有昌陽也。今讀此傳，乃知建安初已有此郡，不知省自何時；而咸寧中復置，諸史並未志其沿革，疏矣！」

趙一清曰：「郡國志，東萊郡長廣，故屬琅邪。方輿紀要卷三十六，長廣城在萊陽縣東五十里，建安中分置長廣郡，魏、晉因之。」吴增僅曰：「洪志據魏何夔傳遷長廣太守，領六縣，有長廣、牟平、東牟、昌陽，其二縣當即不其、挺。疑當時因黄巾起青、徐間，郡縣寥闊難治，故置長廣郡。魏末郡或旋廢，至晉咸寧三年復置。太康地志，不其、長廣、挺三縣俱云屬長廣，則知咸寧三年前本有長廣郡。今考咸寧在太康前，太康地志所云不其等縣屬長廣者，即指咸寧三年事也。長廣太守見史者僅一何夔，時在建安初年。迨十八年，獻帝起居注所載青州屬郡已無長廣，蓋是時已省。又洪志引管輅傳注前長廣太守陳承祐爲魏有長廣之證，今考輅傳前長廣太守陳承祐口授城門校尉華長駿語，晉書華表子廙字長駿，華稱字，知陳承祐亦字也。陳壽傳，壽字承祚，遷長廣太守，則此承祐明爲承祚之訛。壽遷長廣在晉初，洪志未審。謝云，劉繇傳云東萊牟平人，蓋魏廢長廣還入東萊，故承祚書法如此。」王先謙曰：「漢末置長廣郡，旋省郡爲縣。」一統志：「長廣故城，今山東登州府萊陽縣東。」

〔一一〕宋本「丞」作「承」，各本皆作「丞」。丞、承古通用。趙一清曰：「百官志，郡置太守一人，丞一人。郡當邊戍者，丞爲長史。凡縣，萬户以上爲令，不滿爲長，丞各一人。」姚範曰：「長廣上疑失字。」

〔一二〕謝鍾英曰：「牟平，兩漢志屬東萊。寰宇記，在牟山之陽，其地夷坦，故曰牟平。故城今山東登州府蓬萊縣東南九十里。」牟平，互見吴志劉繇傳。

〔一三〕東牟，兩漢志屬東萊。錢坫曰：「今登州府寧海州治。」

〔一四〕昌陽，兩漢志屬東萊。一統志：「故城今登州府萊陽縣東南二十五里昌山南。」

〔一五〕韓慕廬曰：「或降或討，或離散之，夔誠吏才，亦將才也。」

是時，太祖始制新科下州郡，又收租税綿絹。夔以郡初立，近以師旅之後，不可卒繩以法。乃上言曰：「自喪亂已來，民人失所，今雖小安，然服教日淺。所下新科，皆以明罰勑法，齊一大化也。所領六縣，〔一〕疆域初定，加以饑饉，若一切齊以科禁，恐或有不從教者。有不從教者，不得不誅，則非觀民設教隨時之意也。先王辨九服之賦，以殊遠近，制三典之刑，以平治亂。〔二〕愚以爲此郡宜依遠域新邦之典，其民間小事，使長吏臨時隨宜，上不背正法，下以順百姓之心。比及三年，民安其業，然後齊之以法，則無所不至矣。」〔三〕太祖從其言。徵還，參丞相軍事。海賊郭祖寇暴樂安濟南界，州郡苦之。太祖以夔前在長廣，有威信，拜樂安太守。〔四〕到官數月，諸城悉平。

〔一〕洪亮吉曰：「晉起居注云，咸寧三年，以齊東部縣爲長廣郡，領縣四：不其、長廣、昌陽、挺。晉地理志亦同，惟無昌陽。而何夔傳云領六縣，有長廣、牟平、東牟、昌陽，其二縣當即不其、挺也。魏末郡或旋廢，至晉咸寧三年復置。」

〔二〕周官職方氏：「辨九服之邦國，方千里曰王畿，其外方五百里曰侯服，又其外方五百里曰甸服，又其外方五百里曰男服，又其外方五百里曰采服，又其外方五百里曰衛服，又其外方五百里曰蠻服，又其外方五百里曰夷服，又其外方五百里曰鎮服，又其外方五百里曰藩服。」太宰「以九賦斂財賄，一曰邦中之賦，二曰四郊之賦，三曰邦甸之賦，四曰家削之賦，五曰邦縣之賦，六曰邦都之賦，七曰關市之賦，八曰山澤之賦，九曰幣餘之賦」。大司寇之職，「掌建邦之三典，以佐王刑邦國，詰四方。一曰刑新國，用輕典；二曰刑平國，用中典；三曰刑亂國，用重典」。

〔三〕明損益之宜。

〔四〕郡國志：「青州樂安國。」王先謙曰：「三國魏因，國廢爲郡。」

入爲丞相東曹掾。夔言於太祖曰：「自軍興以來，制度草創，用人未詳其本，是以各引其類，時忘道德。夔聞以賢制爵，則民慎德；以庸制祿，則民興功。以爲自今所用，必先核之鄉閭，使長幼順敘，無相踰越。顯忠直之賞，明公實之報，則賢不肖之分，居然別矣。又可修保舉故不以實之令，[一]使有司別受其負。在朝之臣，時受教與曹並選者，[二]各任其責。上以觀朝臣之節，下以塞爭競之源，以督羣下，以率萬民。如是，則天下幸甚。」太祖稱善。魏國既建，拜尚書僕射。

魏書曰：時丁儀兄弟方進寵，儀與夔不合。尚書傅巽謂夔曰：「儀不相好已甚，子友毛玠，玠等儀已害之矣，子宜少下之。」夔曰：「爲不義適足害其身，焉能害人！且懷姦佞之心，立於明朝，其得久乎！」夔終不屈志，儀後果以凶僞敗。

文帝爲太子，以涼茂爲太傅，夔爲少傅。特命二傅與尚書東曹並選太子諸侯官屬。茂卒，以夔代茂。每月朔，太傅入見太子，太子正法服而禮焉，他日無會儀。[三]夔遷太僕，[四]太子欲與辭，宿戒供，夔無往意；乃與書請之，夔以國有常制，遂不往。其履正如此。然於節儉之世，最爲豪汰。[五]文帝踐阼，封成陽亭侯，[六]邑三百户。疾病，屢乞遜位。詔報曰：「蓋禮賢親舊，帝王之常務也。以親，則君有輔弼之勳焉；以賢，則君有醇固之茂焉。夫有陰德者，必有陽報。今君疾雖未瘳，神明聽之矣。君其即安，以順朕意。」薨，謚曰靖侯。子曾嗣，咸熙中爲司徒。

干寶晉紀曰：曾字穎考，正元中爲司隸校尉。時毋丘儉孫女適劉氏，以孕繫廷尉。女母荀，爲武衛將軍荀顗所表活。既免，辭詣廷尉，乞爲官婢，以贖女命。曾使主簿陳咸爲議，[七]議曰：「大魏承秦、漢之弊，未及革制。所以追戮已出之女，誠欲殄醜類之族也。若已產育，則成他家之母，於法則不足懲奸亂之源，〔八〕於情則傷孝子之思。男不御罪於他族，而女獨嬰戮於二門，非所以哀矜女弱，均法制之大分也。臣以爲在室之女，可從父母之刑；既醮之婦，使從夫家之戮。」朝廷從之，乃定律令。〔九〕

晉諸公讚曰：曾以高雅稱，加性純孝，位至太宰，封朗陵縣公。年八十餘，薨。〔一〇〕謚曰元公。〔一一〕子劭嗣。劭字敬祖，才識深博，有經國體儀，位亦至太宰，謚康公。子蕤嗣。〔一二〕劭庶兄遵，字思祖，有幹能。少經清職，終於太僕。遵子綏，字伯蔚，亦以幹事稱。永嘉中，爲尚書，爲司馬越所殺。傅子稱曾及荀顗曰：以文王之道事其親者，其潁昌何侯乎！其荀侯乎！古稱曾、閔，今曰荀、何。內盡其心以事其親，外崇禮讓以接天下。孝子，百世之宗，仁人，天下之令也。〔一三〕有能行仁孝之道者，君子之儀表矣。〔一四〕

〔一〕何焯曰：「核之鄉閭，時方草創，不易行也。修保舉故不以實之令，則無施不可。」

〔二〕未詳其義。

〔三〕官僚無私會。

〔四〕夔爲太僕，列名勸進，見上尊號奏。

〔五〕晉書何曾傳：「曾字穎考，性奢豪，務在華侈。帷帳車服，窮極綺麗；廚膳滋味，過於王者。食日萬錢，猶曰無下箸處。二子遵、劭。劭字敬祖，驕奢簡貴，亦有父風，衣裘服翫，新故巨積。食必盡四方珍異，一日之供，以錢二萬爲限。遵字思祖，劭庶兄也。性亦奢忲。四子嵩、綏、機、羨。綏奢侈過度，性既輕物，翰札簡傲。東海王越遂誅綏。羨既驕且吝，陵駕人物，鄉閭疾之如讎。永嘉之末，何氏滅亡無遺焉。」何焯曰：「孝先清恪，叔龍豪汰，而相與爲友。古人所重在大節，奉己之奢儉，不以相非也。叔龍侈汰，潁考繼之，貽謀一謬，子孫卒受其禍，不可以不戒。」

〔六〕晉書何曾傳，夔封陽武亭侯。

〔七〕宋本「陳」作「程」。晉書刑法志亦作「程」，此誤。

〔八〕「於法」，北宋本作「以法」，馮本作「於防」。

〔九〕趙一清曰：「晉書刑法志及何曾傳言，魏法，犯大逆者，誅及已出之女。毌丘儉之誅，其子甸妻荀氏應坐死，其族兄顗、族父虞與景帝姻通，共表魏帝，以匄其命。詔聽離婚。荀所生女芝，爲潁川太守劉子元妻，亦坐死。以懷姙繫獄。荀詣曾乞恩，曾哀之，騰辭上議。一清案，劉子元名仲武，晉書禮志載沛國劉仲武先娶毌丘氏，生子正舒、正則二人。毌丘儉反，敗，仲武出其妻，娶王氏，生陶。仲武爲毌丘氏別舍，而不告絶。及毌丘氏卒，正舒求祔葬焉，而陶不許。正舒不釋服，訟於上下，泣血露骨，衰裳綴絡，數十年不得從，以至死亡。所云懷姙，即正則也。」

〔一〇〕毛本「十」作「士」，誤。晉書曾傳：「咸寧四年薨，時年八十。」

〔一一〕晉書曾傳：「博士秦秀謚爲繆醜，帝不從，策謚曰孝。太康末，子劭自表，改謚爲元。」

〔一二〕晉書曾傳作「子岐嗣。劭初亡，袁粲弔岐，岐辭以疾，粲獨哭而出」。

〔一三〕「令」一作「本」。晉書曾傳「令」作「命」。

〔一四〕困學紀聞云：「何曾、荀顗之孝，論者比之曾、閔。夫以孝事君則忠，不忠於魏，又不忠於晉，非孝也。顗之罪浮於曾。曾之驕奢，禍止及家；顗之姦諛，禍及天下。」

邢顒字子昂，河間鄚人也。〔一〕舉孝廉，司徒辟，皆不就。易姓字，適右北平，〔二〕從田疇游。積五年，而太祖定冀州。顒謂疇曰：「黄巾起來，二十餘年，海内鼎沸，百姓流離。今聞曹公法令嚴，民厭亂矣，亂極則平，請以身先。」遂裝還鄉里。田疇曰：「邢顒，民之先覺

也。」〔三〕乃見太祖，求爲鄉導，以克柳城。〔四〕

〔一〕郡國志：「冀州河閒國鄚，故屬涿。」惠棟曰：「鄚，說文從邑，莫聲。俗本作鄭，誤。」一統志：「鄚縣故城，今直隸河閒府任丘縣北。」

〔二〕右北平郡見明紀景初元年。

〔三〕胡三省曰：「伊尹曰：予天民之先覺者也，此以道自任者也。若邢顒之先覺，特見幾耳。」

〔四〕柳城見武紀建安十二年。

太祖辟顒爲冀州從事，時人稱之曰：「德行堂堂邢子昂。」除廣宗長。〔一〕以故將喪，棄官。有司舉正。太祖曰：「顒篤於舊君，有一致之節，勿問也。」更辟司空掾，除行唐令，〔二〕勸民農桑，風化大行。入爲丞相門下督，遷左馮翊。〔三〕病，去官。是時太祖諸子高選官屬，令曰：「侯家吏，宜得淵深法度如邢顒輩。」遂以爲平原侯植家丞。〔四〕顒防閑以禮，〔五〕無所屈撓，由是不合。庶子劉楨書諫植曰：「家丞邢顒，北土之彦，少秉高節，玄静澹泊，言少理多，真雅士也。楨誠不足同貫斯人，並列左右。而楨禮遇殊特，顒反疏簡，私懼觀者將謂君侯習近不肖，禮賢不足；採庶子之春華，忘家丞之秋實。爲上招謗，其罪不小，以此反側。」〔六〕後參丞相軍事，轉東曹掾。〔七〕初，太子未定，而臨菑侯植有寵，丁儀等並贊翼其美。太祖問顒，顒對曰：「以庶代宗，先世之戒也。願殿下深重察之！」〔八〕太祖識其意，後遂以爲太子少傅，遷太傅。文帝踐阼，爲侍中尚書僕射，賜爵關内侯。出爲司隸校尉，徙太常。黄初四年，薨。子友嗣。

晉諸公贊曰：顒曾孫喬，字魯伯。〔九〕有體量局幹，美於當世。歷清職。元康中，與劉渙俱爲尚書吏部郎，稍遷至司隸校尉。

〔一〕郡國志：「冀州鉅鹿郡廣宗。」三國魏改屬安平郡。方輿紀要：「今直隸順德府廣宗縣治。」

〔二〕郡國志：「冀州常山國南行唐。」一統志：「故城今直隸正定府行唐縣北。」

〔三〕郡國志：「司隸左馮翊，治高陵。」劉昭注引決録注曰：「馮，馮也；翊，明也。」惠棟曰：「漢官解詁曰，馮，輔；翊，蕃。故以爲名。魏略曰：建安初，關中始開，詔分馮翊西數縣爲左内史郡，治高陵；以東數縣爲本郡，治臨晉。何焯云：時權置，旋復故。故司馬氏不載。然劉注當補。」王先謙曰：「建安十八年，以郡屬雍州。三國魏去左字。」一統志：「高陵故城，今陝西西安府高陵縣西南。」

〔四〕續百官志：「列侯家臣，置家丞、庶子各一人，主侍侯使理家事。中興以來，食邑千户已上置家丞、庶子各一人，不滿千户，不置家丞。」

〔五〕胡三省曰：「防，隄也；閑，闌也。防以止水，閑以制獸，皆禁止之義也。」

〔六〕范書光武紀「令反側子自安」章懷注：「反側，不安也。詩國風曰：展轉反側。」

〔七〕馮本「轉」作「輔」，誤。

〔八〕毛本「殿」作「陛」，誤。

〔九〕宋本「魯」作「曾」。沈家本曰：「以名喬推之，當作魯。」

鮑勛字叔業，泰山平陽人也。〔一〕漢司隸校尉鮑宣九世孫。宣後嗣有從上黨徙泰山者，遂家焉。〔二〕勛父信，靈帝時爲騎都尉。大將軍何進遣東募兵。後爲濟北相，協規太祖，身以遇害。語在董卓傳、武帝紀。

魏書曰：信父丹，官至少府侍中，世以儒雅顯。少有大節，〔三〕寬厚愛人，沈毅有謀。大將軍何進辟，拜騎都尉，遣歸募兵，得千餘人。還到成皋，〔四〕而進已遇害。信至京師，董卓亦始到。信知卓必爲亂，勸袁紹襲卓，紹畏卓，不敢發。語在紹傳。信乃引軍還鄉里，收徒衆二萬，騎七百，輜重三千餘乘。〔五〕是歲，太祖始起兵於已吾，〔六〕信與弟韜以兵應太祖，太祖與袁紹表信行破虜將軍，韜，裨將軍。〔七〕時紹衆最盛，豪傑多向之。信獨謂太祖曰：「夫略不世出，能總英雄以撥亂反正者，〔八〕君也。苟非其人，雖彊必斃。君殆天之所啓！」遂深自結納，太祖亦親異焉。汴水之敗，信被創，韜在陣戰亡。紹劫奪韓馥位，遂據冀州。信言於太祖曰：「奸臣乘釁，蕩覆王室，英雄奮節，天下嚮應者，義也。今紹爲盟主，因權專利，將自生亂，是復有一卓也。若抑之，則力不能制；祇以遘難，又何能濟？且可規大河之南，以待其變。」太祖善之。太祖爲東郡太守，表信爲濟北相。〔九〕會黄巾大衆入州界，劉岱欲與戰，信止之。岱不從，遂敗。語在武紀。太祖以賊恃勝而驕，欲設奇兵挑擊之於壽張，〔一〇〕先與信出行戰地，後步軍未至，而卒與賊遇，遂接戰。信殊死戰，以救太祖。太祖僅得潰圍出，信遂没，時年四十一。雖遭亂起兵，家本修儒，治身至儉，而厚養將士。居無餘財，士以此歸之。

建安十七年，太祖追録信功，表封勛兄邵新都亭侯。

魏書曰：邵有父風，太祖嘉之，加拜騎都尉，使持節。邵薨，子融嗣。

辟勛丞相掾。

魏書曰：勛清白有高節，知名於世。

〔一〕郡國志：「兗州泰山郡。」洪亮吉曰：「東平陽，漢舊縣，中興後省，魏復立。」謝鍾英曰：「東平陽，班志屬泰山。魏志高堂隆、鮑勛並云泰山平陽人，是魏時改名平陽。洪氏作東平陽非也。又左傳宣八年杜注，今泰山平陽縣。太康地志，新泰舊名平陽，泰始中羊祜此縣人，表改爲新泰。水經注，洙水西逕泰山東平陽縣，晉武帝元康九年改爲新泰。（按，武帝太康紀元十年，惠帝元康紀元九年，水經注元康係太康之譌。）平陽之改新泰，太康志、水經注並有明文，宋書州郡志、魏書地形志謂新泰魏置者，均誤。馬與龍云：太康地志謂太始中羊祜表改，然據杜注及洙水注，縣改名新泰，當在太康末也。晉志曰新泰。」一統志：「故城今山東泰安府新泰縣西北。」弼按：范書羊續傳，太山平陽人，是平陽未省也。又按，山陽郡有南平陽縣。惠棟曰：「竹書紀年梁惠王二十九年，齊田肦及宋人伐我東鄙，圍平陽。河東有平陽，故加南。」楊守敬曰：「漢志、水經有東平陽，則此泰山之平陽應有東字。杜注，高堂隆、羊祜等傳無東字，省文耳。」綜上諸説，在洙水南者曰南平陽，在河東者曰東平陽，爲相對之詞。繫於泰山之平陽，自爲東平陽也。

〔二〕漢書鮑宣傳：「宣字子都，渤海高城人。好學明經，爲諫大夫，屢上書諫爭。後拜司隸，因事被刑，徙之上黨。以爲其地宜田牧，遂家于長子。（師古曰：「上黨之縣也。」）後以不附王莽，繫獄自殺。」宣妻桓少君，與宣共挽鹿車，歸鄉里，修行婦道，見范書列女傳。宣子永，字君長；永子昱，字文泉，三世均爲司隸校尉。京師歌曰：鮑氏驄，三入司隸再入公。馬雖瘦，行步工。昱子德，修志節，有名稱。累官南陽太守，號爲神父。德子昂，有孝義節行，范書均有傳。

〔三〕「少」字上應有「信」字。

〔四〕成皋見武紀卷首。

〔五〕宋本「三」作「五」。

〔六〕已吾見武紀卷首。

〔七〕洪飴孫曰：「破虜將軍一人，第五品。中平六年，袁術表孫堅爲此官。裨將軍無員，第五品。」

〔八〕毛本「亂」作「之」，誤。

〔九〕武紀：「初平元年，東郡太守橋瑁、濟北相鮑信同時俱起兵，劉岱殺瑁，以王肱領東郡太守。二年，王肱不能禦黑山賊，袁紹表曹操爲東郡太守。是信爲濟北相在前，操爲東郡太守在後。此言操爲東郡太守，表信爲濟北相，疑有誤。」沈家本曰：「初平元年鮑信已稱濟北相，袁紹表曹操爲東郡太守，在初平二年，此恐魏書之誤。」

〔一〇〕郡國志：「兗州東平國壽張。」一統志：「故城今山東泰安府東平州西南。」

二十二年，立太子，以勛爲中庶子。徙黃門侍郎，〔一〕出爲魏郡西部都尉。〔二〕太子郭夫人弟〔三〕爲曲周縣吏，〔四〕斷盜官布，法應棄市。太祖時在譙，太子留鄴，數手書爲之請罪。勛不敢擅縱，具列上。勛前在東宮，守正不撓，太子固不能悅，及重此事，恚望滋甚。〔五〕會郡界休兵，有失期者，密勑中尉奏免勛官。〔六〕久之，拜侍御史。〔七〕延康元年，太祖崩，太子即王位，勛以駙馬都尉兼侍中。〔八〕

〔一〕續百官志：「太子中庶子，六百石，員五人，職如侍中。」黃門侍郎見武紀建安十九年。

〔二〕胡三省曰：「漢獻帝建安十八年，魏武分魏郡置東、西部都尉，以東部都尉立陽平郡，西部都尉立廣平郡，謂之三魏，皆屬司州。」洪飴孫曰：「每郡都尉一人，比二千石。大郡或置二人，或爲東、西部，或爲南、北部，典兵禁，備盜賊。」

〔三〕本志后妃傳：「郭后蚤喪兄弟，以從兄表繼父永後。」此言夫人弟，未詳其名。又按，郭后傳「后頗防閑外戚」。以此事推之，或爲溢美之辭。傳中「甄后之死，由后之寵」二語，及「曹洪下獄當死，卞太后謂郭后曰：令曹洪今日死，吾明日敕帝廢后。郭后涕泣屢請，乃得免官削爵土」，是郭后之足以制魏文可知。

〔四〕曲周，前漢屬廣平郡，後漢屬鉅鹿郡，建安十七年移屬魏郡。見武紀。三國魏改屬廣平。廣平郡即魏郡西部，故西部都尉得按治之。一統志：「曲周故城，今直隸廣平府曲周縣東北。」

〔五〕禍機已伏於此。或曰，以操之明斷，諸子猶復縱肆行私如是。

〔六〕中尉即執金吾。

〔七〕勛爲侍御史，列名勸進，見文紀注引禪代衆事。

〔八〕馮本「勛」作「郥」，誤。駙馬都尉見明紀青龍元年，又見曹爽傳；侍中見武紀建安元年。

文帝受禪，勛每陳「今之所急，唯在軍農，寬惠百姓。臺榭苑囿，宜以爲後」。文帝將出游獵，勛停車上疏曰：「臣聞五帝三王，靡不明本立教，以孝治天下。陛下仁聖惻隱，有同古烈。臣冀當繼蹤前代，令萬世可則也。如何在諒闇之中，〔一〕修馳騁之事乎！臣冒死以聞，唯陛下察焉。」帝手毀其表，而競行獵。中道頓息，問侍臣曰：「獵之爲樂，何如八音也？」侍中劉曄對曰：「獵勝於樂。」勛抗辭曰：「夫樂，上通神明，下和人理，隆治致化，萬邦咸乂。〔二〕故移風易俗，〔三〕莫善於樂。況獵，暴華蓋於原野，傷生育之至理，櫛風沐雨，不以時隙哉！昔魯隱觀漁於棠，〔四〕春秋譏之。雖陛下以爲務，愚臣所不願也。」因奏：「劉曄佞諛不忠，阿順陛下過戲之言。昔梁丘據取媚於遄臺，〔五〕曄之謂也。請有司議罪，以清皇朝。」〔六〕帝怒作色，罷還，即出勛爲右中郎將。〔七〕

〔一〕論語：「高宗諒陰，三年不言。」注曰：「諒，信也；陰，猶默也。」疏曰：「謂信任冢宰，默而不言也。」禮記作「諒闇」，鄭玄以爲凶廬。

〔二〕爾雅釋詁：「乂，治也。」

〔三〕馮本奪「故」字。

〔四〕見崔琰傳。左傳作「觀魚」。

〔五〕左傳昭公二十年：「齊侯至自田，晏子侍於遄臺，子猶馳而造焉。（杜注：「子猶，梁丘據也。」）公曰：唯據與我和夫。晏子對曰：據亦同也，焉得謂和！」說苑：「齊景公飲酒，移于梁丘據之家，梁丘據左操瑟，右挈竽，行歌而至。公曰：樂哉！今夕吾飲酒也。微此二臣，何以樂吾身？」

〔六〕何焯曰：「勛語殊壯，但丕聞諒陰之語，漠無所動，毀表行獵，復問其樂何如八音，心已死矣，又何可與言哉！丕昏已甚，勛又切直不已，忠亮有餘，而識不足，君子惜之。」梁章鉅曰：「御覽卷四十二引魏略云：魏文帝獵北邙上，時盛夏炎暑，行者或中暍。鮑勛切諫，遂因此伏法。按本傳，勛因諫獵，出爲右中郎將，後以諫征吴左遷，復緣私解孫邕事，收付廷尉伏誅，並非因諫獵伏法。魏略有脱漏，故裴注不收也。」

〔七〕續百官志：「右中郎將，比二千石。」

黄初四年，尚書令陳羣、僕射司馬宣王並舉勛爲宫正。宫正，即御史中丞也。〔一〕帝不得已而用之。百寮嚴憚，罔不肅然。六年秋，帝欲征吴，羣臣大議。勛面諫曰：「王師屢征，而未有所克者，蓋以吴、蜀脣齒相依，憑阻山水，有難拔之勢故也。往年龍舟飄蕩，隔在南岸，〔二〕聖躬蹈危，臣下破膽。此時宗廟幾至傾覆，爲百世之戒。今又勞兵襲遠，日費千金，〔三〕中國虛耗，令黠虜玩威，〔四〕臣竊以爲不可。」帝益忿之，左遷勛爲治書執法。〔五〕

〔一〕御史中丞見武紀初平元年。宋書百官志：「御史大夫有二丞，其一曰御史丞，其二曰御史中丞。殿中蘭臺祕書圖籍在焉，而中丞居之。外督部刺史，内領侍御史，受公卿奏事，舉劾按章。中丞每月二十五日，繞行宫垣白壁。史臣按，漢志執金吾每月三繞行宫城，疑是省金吾，以此事併中丞。」洪飴孫曰：「御史中丞一人，千石，本御史大夫之丞。黄初初，改爲宫正，復爲臺主，尋又改曰中丞。」趙一清曰：「宫正之名，以巡行宫省得名。」

〔二〕通鑑：「黄初五年八月，魏文爲水軍，親御龍舟。會暴風漂蕩，幾至覆没。」

〔三〕兵法曰：「興師十萬，日費千金。」

〔四〕國語：「祭公謀父曰：先王耀德不觀兵。夫兵戢而時動，動則威，觀則玩，玩則無震。」

〔五〕晉書職官志：「魏置治書執法，掌奏劾。」趙一清氏以治書執法即治書侍御史，誤。

帝從壽春還，屯陳留郡界。太守孫邕見，出過勛。〔一〕時營壘未成，但立標埒，〔二〕邕邪行不從正道，軍營令史劉曜欲推之，〔三〕勛以塹壘未成，解止不舉。大軍還洛陽，曜有罪，勛奏絀遣，而曜密表勛私解邕事。詔曰：「勛指鹿作馬，收付廷尉。」廷尉法議：「正刑五歲。」〔四〕三官駮：「依律罰金二斤。」〔五〕帝大怒曰：「勛無活分，而汝等敢縱之！」〔六〕收三官以下付刺姦，〔七〕當令十鼠同穴。」太尉鍾繇、司徒華歆、鎮軍大將軍陳羣、侍中辛毗、尚書衛臻、守廷尉高柔等〔八〕並表「勛父信有功於太祖」，〔九〕求請勛罪。帝不許，遂誅勛。〔一〇〕勛内行既脩，廉而能施，死之日，家無餘財。後二旬，文帝亦崩，莫不爲勛歎恨。〔一一〕

〔一〕孫邕見齊王紀嘉平六年，又見管寧傳、盧毓傳。

〔二〕胡三省曰：「標，表也。埒，說文曰：庳垣也。又封道曰埒。」

〔三〕續百官志：「大將軍令史及御屬三十一人。」

〔四〕胡三省曰：「法議，引法而議也。正，結正也。五歲刑，髡鉗爲城旦舂。」

〔五〕三官，廷尉正、監、平也。

〔六〕通鑑「敢」作「欲」。

〔七〕范書侯霸傳「再遷爲執法刺姦」章懷注引王莽傳曰：「置執法左右刺姦，選能吏侯霸等分督六尉六隊，如漢刺史。」是刺姦之官甚尊。魏有刺姦掾、刺姦主簿，大將軍、太尉皆有刺姦都督，大都曹掾之屬。

〔八〕高柔傳：「柔爲廷尉，帝以宿嫌，欲枉法誅治書執法鮑勛，柔固執不從詔命。遂召柔詣臺，遣使者承指至廷尉考竟勛。勛死，乃遣柔還寺。」

〔九〕或曰，有功於太祖，何如得罪於郭夫人？

〔一〇〕通鑑輯覽曰：「魏文以貸絹宿嫌免曹洪，已失予奪之正。至鮑勛守法不阿，方當録用，以勵羣下，乃必欲寘之於死，可謂徇私怨而昧公義矣！」

〔一一〕此與崔琰之死，同一痛惜。或曰，歎恨不得以赦免耳。

司馬芝字子華，河内温人也。〔一〕少爲書生，避亂荆州，於魯陽山遇賊，〔二〕同行者皆棄老弱走，芝獨坐守老母。賊至，以刃臨芝，芝叩頭曰：「母老，唯在諸君！」賊曰：「此孝子也，殺之不義。」遂得免害，以鹿車推載母。〔三〕居南方十餘年，躬耕守節。

〔一〕郡國志：「司隸河内郡温。」一統志：「温縣故城，今河南懷慶府温縣西南三十里。」

〔二〕魯陽見劉表傳、毛玠傳。趙一清曰：「前漢書地理志，南陽郡魯陽有魯山，古魯縣。」潘眉曰：「山名魯山，不名魯陽，在魯山之陽，邑因名魯陽。此當云於魯陽魯山遇賊。元和郡縣志：「魯山在汝州魯陽縣東北十里。」惠棟曰：「酈元云，柏樹谿水出魯山峽谷中，東南流徑魯山西，而南合牛蘭也。」一統志：「魯山在河南汝州魯山縣東十八里。孤高聳拔，爲一邑巨鎮，縣以此得名。」

〔三〕范書列女傳：「鮑宣妻桓氏，字少君，著短布裳，與宣共挽鹿車，歸鄉里。」風俗通云：「鹿車，或云樂車，入傳舍偃臥無憂。無牛馬而能行者，獨一人所致耳。」蘇林云：「一木橫鹿車，一人推之。」

太祖平荆州，以芝爲管長。〔一〕時天下草創，多不奉法。郡主簿劉節，舊族豪俠，賓客千餘家，出爲賊盜，入亂吏治。頃之，芝差節客王同等爲兵，掾史據白：「節家前後未嘗給繇，若至時藏匿，必爲留負。」芝不聽，與節書曰：「君爲大宗，加股肱郡，而賓客每不與役，既衆庶怨望，咸流聲上聞。〔二〕今條同等爲兵，〔三〕幸時發遣。」兵已集郡，而節藏同等，因令督郵以軍興詭責縣，〔四〕縣掾史窮困，乞代同行。芝乃馳檄濟南，具陳節罪。太守郝光素敬信芝，即以節代同行，青州號芝「以郡主簿爲兵」。〔五〕遷廣平令。〔六〕征虜將軍劉勳，〔七〕貴寵驕豪，又芝故郡將，賓客子弟在界數犯法。勳與芝書，不著姓名，而多所屬託。芝不報其書，一皆如法。後勳以不軌誅，交關者皆獲罪，而芝以見稱。

魏略曰：勳字子臺，琅邪人。〔八〕中平末，爲沛國建平長，〔九〕與太祖有舊。後爲廬江太守，爲孫策所破。〔一〇〕自歸太祖，封列侯，〔一一〕遂從在散伍議中。〔一二〕勳兄爲豫州刺史，病亡；兄子威又代從政。勳自恃與太祖有宿，日驕慢，數犯法，又誹謗。爲李申成所白，收治，并免威官。〔一三〕

〔一〕錢大昕曰：「管當作菅。濟南有菅縣，故下文有馳檄濟南之語。」趙一清曰：「此漢濟南郡之菅縣也。應劭曰：音姦。」馬與龍曰：「菅長司馬芝、高柔，見魏志，傳誤作管。」一統志：「菅縣故城，今山東濟南府章丘縣西北。」弼按：郡國志，河南尹中牟縣有管城，古管叔邑，並非管縣，與此無涉。

〔二〕宋本「咸」作「或」。

〔三〕官本考證曰：「條，北宋本作調。」

〔四〕毛本「令」作「今」，誤。督郵見崔琰傳。

〔五〕濟南郡屬青州，故云。

〔六〕郡國志：「冀州鉅鹿郡廣平。」一統志：「故城今直隸廣平府雞澤縣東。」

〔七〕武紀建安十八年注引勸進表、文紀評注引典論，俱作平虜將軍。

〔八〕郡國志：「徐州琅邪國琅邪。」一統志：「琅邪故城，今山東青州府諸城縣東南一百五十里琅邪山下，東枕大海。」

〔九〕郡國志：「豫州沛國建平。」一統志：「建平故城，今河南歸德府永城縣西南。」

〔一〇〕劉勳事見武紀建安四年、十八年，又見吳志孫策傳。

〔一一〕劉勳封華鄉侯，見武紀建安十八年注引勸進表。

〔一二〕吳本「議」作「叢」。

〔一三〕勳事又見賈逵傳注引魏略楊沛傳。

遷大理正。〔一〕有盜官練置都廁上者，吏疑女工，收以付獄。芝曰：「夫刑罪之失，失在苛暴。今贓物先得而後訊其辭，若不勝掠，或至誣服；誣服之情，不可以折獄。且簡而易從，大人之化也；不失有罪，庸世之治耳。今宥所疑，以隆易從之義，不亦可乎！」太祖從其議。

歷甘陵、沛、陽平太守，〔二〕所在有績。黃初中，入爲河南尹，抑彊扶弱，私請不行。曹内官欲以事託芝，〔三〕不敢發言，因芝妻伯父董昭。昭猶憚芝，不爲通。芝爲教與羣下曰：「蓋君能設教，不能使吏必不犯也；吏能犯教，而不能使君必不聞也。夫設教而犯，君之劣也；犯教而聞，吏之禍也。君劣於上，吏禍於下，此政事所以不理也，可不各勉之哉！」於是下吏莫不自勵。門下循行，嘗疑門幹盜簪，〔四〕幹辭不符，曹執爲獄。芝教曰：「凡物有相似而難分者，自非離婁，鮮能不惑。就其實然，循行何忍重惜一簪，輕傷同類乎！其寢勿問。」

〔一〕建安十八年，魏國始置大理。黃初元年，改爲廷尉。大理正一人，六百石，掌平決詔獄。正、監、平，謂之廷尉三官。

〔二〕甘陵見武紀建安九年。郡國志：「豫州沛國。」吳增僅曰：「司馬芝爲沛郡太守，在建安末年，蓋漢末國除爲郡。」弼按：范書蓋延傳，延破劉永沛郡太守，斬之。章懷注引東觀記曰：「沛郡太守陳修。」又侯霸傳以沛郡太守韓歆代霸爲大司徒。又玄貨爲沛郡守，見第五倫傳；向苗爲沛郡太守，見桓鸞傳；桓榮爲沛郡龍亢人，見范書本傳。是沛之除國爲郡，不在漢末也。又按，范書沛獻王輔傳，始終嗣封，至魏受禪，始改爲崇德侯。本志魏武紀亦云，沛國譙人，是終漢之世，沛並無除國爲郡之事。然則何以有沛郡太守見於各傳，殊可疑也。文帝紀，黃初二年以魏郡東部爲陽平郡。謝鍾英曰：「司馬芝爲陽平太守，在黃初前，時無陽平郡，疑字之譌。」

〔三〕宋本「曹」作「曾」，官本作「會」。

〔四〕續百官志：「閤下及諸曹各有書佐、幹，主文書。」漢官曰：「河南尹書佐五十人，循行二百三十人，幹小史二百三十一人。」惠棟曰：「幹，漢碑皆作干，古字通也。」趙明誠曰：「晉書職官志州縣吏皆有循行。案北海相景君碑陰載故吏自都昌召丘暹而下十九人，皆作脩行，豈循脩二字書相類，遂至訛謬耶？案王充論衡曰：一縣佐史之材，任郡掾史；一郡脩行之能，堪州從事。然而郡不召佐史，州不取脩行者，巧習無害，文少德高也。證此，則循行當作脩行無疑矣。」

明帝即位，賜爵關内侯。〔一〕頃之，特進曹洪乳母當〔二〕與臨汾公主侍者〔三〕共事無澗神，

臣松之案：無澗，山名，在洛陽東北。

繫獄。卞太后遣黄門詣府傳令，芝不通，輒勑洛陽獄考竟，而上疏曰：「諸應死罪者，皆當先表須報。前制書禁絶淫祀，以正風俗，今當等所犯妖刑，辭語始定，黄門吴達詣臣，傳太皇太后令。臣不敢通，懼有救護，速聞聖聽；若不得已，以垂宿留。由事不早竟，是臣之罪，是以冒犯常科，輒勑縣考竟，擅行刑戮，伏須誅罰。」帝手報曰：「省表，明卿至心，欲奉詔書，以權行事，是也。此乃卿奉詔之意，何謝之有？後黄門復往，慎勿通也。」〔四〕芝居官十一年，數議科條所不便者。其在公卿閒，直道而行。會諸王來朝，與京都人交通，坐免。

〔一〕芝議用五銖錢，見通鑑明紀太和元年。

〔二〕洪飴孫曰：「特進，無員，魏加官。朝廷所敬異者，賜位特進，言以功德特進見也。」

〔三〕郡國志：「司隸，河東郡，臨汾。」一統志：「今山西絳州東北。」謝鍾英曰：「臨汾公主即此。晉志，臨汾屬平陽郡。」

〔四〕芝於細故，多所寬宥，於豪强則法在必行。不吐剛茹柔，史評允矣。

後爲大司農。先是諸典農各部吏民，末作治生，以要利入。芝奏曰：「王者之治，崇本抑末，務農重穀。王制：無三年之儲，國非其國也。管子區言，以積穀爲急。〔一〕方今二虜未

滅，師旅不息，國家之要，唯在穀帛。武皇帝特開屯田之官，專以農桑爲業。建安中，天下倉廩充實，百姓殷足。自黄初以來，聽諸典農治生，各爲部下之計，〔二〕誠非國家大體所宜也。夫王者以海内爲家，故傳曰：「百姓不足，君誰與足！」富足之由，在於不失天時，而盡地力。今商旅所求，雖有加倍之顯利，然於一統之計，已有不貲之損，不如墾田益一畝之收也。夫農民之事田，自正月耕種，芸鋤條桑，〔三〕耕熯種麥，〔四〕穫刈築場，十月乃畢。〔五〕治廩繫橋，運輸租賦，除道理梁，墐塗室屋，以是終歲，無日不爲農事也。今諸典農，各言留者爲行者宗田〔六〕計，課其力，執不得不爾。不有所廢，則當素有餘力。臣愚以爲不宜復以商事雜亂，專以農桑爲務，於國計爲便。」明帝從之。

〔一〕潘眉曰：「區言之區，似當爲匡。管子有大匡、中匡、小匡，而無區言。」沈欽韓曰：「管子自任法第四十五至内業爲區言。」沈家本曰：「大匡諸篇，不得稱匡言，潘説誤。區言四，治國篇言富民積粟事，即其所本也。」弼按：二沈説是。

〔二〕何焯曰：「黄初中屯田之制已壞，可歎。」

〔三〕詩豳風「蠶月條桑」鄭箋云：「條桑枝落之，採其葉也。」

〔四〕「熯」疑作「暵」。暵，耕麥地也。見玉篇。或作𦔳。𦔳，耕也，見廣雅釋地。

〔五〕詩豳風「十月滌場」。

〔六〕錢儀吉曰：「宗田未詳。」

每上官有所召問，常先見掾史，爲斷其意故，〔一〕教其所以答塞之狀，皆如所度。芝性亮直，不矜廉隅。與賓客談論，有不可意，便面折其短，退無異言。卒於官，家無餘財。自魏迄今，爲河南尹者莫及芝。

〔一〕姚範曰：「史字、故字爲句。」

芝亡，子岐嗣，自河南丞轉廷尉正，〔一〕遷陳留相。〔二〕梁郡有繫囚，多所連及，數歲不決。詔書徙獄於岐屬縣，縣請豫治牢具。岐曰：「今囚有數十，既巧詐難符，且已倦楚毒，其情易見，豈當復久處囹圄邪！」及囚至，詰之，皆莫敢匿詐。一朝決竟，遂超爲廷尉。是時大將軍爽專權，尚書何晏、鄧颺等爲之輔翼。南陽圭泰〔三〕嘗以言迕旨，考繫廷尉。颺訊獄，將致泰重刑。岐數颺曰：「夫樞機大臣，王室之佐，既不能輔化成德，齊美古人，而乃肆其私忿，枉論無辜，使百姓危心，非此焉在！」颺於是慙怒而退。岐終恐久獲罪，以疾去官。居家未朞而卒，年三十五。子肇嗣。

肇，晉太康中爲冀州刺史、尚書，見百官志。〔四〕

〔一〕潘眉曰：「前芝遷大理正，此岐轉廷尉正。大理，漢官，魏改爲廷尉，實一官也。」梁章鉅說同。弼按：續百官志有廷尉而無大理。建安十八年，魏國始置大理，見魏都賦注。黄初元年，改爲廷尉，見文帝紀。又按鍾繇傳，漢獻帝在西京，繇爲廷尉正，魏國初建，爲大理，文帝即王位，復爲大理，及踐阼，改爲廷尉。可證。

〔二〕謝鍾英曰：「魏志，陳留恭王峻，太和六年封陳留，以郡爲國。司馬岐爲陳留相，洪志作郡，非也。」弼按：武文世王公傳，黄初三年，封曹峻爲陳留王，五年，改封襄邑。太和六年，又封陳留。鮑勛傳，黄初六年，文帝屯陳留郡界，太守孫邕見。是黃初三年以前，陳留爲郡，黃初五年至太和六年，又爲郡。洪志少誤，謝説亦未細審也。

〔三〕錢大昭曰：「古未有圭姓，或是州泰之譌。州泰，南陽人，見鄧艾傳後。」周壽昌曰：「前漢有眭孟，安知非其後去目存圭？猶笮氏之後爲迮，是姓之先爲氏姓，俱未可知。志内所載希姓如汎、㠜、棗、祇、戲、志、才者，甚多。」

〔四〕何焯云：「北宋本志作名。」沈家本曰：「隋志，魏晉百官名五卷，晉百官名三十卷，並無撰人。舊唐志，百官名四十卷，無撰人。又晉惠帝百官名三卷，陸機撰。新志陸機書同舊志，百官名十四卷。十四與四十，疑有一誤也。此注引司馬肇晉太康中爲晉冀州刺史、尚書。疑所引乃晉百官名也。」

評曰：徐奕、何夔、邢顒，貴尚峻厲，爲世名人。毛玠清公素履，司馬芝忠亮不傾，庶乎不吐剛茹柔。崔琰高格最優，鮑勛秉正無虧，而皆不免其身，惜哉！大雅貴「既明且哲」，虞書尚「直而能溫」。自非兼才，疇克備諸！〔一〕

〔一〕此皆忠亮端直之士，列於勳庸之前，不以官爵崇卑爲先後也。

魏書十三

鍾繇華歆王朗傳第十三

鍾繇字元常，〔一〕潁川長社人也。〔二〕

先賢行狀曰：鍾皓字季明，温良篤慎，博學詩律，〔三〕教授門生千有餘人，〔四〕爲郡功曹。時太丘長陳寔爲西門亭長，〔五〕皓深獨敬異。寔少皓十七歲，常禮待與同分義。〔六〕會辟公府，臨辭，太守問：「誰可代君？」皓曰：「明府欲必得其人，西門亭長可用。」寔曰：「鍾君似不察人爲意，不知何獨識我？」皓爲司徒掾，公出，道路泥濘，導從惡其相灑，去公車絶遠。公椎軾言：「司徒今日爲獨行耳！」還府向閤，鈴下不扶，令揖掾屬，公奮手不顧。時舉府掾屬皆投劾出，皓爲西曹掾，即開府門分布曉語已出者曰：「臣下不能得自直於君，若司隸舉繩墨，以公失宰相之禮，又不勝任，諸君終身何所任邪？」〔七〕掾屬以故皆止。都官果移西曹掾，〔八〕問空府去意。皓召都官吏，以見掾屬名示之，乃止。〔九〕前後九辟三府，遷南鄉、林慮長，〔一〇〕不之官。〔一一〕時郡中先輩爲海内所歸者，蒼梧太守定陵陳稚叔、〔一二〕故黎陽令潁陰荀淑〔一三〕及皓。少府李膺常宗此三人，曰：「荀君清識難尚，陳、鍾至德可師。」膺之姑爲皓兄之妻，生子覬，〔一四〕與膺年齊，並有令名。覬又好學慕古，有退讓之行。爲童幼時，膺祖太尉修言：「覬似我家性，〔一五〕國有道不廢，國無道免於刑戮者也。」復以膺妹妻之。〔一六〕覬辟州宰，〔一七〕未嘗屈就。膺謂覬曰：「孟軻以爲，人無好惡是非之心，非人也。弟於人何太無皁白邪！」〔一八〕覬嘗以膺之言白皓，皓曰：「元禮祖公在位，〔一九〕諸父並盛，〔二〇〕韓公之甥，故得然耳。國武子好招人過，〔二一〕以爲怨本，今豈其時！保身全家，汝道是也。」覬早亡，膺雖荷功名，位至卿佐，而卒隕身世禍。皓年六十九，終於家。〔二二〕皓二子迪、敷，並以黨錮不仕。繇則迪之孫。〔二三〕

嘗與族父瑜，俱至洛陽，道遇相者，曰：「此童有貴相，然當厄於水，努力慎之！」行未十里，度橋，馬驚，墮水幾死。瑜以相者言中，益貴繇，而供給資費，使得專學。〔二四〕舉孝廉，

謝承漢書曰：〔二五〕南陽陰修爲潁川太守，以旌賢擢俊爲務。舉五官掾張仲方正，察功曹鍾繇、主簿荀彧、主記掾張禮、賊曹掾杜祐、孝廉荀攸、計吏郭圖爲吏，以光國朝。〔二六〕

除尚書郎、陽陵令，〔二七〕以疾去。辟三府，爲廷尉正、〔二八〕黄門侍郎。是時漢帝在西京，李傕、郭汜等亂長安中，與關東斷絶。太祖領兗州牧，始遣使上書。

世語曰：太祖遣使從事王必致命天子。〔二九〕

傕、汜等以爲關東欲自立天子，今曹操雖有使命，非其至實。議留太祖使，拒絶其意。繇説傕、汜等曰：「方今英雄並起，各矯命專制，唯曹兗州乃心王室，而逆其忠款，非所以副將來之望也。」傕、汜等用繇言，厚加答報，由是太祖使命遂得通。〔三〇〕太祖既數聽荀彧之稱繇，又聞其説傕、汜，益虛心。後傕脅天子，繇與尚書郎韓斌同策謀；天子得出長安，繇有力焉。

拜御史中丞，遷侍中尚書僕射，并録前功，封東武亭侯。〔一三〕

〔一〕曾廷枚香墅漫鈔卷二曰：「鍾繇字元常，取臯陶彰厥有常之義。繇同陶，非由音也。」潘眉曰：「繇音遥。史記東越傳繇君丑，索隱音摇。吴太伯世家子周繇立，正義音遥。漢書徭役字悉作繇，國志亦多作繇，其作徭者，後來俗本所改。」楊升庵曰：「鍾繇字元常者，取臯繇陳謨，彰厥有常之義。今多以繇音由，非也。晉世説庾公謂鍾會曰：使以久望卿遥遥不至，蓋舉其父諱以嘲之。」

〔二〕郡國志：「豫州潁川郡長社，有長葛城。」劉昭曰：「左傳隱五年，宋伐鄭，圍長葛，縣本名長葛。地道記曰：社中樹暴長，漢改名。」晉宗室傳：「司馬孚以功進爵長社縣侯。」一統志：「故城今河南許州長葛縣治西。」

〔三〕何焯校改「博」作「傳」。

〔四〕范書鍾皓傳：「爲郡著姓，世善刑律。皓少以篤行稱。公府連辟，爲二兄未仕，避隱密山，以詩律教授門徒千餘人。」

〔五〕寔事見陳羣傳。范書陳寔傳：「寔家貧，爲潁川郡西門亭長。」

〔六〕毛本「與」作「於」。范書皓傳：「同郡陳寔，年不及皓，皓引與爲友。」

〔七〕官本攷證云：「監本作何所任也。此係鍾皓曉語掾屬之詞，似反詰語氣，作邪字爲是。今依別本改正。」

〔八〕續百官志：「司隷校尉從事史十二人，都官從事主察舉百官犯法者。」

〔九〕何焯曰：「據此，知漢時三公有答拜掾吏之禮，士所以重氣節也。」

〔一〇〕郡國志：「荆州南陽郡南鄉。」一統志：「南鄉故城，今河南南陽府淅川縣東南。」林慮，見武紀建安十七年。

〔一一〕范書皓傳：「前後九辟公府，徵爲廷尉正、博士、林慮長，皆不就。」

〔一二〕蒼梧見陶謙傳。郡國志：「潁川郡定陵。」一統志：「定陵故城，今河南南陽府舞陽縣北十五里。」萬姓統譜：「陳臨，蒼梧太守，推誠而理。嘗有殺人者，爲吏所獲，臨知其無嗣，令其妻侍獄中，後産一男。郡人歌曰：蒼梧府君惠及死，能令死人不絶嗣。」按，陳臨亦爲蒼梧太守，與稚叔是否一人，未詳。

〔一三〕淑事見荀彧傳。

〔一四〕范書皓傳「覲」作「瑾」。沈家本曰：「繇族父瑜，字从玉旁，作瑾是。」

〔一五〕通鑑胡注：「瑾，李氏之出，而退讓，故修云然。」惠棟曰：「性與姓通，言似我家子姓也。」

〔一六〕何焯曰：「李膺之妹，嫁姑之子，則中外連姻，自古不爲非也。」

〔一七〕范書皓傳「宰」作「府」。

〔一八〕范書皓傳作「弟何期不與孟軻同邪」。

〔一九〕胡三省曰：「李膺字元禮。膺祖修爲太尉，父益爲趙相。」

〔二〇〕通鑑「父」作「宗」。

〔二一〕宋本「招」作「昭」。劉攽曰：「昭當作招。」通鑑胡注：「國語，齊國佐見單襄公，其語盡。單子曰：立於淫亂之國，而好盡言，以招人過，怨之本也。其後齊殺國武子。」蘇林曰：「招音翹。招，舉也。」

〔二二〕范書皓傳：「諸儒頌之曰：林慮懿德，非禮不處；悦此詩書，弦琴樂古。五就州招，九應台輔，逡巡王命，卒歲容與。」

〔二三〕趙一清曰：「後漢書鍾皓傳，繇爲皓孫。注引海内先賢傳，繇，郡主簿迪之子。」錢大昭曰：「裴注以繇爲迪孫，疑誤。」潘眉曰：「孫當爲子。迪爲皓子，繇爲迪子，此作迪之孫，誤。」弼按：法書要録引張懷瓘書斷云：「魏鍾繇祖皓，至德高世。父迪，黨錮不仕。」通鑑云：「繇，皓之曾孫。」見獻帝初平三年。

〔二四〕世説言語篇注引魏志曰：「繇家貧好學，爲周易、老子訓。」弼按：鍾會傳注引張夫人傳云：「會年十四，誦成侯易説。」當即元常周易訓也。侯康曰：「今魏志無此文，當是魏書或魏略之譌。」

〔二五〕謝書見武紀初平元年。周壽昌曰：「謝承下應補一後字。」

〔二六〕五官掾、功曹、主簿、主計掾、賊曹掾、計吏，皆郡國掾屬。姚範曰：「太守郡治，亦稱國朝。」

〔二七〕郡國志：「京兆尹陽陵。」方輿紀要：「陽陵縣，曹魏時廢。」一統志：「故城今陝西西安府咸陽縣東四十里。」

〔二八〕廷尉正見司馬芝傳。

〔二九〕王必事見武紀建安二十三年。

〔三〇〕胡三省曰：「鍾繇在長安，操不能使也，而爲操道地；蓋聞其雄略，先爲效用，以自結也。」

〔三一〕袁宏紀：「建安元年，封衛將軍董承輔國將軍，伏完侍中，种輯尚書僕射，鍾繇尚書，郭浦御史中丞，董芬彭城相，劉艾左馮翊，韓斌東萊太守，楊衆、羅邵、伏德、趙蕤爲列侯。」

時關中諸將，馬騰、韓遂等，各擁彊兵相與爭。太祖方有事山東，以關右爲憂。乃表繇以侍中守司隸校尉，持節督關中諸軍，委之以後事，特使不拘科制。繇至長安，移書騰、遂等，爲陳禍福，騰、遂各遣子入侍。太祖在官渡，與袁紹相持，繇送馬一千餘匹給軍。〔一〕太祖與繇書曰：「得所送馬，甚應其急。關右平定，朝廷無西顧之憂，足下之勳也。昔蕭何鎮守關中，足食成軍，亦適當爾。」其後匈奴單于作亂平陽，〔二〕繇帥諸軍圍之，未拔；而袁尚所置河東太守郭援到河東，衆甚盛。諸將議欲釋之去，繇曰：「袁氏方彊，援之來，關中陰與之通；所以未悉叛者，顧吾威名故耳。若棄而去，示之以弱，所在之民，誰非寇讎？縱吾欲歸，其得至乎！此爲未戰先自敗也。〔三〕且援剛愎好勝，必易吾軍，〔四〕若渡汾爲營，〔五〕及其未濟擊之，可大克也。」張既說馬騰會擊援，騰遣子超將精兵逆之。援至，果輕渡汾；衆止之，不從。濟水未半，〔六〕擊，大破之。〔七〕

司馬彪戰略曰：袁尚遣高幹、郭援將兵數萬人，與匈奴單于寇河東，遣使與馬騰、韓遂等連和。騰等陰許之。傅幹說騰曰：〔八〕「古人有言，順道者昌，逆德者亡。〔九〕曹公奉天子誅暴亂，法明國治，上下用命，有義必賞，無義必罰，可謂順道矣。袁氏背王命，驅胡虜以陵中國，寬而多忌，仁而無斷，兵雖彊，實失天下心，可謂逆德矣。今將軍既事有道，不盡其力，陰懷兩端，〔一〇〕欲以坐觀成敗，吾恐成敗既定，奉辭責罪，將軍先爲誅首矣！」於是騰懼。幹曰：「智者轉禍爲福。今曹公與袁氏相持，而高幹、郭援獨制河東，曹公雖有萬全之計，不能禁河東之不危也。將軍誠能引兵討援，內外擊之，〔一一〕其埶必舉。是將軍一舉，斷袁氏之臂，解一方之急，曹公必重德將軍。將軍功名，竹帛不能盡載也。唯將軍審所擇！」騰曰：「敬從教。」於是遣子超將精兵萬餘人，并將遂等兵，與繇會擊援等，大破之。

斬援，降單于，語在既傳。其後河東衞固作亂，與張晟、張琰及高幹等並爲寇，繇又率諸將討破之。〔一二〕

魏略曰：詔徵河東太守王邑。〔一三〕邑以天下未定，心不願徵，而吏民亦戀邑。郡掾衞固及中郎將范先等各詣繇求乞邑，而詔已拜杜畿爲太守，畿已入界。繇不聽先等，促邑交符。〔一四〕邑佩印綬，徑從河北詣許自歸。〔一五〕繇時治在洛陽，自以威禁失督司之法，乃上書自劾曰：「臣前上言故鎮北將軍領河東太守安陽亭侯王邑巧辟治官，犯突科條，事當推劾，檢實姦詐。被詔書當如所糾，以其歸罪，故加寬赦。又臣上言吏民大小，各懷顧望，謂邑當還，拒太守杜畿；今皆反悔，共迎畿之官。謹案文書，臣以空虛，被蒙拔擢，入充近侍，兼典機衡，忝膺重任，總統偏方。既無德政以惠民物，又無威刑以檢不恪，至使邑違犯詔書，郡掾衞固誑迫吏民，訟訴之言，交驛道路，漸失其禮，不虔王命。今雖反悔，醜聲流聞，咎皆由繇威刑不攝。臣又疾病，前後歷年，氣力日微，尸素重祿，曠廢職任，罪明法正。謹按侍中守司隸校尉東武亭侯鍾繇，幸得蒙恩，以斗筲之才，仍見拔擢，顯從近密，銜命督使。〔一六〕明知詔書深疾長吏，政教寬弱，檢下無刑，久病淹滯，衆職荒頓，法令失張。邑雖違科，當必繩正法，既舉文書，操彈失理。至乃使邑遠詣闕廷，隳忝使命，〔一七〕挫傷爪牙。而固誑迫吏民，拒轂連月。今雖反悔，犯順失正，海内兇赫，罪一由繇威刑闇弱。又繇久病，不任所職，非繇大臣當所宜爲。繇輕慢憲度，不畏詔令，不與國同心，爲臣不忠，無所畏忌，大爲不敬。又不承用詔書，奉詔不謹；又聰明蔽塞，爲下所欺，弱不勝任。數罪謹以劾，臣請法車徵詣廷尉治繇罪，大鴻臚削爵土。臣久嬰篤疾，涉夏盛劇，命縣呼吸，不任部官。輒以文書付功曹從事馬適議，免冠徒跣，伏須罪誅。」〔一八〕詔不聽。〔一九〕

自天子西遷，洛陽人民單盡。繇徙關中民，又招納亡叛以充之。數年間，民户稍實。太祖征關中，得以爲資，〔二〇〕表繇爲前軍師。

〔一〕宋本、元本「一」作「二」。武紀建安五年裴注引繇傳亦云「送馬二千餘匹以給軍」。

〔二〕平陽見武紀卷首，平陽郡見齊王紀正始八年。胡三省曰：「平陽縣屬河東郡，時南單于呼廚泉居之。」一統志：「魏平陽郡治。應劭曰：在平水之陽。」謝鍾英曰：「平陽故城，當在今平陽府西汾水西四五里。」

〔三〕胡三省曰：「言若退師避援，則關中諸將必叛，雖欲歸司隸治所，亦不得而至也。」

〔四〕胡三省曰：「易，輕也。」

〔五〕水經注：「汾水南過平陽縣東。」

〔六〕「半」下疑有脱字。馮本「半」作「平」，誤。

〔七〕通鑑作「濟水未半，繇擊，大破之」。

〔八〕幹事見武紀建安十九年注引九州春秋。

〔九〕胡三省曰：「新城三老董公之言。」

〔一〇〕胡三省曰：「謂既附曹公，又與袁氏通也。」

〔一一〕胡三省曰：「謂河東之兵擊之於內，而馬騰之兵擊之於外也。」

〔一二〕亦見張既傳。

〔一三〕趙一清曰：「後漢書董卓傳：帝御牛車，因都安邑。河東太守王邑奉獻綿帛，悉賦公卿以下，封邑爲列侯。注云：邑字文都，北地涇陽人，鎮北將軍。見同歲名。」惠棟曰：「注，北地涇陽人。兩漢志北地有涇陽縣，（弼按：兩漢志北地郡有泥陽而無涇陽，惠氏誤。）劉寬碑陰門生名有離石長北地泥陽王邑文都，則邑當爲泥陽人，傳寫誤耳。案獻帝起居注邑封安陽亭侯。」又曰：「顧野王輿地志，漢末北地但有富平、泥陽二縣，魏、晉亦然。」

〔一四〕胡三省曰：「交郡符也。」

〔一五〕郡國志：「司隸河東郡河北。」一統志：「故城今山西解州芮城縣東北里許。」衛固、范先等拒杜畿事，詳見杜畿傳。

〔一六〕監本、官本「使」作「師」，各本作「使」。弼按：本傳有持節督關中諸軍之語，以作「師」爲是。

〔一七〕官本考證曰：「監本闕庭作闕庭。此指王邑佩印綬徑從河北詣許自歸而言，作闕廷誤。今依別本改正。」弼按：馮、吴、毛各本「忝」誤作「恭」。

〔一八〕何焯曰：「此當日自劾之體。」

〔一九〕洪邁容齋續筆卷六云：「近世士大夫自劾者，不過云乞將臣重行竄黜，闔門待罪而已。如繇此章，蓋與爲他人所糾亡異也，豈非身爲司隸，職在刺舉，故如是乎！」

〔二〇〕趙一清曰：「關中之役，由繇激成之，見衛覬傳注，而此傳諱之。」

魏國初建，爲大理，〔一〕遷相國。文帝在東宮，賜繇五熟釜，爲之銘曰：「於赫有魏，作漢藩輔；厥相惟鍾，寔幹心膂。靖恭夙夜，匪遑安處；百寮師師，楷茲度矩。」

魏略曰：繇爲相國，以五熟釜鼎範〔二〕因太子鑄之。釜成，太子與繇書曰：「昔有黃三鼎，〔三〕周之九寶，咸以一體，使調一味，豈若斯釜，五味時芳？蓋鼎之烹飪，以饗上帝，以養聖賢，昭德祈福，莫斯之美。故非大人，莫之能造；故非斯器，莫宜盛德。今之嘉釜，有逾茲美。夫周之尸臣，宋之考父，衛之孔悝，晉之魏顆，彼四臣者，並以功德，勒名鍾鼎。今執事寅亮大魏，以隆聖化，堂堂之德，於斯爲盛，誠太常之所宜銘，彝器之所宜勒。故作斯銘，勒之釜口，庶可贊揚洪美，垂之不朽。」

臣松之按：漢書郊祀志，孝宣時，美陽得鼎，〔四〕京兆尹張敞上議曰：「按鼎有刻書曰：王命尸臣，官此栒邑，〔五〕賜爾鸞旂，黼黻琱戈。〔六〕尸臣拜手稽首曰：〔七〕敢對揚天子丕顯休命。此殆周之所以褒賜大臣子孫，〔八〕大臣子孫刻銘其先功，藏之于宮廟也。」考父銘見左氏傳，孔悝銘在禮記，事顯，故不載。國語曰：「昔克潞之役，秦來圖敗晉功，魏顆以其身追秦師于輔氏，親止杜回，其勒銘于景鍾，至于今不遺類，其子孫不可不興也。」太子所稱四銘者也。

魏略曰：後太祖征漢中，太子在孟津，聞繇有玉玦，欲得之，而難公言。〔九〕密使臨菑侯轉因人說之，繇即送之。太子與繇書曰：「夫玉以比德君子，見美詩人，〔一〇〕晉之垂棘，魯之璵璠，宋之結綠，〔一一〕楚之和璞，〔一二〕價越萬金，貴重都城，有稱疇昔，流聲將來。是以垂棘出晉，虞、虢雙禽，〔一三〕和璧入秦，相如抗節。〔一四〕竊見玉書，稱美玉白若截肪，黑譬純漆，赤擬雞冠，黃侔蒸栗。〔一五〕側聞斯語，未覩厥狀。雖德非君子，義無詩人，高山景行，私所慕仰。然四寶邈焉以遠，秦、漢未聞有良匹。〔一六〕是以求之曠年，〔一七〕未遇厥真，私願不果，飢渴未副。近見南陽宗惠叔〔一八〕稱君侯昔有美玦，聞之驚喜，笑與抃俱。〔一九〕當自白書，恐傳言未審，是以令舍弟子建因荀仲茂〔二〇〕轉言鄙旨。〔二一〕乃不忽遺厚，見周稱〔二二〕鄴騎既到，〔二三〕寶玦初至，捧跪發匣，〔二四〕爛然滿目。猥以曚鄙之姿，得觀希世之寶，〔二五〕不煩一介之使，不損連城之價，既有秦昭章臺之觀，而無藺生詭奪之誑。嘉貺益腆，敢不欽承！」〔二六〕繇報書曰：「昔忝近任，并得賜玦，尚方耆老，頗識舊物。名其符采，必得處所。以爲執事有珍此者，是以鄙之，用未奉貢。幸而紆意，實以悅懌。在昔和（氐）〔氏〕，殷勤忠篤，而繇待命，是懷愧恥。」

數年，坐西曹掾魏諷謀反，策罷就第。〔二七〕

魏略曰：孫權稱臣，斬送關羽。太子書報繇，繇答書曰：「臣同郡故司空荀爽言，人當道情，〔二八〕愛我者一何可愛，憎我者一何可憎！顧念孫權，了更嫵媚。」太子又書曰：「得報，知喜南方。至於荀公之清談，孫權之嫵媚，執書嗢噱，不能離手。若權復黠，當折以汝南許劭月旦之評。〔二九〕權優游二國，俯仰荀、許，亦已足矣。」〔三〇〕

文帝即王位，復爲大理。〔三一〕及踐阼，改爲廷尉，進封崇高鄉侯。遷太尉，〔三二〕轉封平陽鄉侯。時司徒華歆、司空王朗，並先世名臣。文帝罷朝，謂左右曰：「此三公者，乃一代之偉人也。後世殆難繼矣！」〔三三〕

陸氏異林曰：〔三四〕繇嘗數月不朝會，意性異常。或問其故，云：「常有好婦來，美麗非凡。」問者曰：「必是鬼物，可殺之。」婦人後往，不即前，止戶外。繇問何以，曰：「公有相殺意。」繇曰：「無此。」乃勤勤呼之，乃入。繇意恨，有不忍之心，然猶斫之傷髀。婦人即出，以新綿拭血竟路。明日，使人尋跡之，至一大冢，木中有好婦人，形體如生人，著白練衫，丹繡裲襠。傷左髀，以裲襠中綿拭血。叔父清河太

守説如此。清河，陸雲也。〔三五〕

明帝即位，進封定陵侯，〔三六〕增邑五百，并前千八百户，遷太傅。〔三七〕繇有膝疾，拜起不便。時華歆亦以高年疾病，朝見皆使載輿車，虎賁舁上殿〔三八〕就坐。是後三公有疾，遂以爲故事。

〔一〕建安十八年，魏國始置大理；黄初元年，改爲廷尉。繇初官大理，後官廷尉，實一官也。繇官大理，治毛玠之獄，即在此時。

〔二〕「範」通作「范」。禮記禮運：「范金合土。」鄭注云：「鑄作器用也。」

〔三〕瑞應圖曰：「黄帝造三鼎，以象太乙。」曹植三鼎贊云：「鼎質文精，古之神器；黄帝是鑄，以象太（上）〔乙〕。能輕能重，知凶知吉；世衰則隱，世和則出。」

〔四〕師古注：「美陽，扶風之縣也。」

〔五〕原注：「尸，主事之臣。栒，音荀，豳地也。」宋本無也字。宋本此十字與注文相連，誤。

〔六〕師古注：「交龍爲旂，鸞，謂有鸞之車也；黼黻，冕服也；琱戈，刻鏤之戈也。琱與凋同。」

〔七〕師古注：「拜手首至於手也。」

〔八〕漢書此句無「子孫」二字，是。

〔九〕宋本無「言」字。趙一清曰：「何校增言字。」弼按：何校本未增言字，乃改下句密字爲索字，屬上讀。文選李善注亦云：「欲得之而難公索。」

〔一〇〕文選作「丕白：良玉比德君子，珪璋見美詩人」。李善注：「禮記孔子曰，君子比德于玉。毛詩曰，顒顒卬卬，如珪如璋。」

〔一一〕毛本「緑」作「禄」，誤。

〔一二〕李善注：「左傳，季平子卒，陽虎將以璵璠斂。戰國策，應侯謂秦王曰：宋有結緑，楚有和璞，此二者，天下之名器也。」

〔一三〕左傳：晉荀息請以屈產之乘，垂棘之璧，假道於虞以伐虢。虞公許之。晉滅虢，遂襲虞，滅之。

〔一四〕史記藺相如傳：趙惠文王時，得楚和氏璧。秦昭王願以十五城易璧。藺相如奉璧入秦，秦王坐章臺見相如，相如視秦王無意償趙城，使從者懷璧歸趙。

〔一五〕文選「栗」作「粟」。何焯曰：「栗與漆協韻，非粟也。」李善注：「王逸正部論曰，或問玉符曰：赤如雞冠，黃如蒸栗，白如猪肪，黑如純膝，玉之符也。通俗文曰：脂在腰曰肪，音方。」梁章鉅曰：「山海經郭注引此作王子靈符應。藝文類聚八十三引作正部論。文選攷異云：隋志，梁有王逸正部論八卷，亡。何焯、陳景雲改作玉部論，均誤。近人邵瑞彭梧丘雜札云：李善以魏文所引玉書，即是正部，此實誤證。尋考工記鄭注引相玉書云：珽玉六寸，明自炤。又王逸注離騷引相玉書云：珵大六寸，其耀自照。此二條乃屬一事，鄭、王二家所據之本不同，故字形微異耳。叔師既援相玉書之文以注騷，又援其文以入自撰之正部論，可見玉書者即相玉書之簡名。魏文所引，當出自原書，未必由正部轉引。但此書隋志未載，想爲阮孝緒所不及見；李善更未由寓目，非鄭、王二家徵引及之，則玉書之名，永與正部殽亂矣。又詩釋文云：玖，音久。書云，玉，黑色。此亦出相玉書，然疑從他書轉引，否則，元朗及見之書，李次孫安有忽略者邪？」

〔一六〕文選作「秦、漢未聞有良比也。」

〔一七〕文選無「是以」二字。

〔一八〕錢大昭曰：「疑是宗承，見荀攸傳注。」沈家本曰：「宗承字世林，事詳世説三注引楚國先賢傳，恐惠叔别是一人。」

〔一九〕説文：「抃，拊手也。」文選「俱」作「會」。

〔二〇〕李善注：「荀氏家傳曰，荀宏字仲茂，爲太子文學。」何焯曰：「魏志荀彧傳注，宏作閎。」

〔二一〕文選作「時從容喻鄙旨。」

〔二二〕李善注：「周稱，謂繇書也。」

〔二三〕李善注：「繇在鄴城，太子在孟津也。」

〔二四〕文選作「捧匣跪發」，下有「五内震駭，繩窮匣開」二語。

〔二五〕文選「朦」作「蒙」，「觀」作「覩」。

〔二六〕文選下有「謹奉賦一篇，以讚揚麗質。丕白」三語。按此可見丕之貪。

〔二七〕魏諷事詳見武紀建安二十四年及注引世語。又按絳帖載繇賀捷表亦在是年。表云：「臣繇言：戎路兼行，履險冒寒，臣以無任，不獲扈從，企仰懸情，無有寧舍。即日長史逮充，宣大令命，知征南將軍運田單之奇，厲憤怒之衆，與徐晃同勢，并力撲討，表裏俱進，應期剋捷，馘滅凶逆。賊帥關羽，已被矢刃；傅方反覆，胡修背恩，天道禍淫，不終厥命。奉聞嘉憙，喜不自勝，望路載笑，踴躍逸豫。臣不勝欣慶，謹拜表因便宜上聞。臣繇誠惶誠恐、頓首頓首、死罪死罪。建安二十四年閏月九日，南蕃東武亭侯臣繇上。」

〔二八〕錢儀吉曰：「疑作言人道常情。」

〔二九〕宋本「劭」作「邵」。

〔三〇〕淳化閣帖載繇請許吴主委質表，辭繁不録。

〔三一〕繇爲大理，列名勸進，見上尊號奏。

〔三二〕文紀：「黄初四年，以廷尉鍾繇爲太尉。」

〔三三〕王鳴盛曰：「雖云一代偉人，實則兩朝達節。陳壽以此三人作合傳，故引丕語，以著其合之之意。而先書先世名臣，則不待貶而其失節自見。然朗子肅作諸經傳訓解，忌鄭康成名高，而攻詆之。其名位既極隆赫，華歆之孫嶠又秉史筆，作後漢書，又於譜敘中增飾歆之美，謂文帝受禪而歆以形色忤時。夫歆既爲魏相國，又何忤哉！發壁牽后，誰所爲也？甚而孫資之玄孫盛，亦作魏氏春秋、晉陽秋。鄙夫佞人，昌後乃爾！幸其書皆不傳。」劉咸炘曰：「先世名臣，當時自是褒詞，承祚亦就當時語書之。唐以前本不以貳臣爲深恥也。王氏所云，以後人之見，窺古人耳。」弼按：寶晉齋帖載繇薦關内侯季直表，表末署黄初二年八月日司徒東武亭侯臣鍾繇表。按文紀，延康元年二月，以華歆爲相國；黄初元年十一月，改相國爲司徒。明紀，黄初七年以司徒華歆爲太尉。是黄初時鍾繇始終未爲司徒。且文帝踐阼後，繇已進封崇高鄉侯，則黄初二年必不書東武亭侯，此帖之爲贋品，相沿已久矣。

〔三四〕沈家本曰：「是書隋、唐志不著録。裴所引鬼婦，亦搜神之屬。陸氏不詳何人。」

〔三五〕不經之談，不宜入史。

〔三六〕定陵見前。

〔三七〕明紀：「黄初七年十二月，以太尉鍾繇爲太傅。」

〔三八〕舁，音余。說文：「舁，共舉也。」

初，太祖下令，使平議死刑可宫割者。繇以爲「古之肉刑，更歷聖人，宜復施行，以代死刑」。議者以爲「非悦民之道」，遂寢。及文帝臨饗羣臣，詔謂「太祖欲復肉刑。〔一〕此誠聖王之法，公卿當善共議」。議未定，會有軍事，復寢。太和中，繇上疏曰：「大魏受命，繼蹤虞、夏，孝文革法，不合古道。〔二〕先帝聖德，固天所縱，墳典之業，一以貫之。是以繼世，仍發明詔，思復古刑，爲一代法。連有軍事，遂未施行。陛下遠追二祖遺意，惜斬趾可以禁惡，恨入死之無辜，使明習律令，〔三〕與羣臣共議。出本當右趾而入大辟者，復行此刑。書云：『皇帝清問下民，〔四〕鰥寡有辭于苗。』〔五〕此言堯當除蚩尤有苗之刑，先審問於下民之有辭者也。〔六〕若今蔽獄之時，訊問三槐、九棘、〔七〕羣吏、萬民，使如孝景之令，〔八〕其當棄市，欲斬右趾者，許之。其黥、劓、左趾、宮刑者，自如孝文，易以髡、笞。能有姦者，率年二十至四五十，雖斬其足，猶任生育。今天下人少於孝文之世，下計所全，歲三千人。張蒼除肉刑，所殺歲以萬計。臣欲復肉刑，歲生三千人。子貢問能濟民可謂仁乎？子曰：何事於仁，必也聖乎，堯、舜其猶病諸！又曰：仁遠乎哉？我欲仁，斯仁至矣！若誠行之，斯民永濟。」書奏，詔曰：「太傅學優才高，留心政事，又於刑理深遠。此大事，公卿羣僚，善共平議。」司徒王朗議，以爲繇欲輕減大辟之條，以增益刖刑之數，此即起偃爲豎，化尸爲人矣。然臣之愚，猶有未合微異之意。夫五刑之屬，著在科律，科律自有減死一等之法，〔九〕不死即爲減。施行已久，不待遠假斧鑿於彼肉刑，然後有罪次也。前世仁者，不忍肉刑之慘酷，是以廢而不用；不用已來，歷年數百。今復行之，恐所減之文未彰於萬民之目，而肉刑之問已宣於寇讎之耳，非所以來遠人也。今可按繇所欲輕之死罪，使減死之髡、刖；嫌其輕者，可倍其居作之歲數。〔一〇〕內有以生易死不訾之恩，外無以刖易釱駭耳之聲。」〔一一〕議者百餘人，與朗同者多。帝以吳、蜀未平，且寢。〔一二〕

袁宏曰：〔一三〕夫民心樂全而不能常全，蓋利用之物縣於外，而嗜慾之情動於內也。於是有進取貪競之行，希求放肆之事。進取不已，不能充其嗜慾，則苟且僥倖之所生也；希求無饜，無以愜其慾，則姦僞忿怒之所興也。〔一四〕先王知其如此，而欲救其弊，或先德化以陶其心，其心不化，然後加以刑辟。書曰：「百姓不親，五品不遜，汝作司徒，而敬敷五教。〔一五〕蠻夷猾夏，寇賊姦宄，汝作士，五刑有服。」〔一六〕然則德刑之設，參而用之者也。三代相因，其義詳焉。周禮：「使墨者守門，〔一七〕劓者守關，〔一八〕宫者守内，〔一九〕刖者守囿。」〔二〇〕此肉刑之制可得而論者也。荀卿亦云：「殺人者死，傷人者刑，百王之所同，未有知其所由來者也。」夫殺人者死，而相殺者不已；是大辟可以懲未殺，不能使天下無殺也。傷人者刑，而害物者不息；是（鯨）〔黥〕、劓可以懼未刑，不能使天下無刑也。故將欲止之，莫若先以德化。夫罪過彰著，然後入於刑辟，是將殺人者不必死，欲傷人者不必刑。縱而弗化，則陷於刑辟。故刑之所制，在於不可移之地。禮教則不然：明其善惡，所以潛勸其情，消之於未殺也；示之恥辱，所以内愧其心，治之於未傷也。〔二一〕故過微而不至於著，罪薄而不及於刑，終入罪辟者，非教化之所得也。故雖殘一物之生，刑一人之體，是除天下之害，夫何傷哉！率斯道也，風化可以漸淳，刑罰可以漸少，其理然也。苟不能化其心，而專任刑罰，民失義方，動罹刑網，求世休和，焉可得哉！周之成、康，豈按三千之文〔二二〕而致刑錯之美乎？蓋德化漸漬，致斯有由也。漢初懲酷刑之弊，務寬厚之論，公卿大夫，相與恥言人過。文帝登朝，加以玄默；張武受賂，賜金以愧其心；吴王不朝，崇禮以訓其失。是以吏民樂業，風流篤厚，斷獄四百，幾致刑錯。〔二三〕豈非德刑兼用，已然之効哉？世之欲言刑罰之用，不先德教之益，失之遠矣！今大辟之罪，與古同制，免死已下，不過五歲，既釋鉗鎖，復得齒于人倫。是以民無恥惡，數爲姦盗，故刑徒多而亂不治也。苟教之所去，罰當其罪，一離刀鋸，〔二四〕没身不齒，鄰里且猶恥之，而況于鄉黨乎！而況朝廷乎！如此，則夙沙、趙高之儔，〔二五〕無施其惡矣。古者察其言，觀其行，而善惡彰焉。然則君子之去刑辟，固已遠矣。過誤不幸，則八議之所宥也。〔二六〕若夫卞和、史遷之冤，〔二七〕

淫刑之所及也。苟失其道，或不免於大辟，而況肉刑哉！漢書：「斬右趾及殺人先自言告，吏坐受賕，守官物而即盜之，皆棄市。」〔二八〕此班固所謂當生而令死者也。〔二九〕今不忍刻截之慘，而安剿絶之悲，此最治體之所先，有國所宜改者也。〔三〇〕

〔一〕官本考證曰：「北宋本太祖作大理。」趙一清曰：「太祖二字何氏校改大理。一清按：義門所改，非也。是時繇已爲太傅，不當仍稱大理，太祖之號，或史家追改之文。」梁章鉅說同。弼按：通鑑，太和元年初，太祖、世祖皆議復肉刑，以軍事未果。胡注：「太祖議復肉刑，在建安十八年，其後文帝臨饗羣臣，詔謂大理欲復肉刑。是宋本實作大理也。此乃追溯前事，故可稱大理。若謂魏武議復肉刑，則作太祖亦可通。魏武議復肉刑，見陳羣傳。本傳下文繇疏中「遠追二祖遺意」，亦可證。

〔二〕漢書刑法志：「孝文即位，十三年下令曰：今法有肉刑三，而姦不止，其咎安在？夫刑至斷支體，刻肌膚，終身不息，何其刑之痛而不德也！其除肉刑。」

〔三〕毛本「使」作「乃」。

〔四〕毛本「清」作「親」。

〔五〕此尚書呂刑篇之辭。孔傳云：「帝堯詳問民患，皆有辭怨於苗民。」

〔六〕呂刑篇：「蚩尤惟始作亂，延及于平民，苗民弗用靈，制以刑；惟作五虐之刑曰法。」孔傳云：「言蚩尤造始作亂，惡化相易，延及於平善之人。九黎之君，號曰蚩尤，三苗之君習蚩尤之惡，不用善化民，而制以重刑，惟爲五虐之刑，自謂得法。蚩尤，黄帝所滅；三苗，帝堯所誅。言異世而同惡。」

〔七〕周禮秋官朝士「掌建邦外朝之法。左九棘，孤卿大夫位焉，羣士在其後；右九棘，公侯伯子男位焉，羣吏在其後；面三槐，三公位焉」。「九棘」又見管寧傳。

〔八〕漢書刑法志：文帝外有輕刑之名，內實殺人。斬右止者，又當死。斬左止者，笞五百，當劓者，笞三百。率多死。景帝元年下詔曰：加笞與重罪無異，幸而不死，不可爲人。其定律。後又下詔定箠律，自是笞者得全。

〔九〕官本考證曰：「宋本無下科律二字。」潘眉曰：「漢元帝初元五年，輕殊死刑三十四事。哀帝建平元年，輕殊死刑八十一事。其四十二事手殺人者，減死罪一等，著爲常法。」弼按：潘氏所引，見范書梁統傳注引東觀記。

〔一〇〕胡三省曰：「魏制髡刑，居作五歲。」

〔一一〕監本、官本「鈦」作「釱」。胡三省曰：「訾，津私翻；釱，大計翻。在頸曰鉗，在足曰釱。臣瓚曰：漢文帝除肉刑，以完易髡，以笞代劓，以釱左右趾代刖。」康發祥曰：「釱，音第。說文，鐵鉗也。史記平準書，敢私鑄鐵器煮鹽者，釱左趾。又泰韻音代，義同。以刖易釱，謂以刖足之刑減爲鉗趾也。」

〔一二〕侯康曰：「博物志云，肉刑明王之制，荀卿每論之。至漢文帝感太倉公女之言而廢之。班固著論宜復。迄漢末魏初，陳紀又論宜申古制。孔融云不可復。魏武帝輔漢，欲申之，鍾繇、王朗不同，遂寢。夏侯玄、李勝、曹羲、丁謐建私議，各有彼此，多云時未可復，故遂寢焉。按，曹羲肉刑論載藝文類聚，夏侯玄、李勝、丁謐諸論，載通典。類聚又載魏傅幹肉刑議，疑亦是時預議者也。又按，魏議復肉刑凡三次，鍾繇傳所載甚明。此云議者百餘人，與朗同者多，則最後一次明帝時事也。至夏侯玄、李勝、曹羲、丁謐諸議，據晉志則當正始時，又不在此三次之內，蓋是諸人私自著論，非相朝議也。博物志繫之武帝時語，偶未晰耳。傅幹爲傅燮子，在漢末已爲扶風太守，則其議當在前。」弼按：太和三年六月，鍾繇議禮，見明紀太和三年注，又見通典卷七十二。

〔一三〕此未著書名，當采自宏集。隋書經籍志：「晉東陽太守袁宏集十五卷，梁二十卷，録一卷。」宏事見文紀卷首。嚴可均全晉文采輯最富，竟失載此文。

〔一四〕毛本「興」作「生」，宋本作「興」。

〔一五〕尚書舜典舜命契之辭。孔傳曰：「五品，謂五常；遜，順也。敬敷五教，布五常之教也。」

〔一六〕舜命皋陶之辭。孔傳曰：「猾，亂也；夏，華夏也。羣行攻劫曰寇，殺人曰賊；在外曰姦，在内曰宄。言無教所致。士，理官也；五刑，墨、劓、剕、宫、大辟；服，從也。」

〔一七〕見周禮秋官。鄭注：「黥者無妨於禁禦。」

〔一八〕師古曰：「以其貌毁，故遠之。」

〔一九〕鄭注：「以其人道絶也。」

〔二〇〕鄭注：「斷足驅衛禽獸無急行。」

〔二一〕毛本「未」作「朱」，誤。

〔二二〕尚書吕刑篇：「五刑之屬三千。」

〔二三〕漢書文帝紀贊曰：「吴王詐病不朝，賜以几杖。張武等受賂金錢，覺，更加賞賜，以媿其心。專務以德化民，是以海内殷富，興於禮義，斷獄數百，幾至刑措。嗚呼仁哉！」應劭曰：「措，置也。民不犯法，無所刑也。」師古曰：「斷獄數百，言普天之下，死罪人不過數百。幾，近也；音巨衣反。」

〔二四〕國語：「中刑用刀鋸。」

〔二五〕章懷注：「左傳，靈公廢太子光，立公子牙，使高厚傅牙，夙沙衛爲少傅。崔杼逆光而立之，是爲莊公。莊公以夙沙衛易已，衛奔高唐以叛。」「史記，胡亥謂李斯曰：高，故宫人也，遂專信任之。後殺李斯，劫殺胡亥，卒亡秦也。」

〔二六〕「八議」見公孫淵傳。

〔二七〕章懷注：「楚人和氏得璞玉於楚山之中，獻之武王，武王使玉人相之，曰：石也。王以和爲謾己，刖其左足。及文王即位，和又奉其璞，玉人又曰：石也。又刖其右足。文王薨，成王即位，和乃抱其璞而哭於楚山之下，三日三夜，泣盡而繼以血。王使玉人攻璞而得寶焉。」「李陵爲匈奴敗，馬遷明陵當心立功以報漢，遂被下蠶室宫刑，後乃著史記。」

〔二八〕漢書刑法志之辭。師古曰：「殺人先自告，謂殺人而自首，得免罪者也。吏受賕枉法，謂曲公法而受賂者也。守縣官財物而即盜之，即今律所謂主守自盜者也。」

〔二九〕漢書刑法志云：「除肉刑者，本欲以全民也。今去髡鉗一等，轉而入於大辟，以死罔民，失本惠矣。故死者歲以萬數，刑重之所致也。」師古曰：「罔，謂羅網也。」何焯校改「令」作「今」。

〔三〇〕陳仁錫曰：「此真儒者之言。」何焯曰：「宏議浮泛。」

太和四年，繇薨。〔一〕帝素服臨弔，謚曰成侯。〔二〕

魏書曰：有司議謚，以爲繇昔爲廷尉，辨理刑獄，決嫌明疑，民無怨者，由于、張之在漢也。〔三〕詔曰：「太傅功高德茂，位爲師保，論行賜謚，當先依此，兼敍廷尉于、張之德耳。」乃策謚曰成侯。〔四〕

子毓嗣。初，文帝分毓户邑，封繇弟演及子劭、孫豫列侯。〔五〕

〔一〕明紀書「四月薨」。張懷瓘書斷云：「太和四年薨，八十矣。」

〔二〕正始四年，從祀太祖廟廷。

〔三〕官本「由」作「猶」。考證云：「猶，監本作由。猶、由古字通用，今從宋本作猶。」漢書于定國傳：「朝廷稱之，曰：張釋之爲廷尉，天下無冤民；于定國爲廷尉，民自以不冤。」

〔四〕梁章鉅曰：「按太祖紀詳述師宜官、梁鵠之工書，而元常書法，妙絶古今，傳中既不載，注亦無一字及之，何也？」趙一清曰：「寰宇記卷一，故鍾城在開封尉氏縣西北三十五里。按續述征記云，鍾城，魏太傅鍾繇故里，城南三里有鍾繇碑。又卷七，鍾繇臺在許州長葛縣西十里，魏東武亭侯鍾繇學書臺在繇故宅中，今臺址尚存。又有鍾繇冢。」張懷瓘書斷曰：「繇少從劉勝入抱犢山學書三年，遂與魏太祖、邯鄲淳、韋誕等議用筆，繇乃問蔡伯喈筆法於韋誕，誕惜不與，乃自搥胸嘔血，太祖以五靈丹救之得活。及誕死，繇令人盜掘其墓，遂得；由是繇筆更妙。繇精思學書，卧畫被，穿過表；如厠，終日忘歸。每見萬類，皆書象之。繇善三色書，最妙者八分。又曰：繇師曹喜、蔡邕、劉德昇，真書絶世，剛柔備焉。點畫之閒，多有異趣。可謂幽深無際，古雅有餘，秦、漢以來，一人而已。若其行書，則羲、獻之亞，草書則衛、索之下，八分則有魏受禪碑，稱此爲最也。元常書有十二種，意外巧妙，絶倫多奇。」侯康曰：「晉書衛恒傳，魏初有鍾、胡二家爲行書法，俱學之於劉德升，而鍾氏小異。然亦各有巧，今大行於世云。作隸勢。據此文，似隸書勢爲鍾氏所作，而語文不甚明。初學記卷二十一凡三引鍾氏隸書勢，其文同衛恒傳，則出鍾氏無疑。乃蔡中郎集又以爲蔡作。」姚振宗曰：「初學記所引三條，皆在蔡邕隸書勢中，見張懷瓘書斷引，實爲蔡作，初學記偶誤會衛恒四體書勢之文，遂以爲鍾氏，鍾氏實未嘗作隸書勢也。」弼按：嚴可均輯蔡邕文，録隸勢篇，注云：此篇當是衛恒作，本集有之，姑不删。弼意此文全摹篆勢篇，若邕自作，必不形似如此。侯、嚴二説較是。其他論元常書者極多，不備録。

〔五〕弼按：初字乃追述之辭，應在文帝二字上。金陵局本初字在文帝下，誤。毛本「弟」作「帝」，誤。又按，毓嗣侯當在繇死之後，繇死在明帝太和四年，似無文帝預分毓户邑之事，疑毓、繇二字，上下文互倒，或爲「初，文帝分繇户邑，封毓弟演」云云，庶或近之。繇死年八十，及見孫、曾，亦爲常事。又或爲「初，文帝分繇户邑，封繇弟演」云云，如華歆傳封歆弟例，亦可通。若分毓户邑，似非其時也。鍾會傳，會爲繇小子，黄初六年生，繇已七十五矣。出室人孫氏，更納正嫡賈氏，見會傳裴注。

毓字稚叔，年十四，爲散騎侍郎。〔一〕機捷談笑有父風。太和初，蜀相諸葛亮圍祁山，明帝欲西征，〔二〕毓上疏曰：「夫策貴廟勝，功尚帷幄，不下殿堂之上，而決勝千里之外。車駕宜鎮守中土，以爲四方威執之援。今大軍西征，雖有百倍之威，於關中之費，所損非一。且盛暑行師，詩人所重，實非至尊動軔之時也。」〔三〕遷黄門侍郎。〔四〕時大興洛陽宮室，車駕便幸許昌，天下當朝正許昌。許昌偪狹，於城南以氊爲殿，〔五〕備設魚龍曼延，〔六〕民罷勞役。毓諫，以爲「水旱不時，帑藏空虚，凡此之類，可須豐年」。又上「宜復關内開荒地，使民肆力於農」。事遂施行。正始中，爲散騎侍郎。〔七〕大將軍曹爽盛夏興軍伐蜀，蜀拒守，軍不得進。爽方欲增兵，毓與書曰：「竊以爲廟勝之策，不臨矢石；王者之兵，有征無戰。誠以干戚可以服有苗，〔八〕退舍足以納原寇，〔九〕不必縱吴漢於江關，〔一〇〕騁韓信於井陘也。〔一一〕見可而進，知難而退，蓋自古之政。惟公侯詳之！」爽無功而還。後以失爽意，徙侍中，出爲魏郡太守。〔一二〕爽既誅，入爲御史中丞、侍中廷尉。「聽君父已没，臣子得爲理謗；及士爲侯，其妻不復配嫁。」〔一三〕毓所創也。〔一四〕

〔一〕世説：「鍾毓、鍾會，少有令譽。年十三，魏文帝聞之，語其父鍾繇曰：可令二子來。於是敕見。毓面有汗，帝曰：卿面何以汗？毓對曰：悚悚惶惶，汗出如漿。復問會，卿何以不汗？對曰：戰戰慄慄，汗不敢出。」又曰：「鍾毓兄弟小時，值父晝寢，因共偷服藥酒。其父時覺，且託寐以觀之。毓拜而後飲，會飲而不拜。既而問毓，何以拜？對曰：酒以成禮，不敢不拜。又問會，何以不拜？會曰：偷本非禮，所以不拜。」弼按：鍾會生於黄初六年，見會自作其母張夫人傳。懷抱嬰孩，魏文安能召見？可證世説之誣。

〔二〕何焯曰：「欲下御覽有親字。」陳浩曰：「毓疏皆係止帝親征之辭，疑監本脱落親字。」

〔三〕何焯云：「御覽作順動之時。」

〔四〕世説排調篇云：「鍾毓爲黄門郎，有機警。在景王坐燕飲，時陳羣子玄伯、武周子元夏同在坐，共嘲毓。景王曰：皋繇何如人？對曰：古之懿士。謂玄伯、元夏曰：君子周而不比，羣而不黨。」

〔五〕何焯曰：「百年爲戎，氈殿兆之。」

〔六〕宋本「曼」作「蔓」，各本皆同。范書安帝紀：「延平元年十二月，罷魚龍曼延百戲。」章懷注引漢官典儀曰：「作九賓樂。舍利之獸從西方來，戲於廷，入前殿，激水化成比目魚，嗽水作霧，化成黃龍，長八丈，出水遨戲於庭，炫燿日光。曼延者，獸名也。張衡西京賦所云巨獸百尋，是爲曼延。音以戰反。」沈欽韓曰：「漢書武紀注文穎曰，巴、渝戲，魚龍蔓延之屬也。亦作蔓。」梁章鉅曰：「文選西京賦，曼不作蔓。」弼按：太和之際，頻幸許昌，蓋謂此也。蓋離宮別館，便於縱欲，帝王每假巡幸之名，以遂其私，史臣讚美，皆爲諛詞，讀史者薈萃而觀，自知其故矣。

〔七〕盧明楷曰：「前云毓年十四，爲散騎侍郎，太和中已遷黃門侍郎矣，此時安得又爲散騎侍郎？胡昭傳云，正始中，散騎常侍荀顗、鍾毓，侍郎其常侍之誤歟？」弼按：陳少章説同。

〔八〕尚書大禹謨：「舞干羽於兩階，七旬，有苗格。」孔傳云：「干，楯；羽，翳也。皆舞者所執。三苗(右)〔左〕洞庭、右彭蠡，在荒服之例。」

〔九〕左傳僖公二十五年：「晉侯圍原，退一舍而原降。」

〔一〇〕范書吳漢傳：「漢率征南大將軍岑彭等伐公孫述，及彭破荆門，長驅入江關。」

〔一一〕史記淮陰侯傳：「信建大將旗鼓，鼓行出井陘口。」

〔一二〕陳少章曰：「徙字誤，當作從。侍中在常侍上，不應失爽意而反得美遷，當是解其近職，出典外郡，不書毓爲侍中，史省文。」弼按：毓爲魏郡太守，與管輅共論易義，見管輅傳。

〔一三〕官本考證云：「御覽配作改。」

〔一四〕觀此，可知當時改嫁之風極盛。毓雖創禁例，然士之不俟而妻改嫁者，尚不在此例。蓋自魏武廢弛禮教，東漢節義之風埽地盡矣。毓列名奏永寧宮，見齊王紀嘉平六年。

正元中，毌丘儉、文欽反，毓持節至揚、豫州，班行赦令，告諭士民。還爲尚書。諸葛誕反，大將軍司馬文王議自詣壽春討誕，會吳大將孫壹率衆降，或以爲「吳新有釁，必不能復出軍。東兵已多，可須後問」。毓以爲「夫論事料敵，當以己度人。今誕舉淮南之地以與吳國，孫壹所率，口不至千，兵不過三百。吳之所失，蓋爲無幾。若壽春之圍未解，而吳國之內轉安，未可必其不出也」。大將軍曰：「善。」遂將毓行。

臣松之以爲諸葛誕舉淮南以與吳，孫壹率三百人以歸魏，謂吳有釁，本非有理之言。毓之此議，蓋何足稱耳！〔一〕

淮南既平，爲青州刺史，加後將軍，〔二〕遷都督徐州諸軍事，假節；又轉都督荆州。景元四年薨，追贈車騎將軍，謚曰惠侯。〔三〕子駿嗣。〔四〕毓弟會，自有傳。

〔一〕何焯校改「耳」作「爾」。

〔二〕晉書魏舒傳：「舒累遷後將軍鍾毓長史。毓每與參佐射，舒常爲畫籌而已。後遇朋人不足，以舒滿數。毓初不知其善射，舒容範閑雅，發無不中，舉坐愕然，莫有敵者。毓謝而歎曰：吾之不足以盡卿才，有如此射矣，豈一事哉！」

〔三〕隋經籍志：「梁有車騎將軍鍾毓集五卷，録一卷，亡。」毓奏誅李豐等，見夏侯玄傳。

〔四〕駿，鍾會傳作峻。

華歆字子魚，〔一〕平原高唐人也。〔二〕高唐爲齊名都，衣冠無不游行市里。歆爲吏，休沐出府，則歸家闔門。〔三〕議論持平，終不毀傷人。

魏略曰：歆與北海邴原、管寧俱游學，三人相善，時人號三人爲「一龍」。歆爲龍頭，原爲龍腹，寧爲龍尾。

臣松之以爲：邴根矩之徽猷懿望，不必有愧華公；管幼安含德高蹈，又恐弗當爲尾。魏略此言，未可以定其先後也。

同郡陶丘洪亦知名，〔四〕自以明見過歆。時王芬與豪傑謀廢靈帝，語在武紀。

魏書稱芬有大名於天下。

芬陰呼歆、洪共定計，洪欲行，歆止之曰：「夫廢立大事，伊、霍之所難。芬性疎而不武，此必無成，而禍將及族，子其無往！」洪從歆言而止。後芬果敗，洪乃服。舉孝廉，除郎中，病去官。靈帝崩，何進輔政，徵河南鄭泰、〔五〕潁川荀攸及歆等。〔六〕歆到，爲尚書郎。董卓遷天子長安，歆求出爲下邽令，〔七〕病不行，遂從藍田至南陽。〔八〕

華嶠譜敘曰：〔九〕歆少以高行顯名。避西京之亂，與同志鄭泰等六七人，閒步出武關。〔一〇〕道遇一丈夫獨行，願得俱。皆哀欲許之，歆獨曰：「不可。今已在危險之中，禍福患害，義猶一也。無故受人，不知其義。既以受之，若有進退，可中棄乎！」衆不忍，卒與俱行。此丈夫中道墮井，皆欲棄之。歆曰：「已與俱矣，棄之不義。」相率共還出之，而後別去。衆乃大義之。〔一一〕

時袁術在穰，留歆。〔一二〕歆説術使進軍討卓，術不能用，歆欲棄去。會天子使太傅馬日磾安集關東，日磾辟歆爲掾。東至徐州，詔即拜歆豫章太守，〔一三〕以爲政清靜不煩，吏民感而愛之。

魏略曰：揚州刺史劉繇死，其衆願奉歆爲主。歆以爲因時擅命，非人臣之宜。衆守之連日，卒謝遣之，不從。

孫策略地江東，歆知策善用兵，乃幅巾奉迎。〔一四〕策以其長者，待以上賓之禮。

胡沖吴歷曰：孫策擊豫章，先遣虞翻説歆。歆答曰：「久在江表，常欲北歸，孫會稽來，吾便去也。」翻還報策，策乃進軍。歆葛巾迎策，〔一五〕策謂歆曰：「府君年德名望，遠近所歸。策年幼稚，宜修子弟之禮。」便向歆拜。〔一六〕

華嶠譜敍曰：孫策略有揚州，盛兵徇豫章，一郡大恐。官屬請出郊迎，歆曰：〔一七〕「無然！」策稍進，復白「發兵」，又不聽。及策至，一府皆造閤，請出避之。乃笑曰：「今將自來，何遽避之？」有頃，門下白曰：「孫將軍至。」請見，乃前與歆共坐，談議良久，夜乃别去。義士聞之，皆長歎息而心自服也。〔一八〕策遂親執子弟之禮，禮爲上賓。是時，四方賢士大夫避地江南者甚衆，皆出其下，人人望風。每策大會，坐上莫敢先發言，歆時起更衣，則論議讙譁。歆能劇飲，至石餘不亂。衆人微察，常以其整衣冠爲異。江南號之曰「華獨坐」。

虞溥江表傳曰：孫策在椒丘，〔一九〕遣虞翻説歆。翻既去，歆請功曹劉壹入議。壹勸歆住城，遣檄迎軍。歆曰：「吾雖劉刺史所置，上用，猶是剖符吏也。今從卿計，恐死有餘責矣！」壹曰：「王景興既漢朝所用，且爾時會稽人衆盛彊，猶見原恕，明府何慮？」於是夜逆作檄，明旦出城，遣吏齎迎。策便進軍，與歆相見，待以上賓，接以朋友之禮。

孫盛曰：夫大雅之處世也，必先審隱顯之期，以定出處之分，否則括囊以保其身，泰則行義以達其道。歆既無夷、皓韜邈之風，又失王臣匪躬之操，故撓心於邪儒之説，交臂於陵肆之徒，位奪於一豎，節墮於

當時。昔許、蔡失位，不得列於諸侯；州公寔來，魯人以爲賤恥。〔二〇〕方之於歆，咎孰大焉！〔二一〕

後策死，太祖在官渡，表天子徵歆。孫權欲不遣，歆謂權曰：「將軍奉王命，始交好曹公，分義未固，使僕得爲將軍效心，豈不有益乎？今空留僕，是爲養無用之物，非將軍之良計也。」權悅，乃遣歆。〔二二〕賓客舊人送之者千餘人，贈遺數百金，歆皆無所拒，密各題識。至臨去，悉聚諸物，謂諸賓客曰：「本無拒諸君之心，而所受遂多。念單車遠行，將以懷璧爲罪，願賓客爲之計。」衆乃各留所贈，而服其德。〔二三〕

〔一〕朱邦衡曰：「歆與魚義不相通，疑吾字之誤。列子黃帝篇，姬魚語女注：姬讀居，魚讀吾。此魚、吾音通之一證。」

〔二〕郡國志：「青州平原郡高唐。」王先謙曰：「平原郡三國魏分置樂陵郡，並改隸冀州。」方輿紀要：「高唐故城，今山東濟南府禹城縣西四十里。」

〔三〕世說：「華歆遇子弟甚整，雖閨室之內，嚴若朝典。」

〔四〕陶丘洪事見荀攸傳注引漢末名士録，又見吴志劉繇傳。

〔五〕范書鄭泰傳：「泰字公業，河南開封人。何進輔政，徵用名士，以公業爲尚書侍郎。」

〔六〕荀攸傳：「何進秉政，徵海内名士攸等二十餘人。攸到，拜黃門侍郎。」

〔七〕洪亮吉曰：「下邽，漢舊縣，屬京兆。郡國志無此縣。魏志，華歆求出爲下邽令，疑建武中省，後又復立也。太平寰宇記，下邽縣自漢迄晉不改。」王先謙曰：「郊祀志下邽有天神祠，續志後漢省。鄭縣下劉昭注引黃圖云，下邽縣并鄭，桓帝西巡復之。魏志，華歆求出爲下邽令，明續志脱漏。」周壽昌說同。一統志：「故城在今陝西西安府渭南縣東北。」

〔八〕藍田，兩漢志屬京兆，出美玉。王先謙曰：「南山出玉石，見東方朔傳，藍田璧見外戚傳。續志劉注有川方三十里，其水北流，出玉、銅、鐵、石。」方輿紀要：「故城今陝西西安府藍田縣西十一里。」一統志作三十里。

〔九〕沈家本曰：「此蓋華氏譜之敘也。或以爲華嶠後漢書之自敘，恐非。」黄逢元曰：「世説方正篇、德行篇注引嶠譜序。」

〔一〇〕武闕見武紀初平元年。

〔一一〕世説德行篇云：「華歆、王朗俱乘船避難，有一人欲依附，歆輒難之。朗曰：幸尚寬，何爲不可？後賊追至，王欲舍所攜人。歆曰：本所以疑，正爲此耳。既已納其自託，寧可以急相棄邪！遂攜拯如初。世以此定華、王之優劣。」按此與譜敘所載，當即一事，而傳聞小異耳。世説德行篇又云：「王朗每以識度推華歆，歆蜡日嘗集子姪燕飲，王亦學之。有人向張華説此事，張曰：王之學華，皆是形骸之外，去之所以更遠。」

〔一二〕郡國志：「荆州南陽郡穰。」一統志：「今河南南陽府鄧州外城東南隅。」

〔一三〕豫章見陳留王紀咸熙元年。

〔一四〕「幅巾」見武紀建安二十五年注引傅子。范書鄭玄傳：「玄不受朝服，而以幅巾見。」王鳴盛曰：「韋彪傳，彪之族孫著入山采藥，不就徵。靈帝即位，中常侍曹節白帝，就家拜著東海相。不得已，解巾之郡。注：巾，幅巾也。既服冠冕，故解幅巾。馮衍傳，衍審知更始已没，乃幅巾降於河内。注：不加冠幘，但以一幅巾飾首而已。鮑永傳，永知更始亡，上將軍、列侯印綬，悉罷兵，但幅巾詣河内。注：幅巾，謂不著冠，但幅巾束首也。周磐傳，公府三辟，皆不應。臨終，戒其子斂用濯衣幅巾。注：幅巾，不加冠也。符融傳，融幅巾奮褏，談辭如雲。注：幅巾者，以一幅爲之也。逸民韓康傳，亭長見康柴車幅巾，以爲田叟也。又法真傳，恬静不交人事，太守請見之，乃幅巾詣謁。三國魏志華歆傳，孫策略地江東，歆幅巾奉迎。沈約宋書禮志云，漢末王公名士，多委王服，以幅巾爲雅，是也。」

〔一五〕通鑑輯覽曰：「華歆、王朗雖同一墮城虧節，然朗猶力盡而降，歆則葛巾迎謁。名士厚顔，孰甚於是！」

〔一六〕趙一清曰：「此皆飾詞，觀吳志虞翻傳注引江表傳可知。」弼按：虞翻傳注引吳歷語亦較此爲詳，通鑑采之。何焯曰：「伯符之致敬子魚，猶孔明之待文休，風氣所趨，雖英賢亦因時以答輿望而已。」

〔一七〕宋本作「教曰」。

〔一八〕通鑑考異曰：「此說太不近人情，今不取。」

〔一九〕胡三省曰：「椒丘去豫章南昌縣數十里。」趙一清曰：「寰宇記卷一百六，椒丘城在洪州北，水路屈曲一百四十八里。雷次宗豫章記云，建安四年，孫策起兵破劉繇於尋陽軍，（弼按：劉繇當作劉勳，洪亮吉引豫章記亦作勳。）欲謀取豫章，太守華歆所築也。一清案：水經贛水注云，椒丘城，孫策所築。方輿紀要，椒丘城今南昌府北一百四十里。」

〔二〇〕春秋：「桓公五年冬，州公如曹；六年春正月，寔來。」左傳：「桓公五年冬，淳于公如曹。度其國危，遂不復。六年春，自曹來朝。書曰寔來，不復其國也。」

〔二一〕胡三省曰：「夷、皓，謂伯夷、四皓也。易曰：王臣蹇蹇，匪躬之故。言華歆不能高尚其志，又失蹇蹇匪躬之節。邪儒，謂虞翻；陵肆，謂孫策也。」

〔二二〕姜宸英曰：「孫氏方網羅人物，而聽子魚之去，實以其爲無用之物耳。」李安溪曰：「此時必不得已，在權所猶愈於從操，見幾不明甚矣！」

〔二三〕御覽卷八百十九引吳歷曰：「孫策送華歆還洛，并送越布香葛。時多盜賊，歆渡牛渚，悉封還諸物。」弼按：孫策應作孫權。歆還洛時，孫策已死矣。姚範曰：「葛洪自敘云：華生治潔於昵客，不知即指此事，抑別有其事也？若此，亦不得謂之邀名僞行也。」

歆至，拜議郎，參司空軍事；入爲尚書，轉侍中，代荀彧爲尚書令。太祖征孫權，表歆爲軍師。魏國既建，爲御史大夫；文帝即王位，拜相國，〔一〕封安樂鄉侯。〔二〕及踐阼，改爲司徒。

魏書曰：文帝受禪，歆登壇相儀，奉皇帝璽綬，〔三〕以成受命之禮。

華嶠譜敘曰：文帝受禪，朝臣三公已下並受爵位；歆以形色忤時，徙爲司徒，而不進爵。〔四〕魏文帝久不懌，以問尚書令陳羣曰：「我應天受禪，百辟羣后，莫不人人悅喜，形於聲色，而相國及公獨有不怡者，何也？」羣起離席長跪曰：「臣與相國曾臣漢朝，心雖悅喜，義形其色，亦懼陛下實應且憎。」帝大悅，遂重異之。〔五〕

歆素清貧，禄賜以振施親戚故人，家無擔石之儲。公卿嘗並賜没入生口，唯歆出而嫁之，帝歎息，〔六〕

孫盛曰：盛聞慶賞威刑，必宗於主，權宜宥恕，出自人君。子路私饋，仲尼毁其食器；〔七〕田氏盜施，春秋著以爲譏。〔八〕斯褒貶之成言，已然之顯義也。孥戮之家，國刑所肅，受賜之室，乾施所加。若在哀矜，理無偏宥。歆居股肱之任，同元首之重，則當公言皇朝，以彰天澤，而默受嘉賜，獨爲君子，既犯作福之嫌，又違必去之義，可謂匹夫之仁，蹈道則未也。〔九〕

魏書曰：歆性周密，舉動詳慎。常以爲人臣陳事，務以諷諫合道爲貴，就有所言，不敢顯露，故其事多不見。

華嶠譜敘曰：歆淡於財欲，前後寵賜，諸公莫及，然終不殖産業。陳羣常歎曰：「若華公，可謂通而不泰，清而不介者矣。」

傅子曰：敢問今之君子。曰：「袁郎中積德行儉，〔一〇〕華太尉積德居順，其智可及也，其清不可及也。

事上以忠，濟下以仁，晏嬰、行父〔一一〕何以加諸！」

下詔曰：「司徒，國之儁老，所與和陰陽理庶事也。今太官重膳，而司徒蔬食，甚無謂也。」特賜御衣，及爲其妻子男女皆作衣服。

魏書曰：又賜奴婢五十人。

三府議：「舉孝廉本以德行，不復限以試經。」歆以爲：「喪亂以來，六籍墮廢，當務存立，以崇王道。夫制法者，所以經盛衰，今聽孝廉不以經試，恐學業遂從此而廢。若有秀異，可特徵用，患於無其人，何患不得哉！」帝從其言。

〔一〕歆爲相國，列名勸進，見上尊號奏。

〔二〕安樂見明紀景初二年。

〔三〕官本考證云：「璽綬，北宋本作璽紱。」

〔四〕文帝踐阼，賈詡、鍾繇、王朗、程昱、董昭皆進爵，歆實未進爵也。

〔五〕何焯曰：「此華嶠之飾詞，歆不恥爲魏相國，又何怍哉！發壁牽后，誰所爲也？」姜宸英曰：「登壇相儀之人，豈能嚴色怍時；且譜出華氏子孫，何足徵信！」又曰：「華歆一時名士，晚節披猖，至牽伏后出壁，黨惡與弒，知平時整暇，與闔門整肅，皆枝葉耳。大本既喪，何論細行！」唐庚曰：「伏后之廢，操使歆勒兵入宮收后，至破户發壁而入，此豈盛德之士所爲哉！操雖奸雄，然使人各當其理。是時魏氏羣臣如董昭、夏侯惇、賈詡、程昱、郭嘉之流，皆足辨此，何至使歆爲之？歆果賢邪，操亦不敢以此使之矣。邴原傳稱少與管寧俱以操尚稱，初不及歆，則陳壽之意，亦可見矣。」周壽昌曰：「歆筮仕漢朝，官至太守，不爲不達。乃始則棄地失官，繼則諂事僭逆，名節掃地，本末俱無可言。徒以時際末流，人亡恥辱，遂以耆年高位，妄稱國之儁老。承祚作傳，敘其始末，儼成全德，而於其拾金及破壁搜伏后等事，絶不敘述。即松之作注，亦多鋪敘其美，惟於魏武本紀引曹瞞傳破壁搜伏后一事，本傳注則閒引孫盛諸論，微有刺譏。蓋歆之子孫，在晉世列顯要，而歆孫嶠尤領史職，見稱當時。沿及劉宋，其裔尚爲顯宦，故陳氏避忌，不敢用直筆，即裴氏注亦僅隱約其詞。非范史諸書，歆逼君殺后之惡，幾無可見矣。南、董可易言哉！」嚴衍曰：「曹操弑后事，通鑑原文云：以尚書令華歆爲郗慮副，勒兵入宮收后，后藏壁中，歆壞户發壁，牽后出；果爾，是歆即操之成濟也。然歆傳何以不載此事？此事蓋通鑑本之後漢書，後漢書本之曹瞞傳。曹瞞傳吴人所作，焉知非異域傳聞之誤邪？不然，漢之末造，國運雖替，清議猶嚴。故以陳壽之才名，世人所重也，止以居喪使婢丸藥，遂蒙譏謗，廢滯者數年。又操之稱王，楊訓發表稱頌功德。訓，崔琰所薦，於時物論不但笑訓浮僞，并咎琰失舉。由是言之，直道未亡，有瑕必摘。使歆果有此事，則衆實有口，誰能箝之？況殿廷之上，非私家曲室之比也，一舉一動，既萬目所共覩，亦萬口所共傳，豈公論獨刻於陳壽、楊訓，而私於華歆哉！豈逆天悖理之事，他國史臣猶聞之，二三百年後之范曄猶聞之，獨同朝共事之人，反不聞邪？陳登、陳羣、傅玄輩，皆一時名賢也，豈以私好阿人者哉！乃登之稱歆者，曰淵清玉潔，有禮有法，吾敬華子魚。使果牽后，禮法何在？羣之稱歆者，曰若華公者，可謂通而不泰，清而不介者矣。使果牽后，清通何在？玄之稱歆者，曰華太尉積德居順，事上以忠，濟下以仁，晏嬰、行父，何以加諸！使果牽后，忠仁何在？且不但此也。王朗與歆齊名，乃自以識度不如歆，每事學之。張華論之曰：王之學華，皆在形骸之外，去之所以更遠。若果牽后，識度何在？張華於書無所不讀，豈獨不見曹瞞傳與？何不據此以罪歆，而乃貶王尊華若此！彼誠見瞞傳爲無稽之言，故不屑置之齒頰閒耳。華嶠譜敘云：西京之亂，歆與王朗乘舟避難。有一人欲附舟，歆頗難之，朗竟受焉。已而賊追急，此人趨避墮井，朗欲棄之而去。歆曰，本所以疑，正爲此耳，既已同行，棄之不義。遂相與救出之而别。又文帝受禪，三公已下，共受爵賞。時歆爲相國，與尚書令陳羣獨感愴形於顔，而文帝覺之，深以爲恨。夫邂逅之人，且能舍命而拯之於井，母后之尊，乃忍犯義而牽之於壁？受禪之時，既能輕相國之尊，而觸新主之怒，未篡之先，豈難棄尚書之官，而順逆臣之心？此皆事理所必不然者！且歆於時，果爲慮副，則帝在前殿引慮共坐時，亦宜并引歆坐談，何以一字不及歆邪？乃知收后時歆亦未嘗爲慮副也，故特去其姓名，而詳爲之辯。後之讀史者，勿泥范曄之筆，而疑予之言。夫予言誠不足信，乃若陳登、陳羣、王朗、傅子、張華五六巨公之言，亦不足信邪？不信同時之人，而信隔世以後無所取裁之范曄，何人之好德不如其好謗之甚也，悲夫！」弼按：嚴説誠辨，而以王鳴盛説深得承祚合傳之意。（王説見鍾繇傳。）發壁牽后，曹瞞傳外他無左證，誠爲千古疑案。然歆自江東歸來，勳庸未建，竟代文若，坐躋三公。魏武父子豈無功而爵人者？相國統率羣僚，受禪上言，（見文紀注）殷勤勸進，此中契合，可耐尋思；當日情事，如在目前。千秋功罪，可判然矣。

〔六〕華歆小妻爲駱統之母，見吳志駱統傳。

〔七〕韓非子：「子路爲郈令，以其私秩粟爲漿飯，要作溝者於五父之衢而餐之。孔子聞之，使子貢往，覆其飯，擊毁其器。曰：魯君有民，子奚爲乃餐之！」

〔八〕史記：「晏嬰與叔向私語曰，齊政卒歸田氏，田氏雖無大德，以公權有德於民，民愛之。」又見左傳昭公三年。

〔九〕何焯曰：「孫論似高，而遠於情。」唐庚曰：「孫盛以刻薄之資，承學於草竊亂賊之世，性習皆惡，故其論議類皆如此。夫見牛未見羊，孟子所謂仁術，何名爲偏宥哉！使盛爲廷尉於魏文之時，則歆當以私饋盜施誅矣。東晉之不用盛，不爲過也。」

〔一〇〕袁涣也。

〔一一〕齊晏嬰字仲，謚曰平，待之舉火者數百家。見晏子。魯季孫行父，文子也。相三君而無私積。見左傳。

黄初中，詔公卿舉獨行君子，歆舉管寧，帝以安車徵之。〔一〕明帝即位，進封博平侯，〔二〕增邑五百户，并前千三百户，轉拜太尉。〔三〕

列異傳曰：〔四〕歆爲諸生時，嘗宿人門外，主人婦夜産。有頃，兩吏詣門，便辟易卻，相謂曰：「公在此。」躊躇良久。一吏曰：「籍當定，柰何得住？」乃前向歆拜，相將入。出並行，共語曰：「當與幾歲？」一人曰：「當三歲。」天明，歆去。後欲驗其事，至三歲，故往問兒消息，果已死。歆乃自知當爲公。〔五〕

臣松之按：晉陽秋說魏舒少時寄宿事，亦如之。以爲理無二人俱有此事，將由傳者不同，今寧信列異。〔六〕

歆稱病乞退，〔七〕讓位於寧，帝不許。臨當大會，乃遣散騎常侍繆襲〔八〕奉詔喻指曰：「朕新莅庶事，一日萬幾，懼聽斷之不明，賴有德之臣，左右朕躬。而君屢以疾辭位。夫量主擇君，不居其朝，委榮棄祿，不究其位，古人固有之矣，顧以爲周公、伊尹則不然。潔身徇節，常人爲之，不望之於君。君其力疾就會，以惠予一人。將立席机筵，命百官總已，以須君到，朕然後御坐。」又詔襲：「須歆必起，乃還。」歆不得已，乃起。

〔一〕孝廉試經，推薦管寧，此二事可稱不以人廢也。黃初三年，奏討孫權，見吳志孫權傳注引魏略載魏三公奏。嚴可均曰：「此事在黃初三年，時三公乃華歆、賈詡、楊彪也。」弼按：是時三公爲華歆、賈詡、王朗。朗讓位於彪，文帝乃爲彪置吏卒，位次三公，見朗傳。嚴說誤。

〔二〕郡國志：「兗州東郡博平。」三國魏改屬平原郡，見輿地廣記。晉志屬冀州平原國。一統志：「博平故城，今山東東昌府博平縣西北三十里。」弼按：歆封博平，蓋封本郡縣侯也。

〔三〕魏名臣奏載太尉華歆請敍鄭小同表，見高貴鄉公紀注。

〔四〕隋書經籍志雜傳類：「列異傳三卷，魏文帝撰。」又曰：「魏文帝作列異，以序鬼物奇怪之事，相繼而作者甚衆。」舊唐志雜傳類：「列異傳三卷，張華撰。」新唐志小説類：「張華列異傳一卷。」侯康曰：「裴注兩引此書，華歆傳引一條，記歆自知當爲公；蔣濟傳引一條，記濟亡兒爲泰山録事。惟濟於齊王時始徙領軍將軍，而書中已有濟爲領軍之語，則非出自文帝。又御覽卷七百七引一條，景初時事；卷八百八十四引一條，甘露時事；皆在文帝後。豈後人又有增益邪？又史記封禪書索隱引一條，記秦穆公獲陳寶。水經渭水注、後漢書光武紀注引一條，記秦文公時梓樹化爲牛。則所載不獨時事也。」姚振宗曰：「意張華續文帝書，而後人合之。御覽所引文帝後事，當出張華。初學記果木部引魏文帝列異傳，言袁本初時事，則實出文帝。」

〔五〕趙一清曰：「梁簡文大同哀辭曰：『華歆所聞之語，已定北陵之期。』但歆封博平，而云北陵，未詳。」弼按：此與鍾繇貴相事相類，要皆傅會無稽之詞。

〔六〕沈家本曰：「魏文與華歆同時，所言自較孫盛可信。」

〔七〕藝文類聚卷四十六引齊職儀云：「太尉華歆以疾，依田千秋故事，乘輿上殿。」弼按：三公有疾，乘輿上殿，成爲故事，已見鍾繇傳。

〔八〕錢大昭曰：「襲，東海人，見劉劭傳。」

太和中，遣曹真從子午道伐蜀，〔一〕車駕東幸許昌。歆上疏曰：「兵亂以來，過踰二紀。大魏承天受命，陛下以聖德當成、康之隆，宜弘一代之治，紹三王之迹。雖有二賊負險延命，〔二〕苟聖化日躋，遠人懷德，將襁負而至。夫兵不得已而用之，故戢而時動。臣誠願陛下先留心於治道，以征伐爲後事。且千里運糧，非用兵之利；越險深入，無獨克之功。如聞今年徵役，頗失農桑之業，爲國者以民爲基，民以衣食爲本；使中國無飢寒之患，百姓無離土之心，則天下幸甚。二賊之釁，可坐而待也。臣備位宰相，〔三〕老病日篤，犬馬之命將盡，恐不復奉望鑾蓋，不敢不竭臣子之懷，唯陛下裁察！」帝報曰：「君深慮國計，朕甚嘉之。賊憑恃山川，二祖勞於前世，〔四〕猶不克平，朕豈敢自多，謂必滅之哉？諸將以爲不一探取，無由自弊，是以觀兵以闚其釁。若天時未至，周武還師，乃前事之鑒，朕敬不忘所戒。」時秋大雨，詔真引軍還。太和五年，歆薨，〔五〕謚曰敬侯。〔六〕

魏書曰：歆時年七十五。

子表嗣。初，文帝分歆户邑，封歆弟緝列侯。表，咸熙中爲尚書。〔七〕

華嶠譜敘曰：歆有三子，表字偉容。年二十餘，爲散騎侍郎。時同僚諸郎共平尚書事，年少；並兼厲鋒氣，要君名譽。〔八〕尚書事至，或有不便，故遺漏不視，及傳書者去，即入深文論駮。惟表不然，事來有不便，輒與尚書共論盡其意，主者固執，不得已，然後共奏議。司空陳泰等，以此稱之。仕晉，歷太子少傅、太常。稱疾致仕，拜光禄大夫。性清淡，常慮天下退理。〔九〕司徒李胤、司隸王密等常稱曰：「若此人者，不可得而貴，不可得而賤，不可得而疎。」〔一〇〕中子博，歷三縣内史，治有名跡。少子周，黄門侍郎、常山太守，博學有文思。中年遇疾，終于家。表有三子，〔一一〕長子廙，字長駿。晉諸公贊曰：廙有文翰，〔一二〕歷位尚書令、太子少傅，追贈光禄大夫、開府。嶠字叔駿，有才學，撰後漢書，世稱爲良史。〔一三〕爲秘書監、尚書。澹字玄駿，最知名，爲河南尹。廙三子：昆字敬倫，〔一四〕清粹有檢，爲尚書。薈字敬叔，世語稱薈貴正。〔一五〕恒字敬則，以通理稱。昆，尚書；薈，河南尹；恒，左光禄大夫開府。澹子軼，字彦夏，有當世才志，爲江州刺史。

〔一〕子午道見張魯傳。

〔二〕胡三省曰：「魏以吳、蜀爲二賊。」

〔三〕毛本「位」作「爲」，誤。

〔四〕胡三省曰：「二祖謂太祖武皇帝、世祖文皇帝也。」

〔五〕十二月戊午薨，見明紀。

〔六〕正始四年，從祀太祖廟庭。隋書經籍志：「梁有司徒華歆集二卷，亡。」唐經籍志：「魏華歆集二十卷。」藝文志：「華歆集三十卷。」姚振宗曰：「兩唐志卷數與七録懸殊，必有一誤。」

〔七〕本志管輅傳云：「清河太守華表，召輅爲文學掾。」案此傳與晉書華表傳俱不言表爲清河太守事，當係史失載。

〔八〕一本校改「君」作「召」。

〔九〕此句疑有脱誤。

〔一〇〕潘眉曰：「此句上脱不可得而親五字。晉書華表傳以爲不可得貴賤而親疏也。」陳景雲曰：「華表以咸熙中爲尚書，則其官散騎侍郎當在文、明之世，是時陳羣爲司空，泰之父也。羣以司空録尚書事，凡散騎奏議，無不綜典，故悉表之爲人，而稱之耳。雖諸書亦有緣泰之贈官而稱司空者，然當表爲散騎時，泰方名微位卑，朝士似不假其品藻爲重也。泰當作羣，王密當從晉書表傳作王弘。弘，弼之兄也，別見鍾會傳注。聚珍本三國志辨誤按語云：魏志陳羣傳，文帝踐阼，遷尚書僕射，徙尚書令。明帝即位，爲司空。又陳泰傳，青龍中，除散騎侍郎；正始中，徙游擊將軍；嘉平初，爲雍州刺史。後徵爲尚書右僕射。吳將孫峻出淮、泗，以泰爲鎮東將軍。峻退，還轉左僕射。景元初，追贈司空。是爲泰當作羣之證。又案晉書華表傳，司徒李胤、司隸王弘並歎美表，清淡退静，以爲不可得貴賤而親疏。鍾會傳注：王業子弘，字正宗，司隸校尉弼之兄也。並足證密當作弘。」

〔一一〕監本三作二。晉書表傳云，有六子：廙、岑、嶠、鑒、澹、簡。

〔一二〕晉書華廙傳：「廙弘敏有才義，妻父盧毓典選，難舉姻親。故廙年三十五不得調。晚爲中書通事郎。泰始初，遷宂從僕射。少爲武帝所禮，歷黄門侍郎、散騎常侍、前軍將軍、侍中南中郎將、都督河北諸軍事。免官，棲遲家巷垂十載。教誨子孫，講誦經典。集經書要事，名曰善文，行於世。」互見本志管輅傳注。

〔一三〕嶠事見董卓傳注。

〔一四〕晉書「昆」作「混」，誤。

〔一五〕一本校改「貴」作「貞」。

王朗〔一〕字景興，東海郡人也。〔二〕以通經，拜郎中，除菑丘長。〔三〕師太尉楊賜。賜薨，棄官行服。舉孝廉，辟公府，不應。徐州刺史陶謙，察朗茂才。時漢帝在長安，關東兵起，朗爲謙治中，與别駕趙昱等説謙曰：〔四〕「春秋之義，求諸侯莫如勤王。今天子越在西京，宜遣使奉承王命。」謙乃遣昱奉章至長安。天子嘉其意，拜謙安東將軍。以昱爲廣陵太守，〔五〕朗，會稽太守。〔六〕

朗家傳曰：〔七〕會稽舊祀秦始皇，刻木爲像，與夏禹同廟。朗到官，以爲無德之君，不應見祀，於是除之。居郡四年，惠愛在民。

孫策渡江略地，朗功曹虞翻以爲力不能拒，不如避之。朗自以身爲漢吏，宜保城邑，遂舉兵與策戰，敗績，浮海至東冶。〔八〕策又追擊，大破之。朗乃詣策。策以儒雅，〔九〕詰讓而不害。

獻帝春秋曰：孫策率軍如閩、越討朗，朗泛舟浮海，欲走交州，爲兵所逼，遂詣軍降。策令使者詰朗曰：「問逆賊故會稽太守王朗：朗受國恩當官，云何不惟報德，而阻兵安忍？大軍征討，幸免梟夷，不自埽屏，復聚黨衆，屯住郡境，遠勞王誅，卒不悟順。捕得云降，庶以欺詐，用全首領，得爾與不，具以狀對。」朗稱「禽虜」，對使者曰：「朗以瑣才，誤竊朝私，受爵不讓，以遘罪綱。前見征討，畏死苟免，因治人物，寄命須臾，又迫大兵，惶怖北引。從者疾患，死亡略盡，獨與老母，共乘一欐。〔一〇〕流矢始交，便棄欐就俘，稽顙自首於征役之中。朗惶惑不達，自稱降虜。（緑）〔緣〕前迷謬，被詰慙懼。朗愚淺駑怯，畏威自驚，又無良介，不早自歸。於破亡之中，然後委命下隸，身輕罪重，死有餘辜。申脰就鞅，蹴足入絆，叱咤聽聲，東西惟命。」

雖流移窮困，朝不謀夕，而收卹親舊，分多割少，行義甚著。

〔一〕朗初名嚴，見後注。

〔二〕官本考證曰：「北宋本作東海郯人，通志略同。」世說德行篇注引魏書亦作東海郯人。郡國志：「徐州東海郡郯。」鄒安鬯曰：「郯縣故城，在今山東沂州府郯城縣西南三十里，沂、沭二水之閒。」弼按：郯爲東海郡治，又爲徐州刺史治。漢末，徐州刺史徙治下邳，郯爲郡治如故。三國魏太和六年，改東海郡爲國，仍治郯；正始五年，封曹髦爲郯縣高貴鄉公，見三少帝紀。郯縣互見武紀初平四年徐州牧注。又按：本傳裴注引朗集云，本縣主簿張登、縣長王雋，可證朗爲縣人，非郡人。又晉書文明王皇后傳，東海郯人。后爲朗之孫女。

〔三〕郡國志：「徐州彭城國菑丘。」一統志：「故城在今安徽鳳陽府宿州東北六十里。」

〔四〕治中、別駕，均見武紀初平三年。趙昱，琅邪人。昱事詳本志陶謙傳裴注。

〔五〕此與本志陶謙傳及裴注不合。范書陶謙傳亦云：「別駕從事趙昱，知名士也，而以忠直見疏，出爲廣陵太守。」

〔六〕范書桓曄傳：「曄姑爲司空楊賜夫人。曄每至京師，未嘗舍宿楊氏。初平中，天下亂，避地會稽。」又袁閎傳：「袁忠棄官，客會稽上虞。一見太守王朗，徒衆整飾，心嫌之，遂稱病自絶。」謝承書曰：「忠乘船載笠蓋詣朗，見朗左右僮從，皆著青絳綵衣，非其奢麗，即辭疾發而退也。」東觀記曰：「太守王朗，餉給糧食、布帛、牛羊，一無所當。臨去之際，屋中尺寸之物，悉疏付主人，纖微不漏。」蜀志許靖傳：「會稽太守王朗，素與靖有舊，故往保焉。」又朗與許靖書云：「今有二男，大男名肅，年三十九歲，生于會稽。」亦見許靖傳注。

〔七〕隋書經籍志：「王朗王肅家傳一卷。」

〔八〕各本「冶」作「治」，誤。宋本、官本作「冶」。吴志孫静傳：「會稽太守王朗發兵拒孫策於固陵，策數度水戰，不能克。静説策曰：朗負阻城守，難可卒拔，查瀆南去此數十里，宜從彼據其內。策從之，分軍夜投查瀆道，朗遣周昕等逆戰，策破昕等，斬之，遂定會稽。」孫策傳：「策引兵渡浙江，據會稽，屠東冶。」虞翻傳：「朗亡走浮海，翻追隨營護，到東部侯官，侯官長閉城不受。翻往説之，然後見納。」賀齊傳：「王朗奔東冶，侯官長商升爲朗起兵。」諸傳互有詳略。胡三省注引洪氏隸釋極詳，已録入吴志虞翻傳中。按漢書地理志：「會稽郡冶。」師古曰：「本閩越地。」郡國志：「揚州會稽郡章安，故冶，閩越地。光武更名。」此郡未復有東部侯國。錢大昕云：「宋書州郡志侯官，前漢無；後漢曰東侯官，屬會稽。此東部侯國當即東侯官之譌。漢時未見有封東部侯者也。又鄭巨君傳注（弼按：鄭弘字巨君，竹汀避清諱，故云巨君。）引太康地志云，漢武帝名爲東冶，後改爲東侯官。是章安爲回浦，東侯官爲冶，各不相涉，太康志本自瞭然。志以章安爲故冶，疑未可信。」錢大昭曰：「范書鄭巨君傳，舊交趾七郡，貢獻轉運，皆從東冶汎海而至。巨君，章帝時人，則後漢本稱東冶。司馬彪所據者，順帝時之版籍，改爲章安，或在安、順時，而其後仍復舊名也。」謝鍾英曰：「漢、吴之際，或改東侯官爲東冶，故承祚據事書之。惟東部侯官，衍一部字，係傳寫之誤。」吴增僅曰：「晉志，建安郡故秦閩中郡，漢高帝五年，以立閩越王。及武帝滅之，徙其人，名爲東冶，後漢改爲侯官都尉。據此，則侯官即東冶矣。然三國吴時，侯官、東冶，史文并見。吴志孫亮傳：孫綝黜亮爲侯官侯。吕岱傳：會稽東冶五縣賊爲亂，岱討之，五縣平定。賀齊傳：王朗奔東冶，侯官長商升爲朗起兵。據此諸文，侯官、東冶，明爲兩縣。又案郡國志，會稽無侯官縣，蓋安、順以後所置。據吴志，侯官上無東字，而諸地志均作東侯官。考前漢治縣爲今福州府治，侯官縣在福州西北三十里，治縣實爲侯官東境。疑漢末既立侯官縣，尋又分爲東治縣，以在侯官東，有東侯官號，故吳志但有侯官、東治，不見有東侯官也。諸地志不言漢末有東治，但言有東侯官，謂東侯官即治，與史志均不合，未敢從也。」楊守敬曰：「郡國志無侯官，有東部侯國，而各地志皆言後漢改治爲東侯官。自晉志以下，又只有侯官，無東侯官之目。余謂章安下當有東治二大字，注故治云云。章安、東治本爲二縣，不知何時脱東治二字，以故治緊連章安，遂若章安爲故治所改。故劉昭引元康記以著其異，不知司馬彪固未嘗以故治爲章安也。沈約所見續志已誤。胡三省訂劉昭之誤云：章安故回浦，章帝更名東侯官，故治閩越地，光武更名。其説似矣。而以爲東侯官尤誤。蓋不知續志之東部爲侯官之誤，而以爲衍文。但此誤在隋、唐以後，故隋志、元和志皆有東侯官而無東部侯國。郡國志及晉志以下本無東字，而隋志、元和志皆云東侯官者，俱沿太康地志之誤，余并疑太康地志原是武帝名治，後分爲東治、侯官，傳寫之誤，遂以東治加之武帝，而晉志遂實之。」一統志：「治縣故城今福建福州府閩縣東北治山之麓。」皇朝文獻通考：「今福建全省皆漢治縣地，惟漳州之漳浦、詔安二縣郡有南海郡揭陽縣地。」

〔九〕沈家本曰：「以下當有朗字。」

〔一〇〕欐，音禮，小船也。錢大昭曰：「玉篇，欐，小船也。予謂欐即艬也。揚雄方言，凡船大者謂之舸，小舸謂之艖。東南丹陽會稽之閒，謂艖爲艬。時朗爲會稽太守，故謂之艬。」沈欽韓曰：「集韻，艬通作欐。」潘眉曰：「莊子秋水篇，梁麗可以衝城。司馬彪注，梁麗，小船也。欐即麗之俗字。」

太祖表徵之，朗自曲阿〔一一〕展轉江海，積年乃至。〔一二〕

朗被徵未至，孔融與朗書曰：「世路隔塞，情問斷絶，感懷增思。前見章表，知尋湯、武罪己之迹，自投東裔同鯀之罰，〔一三〕覽省未周，涕隕潛然。主上寬仁，貴德宥過；曹公輔政，思賢並立。策書屢下，殷勤款至，知櫂舟浮海，息駕廣陵，不意黄能突出羽淵也。〔四〕談笑有期，勉行自愛！」漢晉春秋曰：孫策之始得朗也，譴讓之。使張昭私問朗，朗誓不屈；策忿而不敢害也，留置曲阿。建安三年，太祖表徵朗，策遣之。太祖問曰：「孫策何以得至此邪？」朗曰：「策勇冠一世，有儁才大志。張子布，民之望也，北面而相之；周公瑾，江、淮之傑，攘臂而爲其將。謀而有成，所規不細，終爲天下大賊，非徒狗盜而已。」

拜諫議大夫，參司空軍事。〔五〕朗家傳曰：朗少與沛國名士劉陽交友。陽爲莒令，〔六〕年未三十而卒，故後世鮮聞。初，陽以漢室漸衰，知太祖有雄才，恐爲漢累，意欲除之，而事不會。〔七〕及太祖貴，求其嗣子甚急，其子惶窘，走伏無所。陽親舊雖多，莫敢藏者。朗乃納受積年。及從會稽還，又數開解，太祖久乃赦之。陽門户由是得全。魏國初建，以軍祭酒領魏郡太守，遷少府、奉常、大理，務在寬恕，罪疑從輕。鍾繇明察當法，俱以治獄見稱。

魏略曰：太祖請同會，啁朗曰：〔八〕「不能效君昔在會稽折秔米飯也。」〔九〕朗仰而歎曰：「宜適難值！」太祖問：「云何？」朗曰：「如朗昔者，未可折而折；如明公今日，可折而不折也。」太祖以孫權稱臣遣貢，諮朗，朗答曰：「孫權前牋，自詭躬討虜以補前愆，後疏稱臣，以明無二。牙獸屈膝，言鳥告歡，明珠南金，〔一〇〕遠珍必至。情見乎辭，效著乎功。三江五湖，爲沼于魏；〔一一〕西吴東越，化爲國民。鄢、郢既拔，荆門自開；席卷巴、蜀，形埶已成。重休累慶，雜沓相隨；承旨之日，撫掌擊節；情之畜者，辭不能宣。」

〔一〕漢書地理志：「會稽郡曲阿，故雲陽。」郡國志：「揚州吴郡曲阿。」太康地記：「曲阿本名雲陽，秦時言其地有天子氣，始皇鑿北阬以敗其勢，截直道使阿曲，故謂之曲阿。」吳志孫權傳：「嘉禾三年，復曲阿爲雲陽。」一統志：「曲阿故城，今江蘇鎮江府丹陽縣治。」

〔二〕趙一清曰：「世説：王充論衡，中土未有傳者。蔡中郎到江東得之，恒祕玩，以爲談助。注引袁山松後漢書云，其後王朗爲會稽太守，又得其書，時人稱其才進。或曰，不見異人，當得異書。問之，果以論衡之益。」

〔三〕尚書舜典「殛鯀於羽山」孔傳云：「羽山東裔，在海中。」郡國志：「徐州東海郡祝其，有羽山。」劉昭注：「殛鯀之山。博物記曰，東北獨居山西南有淵水，即羽泉也。」

〔四〕各本皆作「黄能」，吳本、毛本作「黄熊」，俗字。左傳昭公七年：「子産曰，昔堯殛鯀于羽山，其神化爲黄能，以入于羽淵。」杜注：「羽山在東海祝其縣西南。」姚培謙曰：「今山東沂州府東南有山，高四里，周廣八里，其西爲羽淵。」

〔五〕胡三省曰：「參軍事昉於魏、晉之閒，位望頗重。孫楚謂石苞曰天子命我參卿軍事是也。自是以後位望輕矣。」弼按：朗與許靖書云，往者隨軍到荆州，侍宿武皇帝於江陵劉景升聽事之上云云，見蜀志許靖傳注，當指參軍事之時。

〔六〕郡國志：「徐州琅邪國莒縣。」一統志：「故城今山東沂州府莒州治。」

〔七〕或曰，王儁、劉陽皆有先識。弼按：王儁事見武紀建安十三年注引逸士傳。

〔八〕啁音嘲，與嘲、謿通。

〔九〕秔音庚，稻之不黏者。

〔一〇〕詩魯頌泮水篇：「大賂南金。」毛傳云：「南謂荆、揚也。」鄭箋云：「荆、揚之州，貢金三品。」

〔一一〕三江五湖見蜀志許靖傳。馮本「沼」作「治」，誤。左傳哀公元年：「伍員曰：越十年生聚，十年教訓，二十年之外，吳其爲沼乎！」

文帝即王位，遷御史大夫，封安陵亭侯。〔一〕上疏勸育民省刑曰：「兵起已來，三十餘年，四海盪覆，萬國殄瘁。賴先王芟除寇賊，扶育孤弱，遂令華夏復有綱紀。鳩集兆民，于茲魏土，使封鄙之內，雞鳴狗吠，達於四境，蒸庶欣欣，喜遇升平。今遠方之寇未賓，兵戎之役未息，誠令復除足以懷遠人，良宰足以宣德澤，阡陌咸修，四民殷熾，必復過於曩時，而富於平日矣。易稱敕法，書著祥刑，一人有慶，兆民賴之，慎法獄之謂也。昔曹相國以獄市爲寄，〔二〕路溫舒疾治獄之吏。〔三〕夫治獄者，得其情則無冤死之囚；丁壯者，得盡地力則無饑饉之民；窮老者，得仰食倉廩則無餒餓之殍；〔四〕嫁娶以時，則男女無怨曠之恨；胎養必全，則孕者無自傷之哀；新生必復，則孩者無不育之累；壯而後役，則幼者無離家之思；二毛不戎，則老者無頓伏之患。醫藥以療其疾，寬繇以樂其業，威罰以抑其彊，恩仁以濟其弱，賑貸以贍其乏。十年之後，既笄者必盈巷；二十年之後，勝兵者必滿野矣。」

〔一〕朗列名勸進，見上尊號奏。

〔二〕漢書曹參傳：「參屬其後相曰，以齊獄市爲寄，慎勿擾也。後相曰，治無大於此者乎？參曰，不然。夫獄市者，所以并容也；今君擾之，姦人安所容乎！」

〔三〕漢書路溫舒傳：「溫舒字長君，鉅鹿東里人。宣帝即位，溫舒上書，宜尚德緩刑。」

〔四〕馮本「餒」作「餧」，誤。

及文帝踐阼，改爲司空，〔一〕進封樂平鄉侯。〔二〕

魏名臣奏〔三〕載朗節省奏曰：「詔問所宜損益，必謂東京之事也。若夫西京雲陽、汾陰之大祭，千有五百之羣，祀通天之臺，入阿房之宮，齋必百日，養犧五載。牛則三千其重，玉則七千其器。文綺以飾重席，童女以蹈舞綴。釀酎必貫三時而後成，〔四〕樂人必三千四百而後備。內宮美人，數至近千；學官博士，七千餘人。〔五〕中廄則騑緑駙馬六萬餘匹，外牧則扈養三萬，〔六〕而馬十之。執金吾從騎六百，走卒倍焉；太常行陵，幸車千乘。〔七〕太官賜官奴婢六千，長安城內治民爲政者三千，中二千石蔽罪斷刑者二十有五獄。〔八〕政充事猥，威儀繁富，隆於三代，近過禮中。〔九〕夫所以極奢者，〔一〇〕大抵多受之於秦餘，既違繭栗慤誠之本，〔一一〕埽地簡易之指，又失替質而損文，避泰而從約之趣。豈夫當今隆興盛明之時，祖述堯、舜之際，割奢務儉之政，除繁崇省之令，詳刑慎罰之教，所宜希慕哉！及夫寢廟，日一太牢之祀，郡國並立宗廟之法，丞相、御史大夫官屬吏從之數，若此之輩，既已屢改於哀、平之前，不行光武之後矣。謹按圖牒所改奏，〔一二〕在天地及五帝、六宗、宗廟、社稷既已因前代之兆域矣；夫天地則埽地而祭，其餘則皆壇而埒之矣。明堂所以祀上帝，靈臺所以觀天文，辟雍所以修禮樂，太學所以集儒林，高禖所以祈休祥，〔一三〕又所以察時務，揚教化。稽古先民，開誕慶祚，舊時皆在國之陽，並高棟夏屋，足以肆饗射，〔一四〕望雲物。七郊雖尊祀尚質，猶皆有門宇便坐，足以避風雨。可須軍罷年豐，以漸修治。舊時虎賁、羽林五營兵，及衛士并合，雖且萬人，或商賈惰游子弟，〔一五〕或農野謹鈍之人，雖有乘制之處，〔一六〕不講戎陣，既不簡練，又希更寇，雖名實不副，〔一七〕難以備急。有警而後募兵，軍行而後運糧，或乃兵既久屯，而不務營佃，不修器械，無有貯聚。一隅馳羽檄，則三面並荒擾，此亦漢氏近世之失，而不可式者也。當今諸夏已安，而巴、蜀在畫外，雖未得偃武而弢甲，放馬而戢兵，宜因年之大豐，遂寄軍政於農事。吏士小大，並勤稼穡，止則成井里於廣野，動則成校隊於六軍，省其暴繇，贍其衣食。易稱悅以使民，民忘其勞，悦以犯難，民忘其死。〔一八〕今之謂矣！糧畜於食，勇畜於埶，雖坐曜烈威而衆未動，畫外之蠻，必復稽顙以求改往而效用矣。若畏威效用，不戰而定，則賢於交兵而後威立，接刃而後功成遠矣！若姦凶不革，遂迷不反，猶欲以其所虐用之民，待大魏投命報養之士，然後徐以前歌後舞樂征之衆，臨彼倒戟折矢樂服之羣，伐腐摧枯，未足以爲喻。」

時帝頗出游獵，〔一九〕或昏夜還宮。朗上疏曰：「夫帝王之居，外則飾周衛，內則重禁門，將行，則設兵而後出幄，稱警而後踐墀，張弧而後登輿，清道而後奉引，遮列而後轉轂，靜室而後息駕。皆所以顯至尊，務戒慎，垂法教也。近日車駕出臨捕虎，日昃而行，及昏而反，違警蹕之常法，非萬乘之至慎也！」帝報曰：「覽表，雖魏絳稱虞箴以諷晉悼，〔二〇〕相如陳猛獸以戒漢武，〔二一〕未足以喻。方今二寇未殄，將帥遠征，故時入原野，以習戎備。至於夜還之戒，已詔有司施行。」

王朗集〔二二〕載朗爲大理時上主簿趙郡張登：〔二三〕「昔爲本縣主簿，值黑山賊圍郡，登與縣長王儁帥吏兵七十二人，直往赴救。與賊交戰，吏兵散走，儁殆見害。登手格一賊，〔二四〕以全儁命。又守長夏逸，爲督郵所枉，登身受考掠，理逸之罪。義濟二君，宜加顯異。」〔二五〕太祖以所急者多，未遑擢敘。至黃初初，朗又與太尉鍾繇連名表聞，兼稱登在職勤勞。詔曰：「登忠義彰著，在職功勤，名位雖卑，直亮宜顯；饔膳近任，當得此吏。今以登爲太官令。」〔二六〕

〔一〕趙一清曰：「鼎録：王朗爲司空，鑄一鼎，其文曰司空鼎，複篆書。」又曰：「晉禮志，漢、魏之禮，公主居第，尚公主者來第成婚。司空王朗以爲不可，其後乃革。」

〔二〕樂平見管寧傳，張琦除樂平令。

〔三〕魏名臣奏見明紀景初二年。

〔四〕盧明楷曰：「酎音宙。說文曰，三重醇酒也。西京雜記，漢制，嘗以正月作酒，八月乃熟，名曰酎。所謂必貫三時而後成也。各本多誤作酎，今官本已改正。」弼按：北宋本亦作酎。

〔五〕元本「千」作「十」。錢大昭曰：「博士下當有弟子二字。」

〔六〕元本「三」作「二」。

〔七〕元本「幸」作「赤」，何校同。

〔八〕沈欽韓曰：「漢書，杜周爲廷尉，詔獄益多，逮至六七萬人，吏所增加，十有餘萬。西京詔獄之數，有都司空獄、上林獄、内官獄、導官獄、保官獄、請室獄、郡邸獄、都船獄、暴室獄、若盧獄、掖廷獄、共工獄。按郡邸之獄不止一邸，又有三輔諸官署獄，統而計之，殆不止二十五獄也。」

〔九〕何焯曰：「數行中西京經費如指掌，不過漢書表志精熟耳。」

〔一〇〕馮本「者」作「吝」，誤。

〔一一〕漢書郊祀志：「牲用繭栗。」師古曰：「謂牛角如繭及栗者，言其小也。」

〔一二〕宋本「奏」作「秦」。

〔一三〕禮記月令：「仲春之月，以太牢祠于高禖。」鄭注：「高辛氏之世，玄鳥遺卵，娀簡吞之而生契。後王以爲媒官嘉祥，而立其祠焉。變媒言禖，神之也。」

〔一四〕趙一清曰：「肆當作肄。」

〔一五〕馮本「惰」作「墮」。

〔一六〕沈家本曰：「乘制未詳。續漢禮儀志，立秋之日，兵官皆肄孫、吳兵法，六十四陣，名曰乘之。疑此文有譌，當云乘之。」

〔一七〕沈家本曰：「雖字於上下文語意不合，疑有誤。」

〔一八〕易兑卦之辭。

〔一九〕一本「頗」作「頻」。

〔二〇〕左傳襄公四年：「魏絳對晉侯，引虞人之箴。晉侯好田，故魏絳及之。」

〔二一〕漢書司馬相如傳：「相如曰，請爲天子游獵之賦，其卒章歸之於節儉，因以風諫。」

〔二二〕隋書經籍志：「魏司徒王朗集三十四卷，梁三十卷。」唐經籍志：「王朗集三十卷。」藝文志同。姚振宗曰：「文心雕龍奏啟篇云：魏代名臣，文理迭興，若高堂天文，王朗節省，亦盡節而知治矣。又才略篇云：王朗發憤以託志，亦致美于序銘。銘箴篇云：王朗雜箴，乃置巾履，得其戒慎，而失其所施。觀其約文舉要，憲章戒銘，而水火井竈，繁辭不已。志有偏也。」又曰：「嚴氏文編録存表疏、上事、奏議、書論、雜箴、貧窶語、塞勢凡三十二篇。按御覽八百三十引王朗新奏議，似其集分奏議爲兩篇，入魏之後曰新奏議，未可知也。」

〔二三〕郡國志：「冀州趙國。」魏黄初初爲郡，太和六年復爲國。

〔二四〕宋本「一」作「二」。

〔二五〕互見御覽二百二十九。

〔二六〕毛本「太」作「大」，誤。續漢志百官志：「太官令一人，六百石，掌御飲食。」

初，建安末，孫權始遣使稱藩，而與劉備交兵。詔議「當興師與吴并取蜀不」。朗議曰：「天子之軍，重於華、岱，誠宜坐曜天威，不動若山。假使權親與蜀賊相持，搏戰曠日，智均力敵，兵不速決，當須軍興以成其埶者，然後宜選持重之將，承寇賊之要，相時而後動，擇地而後行，一舉可無餘事。〔一〕今權之師未動，則助吳之軍，無爲先征。且雨水方盛，非行軍動衆之時。」帝納其計。黃初中，鵜鶘集靈芝池，〔二〕詔公卿舉獨行君子，朗薦光祿大夫楊彪，且稱疾讓位於彪。〔三〕帝乃爲彪置吏卒，位次三公。詔曰：「朕求賢於君而未得，君乃翻然稱疾，非徒不得賢，更開失賢之路，增玉鉉之傾。〔四〕無乃居其室出其言不善，見違於君子乎！君其勿有後辭。」朗乃起。

〔一〕北宋本「可」作「更」。

〔二〕鵜鶘，解見文紀黃初四年；靈芝池，解見文紀黃初三年。

〔三〕何焯曰：「歆薦寧，朗薦彪，徒欲汙染遺逸，以分損謗議，又何能答曹人之刺乎！」

〔四〕易鼎卦「鼎玉鉉」象曰：「玉鉉在上，剛柔節也。」正義曰：「鉉，所以貫鼎而舉之也。」

孫權欲遣子登入侍，不至。是時車駕徙許昌，大興屯田，欲舉軍東征。朗上疏曰：「昔南越守善，嬰齊入侍，遂爲冢嗣，還君其國。〔一〕康居驕黠，情不副辭，都護奏議，以爲宜遣侍子，以黜無禮。〔二〕且吳濞之禍，萌於子入，〔三〕隗囂之叛，亦不顧子。〔四〕往者聞權有遣子之言而未至，今六軍戒嚴，臣恐輿人未暢聖旨，當謂國家慍於登之逋留，是以爲之興師。設師行而登乃至，則爲所動者至大，所致者至細，猶未足以爲慶。設其傲很，殊無入志，懼彼輿論之未暢者，並懷伊邑。臣愚以爲宜敕別征諸將，各明奉禁令，以慎守所部。外曜烈威，內廣耕稼，使泊然若山，澹然若淵，執不可動，計不可測。」是時，帝以成軍遂行，權子不至。車駕臨江而還。〔五〕魏書曰：車駕既還，詔三公曰：「三世爲將，道家所忌；窮兵黷武，古有成戒。況連年水旱，士民損耗，而功作倍於前，勞役兼於昔，進不滅賊，退不和民。夫屋漏在上，知之在下，然迷而知反，失道不遠，過而能改，謂之不過。今將休息，棲備高山，沈權九淵，割除擯棄，投之畫外。車駕當以今月中旬到譙，淮、漢衆軍，亦各還反，不臘西歸矣。」〔六〕

〔一〕漢書兩粵傳：「南粵王胡遣太子嬰齊入宿衛。胡薨，嬰齊嗣立。」

〔二〕漢書西域傳：「都護郭舜數上言：康居驕黠，宜歸其侍子，絕無復使，以章漢家不通無禮之國。」

〔三〕漢書吴王濞傳：「孝文時，吴太子入見，得侍皇太子飲博。皇太子引博局提吴太子，殺之。吴王由是怨望。」

〔四〕范書隗囂傳：「囂遣長子恂詣闕，囂終不降。於是誅其子恂。」

〔五〕北宋本「而」作「西」。

〔六〕此詔當在黄初三年十一月，詔中有棲備高山之語，先主崩於章武三年，即黄初四年，知此詔在先主未崩之前也。又按文紀，黄初三年十一月，行幸宛，即詔文所謂不臘西歸也。

明帝即位，進封蘭陵侯，〔一〕增邑五百，并前千二百户。使至鄴，省文昭皇后陵，〔二〕見百姓或有不足。是時方營修宮室，朗上疏曰：「陛下即位已來，恩詔屢布，百姓萬民，〔三〕莫不欣欣。臣頃奉使北行，往反道路，聞衆徭役，其可得蠲除省減者甚多。願陛下重留日昃之聽，以計制寇。昔大禹將欲拯天下之大患，故乃先卑其宮室，儉其衣食，用能盡有九州，弼成五服。句踐欲廣其禦兒之疆，〔四〕

禦兒，吳界邊戍之地名。

檇夫差於姑蘇，故亦約其身以及家，儉其家以施國，用能囊括五湖，席卷三江，取威中國，定霸華夏。漢之文、景，亦欲恢弘祖業，增崇洪緒，故能割意於百金之臺，昭儉於弋綈之服，〔五〕內減太官而不受貢獻，外省徭賦而務農桑，用能號稱升平，幾致刑錯。孝武之所以能奮其軍執，拓其外境，誠因祖考畜積素足，故能遂成大功。霍去病中才之將，猶以匈奴未滅，不治第宅。明卹遠者略近，事外者簡內。自漢之初及其中興，皆於金革略寢之後，然後鳳闕猥閌，德陽並起。今當建始之前足用列朝會，崇華之後足用序內官，華林、天淵足用展游宴，〔六〕若且先成閶闔之象魏，〔七〕使足用列遠人之朝貢者，修城池，使足用；絶踰越，成國險，其餘一切，且須豐年。一以勤耕農爲務，習戎備爲事，則國無怨曠，戶口滋息，民充兵彊，而寇戎不賓，緝熙不足，〔八〕未之有也。」轉爲司徒。〔九〕

〔一〕一統志：「蘭陵故城，今山東兗州府嶧縣東五十里。」

〔二〕明紀：「太和元年二月，立文昭皇后寢廟於鄴。」胡三省曰：「甄后賜死於鄴，因葬焉。」

〔三〕何焯曰：「此亦以百姓爲百官族姓，故與萬民相屬言之。」

〔四〕馮本無「其」字。胡三省曰：「句音鉤。國語，句踐既獲成於吳，其地北至于禦兒，非其身之所種則不食，非其夫人之所織則不衣，十年不收於國，卒以報吳。禦兒，吳、越分界之所，今嘉興府即其地，今有語兒鄉。」趙一清曰：「水經漸江水注，浙江又東逕禦兒鄉。萬善歷曰：吳黃武六年，由拳西鄉有産兒墮地便能語，云天方明，河欲清；鼎腳折，金乃生。因是詔爲語兒鄉。非也。禦兒之名遠矣，蓋無智之徒，因藉地名，生情穿鑿。國語曰，句踐之地，北至禦兒是也。安得引黄武證地哉！韋昭曰越北鄙在嘉興。」一清案，漢書兩粤傳注孟康曰，今吴南亭是。蓋春秋爲越北鄙，至漢，入吴南境耳。」

〔五〕漢書文帝紀贊曰：「孝文嘗欲作露臺，召匠計之，直百金。上曰，百金，中人十家之産也。吾奉先帝宫室，常恐羞之，何以臺爲！身衣弋綈。」師古曰：「弋，黑色也；綈，厚繒也。」

〔六〕胡三省曰：「建始、崇華二殿，皆在洛陽北宫。水經注，穀水逕洛陽故城北，東歷大夏門下，枝分渠水，東入華林園，又東爲天淵池。世語曰，魏武自漢中還洛陽，起建始殿，近漢濯龍祠。」

〔七〕胡三省曰：「象魏，觀闕也。象者，法象也；魏者，高巍也。」

〔八〕宋本「足」作「作」。

〔九〕明紀，朗轉司徒在黄初七年十二月，立文昭皇后寢廟在太和元年二月。是轉官在前，省陵在後。

時屢失皇子，而後宫就館者少。朗上疏曰：「昔周文十五而有武王，遂享十子之祚，以廣諸姬之胤；〔一〕武王既老而生成王，成王是以鮮於兄弟。〔二〕此二王者，各樹聖德，無以相過；比其子孫之祚，則不相如。蓋生育有早晚，所産有衆寡也。陛下既德祚兼彼二聖，春秋高於姬文育武之時矣，而子發未舉於椒蘭之奥房，藩王未繁於掖庭之衆室，以成王爲喻，雖未爲晚，取譬伯邑，則不爲夙。〔三〕周禮，六宫内官百二十人，而諸經常説，咸以十二爲限。〔四〕至於秦、漢之末，或以千百爲數矣。然雖彌猥，而就時於吉館者或甚鮮。明百斯男之本，〔五〕誠在於一意，不但在於務廣也。老臣慺慺，願國家同祚於軒轅之五五，〔六〕而未及周文之二五，用爲伊邑。且少小常苦被褥泰温，泰温則不能便柔膚弱體，是以難可防護，而易用感慨。

若常令少小之縕袍，不至於甚厚，則必咸保金石之性，而比壽於南山矣。」帝報曰：「夫忠至者辭篤，愛重者言深。君既勞思慮，又手筆將順，三復德音，欣然無量。朕繼嗣未立，以爲君憂，欽納至言，思聞良規。」朗著易、春秋、孝經、周官傳，奏議論記，咸傳於世。〔七〕

魏略曰：朗本名嚴，後改爲朗。

魏書曰：朗高才博雅，而性嚴整，慷慨多威儀，恭儉節約，自婚姻中表禮贄無所受。常譏世俗有好施之名，而不卹窮賤，故用財以周急爲先。

太和二年薨，〔八〕謚曰成侯。子肅嗣。〔九〕初，文帝分朗户邑，封一子列侯，朗乞封兄子詳。

〔一〕史記，太姒十子，謂伯邑考、武王發、管叔鮮、周公旦、蔡叔度、曹叔振鐸、郕叔武、霍叔處、康叔封、冉季載。郝經曰：「左傳富辰曰：管蔡郕霍魯衛毛聃畢原豐郇郜雍曹滕，文之昭也。並伯邑考、武王，共十八子，與此不同。」

〔二〕郝經曰：「左傳：邘晉應韓，武之穆也。並成王，共五子。」

〔三〕列女傳，太姒號曰文母。文王治外，文母治内。太姒生有十男，長伯邑考、次武王發。大戴禮，文王十五而生武王。伯邑考，武王兄；則十四年生也。武王九十三年崩，成王七歲，則八十七年生也。

〔四〕朗有周官傳，此亦略見治經之緒餘。

〔五〕北宋本「明」作「則」。

〔六〕黄帝紀，黄帝二十五子。

〔七〕朗著易傳，正始六年令學者得以課試，見齊王紀。釋文敘録：「魏司徒王朗注解左氏傳。」隋書經籍志：「春秋左氏傳十二卷，魏司徒王朗撰。梁有春秋左氏釋駁一卷，王朗撰。亡。」唐經籍志：「春秋傳十卷，王朗撰。」藝文志：「王朗注左氏十卷。」弼按：朗與許文休三書，見蜀志許靖傳注，改元議見宋書禮志一，論喪服書見通典七十三。

〔八〕二年十一月薨，見明紀。

〔九〕正始四年，從祀太祖廟庭。

肅字子雍，年十八，從宋忠讀太玄，而更爲之解。〔一〕

肅父朗與許靖書云，肅生於會稽。〔二〕

黄初中，爲散騎黄門侍郎，太和三年，拜散騎常侍。四年，大司馬曹真征蜀，肅上疏曰：「前志有之，千里饋糧，士有飢色，〔三〕樵蘇後爨，〔四〕師不宿飽。〔五〕此謂平塗之行軍者也。又況於深入阻險，鑿路而前，則其爲勞，必相百也。今又加之以霖雨，〔六〕山坂峻滑，衆逼而不展，糧縣而難繼，實行軍者之大忌也。聞曹真發已踰月，而行裁半谷，〔七〕治道功夫，戰士悉作。是賊偏得以逸而待勞，乃兵家之所憚也。言之前代，則武王伐紂，出關而復還；論之近事，則武、文征權，臨江而不濟。豈非所謂順天知時，通於權變者哉！兆民知聖上以水雨艱劇之故，休而息之，後日有釁，乘而用之，則所謂悦以犯難，民忘其死者矣。」於是遂罷。又上疏「宜遵舊禮，爲大臣發哀，〔八〕薦果宗廟」。事皆施行。又上疏陳政本曰：「除無事之位，損不急之禄，止浮食之費，并從容之官。使官必有職，職任其事，事必受禄，禄代其耕，乃往古之常式，當今之所宜也。官寡而禄厚，則公家之費鮮，進仕之志勸。進仕之志勸，〔九〕各展才力，莫相倚仗。敷奏以言，明試以功，能之與否，簡在帝心。是以唐、虞之設官分職，申命公卿，各以其事，然後惟龍爲納言，〔一〇〕猶今尚書也，以出内帝命而已。夏、殷不可得而詳。甘誓曰六事之人，明六卿亦典事者也。周官則備矣，五日視朝，公卿大夫並進，而司士辨其位焉。〔一一〕其記曰：坐而論道，謂之王公；作而行之，謂之士大夫。〔一二〕及漢之初，〔一三〕依擬前代，公卿皆親以事升朝。故高祖躬追反走之周昌，〔一四〕武帝遥可奉奏之汲黯，〔一五〕宣帝使公卿五日一朝，〔一六〕成帝始置尚書五人。〔一七〕自是陵遲，朝禮遂闕。可復五日視朝之儀，使公卿尚書各以事進。〔一八〕廢禮復興，光宣聖緒，誠所謂名美而實厚者也。」

〔一〕以肅生年推之，十八歲爲建安十七年。據蜀志尹默傳注，宋仲子時在魏，宋忠事見劉表傳注引英雄記。隋書經籍志：「周易注十卷，漢宋忠撰。太玄經注九卷，漢宋衷撰。」釋文序録云：「衷字仲子，後漢荆州五等從事。」隋志云：「梁有荆州五業從事宋忠注周易十卷。」陸績述玄曰：「鎮南將軍劉景升遣梁國成奇修好鄙州，奇將玄經自隨。後數年，章陵宋仲子爲作解詁。」司馬光太玄集注序云：「漢五業主事宋衷始爲玄作解詁，集注直云宋者仲子也。」弼按：忠與衷、五業與五等、從事與主事、仲子與冲子，要皆爲形聲之殊。馬國翰曰：「五業不可解，當是五等之誤。」弼按：惠棟云，五業，五經也。漢督郵班碑云，嘖意五業。漢末章陵宋衷爲劉表五業博士。吴承仕曰：「魏略云，樂詳少好學，五業並受。五業，謂五經之業也。等爲業字形近之譌。」周壽昌曰：「太玄經後有宋忠注，無肅注。隋經籍志詳録肅所著書，亦無太玄經解。」弼按：隋書經籍志，梁有揚子太玄經七卷，王肅注，亡。周説誤。又按華陽國志蜀郡士女揚雄贊云：「其玄源淵懿，後世大儒張衡、崔子玉、宋仲子、王子雍皆爲注解，吴郡陸公紀尤善於玄，稱雄聖人。」此爲肅注太玄之證。

〔二〕趙一清曰：「御覽卷六百五引顧野王輿地志，王朗爲會稽太守，子肅隨在郡，住東齋中。夜有女從地出，稱越王女，與肅語曉，別贈一丸墨。肅方注周易，因此才思開悟。酉陽雜俎云，王肅造逐鼠丸，以銅爲之，晝夜自轉。」弼按：朗家傳，朗居郡四年，肅生於會稽，時方數歲，安能遽注周易？殊不足信。

〔三〕師古曰：「言難繼也。」

〔四〕師古曰：「樵，取薪也；蘇，取草也。」

〔五〕胡三省曰：「前書李左車說陳餘之言。蓋前乎左車已有是言矣。」沈欽韓曰：「四語見黄石公上略。」

〔六〕宋本「今又」作「又今」。

〔七〕胡三省曰：「謂子午谷之路，行纔及半也。」

〔八〕通典八十一載肅請爲大司馬曹真臨弔表云：「在禮，大臣之喪，天子臨弔，諸侯之薨，又庭哭焉。同姓之臣，崇于異姓。自秦逮漢，多闕不修。暨光武頗遵其禮，于時羣臣莫不競勸。博士范升上疏，稱揚以爲美。可依舊禮，爲位而哭之，敦睦宗族。」弼按：曹真死，在太和五年三月。

〔九〕此句各本皆有，馮本無之。

〔一〇〕尚書舜典：「帝曰：龍，命汝作納言，夙夜出納朕命惟允。」孔傳云：「納言，喉舌之官。聽下言納於上，受上言宣於下，必以信。」

〔一一〕周禮夏官司士：「正朝儀之位，辨其貴賤之等。」

〔一二〕周禮冬官考工記之辭。鄭注：「王公，天子、諸侯也。士大夫親受其職，居其官也。」

〔一三〕監本、官本「及」作「乃」。

〔一四〕史記周昌傳：「昌爲人彊力，敢直言。嘗燕時入奏事，高帝方擁戚姬，昌還走，高帝逐得。」

〔一五〕漢書汲黯傳：「黯前奏事，上不冠，望見黯，避帷中，使人可其奏。」

〔一六〕漢書宣帝紀：「地節二年，上始親政事，五日一聽事。」

〔一七〕漢書成帝紀：「建始四年，罷中書宦官，初置尚書員五人。」

〔一八〕何焯曰：「肅此奏欲漸革政歸臺閣之弊，乃當日之急務，又欲轉移無迹，故但以復五日一朝之儀，各以事進爲言。

蓋臨朝奏事，面取裁決，則尚書不得專執大柄，可否任心矣。」

青龍中，山陽公薨，漢主也。肅上疏曰：「昔唐禪虞，虞禪夏，皆終三年之喪，然後踐天子之尊。是以帝號無虧，君禮猶存。今山陽公承順天命，允答民望，進禪大魏，退處賓位。公之奉魏，不敢不盡節；魏之待公，優崇而不臣。既至其薨，櫬斂之制，輿徒之飾，皆同之於王者，是故遠近歸仁，以爲盛美。且漢總帝皇之號，〔一〕號曰皇帝。有別稱帝，無別稱皇，則皇是其差輕者也。故當高祖之時，土無二王，其父見在而使稱皇，明非二王之嫌也。況今以贈終，可使稱皇以配其謚。」明帝不從使稱皇，〔二〕乃追謚曰漢孝獻皇帝。

孫盛曰：化合神者曰皇，德合天者曰帝。是故三皇創號，五帝次之，然則皇之爲稱，妙於帝矣。肅謂爲輕，不亦謬乎！

臣松之以爲上古謂皇皇后帝，次言三、五；先皇後帝，誠如盛言。然漢氏諸帝，雖尊父爲皇，其實則貴而無位，高而無民，比之於帝，得不謂之輕乎！魏因漢禮，名號無改。孝獻之崩，豈得遠考古義？肅之所云，蓋就漢制而爲言耳。謂之爲謬，乃是譏漢，非難肅也。〔三〕

〔一〕各本皆作「帝皇」，毛本作「帝王」，誤。

〔二〕各本皆作「使稱皇」，官本作「使稱帝」。考證云：「按文義當作使稱帝。蓋王肅之意，止欲其稱皇，而明帝不從之也。」姚範曰：「使稱皇下疑脱帝字。按肅意以山陽之禪不比虞、夏，故當從皇差輕之號，而不當稱帝，魏明不從也。」

〔三〕何焯曰：「肅之說出於蔡邕。然秦尊莊襄王爲太上皇，漢沿其名，未必爲其貴而無位，高而無民也。」

後肅以常侍領秘書監，〔一〕兼崇文觀祭酒。〔二〕景初閒，宮室盛美，〔三〕民失農業，期信不敦，刑殺倉卒。肅上疏曰：「大魏承百王之極，生民無幾，干戈未戢，誠宜息民而惠之以安靜遐邇之時也。夫務畜積而息疲民，在於省徭役而勤稼穡。今宮室未就，功業未訖，運漕調發，轉相供奉。是以丁夫疲於力作，農者離其南畝，種穀者寡，食穀者衆，舊穀既没，新穀莫繼，斯則有國之大患，而非備豫之長策也。今見作者三四萬人，九龍可以安聖體，〔四〕其內足以列六宮。顯陽之殿，又向將畢，惟泰極已前，〔五〕功夫尚大，方向盛寒，疾疢或作。誠願陛下發德音，下明詔，深愍役夫之疲勞，厚矜兆民之不贍，取常食廩之士，非急要者之用，選其丁壯，擇留萬人，使一朞而更之，咸知息代有日，則莫不悦以即事，勞而不怨矣。〔六〕計一歲有三百六十萬夫，亦不爲少。當一歲成者，聽且三年；分遣其餘，使皆即農，無窮之計也。倉有溢粟，民有餘力，以此興功，何功不立？以此行化，何化不成？夫信之於民，國家大寶也。仲尼曰：『自古皆有死，民非信不立。』夫區區之晉國，微微之重耳，欲用其民，先示以信，是故原雖將降，顧信而歸，用能一戰而霸，于今見稱。前車駕當幸洛陽，發民爲營，有司命以營成而罷。〔七〕既成，又利其功力，不以時遣。有司徒營其目前之利，〔八〕不顧經國之體。臣愚以爲自今之後，〔九〕儻復使民，宜明其令，使必如期。若有事以次，寧復更發，無或失信。〔一〇〕凡陛下臨事之所行刑，〔一一〕皆有罪之吏、宜死之人也。然衆庶不知，謂爲倉卒。故願陛下下之於吏、而暴其罪。鈞其死也，〔一二〕無使汙于宮掖，而爲遠近所疑。且人命至重，難生易殺，氣絶而不續者也，是以聖賢重之。孟軻稱殺一無辜以取天下，仁者不爲也。漢時有犯蹕驚乘輿馬者，廷尉張釋之奏使罰金。文帝怪其輕，而釋之曰：『方其時，上使誅之則已。今下廷尉，廷尉，天下之平也；一傾之，天下用法皆爲輕重，民安所措其手足！』臣以爲大失其義，非忠臣所宜陳也。廷尉者，天子之吏也，猶不可以失平，而天子之身，反可以惑謬乎？〔一三〕斯重於爲己，而輕於爲君，不忠之甚也！〔一四〕周公曰：天子無戲言，言則史書之，工誦之，士稱之。言猶不戲，而況行之乎！故釋之之言，不可不察；周公之戒，不可不法也。」又陳「諸鳥獸無用之物，而有芻穀人徒之費，皆可蠲除」。

〔一〕御覽卷二百三十三載王肅表曰：「青龍之末，主者啟選秘書監，詔秘書騶吏以上三百餘人，非但學問義理，當用有威嚴能檢下者，詔肅以常侍領焉。」又載王肅秘書不應屬少府表曰：「魏之秘書，即漢之東觀，郡國稱敢言之，上東觀，且自大魏分秘書而爲中書以來，傳緒相繼於今，三監未有隸名於少府者也。今欲使臣編名於騶隸，言事於外府，不亦褻朝章而辱國典乎！太和中，蘭臺祕書爭議三府奏議，祕書司先王之載籍，掌制書之典謨，與中書相亞，宜與中書爲官聯。」又曰：「青龍中，秘書丞、郎與博士議郎同職，近日月，宜在三臺，上秘書丞、郎乘鹿車，猶用尺奏，恐非陛下崇儒之本意也。臣以爲秘書職於三臺，爲近密，中書郎在尚書丞郎上，秘書丞、郎宜次尚書郎下，不然則宜次侍御史下。秘書丞、郎俱四百石，遷宜比尚書郎，亦出宜爲郡，此陛下崇儒術之盛旨也。尚書郎、侍御史皆乘犢車，而祕書丞、郎獨鹿車，不得朝服，恐非陛下轉臺郎以爲秘書丞、郎之本意也。」洪飴孫曰：「秘書監一人，六百石，第三品。初屬少府。及王肅爲監，乃不復屬。」

〔二〕青龍四年，置崇文觀，徵善屬文者充之。

〔三〕宋本「美」作「興」。

〔四〕錢大昭曰：「九龍殿即崇華殿也。因災而改名。」

〔五〕胡三省曰：「泰極，謂泰極殿也。」

〔六〕易曰：「説以使民，民忘其勞。」

〔七〕胡三省曰：「此營壘之營。」

〔八〕胡三省曰：「此營求之營。」

〔九〕宋本「之」作「以」。

〔一〇〕胡三省曰：「謂始焉於甲處營造，發民就役；次焉於乙處營造，不可仍用甲處就役之民，寧使更發民以供乙處之役也。」

〔一一〕宋本「事」作「時」。

〔一二〕胡三省曰：「鈞與均同。」

〔一三〕胡三省曰：「斯論誠足以矯張釋之之失言。」

〔一四〕釋之抑揚之詞，得此正論，庶不害意，而啟人主猝殺人之慘也。所關甚大。

帝嘗問曰：「漢桓帝時，白馬令李雲上書，言帝者諦也，是帝欲不諦。當何得不死？」〔一〕肅對曰：「但爲言失逆順之節。原其本意，皆欲盡心，念存補國。且帝者之威，過於雷霆，殺一匹夫，無異螻蟻。寬而宥之，可以示容受切言，廣德宇於天下，故臣以爲殺之未必爲是也。」帝又問：「司馬遷以受刑之故，内懷隱切，著史記非貶孝武，令人切齒！」對曰：「司馬遷記事，不虚美，不隱惡。劉向、揚雄服其善敘事，有良史之才，謂之實録。〔二〕漢武帝聞其述史記，取孝景及己本紀覽之，於是大怒，削而投之。於今此兩紀有録無書。〔三〕後遭李陵事，遂下遷蠶室。〔四〕此爲隱切在孝武，而不在於史遷也。」〔五〕

〔一〕范書李雲傳：「雲字行祖，甘陵人。初舉孝廉，再遷白馬令。雲素剛，憂國將危，露布上書曰：孔子云，帝者，諦也。今官位錯亂，小人諂進，財貨公行，政化日損，是帝欲不諦乎！帝得奏震怒曰：帝欲不諦，是何等語！下有司逮雲死獄中。」春秋運斗樞曰：「五帝修名立功，修德成化，統調陰陽，招類使神，故稱帝。帝之言諦也。」鄭玄注云：「審諦於物色也。」

〔二〕漢書司馬遷傳贊曰：「劉向、揚雄，博極羣書，皆稱遷有良史之才，服其善敍事理。辨而不華，質而不俚。其文直，其事核，不虚美，不隱惡，故謂之實録。」

〔三〕漢書司馬遷傳：「十篇缺，有録無書。」張晏曰：「遷没之後，亡景紀、武紀。」司馬貞索隱曰：「景紀取班書補之，武紀專取封禪書。」

〔四〕師古曰：「蠶室，初腐刑所居，温密之室也。」

〔五〕何焯曰：「子雍此對，本之衛敬仲，與班氏所記不同。敬仲所記非實，於時主則爲善對。」

正始元年，出爲廣平太守。〔一〕公事徵還，拜議郎。〔二〕頃之，爲侍中，遷太常。時大將軍曹爽專權，任用何晏、鄧颺等。肅與太尉蔣濟、司農桓範論及時政，肅正色曰：「此輩即弘恭、石顯之屬，復稱説邪！」爽聞之，戒何晏等曰：「當共慎之！公卿已比諸君前世惡人矣。」坐宗廟事免。後爲光禄勳。時有二魚長尺，集于武庫之屋，有司以爲吉祥。肅曰：「魚生於淵，而亢於屋，介鱗之物，失其所也。邊將其殆有棄甲之變乎！」其後果有東關之敗。〔三〕徙爲河南尹。嘉平六年，〔四〕持節兼太常，奉法駕，迎高貴鄉公于元城。〔五〕是歲，白氣經天，〔六〕大將軍司馬景王問肅其故。肅答曰：「此蚩尤之旗也，〔七〕東南其有亂乎？君若修己以安百姓，則天下樂安者歸德，唱亂者先亡矣。」明年春，鎮東將軍毌丘儉、揚州刺史文欽反，景王謂肅曰：「霍光感夏侯勝之言，始重儒學之士，良有以也！〔八〕安國寧主，其術焉在？」肅曰：「昔關羽率荆州之衆，降于禁於漢濱，遂有北向爭天下之志。後孫權襲取其將士家屬，羽士衆一旦瓦解。今淮南將士，父母妻子皆在内州，〔九〕但急往禦衛，〔一〇〕使不得前，必有關羽土崩之勢矣。」〔一一〕景王從之，遂破儉、欽。後遷中領軍，加散騎常侍，增邑三百，并前二千二百户。甘露元年薨。〔一二〕門生縗經者以百數。追贈衛將軍，謚曰景侯。子惲嗣。惲薨，無子；國絶。景元四年，封肅子恂爲蘭陵侯。咸熙中，開建五等，以肅著勳前朝，改封恂爲承子。〔一三〕

世語曰：恂字子良，大有通識。〔一四〕在朝忠正，歷河南尹、侍中，所居有稱。乃心存公，有匪躬之節。鬲令袁毅餽以駿馬，知其貪財，不受。毅竟以黷貨而敗。建立二學，崇明五經，皆恂所建。卒時年四十餘，贈車騎將軍。肅女適司馬文王，即文明皇后，生晉武帝、齊獻王攸。晉諸公贊曰：恂兄弟八人，其達者，虔字恭祖，以功幹見稱，位至尚書。弟愷，字君夫，少有才力，而無行檢。與衛尉石崇友善，俱以豪侈競於世，終於後將軍。〔一五〕虔子康、隆，〔一六〕仕亦宦達，爲後世所重。

〔一〕錢大昭曰：「廣平郡，黄初二年以魏郡西部置。」弼按：肅爲廣平太守，到官下教問張臶家，見管寧傳。

〔二〕肅以常侍出典郡守，還拜議郎，官秩俱微。

〔三〕東關之役，在魏嘉平四年。胡三省曰：「今柵江口有兩山，濡須山在和州界，謂之東關；七寶山在無爲軍界，謂之西關。兩山對峙，中爲石梁，鑿石通水。唐志，廬州巢縣東南四十里有故東關。」一統志：「今安徽和州含山縣西南七十里，濡須塢之北。」

〔四〕肅，嘉平六年列名奏永寧宮。

〔五〕元城見文紀黃初二年陽平郡注，又見齊王紀嘉平六年注。

〔六〕錢大昭曰：「晉書宣帝紀，白氣經天在正元元年十一月，此言嘉平六年者，蓋高貴鄉公以是年十月改元也。」

〔七〕潘眉曰：「蚩尤之旗見天文志。類彗而曲，象旗；見則王者征伐四方。又御覽二十七引皇覽塚墓記云：蚩尤塚在東郡壽張縣闞城中，人常以十月説云，每有氣如匹絳，自上屬下，號曰蚩尤旗。此旗恒有，非肅所云也。」

〔八〕漢書夏侯勝傳：「霍光與張安世謀欲廢昌邑王，光讓安世，以爲泄語。乃召問夏侯勝，勝引洪範傳以對光。安世大驚，以此益重經術。」

〔九〕胡三省曰：「魏制，諸將出征及鎮守方面，皆留質任。時淮南將士皆自內州出戍，故家屬皆留內。」

〔一〇〕胡三省曰：「禦儉、欽之衆，使不得進，又衛其家屬。」

〔一一〕李安溪曰：「鍾會不慮此而舉逆謀，故不旋踵夷滅也。」

〔一二〕寰宇記卷二十三：「王肅墓在沂州承縣東南二十五里。」姚範曰：「朱建平傳，肅年六十二，蓋生於興平二年乙亥。」潘眉曰：「肅年六十四歲。」弼按：潘説不知何據。蜀志許靖傳注，王朗與靖書云，大男名肅，年二十九歲。按此書當在黃初四年也。

〔一三〕趙一清曰：「肅女適司馬文王，故嗣爵無替。前漢書地理志，承屬東海郡。應劭曰，音證。字本作氶，以氶水所經而名。今本作承，非也。」王先謙曰：「廣韻，氶，縣名，在沂州。匡衡所居。」一統志：「故城今嶧縣西北一里。氶水在縣西。」弼按：王朗夫人楊氏，王肅夫人羊氏，俱見晉書文明王皇后傳。

〔一四〕潘眉曰：「子良，晉書作良夫，疑此子字衍文，大字即夫字之譌。弟愷，字君夫。」

〔一五〕晉書王愷傳：「愷既世族國戚，性復豪侈，用赤石脂泥壁。石崇與愷將爲鴆毒之事，司隸校尉傅祗劾之，有司皆論正重罪，詔特原之。及卒，謚曰醜。」

〔一六〕潘眉曰：「晉書王雅傳，雅，王肅曾孫也，祖隆。然則隆亦肅子。疑虔子之子本是弟字。」沈家本曰：「上文先曰虔，後曰弟愷，則不得復云虔弟某某矣。潘説未諦。惟與晉書乖異，未詳。」

初，肅善賈、馬之學，而不好鄭氏。〔一〕采會同異，爲尚書、詩、論語、三禮、左氏解，及撰定父朗所作易傳，皆列於學官。其所論駮朝廷典制、郊祀、宗廟、喪紀輕重，凡百餘篇。〔二〕時樂安孫叔然〔三〕

臣松之按：叔然與晉武帝同名，故稱其字。

受學鄭玄之門，人稱東州大儒。徵爲秘書監，不就。肅集聖證論以譏短玄，〔四〕叔然駮而釋之。及作周易、春秋例，〔五〕毛詩、禮記、春秋三傳、國語、爾雅諸注，〔六〕又著書十餘篇。〔七〕自魏初徵士燉煌周生烈，〔八〕

臣松之按：此人姓周生，名烈。何晏論語集解有烈義例。餘所著述，見晉武帝中經簿。〔九〕

明帝時，大司農弘農董遇等，亦歷注經傳，頗傳於世。〔一〇〕

魏略曰：遇字季直，性質訥而好學。興平中，關中擾亂，與兄季中依將軍段煨。采稆負販，〔一一〕而常挾持經書，投閒習讀。其兄笑之，而遇不改。及建安初，王綱小設，郡舉孝廉，稍遷黄門侍郎。是時漢帝委政太祖，遇旦夕侍講，爲天子所愛信。至二十二年，許中百官矯制，遇雖不與謀，猶被録詣鄴，〔一二〕轉爲宂散。常從太祖西征，道由孟津，過弘農王冢。太祖疑欲謁，顧問左右，左右莫對。遇乃越第進曰：「春秋之義，國君即位，未踰年而卒，未成爲君。弘農王即阼既淺，又爲暴臣所制，降在藩國，不應謁。」太祖乃過。〔一三〕黄初中，出爲郡守。明帝時，入爲侍中、大司農。數年，病亡。初，遇善治老子，爲老子作訓注。又善左氏傳，更爲作朱墨別異。人有從學者，遇不肯教，而云必當先讀百徧。言：「讀書百徧，而義自見。」從學者云：「苦渴無日。」〔一四〕遇言：「當以三餘。」或問「三餘之意」，遇言：「冬者歲之餘，夜者日之餘，陰雨者時之餘也。」〔一五〕由是諸生少從遇學，無傳其朱墨者。〔一六〕

世語曰：遇子綏，位至秘書監，亦有才學。齊王冏功臣董艾，即綏之子也。〔一七〕

魏略以遇及賈洪、〔一八〕邯鄲淳、薛夏、隗禧、蘇林、樂詳等〔一九〕七人爲儒宗。其序曰：「從初平之元，至建安之末，天下分崩，人懷苟且，綱紀既衰，儒道尤甚。至黄初元年之後，新主乃復，始埽除太學之灰炭，補舊石碑之缺壞，〔二〇〕備博士之員録，依漢甲乙以考課。申告州郡，有欲學者，皆遣詣太學。太學始開，有弟子數百人。至太和青龍中，中外多事，人懷避就。雖性非解學，多求詣太學。太學諸生有千數，而諸博士率皆麤疎，無以教弟子。弟子本以避役，〔二一〕竟無能習學。〔二二〕冬來春去，歲歲如是。又雖有精者，而臺閣舉格太高，加不念統其大義，而問字指墨法點注之閒，百人同試，度者未十。是以志學之士，遂復陵遲，而末求浮虚者，各競逐也。正始中，有詔議圜丘，普延學士。是時郎官及司徒領吏二萬餘人，雖復分布，見在京師者尚且萬人；而應書與議者，略無幾人。又是時朝堂公卿以下四百餘人，其能操筆者，未有十人，〔二三〕多皆相從飽食而退。嗟夫！學業沈隕，乃至於此。是以私心常區區貴乎數公者，各處荒亂之際，而能守志彌敦者也。」

賈洪字叔業，京兆新豐人也。〔二四〕好學有才，〔二五〕而特精於春秋左傳。建安初，仕郡，舉計掾，應州辟。時州中自參軍事以下百餘人，〔二六〕唯洪與馮翊嚴苞交通材學最高。洪歷守三縣令，〔二七〕所在輒開除廄舍，親授諸生。後馬超反，超劫洪將詣華陰，使作露布。洪不獲已，爲作之。司隸鍾繇在東，識其文，曰：「此賈洪作也。」及超破走，太祖召洪署軍謀掾，猶以其前爲超作露布文，故不即敘。晚乃出爲陰泉長。〔二八〕延康中，轉爲白馬王相。〔二九〕善能談戲。王彪亦雅好文學，常師宗之，過於三卿。數歲，病亡。亡時年五十餘。時人爲之恨「仕不至二千石」。而嚴苞亦歷守二縣。黄初中，以高才入爲秘書丞，數奏文賦，文帝異之。出爲西平太守，卒官。〔三〇〕

薛夏字宣聲，天水人也。〔三一〕博學有才。天水舊有姜、閻、任、趙四姓，常推於郡中，而夏爲單家，不爲降屈。四姓欲共治之，夏乃游逸，東詣京師。太祖宿聞其名，甚禮遇之。後四姓又使囚遥引夏，關移潁川，〔三二〕收捕繫獄。時太祖已在冀州，聞夏爲本郡所質，撫掌曰：「夏無罪也，漢陽兒輩直欲殺之耳！」乃告潁川，使理出之，召署軍謀掾。文帝又嘉其才，黄初中爲秘書丞。帝每與夏推論書傳，未嘗不終日也。每呼之不名，而謂之薛君。夏居甚貧，帝又顧其衣薄，解所御服袍賜之。其後征東將軍曹休來朝，時帝方與夏有所咨論，〔三三〕而外啟休到，帝引入。坐定，帝顧夏言之於休曰：〔三四〕「此君，秘書丞天水薛宣聲也，宜共談。」其見遇如此。尋欲用之，會文帝崩。至太和中，嘗以公事移蘭臺。蘭臺自以臺也，而秘書署耳，謂夏爲不得移也，〔三五〕推使當有坐者。夏報之曰：「蘭臺爲外臺，秘書爲内閣，臺、閣一也，〔三六〕何不相移之有！」蘭臺屈，無以折。〔三七〕自是之後，遂以爲常。後數歲，病亡，勅其子無還天水。〔三八〕

隗禧字子牙，京兆人也。世單家，少好學。初平中，三輔亂，禧南客荆州，不以荒擾，擔負經書。每以採稆餘日，則誦習之。太祖定荆州，召署軍謀掾。黄初中，爲譙王郎中。〔三九〕王宿聞其儒者，常虚心從學。〔四〇〕禧亦敬恭以授王，由是大得賜遺。以病還，拜郎中。年八十餘，以老處家，就之學者甚多。禧既明經，又善星官，常仰瞻天文，歎息謂魚豢曰：「天下兵戈，尚猶未息，如之何！」豢又常從問左氏傳，禧答曰：「欲知幽微莫若易，人倫之紀莫若禮，多識山川草木之名莫若詩，左氏直相斫書耳，〔四一〕不足精意也！」豢因從問詩，禧説齊、韓、魯、毛四家義，〔四二〕不復執文，有如諷誦。又撰作諸經解數十萬言，未及繕寫而得聾，〔四三〕後數歲病亡也。

其邯鄲淳事在王粲傳，蘇林事在劉劭、高堂隆傳，〔四四〕樂詳事在杜畿傳。

魚豢曰：〔四五〕學之資於人也，其猶藍之染於素乎？故雖仲尼，猶曰〔四六〕「吾非生而知之者」，況凡品哉！且世人所以不貴學者，必見夫有「誦詩三百，而不能專對於四方」故也。余以爲是則下科耳，不當顧中庸以上，〔四七〕材質適等，而加之以文乎！今此數賢者，略余之所識也。檢其事能，誠不多也。但以守學不輟，乃上爲帝王所嘉，下爲國家名儒，非由學乎？由是觀之，學其胡可以已哉！

〔一〕孔穎達曰：「鄭玄以爲禹治水畢，乃流四凶。故王肅難鄭言，若待禹治水功成，而後以鯀爲無功殛之，是爲舜用人子之功，而流放其父，則禹之勤勞適足使父致殛。爲舜失五典克從之義，禹陷三千莫大之罪，進退無據，亦甚迂哉！」

〔二〕釋文敍録：「周易王肅注十卷，東海蘭陵人，魏衛將軍、太常、蘭陵景侯。」弼按：肅襲封蘭陵侯，非蘭陵縣人，釋文誤。隋書經籍志：「周易十卷，魏衛將軍王肅注。」唐經籍志：「周易十卷，王肅注。」藝文志：「王肅注十卷。」宋史藝文志「王肅傳十一卷」。姚振宗曰：「後人輯肅所作音一卷，附書後，故十一卷。」張惠言曰：「肅著書務排鄭氏，馬、鄭不同者，則從馬；馬與鄭同，則并背馬。然其訓詁大義，出於馬、鄭者十七。疑出於馬、鄭者，其父朗之學也；

掊擊馬、鄭者，肅之學也。」馬國翰曰：「肅注在魏立學，頗著盛名，雖與康成殊異，要皆有據，朱子每稱之，蓋有所取。釋文敘錄，尚書王肅注十卷。又曰，王肅亦注今文，而解大與古文相類，或肅私見孔傳而秘之乎？」魏志高貴鄉公紀，甘露元年夏四月丙辰，帝幸太學講尚書，帝問曰：「鄭玄云，稽古同天，言堯同於天也。王肅云，堯順考古道而行之。二義不同，何者爲是？」博士庾峻對曰：「賈、馬及肅皆以爲順考古道，肅義爲長。」錢大昕考異曰：「按肅卒於是年，而其說已爲博士所習，進講人主之前，蓋肅兼通諸經，强辯求勝，又以三公之子，早登顯要，易爲人所信從也。」隋書經籍志：「尚書十一卷，王肅注。」唐經籍志：「古文尚書十卷，王肅注。」藝文志：「王肅注十卷。」日本國人佐世見在書目：「今文尚書十卷，王肅注。」馬國翰曰：「肅之學專與鄭爲難，鄭贊謂孔子撰書，乃尊而命之尚書，尚者，上也。肅序謂上所言，史所書，故曰尚書。開卷已自立異。」隋書經籍志：「尚書駁議五卷，王肅撰。」唐經籍志：「尚書釋駁五卷，王肅撰；尚書答問三卷，王肅注。」釋文敘錄：「鄭玄作毛詩箋，申明毛義，難三家，於是三家遂廢。魏太常王肅更述毛非鄭。」又曰：「王肅注二十卷。」隋書經籍志：「毛詩二十卷，王肅注；毛詩義駁八卷，王肅撰；毛詩奏事一卷，王肅撰；毛詩問難二卷，王肅撰，亡。」馬國翰曰：「義駁者，駁鄭氏義也；奏事者，取鄭氏之違失，條奏於朝也；問難者，亦申毛以難鄭也。」釋文敘錄：「王肅注周官十二卷。」隋書經籍志：「周官禮十二卷，王肅注。」（唐志同。）儀禮十七卷，王肅注。」（唐志同。）姚振宗曰：「本傳言肅注三禮，隋、唐三志亦各有肅注儀禮十七卷。釋文敘錄云，馬融、王肅等九人並注喪服，不言肅注儀禮，與隋、唐志異，豈陸氏未見其本邪？抑肅實止注喪服，隋、唐志誤列其目邪？」隋書經籍志：「喪服經傳一卷，王肅注。」唐藝文志：「王肅注喪服紀一卷。」晉書禮志：「太康初，尚書郎摯虞表請增損新禮曰：宜依王景侯所撰喪服變除，使類統明正，以斷疑爭。」隋書經籍志：「喪服要記一卷，王肅注。」（唐志同。）釋文敘錄：「王肅注禮記三十卷。」（隋、唐志同。）三禮音各一卷。」宋書樂志：「王肅私造宗廟詩頌十二篇。」釋文敘錄：「左氏王肅注三十卷。」（隋、唐志同。）隋書經籍志：「孝經一卷，王肅解。」（唐志同。）釋文敘錄：「論語王肅注十卷。」隋書經籍志：「梁有王肅注論語十卷，亡。梁有論語釋駁三卷，王肅撰，亡。」唐經籍志：「論語十卷，王肅注。」（藝文志同。）隋書經籍志：「梁有祭法五卷，又明堂議三卷，王肅撰。亡。隋志春秋類：「春秋外傳章句一卷，王肅撰。梁二十一卷。」唐經籍志：「春秋外傳國語章句二十二卷，王肅注。」姚振宗曰：「韋注國語，但述鄭、賈、虞、唐四家，則當時王子雍、孫叔然之注，不行於江表。」孔子家語二十一卷，王肅解，（唐、宋志作十卷。）王子正論十卷，王肅撰，（唐志同。）魏衛將軍王肅集五卷。」（唐志同。）嚴可均三國文輯本一卷，凡賦、表、疏議、答難、答問、教書、敘、頌、賀正儀、納徵辭、家誡，綜三十五篇。

〔三〕郡國志：「青州樂安國樂安。」一統志：「樂安故城，今山東青州府博興縣北。」經義攷曰：「訪碑録載淄川長山縣西南三十里，長白山東有孫炎碑，碑陰有門徒姓名，甘露五年立。惜今不可得見矣。」

〔四〕釋文敘録曰：「肅又作聖證論難鄭玄。」隋書經籍志：「聖證論十二卷，王肅撰。」

〔五〕宋史二百六十七張洎對狀引孫炎例云：「初九爲元士，九二爲大夫，九三爲諸侯。」

〔六〕侯康曰：「叔然注今絶無傳。其旁見爾雅注者，多與毛傳合。蓋毛公本以雅訓釋詩者也。」釋文敘録：「孫炎注禮記二十九卷。」隋書經籍志：「禮記三十卷，魏秘書監孫炎注。」（唐志同。）舊唐書元行沖傳：「張説奏言，禮記是前漢戴德、戴聖所編録，至魏孫炎始改舊本，以類相比，有同鈔書，先儒所非。貞觀中，魏徵因孫炎所修更加整次，兼爲之注，恐不可用。帝然之，書留中不出。行沖著釋疑曰：鄭學有孫炎，雖扶鄭義，乃易前編，條例支分，箴石間起。魏氏采衆説之精簡，刊正芟礱。」王應麟曰：「朱文公惜魏徵書之不復見，此張説文人不通經之過也。」姚振宗曰：「大、小戴可以删存，後儒無不可以取裁，張燕公駁魏徵類禮，并詆孫炎之書，非通論也。宜元行沖作釋疑以自解焉。」釋文敘録：「爾雅孫炎注三卷，音一卷。」（隋志作七卷，唐志作六卷。姚振宗曰：「隋志七卷，并音一卷在内。」）顔氏家訓音辭篇：「孫叔然刱爾雅音義，是漢末人獨知反語，至於魏世此事大行。高貴鄉公不解反語，以爲怪異，自兹厥後，音韻鋒出，各有土風，遞相非笑。」釋文敘録曰：「古人音書，止爲譬況之説，孫炎始爲反語。」玉海藝文小學類曰：「世謂倉頡制字，孫炎作音，沈約撰韻，同爲椎輪之始。」

〔七〕通典九十九：「或問長吏遷在傳舍而死，彼迎吏未至，此二國吏服，誰當輕重？孫叔然答曰：古者諸侯以國爲家，衛出其君于襄牛，不書出奔，以未出境也。衛侯奔死鳥，傳曰：猶在境内，則衛君也，雖出傳舍，固當以君服之。彼迎吏依娶女有吉日，夫死，斬衰弔；即葬除之。」

〔八〕郡國志：「涼州敦煌郡敦煌。」一統志：「敦煌故城，今新疆安西州敦煌縣治。」

〔九〕趙一清曰：「後漢書有周生豐，見馮衍傳注引風俗通，云：周生，姓也。羅泌路史後紀曰：燉煌實録，魏侍中周生烈本姓唐，外養周氏，因爲姓，亦見七録及中經簿。隋經籍志，周生子要論一卷，録一卷，魏侍中周生烈撰。案，烈爲張既辟舉，見既傳。」姚振宗曰：「姓苑引晉武帝中經簿云，姓周生名烈，爲博士。釋文敘録，周生烈，燉煌人。七録云，字文逢，本姓唐，魏博士侍中。又曰，魏徵士燉煌周生烈注解左氏傳。葛洪曰，周生烈學精而不仕。何晏集解序曰，近故司空陳羣、博士周生烈，皆爲義説。邢昺曰：此二人皆爲論語作注，而説其義，故曰義説。」馬國翰曰：「周生烈義説，隋、唐志皆不著録，惟何晏集解采之，凡十有四節。皇侃疏明標周生烈，而邢疏並作周曰。其説冉子退朝爲魯君之朝，與鄭玄解季氏私朝不合。説鄉原爲所至之鄉，輒原其人情，而爲己意以待之，更迂曲戾於孟子。然其他解悉純正，朱子集注用之。」馬總意林曰：「周生烈子自序云：六蔽鄙夫燉煌周生烈，字文逸。張角敗後，天下潰亂，哀苦之閒，故著此書。以堯、舜作幹植，仲尼作師誡。」宋書大且渠蒙遜傳：「元嘉十四年，河西王茂虔奉表獻方物，并獻周生子十三卷。」隋書經籍志：「梁有周生子要論一卷，録一卷，魏侍中周生烈撰。亡。」唐經籍志：「周生烈子五卷，周生子志。」藝文志：「周生烈子五卷。」沈家本曰：「隋志，晉中經十四卷，荀勖撰。新唐志，荀勖晉中經簿十四卷，舊志卷同。中經作中書，字之誤也。隋志序曰：董卓之亂，獻帝西遷，圖書縑帛，軍人皆取爲帷囊，所收而西，猶七十餘載。兩京大亂，埽地皆盡。魏氏代漢，采掇遺亡，藏在秘書，中外三閣。魏秘書郎鄭默，始制中經；秘書監荀勖，又因中經，更著新簿，分爲四部，總括羣書。一曰甲部，紀六藝及小學等書；二曰乙部，有古諸子家、近世子家、兵書、兵家術數；三曰丙部，有史記舊事、皇覽簿、雜事；四曰丁部，有詩、賦、圖讚、汲冢書。大凡四部，合二萬九千九百四十五卷。但録題及言，盛以縹囊，書用緗素。至于作者之意，無所論辨。晉書荀勖傳：勖領秘書監，與張華依劉向別録，整理記籍，又得汲郡冢中古文竹書，勖撰次之，以爲中經，列在秘書。案，依事當稱中經簿，唐志有簿字是也。隋志無簿字，疑是奪文。裴氏兩引之，皆稱晉武帝中經簿，其所見固有簿字。」弼按：蜀志秦宓傳注作中經部。章宗源曰：「周禮天官正義、經典釋文序録、漢書貨殖傳注、書鈔儀飾部、御覽文部並引晉中經簿。」

〔一〇〕釋文敘録：「董遇易章句十二卷。字季直，弘農華陰人。」魏侍中大司農七志、七録，並云十卷。隋書經籍志：「梁有魏大司農卿董遇注周易十卷，亡。」唐經籍志：「周易十卷，董遇注。」藝文志：「董遇注十卷。」張惠言易義別録輯本序曰：「攷集解不引董遇，則遇書亡於唐初。遇著書在王肅前，故無與肅合者。其於鄭、荀則多同義，雖不可考，要之爲費氏易也。」釋文敘録董遇注解左氏傳，又曰，董遇章句三十卷。隋書經籍志春秋左氏傳三十卷，董遇章句。唐經籍志春秋左氏經傳章句三十卷，董遇注。藝文志，董氏左氏經傳章句三十卷。趙一清曰：「孔穎達春秋左氏傳序正義曰：「中興以後，陳元、鄭衆、賈逵、馬融、延篤、彭仲博、許惠卿、服虔、潁容之徒，皆傳左氏春秋。魏世則王肅、董遇爲之注。」一清按，春秋正義多引董遇本以正異同，則其書唐時猶未亡也。」

〔一一〕范書獻紀：「尚書郎以下，自出採稆。」章懷注：「稆音呂。埤蒼曰，穭自生也。稆與穭同，自生稻也。」

〔一二〕姚振宗曰：「魏志武紀，二十三年春正月，漢太醫令吉本與少府耿紀、司直韋晃等反，攻許，燒丞相長史王必營。必與潁川典農中郎將嚴匡討斬之。注引山陽公載紀曰：王聞王必死，盛怒，召漢百官詣鄴云云。魏略稱被録詣鄴者，似即指此事，蓋二十三年，非二十二年也。」

〔一三〕何焯曰：「宏農雖未踰年，然嘗北面臣之，則故君也，遇謂不應諱者，非。」

〔一四〕御覽二六引魏略作「苦難得暇日」。

〔一五〕「時」一作「晴」。

〔一六〕姚振宗曰：「隋志有賈逵春秋左氏經傳朱墨列一卷，遇此作蓋本之賈氏。」弼按：此或爲朱墨本之權輿。

〔一七〕晉書齊王冏傳：「冏與龍驤將軍董艾等起軍。」又云：「長沙王義徑入宮發兵攻冏府，冏遣董艾陳兵宮西。」

〔一八〕各本魏略上均未空格，似嫌與上文相蒙；惟宋本空格，今從之。

〔一九〕元本、馮本、吴本「詳」作「祥」，誤。

〔二〇〕侯康曰：「唐志有今字石經毛詩三卷，今字石經鄭氏尚書八卷。今字者皆一字，蓋指隸書一體也。一字本漢時所建，而毛詩鄭氏尚書後漢不立學官，必無刊石之理。全祖望謂是黄初時邯鄲淳補修，引魚豢魏略儒宗傳序曰：黄初元年之後，新主乃始埽除大學灰炭，補舊石碑之闕壞云云，謂是時淳方以博士給事中。是補正熹平隸字舊刻者，淳也。且謂隋志以正始石經爲一字，其誤即源於此。今從之。全氏之意，以熹平黄初所立石經皆一字，正始所立乃是三字，諸家但知有熹平、正始二刻，全氏細繹史注，乃知復有黄初補刻也。」弼按：石經一字三體之辨，詳見齊王紀卷首注引搜神記。

〔二一〕宋本「以」作「亦」。

〔二二〕王鳴盛曰：「補舊碑缺壞，疑即指蔡邕石經而言。太和、青龍正孔明屢出祁山之時，所謂避就者，即避役也。劉馥子靖傳，靖上疏曰：黄初以來，崇立太學，二十餘年，寡有成者。蓋由博士選輕，諸生避役，高門子弟，恥非其倫。正指此事。上文朗傳注中謂西京學官博士七千餘人，（博士下當脱弟子二字。）今此曰數百人，較漢盛時，多寡懸殊。」

〔二三〕弼按：就本志王粲、衛覬、劉劭諸傳所載，詞藻之士已數十人，而裴注所引不與焉。俊彦閎儒，一時稱盛。此云操筆者未有十人，誰其信之？

〔二四〕郡國志：「司隸京兆尹新豐。」一統志：「新豐故城，今陝西西安府臨潼縣東北。」

〔二五〕何焯校本「好學」上增「家貧」二字，從御覽補。

〔二六〕一本校改作「參軍録事」。

〔二七〕官本考證曰：「嚴苞交通，太平御覽作嚴苞字文通，才學最高。下多故衆爲之語曰：州中曄曄賈叔業，辨論洶洶嚴文通二十字。」

〔二八〕沈家本曰：「陰泉或爲陽泉之誤。陽泉西漢縣，屬六安國，東漢侯國，屬廬江郡。」

〔二九〕本志楚王彪傳：「建安二十一年，封壽春侯，黄初七年，徙封白馬。」是延康中不得稱白馬王相。郡國志，兗州東郡白馬，關羽刺顔良，解白馬圍，即此。一統志：「白馬故城，今河南衛輝府滑縣東二十里。」

〔三〇〕漢末有兩西平，一爲涼州金城郡分置之西平郡，一爲豫州汝南郡之西平縣。謝鍾英三國疆域志補注於涼州西平郡下引魏略黄初中嚴苞爲西平太守，復於豫州汝南郡西平縣下亦引魏略嚴苞爲西平太守事，且云漢末升西平作郡，黄初後始復爲縣云云。弼按：謝氏以一事繫屬於兩地，誠誤；其云漢末作郡，黄初爲縣，尤近於臆測。王先謙氏兼采其説，而未加糾正，可異也。

〔三一〕天水見明紀太和二年。潘眉曰：「漢武帝置天水郡，明帝永平十七年更名漢陽郡，晉復爲天水郡。此郡前漢爲天水，後漢爲漢陽，魏亦爲漢陽，晉復爲天水也。薛夏漢末人，當爲漢陽人。魏略以爲天水人，據晉時郡名追改之。然述太祖言，則曰漢陽兒輩；述其敕子，則曰無還天水。彼此岐説，判若兩地，覽者惑焉。」洪亮吉曰：「晉始復漢陽爲天水郡。」謝鍾英曰：「證以國志，黄初以後，郡名天水。通鑑胡注，魏復漢陽爲天水。」吳增僅曰：「史文於魏未代漢之先，皆書漢陽。文帝即位以後，則書天水，犂然有別。」沈家本曰：「晉書地理志、魏書地形志並云晉復爲天水郡，此潘説所本。然考明紀太和二年，天水、南安、安定三郡叛應亮，曹真、張郃傳、諸葛亮傳並同。衛臻傳，諸葛亮寇天水，閻温傳，天水西城人楊阜，姜維傳並云天水冀人，鄧艾傳有天水太守王頎，姜維傳亦有天水太守。是魏時已復名天水，不名漢陽矣。裴潛傳注引魏略、嚴幹傳馬超破，爲漢陽太守，事在建安十六年。武紀建安十九年，南安趙衢、漢陽尹奉等討超，其時尚稱漢陽也。張既傳，其後與曹洪破吳蘭於下辯，是時太祖徙民以充河北、隴西、天水、南安，民相恐動。又云，令既之武都，徙氐五萬餘落，出居扶風、天水界。破吳蘭在二十三年，徙民當在此時，郡名之改，亦當在此時，故張既傳疊見。魏略述操語，尚稱漢陽，在郡名未改之時；其勑子稱天水，在郡名已復之後，非彼此歧異，潘未深考耳。」

〔三二〕周壽昌曰：「今有司越境拘人謂之闕捕，其文書謂之闕文。韻會：闕，要會也；博雅：驛也。移文從驛遞，使之會捕，不得遁也。闕亦有索意。史記封禪書因巫爲主人闕飲食是也。」

〔三三〕一本校改「咨」作「諮」。

〔三四〕御覽「言」作「目」。

〔三五〕宋本、馮本「移」作「儀」，誤。

〔三六〕御覽作「臺也、閣也」。

〔三七〕何焯校本「折」下增「之」字。

〔三八〕趙一清曰：「拾遺記，薛夏博學絶倫，母孕夏時，夢人遺一篋衣，云夫人必産賢明之子，爲帝王所崇。母記所夢之日，及生夏，弱冠才辯過人。魏文帝與之講論，終日不息，應對如流，無有凝滯。帝曰：昔公孫龍稱爲辯捷，而迂誕誣妄，今子所説，非聖人之言不談，子游、子夏之儔，不能過也。若仲尼在魏，復爲入室焉。帝手製書與夏，題云入室生。位至秘書丞，居甚貧，帝解御衣賜之，果符所夢。名冠當時，爲一代高士。」

〔三九〕本志沛穆王林傳：「黄初三年爲譙王。」

〔四〇〕官本考證曰：「監本常誤作當，今改正。」

〔四一〕斫，之若切，音灼。見十藥韻。説文：「斫，擊也。」本志閻温傳注引魏略曰：「楊阿若少游俠，以報仇解怨爲事。時人爲之號曰：東市相斫楊阿若，西市相斫楊阿若。」陸游詩：「孫、吴相斫書。」

〔四二〕漢書藝文志：「詩經二十八卷，齊、魯、韓三家。」又曰：「漢興，魯申公爲詩訓故，而齊轅固生、燕韓生皆爲之傳，三家皆列於學官。又有毛公之學。」經典釋文序録：「漢興，傳者有四家：魯人申公受詩於浮丘伯，號曰魯詩；齊人韓固生作詩傳，號齊詩；燕人韓嬰推詩之意，作內外傳數萬言，號曰韓詩；毛詩者出自毛公，毛公爲詩故訓傳於家，以授趙人小毛公，以不在漢朝，故不列於學。前漢魯、齊、韓三家詩列于學官，平帝時，毛詩始立，齊詩久亡，魯詩不過江東，韓詩雖在，人無傳者，唯毛詩鄭箋獨立國學，今所遵用。」

〔四三〕書鈔九九「聾」下有「疾」字。

〔四四〕趙一清曰：「顏師古漢書敍例，張晏字子博，中山人，次張揖、蘇林之後，如淳、孟康之前，是三國魏人。敍例，張揖字稚讓，清河人，一云河間人。魏太和中爲博士，止解司馬相如傳一卷。隋經籍志廣雅三卷，埤蒼三卷，古今字詁三卷，難字一卷，錯誤字一卷，並魏博士張揖撰。又曹魏時博士張融難王肅以五帝非黃帝子孫相續次，見詩生民篇正義。」

〔四五〕張鵬一曰：「裴注曰上脱議字。」

〔四六〕監本、官本「猶」作「稱」，誤。

〔四七〕毛本「上」作「土」，誤。

評曰：鍾繇開達理幹，華歆清純德素，王朗文博富贍，誠皆一時之俊偉也。魏氏初祚，肇登三司，盛矣夫！王肅亮直多聞，能析薪哉！劉寔以爲肅方於事上而好下佞己，〔一〕此一反也；性嗜榮貴，而不求苟合，此二反也；吝惜財物，而治身不穢，此三反也。〔二〕

〔一〕何焯曰：「去其好下佞己之病，則肅可以無譏矣。」

〔二〕晉書劉寔傳：「寔字子真，平原高唐人。漢濟北惠王壽之後。爲吏部郎，參文帝相國軍事，封循陽子。鍾會、鄧艾之伐蜀，客問寔曰：「二將其平蜀乎？」寔曰：「破蜀必矣，而皆不還。」客問其故，笑而不答。竟如其言。寔之先見，皆此類也。後拜司空，遷太保，轉太傅，薨。年九十一，謚曰元。」陳景雲曰：「劉寔語當是裴注，如譙周傳評後注引張璠以爲云云，與此正同。肅既名臣，又晉武外王父，史臣於本傳略無貶辭，豈應於評中反摭其短乎？況陳評二句，辭意已足，其下不容更贅他語，尤易了也。」錢大昕曰：「承祚諸評簡要，從未引他人說，陳説是。」劉咸炘曰：「評語直類碑頌，非特無貶詞，抑且無微詞，可知王鳴盛説之非。鍾繇於魏，如漢之蕭何，華歆、王朗，皆漢末名士，而以柔媚自保者，承祚未能發明。肅父子疏奏特多，且載議論短語，皆因其子孫之傳耳。或曰，三臣繇以功顯，歆、朗以望收。相人以望，朝廷遂不食用人之報矣。」

三國志十四

魏書十四

程郭董劉蔣劉傳第十四〔一〕

〔一〕王鳴盛曰：「諸人皆魏之謀主也。運籌決勝，功效卓然。至於翦漢之迹，肇自董昭，傾魏之端，啟於資、放，列敘諸人，而以劉放殿之。且以孫資附入放傳，以明智計之士，見利忘義，不可保信。以此始者，必以此終，著戒甚深。不然，以諸人之謀略，且與二荀肩隨矣，何獨區而別之乎？賈詡地望，無可言，然觀其處父子之間，勉丕以孝，答操甚忠，則尚優於諸人。離之此而合之彼，其例密矣。」劉咸炘曰：「此諸人雖多謀略，非發大謀，自當區於荀、賈，非有所優劣高下也。賈詡豈果忠於操？董、劉皆佞，而程、郭則非佞，安見程、郭非忠於操乎？至所謂著戒之意，亦似讀者之意，而非必作者之意。」

程昱字仲德，東郡東阿人也。〔一〕長八尺三寸，美鬚髯。黃巾起，縣丞王度反應之，燒倉庫。縣令踰城走，吏民負老幼東奔渠丘山。〔二〕昱使人偵視度，度等得空城不能守，出城西五六里止屯。昱謂縣中大姓薛房等曰：「今度等得城郭不能居，其埶可知。此不過欲虜掠財物，非有堅甲利兵攻守之志也。今何不相率還城而守之？且城高厚，多穀米，今若還求令，共堅守，度必不能久，攻可破也。」房等以爲然。吏民不肯從，曰：「賊在西，但有東耳。」昱謂房等「愚民不可計事」。乃密遣數騎舉幡於東山上，令房等望見，大呼言「賊已至」，便下山趣城，吏民奔走隨之，求得縣令，遂共城守。度等來攻城，不能下，欲去。昱率吏民開城門，急擊之。度等破走，東阿由此得全。

〔一〕東阿見武紀興平元年。方輿紀要：「今山東泰安府東阿縣西南二十五里。」

〔二〕趙一清曰：「郡國志東郡東阿注，魏志有渠丘山，即此傳文。一統志，曲山即渠丘山，在東阿縣西北十五里。」

初平中，兗州刺史劉岱辟昱，昱不應。是時岱與袁紹、公孫瓚和親，紹令妻子居岱所，瓚亦遣從事范方將騎助岱。〔一〕後紹與瓚有隙，瓚擊破紹軍，乃遣使語岱，令遣紹妻子，使與紹絕。別勑范方：「若岱不遣紹家，將騎還。吾定紹，將加兵於岱。」岱議連日不決，別駕王彧白岱：「程昱有謀，能斷大事。」岱乃召見昱，問計。昱曰：「若棄紹近援，而求瓚遠助，此假人於越以救溺子之説也。夫公孫瓚非袁紹之敵也，今雖壞紹軍，然終爲紹所禽。夫趣一朝之權，而不慮遠計，將軍終敗。」岱從之。范方將其騎歸，未至，瓚大爲紹所破。岱表昱爲騎都尉，昱辭以疾。

〔一〕錢儀吉曰：「晉書儒林傳，范隆父方，魏雁門太守。」

劉岱爲黄巾所殺，太祖臨兗州，辟昱。昱將行，其鄉人謂曰：「何前後之相背也！」昱笑而不應。太祖與語，說之，以昱守壽張令。〔一〕太祖征徐州，使昱與荀彧留守鄄城。〔二〕張邈等叛迎呂布，郡縣響應，唯鄄城、范、東阿不動。〔三〕布軍降者言，陳宮欲自將兵取東阿，又使氾嶷取范，〔四〕吏民皆恐。彧謂昱曰：〔五〕「今兗州反，唯有此三城。宮等以重兵臨之，非有以深結其心，三城必動。君，民之望也，歸而說之，殆可！」昱乃歸，過范，說其令靳允曰：〔六〕「聞呂布執君母弟妻子，孝子誠不可爲心！今天下大亂，英雄並起，必有命世，能息天下之亂者，此智者所詳擇也。得主者昌，失主者亡。陳宮叛迎呂布，而百城皆應，似能有爲；然以君觀之，布何如人哉！〔七〕夫布，麤中少親，〔八〕剛而無禮，匹夫之雄耳。宮等以埶假合，不能相君也。〔九〕兵雖衆，終必無成。曹使君智略不世出，殆天所授。君必固范，我守東阿，則田單之功可立也。〔一〇〕孰與違忠從惡而母子俱亡乎？唯君詳慮之！」允流涕曰：「不敢有二心。」〔一一〕時氾嶷已在縣，允乃見嶷，伏兵刺殺之，歸勒兵守。

徐衆評曰：〔一二〕允於曹公，未成君臣。母，至親也，於義應去。昔王陵母爲項羽所拘，母以高祖必得天下，因自殺以固陵志。〔一三〕明心無所係，然後可得成事人盡死之節。衛公子開方仕齊，積年不歸，管仲以爲不懷其親，安能愛君，不可以爲相。〔一四〕是以求忠臣必於孝子之門，允宜先救至親。徐庶母爲曹公所得，劉備乃遣庶歸，欲爲天下者，恕人子之情也。曹公亦宜遣允。〔一五〕

昱又遣別騎絕倉亭津，〔一六〕陳宮至，不得渡。昱至東阿，東阿令棗祗〔一七〕已率厲吏民，拒城堅守。又兗州從事薛悌〔一八〕與昱協謀，卒完三城，以待太祖。太祖還，執昱手曰：〔一九〕「微子之力，吾無所歸矣！」乃表昱爲東平相，〔二〇〕屯范。

魏書曰：昱少時常夢上泰山，兩手捧日，昱私異之，以語荀彧。及兖州反，賴昱得完三城。於是彧以昱夢白太祖，〔二一〕太祖曰：「卿當終爲吾腹心。」昱本名立，太祖乃加其上「日」，更名昱也。

〔一〕壽張見武紀初平三年。

〔二〕鄄城見武紀初平四年。

〔三〕范見武紀興平元年。

〔四〕通鑑汎作氾。胡注：「氾，符咸翻。皇甫謐云：本姓凡氏。遭秦亂，避地於氾水，因氏焉。嶷，鄂力翻。」

〔五〕毛本「彧」作「或」，誤。

〔六〕胡三省曰：「過，工禾翻。靳，居焮翻；姓也。戰國楚有幸臣靳尚。」

〔七〕北宋本無「如」字。

〔八〕沈欽韓曰：「韓非十過篇，智伯之爲人，矚中而少親。」

〔九〕胡三省曰：「相，如字；言不能相與定君臣之分也。」

〔一〇〕史記田單傳：「田單攻燕軍，燕軍擾亂奔走。齊人追亡逐北，所過城邑皆畔燕，齊七十餘城，皆復爲齊。」

〔一一〕一本校改「二」作「貳」。

〔一二〕徐衆三國評，見臧洪傳。趙一清曰：「衆乃爰字之譌。」

〔一三〕漢書王陵傳：「項羽取陵母置軍中，陵使至，則東鄉坐陵母，欲以招陵。陵母既私送使者，泣曰：願爲老妾語陵，善事漢王！遂伏劍而死。」

〔一四〕韓非子：「管仲曰：願君遠衛公子開方。開方事君十五年，齊、衛之間不容數日行，棄其母，久宦不歸。其母不愛，安能愛君？」呂氏春秋：「齊桓公曰：衛公子啟方，事寡人十五年矣。其父死而不敢歸哭，猶尚可疑邪？管仲對曰：人之情非不愛其父也，其父之忍，又將何有於君！」

〔一五〕或曰，論允當去，是也；謂操當遺允，則未詳事實。操方在徐州，何緣得遣允哉！

〔一六〕趙一清曰：「水經河水注、漯水注，河水於范縣東北流爲倉亭津。述征記曰，倉亭津在范縣界，去東阿六十里。魏土地記曰，津在武陽縣東北七十里。一統志倉亭津在山東曹州府范縣東北，古大河濟渡處。」

〔一七〕棗祗事見任峻傳。

〔一八〕毛本「又」誤作「丈」。

〔一九〕毛本「手」誤作「乎」。

〔二〇〕東平見武紀初平三年。

〔二一〕此非文若所宜言，傳者妄也。

太祖與呂布戰於濮陽，〔一〕數不利。蝗蟲起，乃各引去。於是袁紹使人說太祖連和，欲使太祖遣家居鄴。太祖新失兗州，軍食盡，將許之。時昱使適還，引見，因言曰：「竊聞將軍欲遣家與袁紹連和，誠有之乎？」太祖曰：「然。」昱曰：「意者將軍殆臨事而懼，不然，何慮之不深也？夫袁紹據燕、趙之地，有并天下之心，而智不能濟也。將軍自度能爲之下乎？將軍以龍虎之威，可爲韓、彭之事邪？今兗州雖殘，尚有三城，能戰之士，不下萬人。以將軍之神武，與文若、昱等收而用之，霸王之業可成也。〔二〕願將軍更慮之！」太祖乃止。〔三〕

魏略載昱說太祖曰：「昔田橫齊之世族，兄弟三人更王，據千里之齊，〔四〕擁百萬之衆，與諸侯並南面稱孤。〔五〕既而高祖得天下，而橫顧爲降虜。當此之時，橫豈可爲心哉！」太祖曰：「然，此誠丈夫之至辱也。」昱曰：「昱愚，不識大旨，以爲將軍之志，不如田横。田横，齊一壯士耳，猶羞爲高祖臣。今聞將軍欲遣家往鄴，將北面而事袁紹。夫以將軍之聰明神武，而反不羞爲袁紹之下，竊爲將軍恥之！」其後語與本傳略同。

〔一〕濮陽，東郡治。魏武使陳宮將兵留屯東郡，遂以其兵東迎吕布爲兗州牧，據濮陽。

〔二〕何焯曰：「昱等計謀，皆啟孟德奸心者，與文若須分别觀之。」

〔三〕互見武紀興平元年。

〔四〕官本考證曰：「北宋本齊作地。」

〔五〕毛本「並」作「共」。

天子都許，〔一〕以昱爲尚書。兗州未苦安集，〔二〕復以昱爲東中郎將，〔三〕領濟陰太守，都督兗州事。劉備失徐州，來歸太祖。昱説太祖殺備，〔四〕太祖不聽，語在武紀。後又遣備至徐州，要擊袁術。昱與郭嘉説太祖曰：「公前日不圖備，昱等誠不及也。今借之以兵，必有異心。」太祖悔，追之不及。會術病死，備至徐州，遂殺車冑，舉兵背太祖。〔五〕頃之，昱遷振威將軍。〔六〕袁紹在黎陽，〔七〕將南渡。時昱有七百兵守鄄城，太祖聞之，使人告昱，欲益二千兵。昱不肯，曰：「袁紹擁十萬衆，自以所向無前，今見昱兵少，必輕易，不來攻。若益昱兵，過則不可不攻，攻之必克，徒兩損其埶。願公無疑！」太祖從之。紹聞昱兵少，〔八〕果不往。太祖謂賈詡曰：「程昱之膽，過於賁、育。」昱收山澤亡命，得精兵數千人，乃引軍與太祖會黎陽，討袁譚、袁尚。譚、尚破走，拜昱奮武將軍，〔九〕封安國亭侯。〔一〇〕太祖征荊州，劉備奔吳。論者以爲孫權必殺備，〔一一〕昱料之曰：「孫權新在位，〔一二〕未爲海內所憚。曹公無敵於天下，初舉荊州，威震江表，權雖有謀，不能獨當也。劉備有英名，關羽、張飛皆萬人之敵也。〔一三〕權必資之以禦我。難解勢分，備資以成，又不可得而殺也。」權果多與備兵，以禦太祖。是後中夏漸平，太祖拊昱背曰：「兗州之敗，不用君言，吾何以至此？」宗人奉牛酒大會，昱曰：「知足不辱，吾可以退矣。」乃自表歸兵，闔門不出。〔一四〕

魏書曰：太祖征馬超，文帝留守，使昱參軍事。田銀、蘇伯等反河間，〔一五〕遣將軍賈信討之。賊有千餘人請降，議者皆以爲宜如舊法。昱曰：「誅降者，謂在擾攘之時，天下雲起，故圍而後降者不赦，以示威天下，開其利路，使不至於圍也。今天下略定，在邦域之中，〔一六〕此必降之賊，殺之無所威懼，非前日誅降之意。臣以爲不可誅也；縱誅之，宜先啟聞。」衆議者曰：〔一七〕「軍事有專，無請。」昱不答。文帝起入，特引見昱曰：「君有所不盡邪？」昱曰：「凡專命者，謂有臨時之急，呼吸之間者耳。今此賊制在賈信之手，無朝夕之變，故老臣不願將軍行之也。」文帝曰：「君慮之善。」即白太祖，太祖果不誅。太祖還，聞之，甚說。謂昱曰：「君非徒明於軍計，〔一八〕又善處人父子之間。」〔一九〕

〔一〕昱勸魏武迎天子事，見武紀建安元年。
〔二〕監本、官本作「尚未安集」，宋本、元本、馮本、吳本作「未苦安集」，一本校改作「苦未安集」。
〔三〕東中郎將見董卓傳。
〔四〕何焯曰：「觀荀文若豈不識玄德者哉，而不聞有郭嘉、程昱之策；文若乃心，不爲操可知矣。」

〔五〕毛本「兵」誤作「昱」。

〔六〕洪飴孫曰：「振威將軍一人，第四品。」

〔七〕黎陽見武紀建安四年。

〔八〕馮本「兵少」作「少兵」，誤。

〔九〕沈約曰：「奮武將軍，始於漢末。」洪飴孫曰：「奮武將軍一人，第四品。」

〔一〇〕沈家本曰：「張燕封安國亭侯，傳子方、孫融，在昱之先。同時侯者而亭名相同，未詳其故。」弼按：續百官志劉昭注引風俗通曰：「漢家因秦，大率十里一亭。」又按百官志，列侯功大者食縣，小者食鄉、亭。漢制，十里一亭。則有同縣名之亭侯，不足異也。

〔一一〕何焯曰：「論者徒見二袁、公孫前事。」

〔一二〕御覽作「孫權新立」。

〔一三〕宋本無「之」字。

〔一四〕何焯曰：「歸兵閫門，告者安得入哉？或曰其見至高，與劉子揚同一善全身者也。」

〔一五〕田銀、蘇伯事在建安十六年，見國淵、常林傳。

〔一六〕宋本「在」上有「且」字。

〔一七〕毛本「議」誤作「之」。

〔一八〕趙一清曰：「宋本計下有也字。」

〔一九〕胡三省曰：「以勸丕不專殺也。」

昱性剛戾，與人多迕。〔一〕人有告昱謀反，太祖賜待益厚。魏國既建，爲衞尉，〔二〕與中尉邢貞爭威儀，免。〔三〕文帝踐阼，復爲衛尉，進封安鄉侯，增邑三百户，并前八百户。分封少子延及孫曉列侯。方欲以爲公，會薨，帝爲流涕，追贈車騎將軍，〔四〕謚曰肅侯。

魏書曰：昱時年八十。

世語曰：初，太祖乏食，昱略其本縣，供三日糧，頗雜以人脯。由是失朝望，故位不至公。〔五〕

子武嗣。武薨，子克嗣。克薨，子良嗣。

〔一〕梁章鉅曰：「文選長笛賦注引魏書程昱傳云：昱於魏武前忿爭，聲氣忿高，邊人掐之，乃止。」

〔二〕昱爲衛尉，列名勸進，見上尊號奏。

〔三〕吴志張昭傳，魏黄初二年，遣邢貞拜孫權爲吴王，貞不下車，張昭責之，即此人也。

〔四〕青龍元年，從祀太祖廟庭。

〔五〕或曰：世語之妄不可信。

曉，嘉平中爲黄門侍郎。

世語曰：曉字季明，有通識。

時校事放横，〔一〕曉上疏曰：「周禮云：設官分職，以爲民極。春秋傳曰：天有十日，人有十等。愚不得臨賢，賤不得臨貴。於是並建聖哲，樹之風聲。明試以功，九載考績。各脩厥業，思不出位。故欒書欲拯晉侯，其子不聽，〔二〕死人横於街路，邴吉不問，〔三〕上不責非職之功，下不務分外之賞，吏無兼統之埶，民無二事之役，斯誠爲國要道，治亂所由也。遠覽典志，近觀秦、漢，雖官名改易，職司不同，〔四〕至於崇上抑下，顯分明例，其致一也。初無校事之官干與庶政者也。昔武皇帝大業草創，衆官未備，而軍旅勤苦，民心不安，乃有小罪，不可不察，故置校事，取其一切耳。然檢御有方，不至縱恣也。此霸世之權宜，非帝王之正典。其後漸蒙見任，復爲疾病，轉相因仍，莫正其本。遂令上察宮廟，〔五〕下攝衆司，官無局業，職無分限，隨意任情，唯心所適。法造於筆端，不依科詔；獄成於門下，不顧覆訊。其選官屬，以謹慎爲粗疏，以謥詷爲賢能；〔六〕其治事，以刻暴爲公嚴，以循理爲怯弱。外則託天威以爲聲執，內則聚羣姦以爲腹心。大臣恥與分執，含忍而不言；小人畏其鋒芒，鬱結而無告。至使尹模公於目下〔七〕肆其姦慝，罪惡之著，行路皆知；纖惡之過，積年不聞。既非周禮設官之意，又非春秋十等之義也。今外有公卿將校，總統諸署，內有侍中尚書，綜理萬機，司隸校尉督察京輦，御史中丞董攝宮殿，皆高選賢才，以充其職，申明科詔，以督其違。若此諸賢，猶不足任，校事小吏，益不可信。若此諸賢各思盡忠，校事區區，亦復無益。若更高選國士，以爲校事，則是中丞司隸，重增一官耳。若如舊選，尹模之姦，今復發矣。進退推算，無所用之。昔桑弘羊爲漢求利，卜式以爲獨烹弘羊，天乃可雨。〔八〕若使政治得失，必感天地，臣恐水旱之災，未必非校事之由也。曹恭公遠君子，近小人，國風託以爲刺；〔九〕衞獻公舍大臣，與小臣謀，定姜謂之有罪。〔一〇〕縱令校事有益於國，以禮義言之，尚傷大臣之心，況姦回暴露，而復不罷，是衮闕不補，〔一一〕迷而不返也。」於是遂罷校事官。〔一二〕曉遷汝南太守，〔一三〕年四十餘，薨。

曉別傳曰：〔一四〕曉大著文章多亡失，今之存者不能十分之一。〔一五〕

〔一〕御覽二百四一引魏略云：「撫軍都尉秩比二千石，本校事官。始太祖欲廣耳目，使盧洪、趙達二人主刺舉，多所陷入。故於時軍中爲之語曰：不畏曹公，但畏盧洪；盧洪尚可，趙達殺我。後達竟爲人迫死。」本志高柔傳：「時置校事，使察羣下。太祖曰：要能刺舉，而辨衆事，使賢人君子爲之，則不能也。」錢大昭曰：「程曉以爲校事之官，魏武特置。然孫吳亦有校事，呂壹操弄威柄，丞相以下，皆畏憚之，豈一時弊政，彼此相倣效乎？」姜宸英曰：「校事即明末東廠之類。」俞正燮癸巳存稿卷七云：「魏、吳有校事官，似北魏之候官，明之廠衛。徐邈傳云：邈爲尚書郎，私飲沈醉，校事趙達問以曹事，邈曰：中聖人。達白之太祖。高柔傳云：宜陽典農劉龜於禁地内射兔，功曹張京詣校事言之。帝匿京名，收龜付獄。衛臻傳云：殿中監擅收蘭臺令史，臻言校事侵官，類皆如此。常林傳注魏略載校事劉肇事，是黄初中其制未革。吴之校事尤横，見潘濬傳、朱據傳、是儀傳。校事或謂之典校（顧雍、步騭、朱據傳），或謂之校曹（陸凱傳），或謂校郎（是儀傳），或謂之校官（諸葛恪傳）。又有察戰，徵調交州孔雀，又齎藥賜孫奮，亦明廠衛、校尉之流。」弼按：察戰見陳留王紀咸熙元年注，與此無涉。

〔二〕左傳成公十六年：「晉厲公陷於淖，欒書將載晉侯。欒鍼曰：（鍼，書子也。）書退！國有大任，焉得專之？且侵官，冒也；失官，慢也；離局，姦也。有三罪焉，不可犯也。乃掀公以出於淖。」

〔三〕漢書丙吉傳：「吉嘗出，逢清道者，死傷横道，吉過之不問。或以譏吉。吉曰：民鬬相殺傷，長安令、京兆尹職所當禁備逐捕。宰相不親小事，非所當於道路問也。」

〔四〕毛本「司」作「雖」。

〔五〕廟疑作寮。

〔六〕謥，毛本作謥，誤。錢大昭曰：「後漢書和熹鄧后紀云：輕薄謥詷。李賢注：謥詷，猶怱遽也。謥，音七洞反。詷，音洞。又魏志臧霸傳云，部從事謥詷不法。」侯康曰：「一切經音義八引通俗文曰：言過謂之謥詷。又引纂文曰：謥詷，急也。」

〔七〕「模」，宋本作「摸」，下同。

〔八〕史記平準書：「是歲小旱，上令官求雨。卜式言曰：縣官當食租衣税而已，今弘羊令吏坐市列肆，販物求利。亨弘羊，天乃雨。」

〔九〕曹詩解見文紀黄初四年。

〔一〇〕左傳襄公十四年：「衛獻公出奔齊，公使祝宗告亡，且告無罪。定姜曰：舍大臣而與小臣謀，一罪也；先君有冢卿以爲師保，而蔑之，二罪也。」

〔一一〕詩大雅烝民篇：「袞職有闕，維仲山甫補之。」毛傳云：「有袞冕者，君之上服也；仲山甫補之，善補過也。」

〔一二〕文心雕龍議對篇云：「若乃程曉之駁校事，事實允當，可謂達議體矣。」何焯曰：「罷之是也。然當時實以師方擅朝，不欲有謥詷之人，故曉言得伸。」姚範曰：「當時即有校事，乃司馬借以檢察羣下耳，豈爲少主耳目乎？或曰，奉迎都許時，中丞司隸皆舊德宿望，操恐不爲己用，特設校事之屬，寄耳目於爪牙。受禪以後，自當裁革。文、明無經國遠謀，故相沿未改耳。」

〔一三〕趙一清曰：「水經淮水注，新息縣外城北門内有魏汝南太守程曉碑。」

〔一四〕程曉別傳，隋、唐志不著録。

〔一五〕何焯曰：「一字，北宋本作二。隋書經籍志程曉集二卷，梁録一卷。困學紀聞，程曉女典曰：麗色妖容，高才美辭，此乃蘭形棘心，玉曜瓦質。」弼按：藝文類聚二十三有程曉女典篇。嚴可均曰：「藝文類聚四有晉程曉詩，或晉受禪後其人尚在，或别是一人。」姚振宗曰：「馮氏詩紀録存贈傅休奕詩、嘲熱客詩凡三首。」

郭嘉字奉孝，潁川陽翟人也。〔一〕

傅子曰：嘉少有遠量。漢末天下將亂，自弱冠匿名迹，密交結英儁，不與俗接，故時人多莫知，惟識達者奇之。年二十七，辟司徒府。

初，北見袁紹，謂紹謀臣辛評、郭圖曰：「夫智者審於量主，故百舉百全而功名可立也。袁公徒欲效周公之下士，〔二〕而未知用人之機。多端寡要，好謀無決，欲與共濟天下大難，定霸王之業，難矣！」於是遂去之。先是，時潁川戲志才，〔三〕籌畫士也，太祖甚器之。早卒。太祖與荀彧書曰：「自志才亡後，莫可與計事者。汝、潁固多奇士，誰可以繼之？」彧薦嘉，召見，論天下事。太祖曰：「使孤成大業者，必此人也！」嘉出，亦喜曰：「真吾主也！」表爲司空軍祭酒。〔四〕

傅子曰：太祖謂嘉曰：「本初擁冀州之衆，青、并從之，地廣兵彊，而數爲不遜。吾欲討之，力不敵，如何？」對曰：「劉、項之不敵，公所知也。漢祖唯智勝；項羽雖彊，終爲所禽。嘉竊料之，紹有十敗，公有十勝，雖兵彊，無能爲也。紹繁禮多儀，公體任自然，此道勝；一也。紹以逆動，公奉順以率天下，此義勝；二也。漢末政失於寬，紹以寬濟寬，故不攝；〔五〕公糾之以猛，〔六〕而上下知制。此治勝；三也。紹外寬內忌，用人而疑之，所任唯親戚子弟。公外易簡而內機明，用人無疑，唯才所宜，不間遠近。此度勝；四也。紹多謀少決，失在後事，公策得輒行，應變無窮。此謀勝；五也。紹因累世之資，高議揖讓，以收名譽，士之好言飾外者多歸之。公以至心待人，推誠而行，不爲虛美，以儉率下，與有功者無所吝，士之忠正遠見而有實者，皆願爲用。此德勝；六也。紹見人飢寒，恤念之形於顏色，其所不見，慮或不及也，所謂婦人之仁耳。公於目前小事，時有所忽，至於大事，與四海接，恩之所加，皆過其望，雖所不見，慮之所周，無不濟也。此仁勝；七也。紹大臣爭權，讒言惑亂，公御下以道，浸潤不行。〔七〕此明勝；八也。紹是非不可知，公所是進之以禮，所不是正之以法，此文勝；九也。紹好爲虛埶，不知兵要，〔八〕公以少克衆，用兵如神，軍人恃之，敵人畏之，此武勝；十也。」〔九〕太祖笑曰：「如卿所言，孤何德以堪之也！」嘉又曰：「紹方北擊公孫瓚，可因其遠征，東取呂布。不先取布，若紹爲寇，布爲之援，此深害也。」太祖曰：「然。」

〔一〕潁川郡治陽翟，見武紀卷首。王先謙曰：「呂不韋爲陽翟大賈，始見史記，縣名蓋昉於秦。」

〔二〕郝經曰：「韓詩外傳：周公一沐三握髮，一飯三吐哺，猶恐失天下之士。」

〔三〕戲志才事見荀彧傳。

〔四〕軍師祭酒詳見武紀建安三年。通鑑作「操表嘉爲司空祭酒。」胡三省曰：「陳志作司空軍祭酒，此逸軍字。晉志曰，當塗得志，剋平諸夏，初置軍師祭酒，參掌戎律。」

〔五〕北宋本「懾」作「攝」。胡三省曰：「攝，整也。左傳曰：書於伐秦，攝也。杜預注：能自攝整。」

〔六〕毛本「糾」誤作「料」。

〔七〕胡三省曰：「論語：浸潤之譖不行焉，可謂明也已矣。言譖人者如水之浸潤，以漸而入也。」

〔八〕胡三省曰：「荀子與臨武君議兵於趙孝成王前，曰：請問兵要。」

〔九〕何焯曰：「與荀文若語，少有異同，或附會也。」沈家本曰：「此注所稱十勝，其度勝、謀勝、德勝、武勝，與荀彧傳彧所言四勝，大略相同。豈一事而傳之者異邪？賈詡傳詡亦言四勝，曰明勝、勇勝、用人勝、決機勝。其語雖不詳，而其大意與或所言亦同，三人之言，何以若合符契邪？」

征呂布，三戰破之，布退固守。時士卒疲倦，太祖欲引軍還，嘉說太祖急攻之，遂禽布。語在荀攸傳。

傅子曰：太祖欲引軍還，嘉曰：「昔項籍七十餘戰，未嘗敗北，一朝失埶，而身死國亡者，恃勇無謀故也。今布每戰輒破，〔一〕氣衰力盡，內外失守。布之威力，不及項籍，而困敗過之。若乘勝攻之，此成禽也。」太祖曰：「善。」

魏書曰：劉備來奔，以爲豫州牧。或謂太祖曰：「備有英雄志，今不早圖，後必爲患。」太祖以問嘉。嘉曰：「有是。然公提劍起義兵，爲百姓除暴，推誠仗信，以招俊傑，猶懼其未也。今備有英雄名，以窮歸己而害之，是以害賢爲名，則智士將自疑，〔二〕回心擇主，公誰與定天下？夫除一人之患，以沮四海之望，安危之機，不可不察！」太祖笑曰：「君得之矣！」

傅子曰：初，劉備來降，太祖以客禮待之，使爲豫州牧。嘉言於太祖曰：「備有雄才，而甚得衆心。張飛、關羽者，皆萬人之敵也，爲之死用。嘉觀之，備終不爲人下，其謀未可測也。古人有言，一日縱敵，數世之患。宜早爲之所。」是時太祖奉天子以號令天下，方招懷英雄，以明大信，未得從嘉謀。會太祖使備要擊袁術，嘉與程昱俱駕而諫太祖曰：「放備，變作矣！」時備已去，遂舉兵以叛。太祖恨不用嘉之言。

案：魏書所云，與傅子正反也。〔三〕

〔一〕監本、官本「破」作「敗」。

〔三〕北宋本「智」作「志」。

〔三〕林國贊曰：「武帝紀、程昱傳正與傅子同，魏書非是。」

孫策轉鬭千里，盡有江東。聞太祖與袁紹相持於官渡，將渡江北襲許，衆聞皆懼。嘉料之曰：「策新并江東，所誅皆英豪雄傑能得人死力者也。然策輕而無備，雖有百萬之衆，無異於獨行中原也。若刺客伏起，一人之敵耳。以吾觀之，必死於匹夫之手。」策臨江未濟，果爲許貢客所殺。

傅子曰：太祖欲速征劉備，議者懼軍出，袁紹襲其後，進不得戰，而退失所據。語在武紀。太祖疑，以問嘉。嘉勸太祖曰：「紹性遲而多疑，來必不速。備新起，衆心未附，急擊之，必敗。此存亡之機，不可失也。」〔一〕太祖曰：「善。」遂東征備。備敗，奔紹，紹果不出。

臣松之案：武紀決計征備〔二〕量紹不出，皆出自太祖。此云用嘉計，則爲不同。又本傳稱自嘉料孫策輕佻，〔三〕必死於匹夫之手，誠爲明於見事。然自非上智，無以知其死在何年也。今正以襲許年死，此蓋事之偶合。〔四〕

〔一〕官本考證曰：「北宋本作不可不測也。」

〔二〕北宋本武紀下有太祖二字。

〔三〕官本考證云：「自，宋本作臣。」弼按：何焯校本云：「自，衍文。」毛本佻誤作俳。

〔四〕姚範曰：「襲許年死，固屬偶合，即死於刺客，亦非事之可決。嘉此語藉以强鎮一時衆志，又或兼知卜筮之術耳。」

從破袁紹。紹死，又從討譚、尚於黎陽，連戰數克。諸將欲乘勝遂攻之，嘉曰：「袁紹愛此二子，莫適立也。有郭圖、逢紀爲之謀臣，必交鬭其閒，還相離也。急之則相持，緩之而後爭心生。〔一〕不如南向荆州，若征劉表者，〔二〕以待其變；變成而後擊之，可一舉定也。」〔三〕太祖曰：「善。」乃南征。軍至西平，〔四〕譚、尚果爭冀州，譚爲尚軍所敗，走保平原，遣辛毗乞降。太祖還救之，遂從定鄴。〔五〕又從攻譚於南皮。〔六〕冀州平，封嘉洧陽亭侯。〔七〕

傅子曰：河北既平，〔八〕太祖多辟召青、冀、幽、并知名之士，漸臣使之，〔九〕以爲省事掾屬，皆嘉之謀也。〔一〇〕

〔一〕通鑑輯覽曰：「急則相保，緩則相爭，郭嘉之論，與下莊事同。然譚、尚之相殘，乃踵武紹、術之操戈。天道好還，信哉！」

〔二〕或曰：妙在「若征」，此兵機也。

〔三〕北宋本「舉」下有「而」字。

〔四〕此爲豫州汝南郡之西平縣，武紀建安八年公征劉表，軍西平是也。

〔五〕鄴爲五都之一，又爲冀州魏郡治，今河南彰德府臨漳縣西南十八里舊縣村。

〔六〕渤海郡治南皮，今直隸天津府南皮縣北。

〔七〕水經注：「洧水於大穴口東北枝分，東逕洧陽故城南。俗謂之復陽城，非也。蓋洧、復字類音讀變。漢建安中，封司空祭酒郭奉孝爲侯國。」一統志：「洧陽城在河南陳州府扶溝縣南。」

〔八〕毛本「河」誤作「以」。

〔九〕宋本「使」作「事」，毛本誤作「漸可爭之」。

〔一〇〕省事未詳，或爲從事、徵事之譌。然徵事止二員，置在建安十五年，見邴原傳注。此時辟召四州知名之士，決不止二人也。

太祖將征袁尚及三郡烏丸，諸下多懼劉表使劉備襲許，以討太祖，〔一〕嘉曰：「公雖威震天下，胡恃其遠，必不設備，因其無備，卒然擊之，可破滅也。且袁紹有恩於民夷，而尚兄弟生存。今四州之民，徒以威附，德施未加。舍而南征，尚因烏丸之資，招其死主之臣，〔二〕胡人一動，民夷俱應，以生蹋頓之心，成覬覦之計，〔三〕恐青、冀非己之有也。表，坐談客耳，自知才不足以御備，重任之則恐不能制，輕任之則備不爲用，雖虛國遠征，公無憂矣！」太祖遂行。至易，〔四〕嘉言曰：「兵貴神速。今千里襲人，輜重多，難以趨利。且彼聞之，必爲備。不如留輜重，輕兵兼道以出，掩其不意。」太祖乃密出盧龍塞，〔五〕直指單于庭。虜卒聞太祖至，惶怖，合戰，大破之。斬蹋頓及名王已下，尚及兄熙走遼東。嘉深通有算略，達於事情。太祖曰：「唯奉孝爲能知孤意。」年三十八，〔六〕自柳城還，〔七〕疾篤，太祖問疾者交錯。及薨，臨其喪，哀甚。謂荀攸等曰：「諸君年皆孤輩也，唯奉孝最少，天下事竟，欲以後事屬之，而中年夭折，命也夫！」乃表曰：「軍祭酒郭嘉，自從征伐，十有一年。每有大議，臨敵制變，臣策未決，嘉輒成之。平定天下，謀功爲高。不幸短命，事業未終，追思嘉勳，實不可忘。可增邑八百戶，并前千戶。」〔八〕

魏書載太祖表曰：「臣聞褒忠寵賢，未必當身；念功惟績，恩隆後嗣。〔九〕是以楚宗孫叔，顯封厥子，〔一〇〕

岑彭既没，爵及支庶。〔一一〕故軍祭酒郭嘉，忠良淵淑，體通性達，每有大議，發言盈庭，執中處理，動無遺策。自在軍旅，十有餘年，行同騎乘，坐共幄席。東禽呂布，西取眭固，斬袁譚之首，平朔土之衆，踰越險塞，盪定烏丸，震威遼東，以梟袁尚。雖假天威，易爲指麾，至於臨敵，發揚誓命，凶逆克殄，勳實由嘉。方將表顯，〔一二〕短命早終。上爲朝廷，悼惜良臣，下自毒恨，喪失奇佐。宜追增嘉封，并前千户。褒亡爲存，厚往勸來也。」

謚曰貞侯。子奕嗣。

魏書稱奕通達見理。奕字伯益，見王昶家誡。〔一三〕

〔一〕「諸下」疑爲「諸將」或「羣下」之誤。通鑑作「諸將皆曰」。

〔二〕胡三省曰：「言欲爲其主致死，而留滯不得逞者。」

〔三〕胡三省曰：「覬，音冀；覦，音俞。」

〔四〕胡三省曰：「易縣前漢屬涿郡，後漢省。」宋白曰：「漢易縣故城在今涿州歸義縣東南十五里大易故城是。」弼按：後漢郡國志易縣改屬河閒郡。胡氏云後漢省，誤也。一統志：「故城今直隸保定府雄縣西北十五里。」

〔五〕盧龍塞見武紀建安十二年。

〔六〕毛本、局本作「年二十八」，誤。觀本傳裴注引傅子云，年二十七，辟司徒府；及魏武與荀彧書云，郭奉孝年不滿四十，可證。建安三年初置軍師祭酒，奉孝即爲是官，至建安十二年，從征柳城還死，適十一年，故魏武表云，自從征伐，十有一年也。

〔七〕柳城今熱河承德府建昌縣北哈喇沁右翼。

〔八〕水經潁水注：「潁水逕陽翟縣故城北，故潁川郡治，城西有郭奉孝碑。」

〔九〕毛本「恩」誤作「思」。

〔一〇〕列子：「孫叔敖死，王果以美地封其子，子辭不受；請寢丘，與之，至今不失。」

〔一一〕范書岑彭傳：「彭薨，子遵嗣，徙封細陽侯。十三年，帝思彭功，復封遵弟淮爲穀陽侯。」

〔一二〕毛本「方」誤作「力」。

〔一三〕昶家誡見昶傳。

後太祖征荆州還，於巴丘遇疾疫，燒船。〔一〕歎曰：「郭奉孝在，不使孤至此。」

傅子曰：太祖又云：「哀哉奉孝！痛哉奉孝！惜哉奉孝！」〔二〕

初，陳羣非嘉不治行檢，數廷訴嘉，嘉意自若，太祖愈益重之。〔三〕然以羣能持正，亦悦焉。〔四〕

傅子曰：太祖與荀彧書，追傷嘉曰：「郭奉孝年不滿四十，相與周旋十一年，阻險艱難，皆共罹之。又以其通達，見世事無所疑滯，欲以後事屬之。何意卒爾失之，悲痛傷心。今表增其子滿千户，然何益亡者？追念之感深。且奉孝乃知孤者也，天下人相知者少，又以此痛惜。柰何！柰何！」又與彧書曰：「追惜奉孝，不能去心。其人見時事兵事，過絶於人。又人多畏病，南方有疫，常言吾往南方，則不生還。然與共論計，云當先定荆。此爲不但見計之忠厚，〔五〕必欲立功，分棄命定。事人心乃爾，何得使人忘之！」〔六〕

奕爲太子文學，早薨。〔七〕子深嗣。深薨，子獵嗣。

世語曰：嘉孫敞，字泰中，有才識，位散騎常侍。

〔一〕巴丘見武紀建安十三年。

〔三〕何焯曰：「孟德追惜奉孝，而諸葛亦思孝直帷幄之助，不可或失其人，雖英雄必資羣策也。」

〔三〕監本、官本「重」作「厚」。

〔四〕郭嘉從祀太祖廟庭，見陳留王紀景元三年。

〔五〕一本校改作「當先定荆州，此行不憚見計之忠厚」。

〔六〕姚範曰：「余疑命定絶句，事字屬下。」

〔七〕范書列女傳：「南陽陰瑜妻者，潁川荀爽之女也。名采字女荀，聰敏有才藝。年十七，適陰氏。十九產一女，而瑜卒。采時尚豐少，常慮爲家所逼，自防禦甚固。後同郡郭奕喪妻，爽以采許之。」章懷注引魏書：「奕字伯益，嘉之子也，爲太子文學，早卒。」陳景雲曰：「郭嘉卒於建安十二年，年三十八，距荀爽之歿，幾二十年。計爽存日，嘉年方冠，不得有授室壯子。又爽名德素著，亦定無强奪女志事。爽、奕二字，必有誤。」沈欽韓曰：「此郭奕或别一人，非魏志所云嘉子字伯益者。」

董昭字公仁，〔一〕濟陰定陶人也。〔二〕舉孝廉，除廮陶長、〔三〕柏人令。〔四〕袁紹以爲參軍事。紹逆公孫瓚於界橋，〔五〕鉅鹿太守李邵〔六〕及郡冠蓋，以瓚兵彊，皆欲屬瓚。紹聞之，使昭領鉅鹿。〔七〕問「禦以何術」，對曰：「一人之微，不能消衆謀，欲誘致其心，唱與同議，及得其情，乃當權以制之耳。計在臨時，未可得言。」〔八〕時郡右姓孫伉等數十人專爲謀主，驚動吏民。昭至郡，僞作紹檄告郡云：「得賊羅候安平張吉辭，當攻鉅鹿，賊故孝廉孫伉等爲應，檄到收行軍法，惡止其身，妻子勿坐。」昭案檄告令，皆即斬之。一郡惶恐，乃以次安慰，遂皆平集。事訖白紹，紹稱善。會魏郡太守栗攀爲兵所害，紹以昭領魏郡太守。時郡界大亂，賊以萬數，遣使往來，交易市買。昭厚待之，因用爲閒，乘虚掩討，輒大克破。二日之中，羽檄三至。

〔一〕沈欽韓曰：「晉諱昭，改昭爲照，或爲曜。隸釋魏公卿上尊號奏碑將作大匠千秋亭侯臣照，即董昭也。碑既追改爲照，吴韋曜亦改原名昭作曜，則陳壽作此傳，無容不諱。蓋裴松之所追改，而偶未及韋曜耳。」周壽昌曰：「吴張子布仍作張昭，初未改名。魏志中尚有胡昭、郝昭、吕昭、廉昭，昭字不盡作照。」

〔二〕濟陰郡治定陶，見武紀初平四年。

〔三〕鉅鹿郡治廮陶，見武紀建安十七年。范書賈琮傳：「琮爲冀州刺史，之部，諸臧過者望風解印綬去，唯廮陶長濟陰董昭當官待琮，於是州界翕然。」

〔四〕郡國志：「冀州趙國柏人。」漢高祖過趙，問縣名柏人，去弗宿，即此。一統志：「柏人故城，今直隸順德府唐山縣西。」

〔五〕界橋一曰界城橋，在今直隸順德府廣宗縣東老漳河上。

〔六〕趙一清曰：「李邵亦見司馬朗傳。蜀志楊戲輔臣贊字永南者，又一李邵也。」

〔七〕錢大昭曰：「以下文紹以昭領魏郡太守例之，則鉅鹿下當有太守二字。」

〔八〕或曰：「此制事之妙略，先言如何者妄也。」

昭弟訪，在張邈軍中。邈與紹有隙，紹受讒將致罪於昭。昭欲詣漢獻帝，〔一〕至河内，爲張楊所留。因楊上還印綬，拜騎都尉。時太祖領兗州，遣使詣楊，欲令假塗西至長安，楊不聽。昭説楊曰：「袁、曹雖爲一家，執不久羣。曹今雖弱，然實天下之英雄也，當故結之。〔二〕況今有緣，宜通其上事，并表薦之。若事有成，永爲深分。」〔三〕楊於是通太祖上事，表薦太祖。

昭爲太祖作書與長安諸將李傕、郭汜等，各隨輕重致殷勤。楊亦遣使詣太祖。太祖遺楊犬馬金帛，遂與西方往來。天子在安邑，〔四〕昭從河内往，〔五〕詔拜議郎。

〔一〕李龍官曰：「此時不應稱獻，疑爲見字之訛。」沈家本曰：「見帝不應曰詣漢，恐漢字亦誤。」

〔二〕胡三省曰：「故者，結交之因也。謂因事而結之。」嚴衍曰：「用意曰故。」

〔三〕胡三省曰：「契分也。是時董昭在河内，操不能使也；而爲操道地，蓋聞其雄略，先爲效用，以自結也。」

〔四〕河東郡治安邑，見武紀興平二年。

〔五〕毛本、局本「内」作「南」，誤。

建安元年，太祖定黄巾于許，遣使詣河東。會天子還洛陽，韓暹、楊奉、董承及楊各違戾不和。昭以奉兵馬最彊而少黨援，作太祖書與奉曰：「吾與將軍，聞名慕義，便推赤心。今將軍拔萬乘之艱難，反之舊都，翼佐之功，超世無疇，何其休哉！方今羣凶猾夏，〔一〕四海未寧，神器至重，事在維輔，必須衆賢，以清王軌，誠非一人所能獨建。心腹四支，實相恃賴，一物不備，則有闕焉。將軍當爲内主，吾爲外援。今吾有糧，將軍有兵，有無相通，足以相濟，死生契闊，相與共之！」〔二〕奉得書喜悦，語諸將軍曰：「兗州諸軍近在許耳，有兵有糧，國家所當依仰也。」遂共表太祖爲鎮東將軍，襲父爵費亭侯。〔三〕昭遷符節令。〔四〕

〔一〕孔安國曰：「滑，亂也；夏，華夏也。」

〔二〕毛萇曰：「契闊，勤苦也。」此蓋謂死也、生也，處勤苦之中，相與共之也。

〔三〕費亭見武紀卷首。魏武襲封費亭侯，詳見武紀建安元年。

〔四〕續漢志百官志：「符節令一人，六百石。」

太祖朝天子於洛陽，引昭並坐。問曰：「今孤來此，當施何計？」昭曰：「將軍興義兵以誅暴亂，入朝天子，輔翼王室，此五伯之功也。此下諸將，人殊意異，未必服從；今留匡弼，事埶不便，惟有移駕幸許耳。然朝廷播越，新還舊京，遠近跂望，〔一〕冀一朝獲安，今復徙駕，不厭衆心。夫行非常之事，乃有非常之功，願將軍算其多者。」〔二〕太祖曰：「此孤本志也。楊奉近在梁耳，〔三〕聞其兵精，得無爲孤累乎？」昭曰：「奉少黨援，將獨委質。鎮東費亭之事，皆奉所定，又聞書命申束，足以見信。宜時遣使，厚遺答謝，以安其意。說京都無糧，欲車駕暫幸魯陽，〔四〕魯陽近許，〔五〕轉運稍易，可無縣乏之憂。奉爲人勇而寡慮，必不見疑，比使往來，足以定計。奉何能爲累！」太祖曰：「善。」即遣使詣奉，徙大駕至許。〔六〕奉由是失望，與韓暹等到定陵鈔暴。〔七〕太祖不應，密往攻其梁營，降誅即定。〔八〕奉、暹失衆，東降袁術。〔九〕三年，昭還河南尹。時張楊爲其將楊醜所殺，〔一〇〕楊長史薛洪、河內太守繆尚城守待紹救。〔一一〕太祖令昭單身入城，告喻洪、尚等，即日舉衆降。以昭爲冀州牧。〔一二〕

〔一〕胡三省曰：「跂，渠宜翻，舉足也。」

〔二〕胡三省曰：「事有利亦有害，惟算其利多而害少者行之。」或曰：「操得制天下之命者，以此。昭之人品不足稱，其謀略特妙，不下二荀。」

〔三〕梁見武紀建安元年。

〔四〕魯陽見劉表傳。

〔五〕宋、元本脱下「魯陽」二字，馮本捥補。

〔六〕毛本「徙」誤作「徒」。

〔七〕定陵見鍾繇傳。錢玷曰：「舞陽縣東北滍水之南。」

〔八〕事見武紀。

〔九〕本志董卓傳：「暹、奉不能奉王法，各出奔，寇徐、揚閒，爲劉備所殺。」

〔一〇〕見張楊傳。

〔一一〕互見武紀建安四年。

〔一二〕賈詡來降，以詡爲冀州牧，旋又以董昭爲冀州牧。是時袁紹猶存，皆遥領也。河北既平，則操自領之耳。

太祖令劉備拒袁術，昭曰：「備勇而志大，關羽、張飛爲之羽翼，恐備之心，未可得論也。」太祖曰：「吾已許之矣。」備到下邳，殺徐州刺史車冑，反。太祖自征備，徙昭爲徐州牧。袁紹遣將顔良攻東郡，又徙昭爲魏郡太守，從討良。良死，後進圍鄴城，袁紹同族春卿爲魏郡太守，在城中；其父元長在揚州，太祖遣人迎之。昭書與春卿曰：「蓋聞孝者不背親以要利，仁者不忘君以徇私，志士不探亂以徼幸，智者不詭道以自危。足下大君，昔避内難，南游百越，非疏骨肉，樂彼吴會，智者深識，獨或宜然。曹公愍其守志清恪，離羣寡儔，故特遣使江東，或迎或送，今將至矣。就令足下處偏平之地，依德義之主，居有泰山之固，身爲喬松之偶，以義言之，猶宜背彼向此，舍民趣父也。且邾儀父始與隱公盟，魯人嘉之，而不書爵。〔一〕然則王所未命，爵尊不成，春秋之義也。況足下今日之所託者乃危亂之國，所受者乃矯誣之命乎！苟不逞之與羣，而厥父之不恤，不可以言孝；忘祖宗所居之本朝，安未正之姦職，〔二〕難可以言忠；忠孝並替，難以言智。又足下昔日爲曹公所禮辟，夫戚族人而疏所生，內所寓而外王室，懷邪禄而叛知己，遠福祚而近危亡，棄明義而收大恥，不亦可惜邪！若能翻然易節，奉帝養父，委身曹公，忠孝不墜，榮名彰矣。宜深留計，早決良圖。」鄴既定，以昭爲諫議大夫。後袁尚依烏丸蹋頓，太祖將征之，患軍糧難致，鑿平虜、泉州二渠，入海通運，昭所建也。〔三〕太祖表封千秋亭侯，〔四〕轉拜司空軍祭酒。

〔一〕左傳隱公元年：「公及邾儀父盟于蔑。邾子克也。未王命，故不書爵；曰儀父，貴之也。」

〔二〕宋本「未」作「非」。

〔三〕平虜、泉州二渠，詳見武紀建安十一年。謝鍾英曰：「平虜渠在今直隸天津府滄州南，首起饒陽，東至滄州。泉州渠首起今順天府武清縣南，東北逕寶坻，北入泃河。」

〔四〕趙一清曰：「水經瀔水注，千秋亭壘石爲垣，世謂之城也。潘岳西征賦，亭有千秋之號，無七旬之期，謂是亭也。」

後昭建議，宜修古建封五等。太祖曰：「建設五等者，聖人也，又非人臣所制，吾何以堪之？」昭曰：「自古以來，人臣匡世，未有今日之功。有今日之功，未有久處人臣之執者也。今明公恥有慙德，而未盡善，樂保名節，而無大責，德美過於伊、周，此至德之所極也。然太甲、成王未必可遭；今民難化，甚於殷、周。處大臣之埶，使人以大事疑己，誠不可不重慮也。明公雖邁威德，明法術，而不定其基，爲萬世計，猶未至也。定基之本，在地與人，宜稍建立，以自藩衞。明公忠節穎露，天威在顔，耿弇牀下之言，〔一〕朱英無妄之論，〔二〕不得過耳。昭受恩非凡，不敢不陳。」〔三〕

獻帝春秋曰：昭與列侯諸將議，以丞相宜進爵國公，九錫備物，以彰殊勳。書與荀彧曰：「昔周旦、呂望當姬氏之盛，因二聖之業，輔翼成王之幼，功勳若彼，猶受上爵，錫土開宇。末世田單，驅彊齊之衆，報弱燕之怨，收城七十，迎復襄王。襄王加賞於單，使東有掖邑之封，西有菑上之虞。〔四〕前世録功，濃厚如此。今曹公遭海内傾覆，宗廟焚滅，躬擐甲胄，周旋征伐，櫛風沐雨，且三十年，芟夷羣凶，爲百姓除害，使漢室復存，劉氏奉祀，方之曩者數公，若太山之與丘垤，豈同日而論乎！今徒與列將功臣，並侯一縣，〔五〕此豈天下所望哉！」〔六〕

後太祖遂受魏公、魏王之號，皆昭所創。〔七〕

〔一〕范書耿弇傳：「光武居邯鄲宫，晝卧昆明殿，弇入造牀下，因請閒曰：今更始失政，君臣淫亂，其敗不久。公首事南陽，破百萬之軍，今定河北，北據天府之地，以義征伐，發號響應，天下可傳檄而定。天下至重，不可令他姓得之。光武大悦，拜弇爲大將軍。」

〔二〕史記春申君列傳：「觀津人朱英謂春申君曰：世有毋望之福，又有毋望之禍。今君處毋望之世，事毋望之王，安可以無毋望之人乎！」

〔三〕姜宸英曰：「蘇則稱昭爲佞人，誠然。」何焯曰：「昭自顧才謀非荀、郭之儔，遂首爲諂邪，以媚於操。時操勢已成，故不爲耿苞耳。」

〔四〕趙一清曰：「前漢書地理志，東萊郡掖縣。田單號安平君，即漢菑川國之東安平也。闞駰曰，博陵有安平國，故此加東，後漢改屬北海國。」

〔五〕毛本「今」誤作「豈」。

〔六〕李安溪曰：「論操當日勢堪改步，僅上公之爵，而或猶吝之，此誠人所難言也。操後雖稱王，而未敢移漢祚，未必非感於文若之事。今人但歸功北海，固非稽實之論也。」

〔七〕此爲承祚誅心之筆。

及關羽圍曹仁於樊，〔一〕孫權遣使辭以「遣兵西上，欲掩取羽。江陵、公安累重，〔二〕羽失二城，必自奔走，樊軍之圍，不救自解。乞密不漏，令羽有備」。太祖詰羣臣，羣臣咸言，宜當密之。昭曰：「軍事尚權，期於合宜。宜應權以密，而內露之。羽聞權上，若還自護，圍則速解，便獲其利。可使兩賊相對銜持，〔三〕坐待其弊。秘而不露，使權得志，非計之上。又，圍中將吏，不知有救，計糧怖懼。〔四〕儻有他意，爲難不小。露之爲便。且羽爲人彊梁，自恃二城守固，必不速退。」〔五〕太祖曰：「善。」即敕救將徐晃以權書射著圍裏及羽屯中。圍裏聞之，志氣百倍。羽果猶豫。〔六〕權軍至，得其二城，羽乃破敗。

〔一〕胡三省曰：「樊城在襄陽東，北臨漢水。」謝鍾英曰：「今襄陽府城北漢江上，與襄陽隔水對峙。」

〔二〕「累重」二字，一本改作「二城」。

〔三〕胡三省曰：「以馬爲喻也。兩馬欲相踶齧，既加之銜勒，兩不能動矣。而欲鬬之氣未衰，相對銜持，則兩雖跳梁，力必自斃。」

〔四〕胡三省曰：「計城中之糧，不足以持久，則心懷怖懼也。」

〔五〕何焯曰：「儻權計未就，樊守已下，關遂長驅，則許、洛瓦解，吕蒙亦沮矣。昭可謂慮之周也。」

〔六〕胡三省曰：「羽雖見權書，自恃江陵、公安守固，非權旦夕可拔。又因水勢結圍，以臨樊城，有必破之勢。釋之而去，必喪前功，此其所以猶豫也。」

文帝即王位，拜昭將作大匠；〔一〕及踐阼，遷大鴻臚，〔二〕進封右鄉侯。二年，分邑百户，賜昭弟訪爵關内侯，徙昭爲侍中。〔三〕三年，征東大將軍曹休臨江在洞浦口，〔四〕自表：「願將鋭卒虎步江南，因敵取資，事必克捷。若其無臣，不須爲念。」〔五〕帝恐休便渡江，驛馬詔止。時昭侍側，因曰：「竊見陛下有憂色，獨以休濟江故乎？今者渡江，人情所難，就休有此志，勢不獨行，當須諸將。臧霸等既富且貴，無復他望，但欲終其天年，保守禄祚而已。何肯乘危，自投死地，以求徼倖？苟霸等不進，休意自沮。臣恐陛下雖有勑渡之詔，猶必沈吟，未便從命也。」是後無幾，暴風吹賊船，悉詣休等營下，斬首獲生，賊遂迸散。詔勑諸軍促渡。軍未時進，賊救船遂至。

〔一〕將作大匠見崔琰傳。趙一清曰：「前漢書百官公卿表，將作少府，秦官，景帝更名將作大匠。一人，秩二千石。」弼按：上尊號奏作督軍御史將作大匠千秋亭侯臣照。

〔二〕續百官志：「大鴻臚卿一人，中二千石。」

〔三〕續百官志：「侍中比二千石。」本志蘇則傳：「則徵拜侍中，與董昭同寮。昭枕則膝卧，則推下之。曰：蘇則之膝，非佞人之枕也。」

〔四〕洞浦見曹休傳。

〔五〕錢大昭曰：「無臣，疑當作無成。」梁章鉅説同。周壽昌曰：「無臣作無成，恐不然。時休假鉞專征，自矜必捷，若果無成，當任敗師之罪，安得云不須爲念乎？休此表必尚有曲折，此摘其略數語，故意不甚顯。大約言臣若死於敵，不須以臣爲念。觀下帝恐休便渡江，昭窺帝憂色，有何肯乘危自投死地，休意自沮之勸也。」

大駕幸宛。〔一〕征南大將軍夏侯尚等攻江陵，未拔。時江水淺狹，尚欲乘船將步騎入渚中安屯，〔二〕作浮橋，南北往來。議者多以爲城必可拔。昭上疏曰：「武皇帝智勇過人，而用兵畏敵，不敢輕之若此也。〔三〕夫兵好進惡退，常然之數。平地無險，猶尚艱難，就當深入，還道宜利，兵有進退，不可如意。今屯渚中，至深也；浮橋而濟，至危也；一道而行，至狹也。三者，兵家所忌，而今行之。賊頻攻橋，誤有漏失，〔四〕渚中精鋭，非魏之有，將轉化爲吴矣。臣私慼之，〔五〕忘寢與食。而議者怡然，不以爲憂，豈不惑哉！加江水向長，一旦暴增，何以防禦？就不破賊，尚當自完，柰何乘危，不以爲懼？事將危矣，惟陛下察之！」帝悟昭言，即詔尚等促出。賊兩頭並進，〔六〕官兵一道引去，不時得泄，〔七〕將軍石建、高遷僅得自免。軍出旬日，江水暴長。帝曰：「君論此事，何其審也！正使張、陳當之，何以復加？」〔八〕五年，徙封成都鄉侯，〔九〕拜太常；其年，徙光禄大夫、給事中。從大駕東征，七年還，拜太僕。明帝即位，進爵樂平侯，〔一〇〕邑千户。轉衛尉。分邑百户，賜一子爵關内侯。

〔一〕宛，南陽郡治。今河南南陽府南陽縣治。
〔二〕胡三省曰：「渚，洲也；即江陵之中洲也。」
〔三〕胡三省曰：「言行兵不敢履危道。」
〔四〕胡三省曰：「謂橋或爲敵所斷也。」
〔五〕胡三省曰：「慼，憂也。」
〔六〕宋本「進」作「前」。
〔七〕胡三省曰：「泄，去也。」
〔八〕魏名臣奏載董昭表，見張魯傳注。
〔九〕此當爲荆州南陽郡之成都，非益州蜀郡之成都也。
〔一〇〕樂平見管寧傳張臶除樂平令注。

太和四年，行司徒事；〔一〕六年，拜真。〔二〕昭上疏陳末流之弊曰：「凡有天下者，莫不貴尚敦樸忠信之士，深疾虛僞不真之人者，以其毁教亂治，敗俗傷化也。近魏諷則伏誅建安之末，曹偉則斬戮黄初之始。伏惟前後聖詔，深疾浮僞，欲以破散邪黨，常用切齒。而執法之吏，皆畏其威埶，〔三〕莫能糾擿；毁壞風俗，侵欲滋甚。竊見當今年少，不復以學問爲本，專更以交游爲業，國士不以孝悌清修爲首，乃以趨埶遊利爲先。合黨連羣，〔四〕互相褒歎，以毁訾爲罰戮，用黨譽爲爵賞，附己者則歎之盈言，不附者則爲作瑕釁。〔五〕至乃相謂今世何憂不度邪，但求人道不勤，〔六〕羅之不博耳；〔七〕又何患其不知己矣，〔八〕但當吞之以藥而柔調耳。〔九〕又聞或有使奴客名作在職家人，冒之出入，往來禁奥，交通書疏，有所探問。〔一〇〕凡此諸事，皆法之所不取，〔一一〕刑之所不赦，雖諷、偉之罪，無以加也。」帝於是發切詔，斥免諸葛誕、鄧颺等。〔一二〕昭年八十一，薨，〔一三〕謚曰定侯。〔一四〕子胄嗣。胄，歷位郡守、九卿。

〔一〕胡三省曰：「資望輕、未可爲公者，爲行事。」

〔二〕御覽卷四百八十八引語林云：「董昭爲魏武重臣，後失勢，文、明世入爲衛尉。昭乃厚加意於侏儒。正朝大會，侏儒作董衛尉啼面言昔太祖時事，舉坐大笑。明帝悵然不怡，月中爲司徒。」

〔三〕宋本「威」作「權」。

〔四〕毛本、局本「連」誤作「之」。

〔五〕胡三省曰：「歎者，嗟歎而稱其美也。盈，溢也。歎美之過溢於言辭，則爲溢美之言。玉之病曰瑕，器之隙曰釁。」

〔六〕嚴衍曰：「求疑作患。」

〔七〕胡三省曰：「言廣布黨友，則互爲羽翼，身安而無患，可以度世也。」

〔八〕通鑑無「矣」字，作「人何患其不己知」。

〔九〕胡三省曰：「謂毀譽所加，彼誠好譽而惡毀，則其心柔服調順，於我無忤，如吞之以藥也。」

〔一〇〕胡三省曰：「謂如職在尚書，出入禁省，則有令史，有主書，有蒼頭廬兒爲之給使。今使奴客冒其名，以出入往來爲姦。」

〔一一〕錢儀吉曰：「不，疑作必。」

〔一二〕通鑑輯覽曰：「東漢清流，取鑒不遠，故董昭之説易行。第清流以草野抗薦紳，此乃緣附貴介公子，所謂每況愈下，而其爲人心風俗之害則均也。」

〔一三〕青龍四年五月乙卯薨，見明紀。

〔一四〕寰宇記卷十三：「董昭墓在曹州濟陰縣東二十里。」

劉曄字子揚，淮南成悳人也。〔一〕漢光武子阜陵王延後也。〔二〕父普母脩，〔三〕產渙及曄。渙九歲，曄七歲，而母病困。臨終，戒渙、曄以「普之侍人，有諂害之性。身死之後，懼必亂家，汝長大能除之，則吾無恨矣。」曄年十三，謂兄渙曰：「亡母之言，可以行矣。」渙曰：「那可爾！」曄即入室，殺侍者，徑出拜墓。舍內大驚，白普，普怒，遣人追曄。曄還，拜謝曰：「亡母顧命之言，敢受不請擅行之罰。」普心異之，遂不責也。汝南許劭名知人，避地揚州，稱曄有佐世之才。

〔一〕原注：「悳，音德。」郡國志：「揚州九江郡成德。」王先謙曰：「九江郡，三國魏、吴分據。吴割入廬江，魏改曰淮南。」謝鍾英曰：「國志所書九江、楚國、淮南，皆據當時之名。」一統志：「成德故城，在今安徽鳳陽府壽州東南。」謝鍾英曰：「當在壽州芍陂東南。」

〔二〕范書光武十王傳：「阜陵質王延，建武十五年封淮陽公，十七年進爵爲王。」沈家本曰：「兩也字必有一衍。」

〔三〕母脩，脩爲姓乎？抑名邪？

揚士多輕俠狡桀，有鄭寶、張多、許乾之屬，〔一〕各擁部曲。寶最驍果，才力過人，一方所憚。欲驅略百姓，越赴江表，以曄高族名人，〔二〕欲彊逼使便唱導此謀。〔三〕曄時年二十餘，心內憂之，而未有緣。會太祖遣使詣州，有所案問。曄往見，爲論事勢，要將與歸，駐止數日。寶果從數百人、齎牛酒來候使。曄令家僮將其衆坐中門外，爲設酒飯，與寶於內宴飲。密勒健兒，令因行觴而斫寶。寶性不甘酒，視候甚明，觴者不敢發。曄因自引取佩刀斫殺寶，〔四〕斬其首以令其軍，云：「曹公有令，敢有動者，與寶同罪。」衆皆驚怖，走還營。營有督將精兵數千，懼其爲亂，曄即乘寶馬，將家僮數人，詣寶營門，呼其渠帥，喻以禍福，皆叩頭開門內曄。曄撫慰安懷，咸悉悅服，推曄爲主。曄覩漢室漸微，已爲支屬，不欲擁兵，〔五〕遂委其部曲與廬江太守劉勳。勳怪其故。曄曰：「寶無法制，其衆素以鈔略爲利，僕宿無資，〔六〕而整齊之，必懷怨難久，故相與耳。」〔七〕時勳兵彊於江、淮之間，孫策惡之，遣使卑辭厚幣，以書說勳曰：「上繚宗民，〔八〕數欺下國，忿之有年矣。擊之，路不便，願因大國伐之。上繚甚實，得之可以富國，請出兵爲外援。」勳信之，又得策珠寶、葛越，〔九〕喜悅。外內盡賀，〔一〇〕而曄獨否。勳問其故，對曰：「上繚雖小，城堅池深，攻難守易，不可旬日而舉，則兵疲於外，而國內虛。策乘虛而襲我，則後不能獨守。是將軍進屈於敵，退無所歸。若軍必出，禍今至矣。」勳不從，興兵伐上繚，策果襲其後。勳窮踧，遂奔太祖。

〔一〕曄與魯肅書云：「鄭寶在巢湖，擁衆萬餘。」見吳志魯肅傳。

〔二〕胡三省曰：「曄出於漢之宗室，與蔣濟、胡質俱爲揚州名士。」

〔三〕宋本作「欲彊逼曄，使唱導此謀。」

〔四〕御覽「佩」作「使」。

〔五〕何焯曰：「此時曹氏代漢之勢未成，以支屬不欲擁兵，乃曄後來飾詞。」

〔六〕胡三省曰：「謂先無名位爲之資也。」

〔七〕胡三省曰：「天下殽亂之時，設有不幸爲衆推，當以劉曄爲法。」

〔八〕上繚屬揚州豫章郡海昏縣，今江西南康府建昌縣南十七里。水經贛水注：「繚水又徑海昏縣，謂之上繚水。」謝鍾英曰：「海昏上繚宗民，不受發召，即此。」何焯曰：「此宗民亦是賓賊，即當時山越也。」

〔九〕文選注曰：「葛越，草布也。今葛布謂之葛越，白布謂之白越。」

〔一〇〕北宋本作「内外」。

太祖至壽春。時廬江界有山賊陳策，衆數萬人，臨險而守。先時遣偏將致誅，莫能禽克。太祖問羣下，可伐與不？咸云：「山峻高而谿谷深隘，守易攻難，又無之不足爲損，得之不足爲益。」曄曰：「策等小豎，因亂赴險，遂相依爲彊耳，非有爵命威信相伏也。〔一〕往者偏將資輕，而中國未夷，故策敢據險以守。今天下略定，後伏先誅。夫畏死趨賞，愚知所同，故廣武君爲韓信畫策，謂其威名足以先聲後實而服鄰國也。〔二〕而況明公之德，東征西怨，先開賞募，大兵臨之，〔三〕令宣之日，軍門啓而虜自潰矣。」太祖笑曰：「卿言近之！」遂遣猛將在前，大軍在後，至則克策，如曄所度。太祖還，辟曄爲司空倉曹掾。〔四〕

傅子曰：太祖徵曄及蔣濟、胡質等五人，皆揚州名士。每舍亭傳，未曾不講，所以見重。內論國邑先賢、禦賊固守、行軍進退之宜，外料敵之變化、彼我虛實、戰爭之術，夙夜不解。而曄獨臥車中，終不一言。濟怪而問之。曄答曰：「對明主非精神不接，精神可學而得乎？」及見太祖，太祖果問揚州先賢，賊之形埶。四人爭對，待次而言，再見如此。太祖每和悅，而曄終不一言。四人笑之。後一見太祖，止無所復問，曄乃設遠言以動太祖。太祖適知便止，若是者三。其旨趣以爲遠言宜徵精神，獨見以盡其機，不宜於猥坐説也。太祖已探見其心矣。坐罷，尋以四人爲令，而授曄以心腹之任。每有疑事，輒以函問曄，至一夜數十至耳。

〔一〕監本、官本「伏」作「服」。

〔二〕史記淮陰侯傳：「韓信問廣武君曰：僕欲北攻燕，東伐齊，若何而有功？廣武君曰：爲將軍計，莫如按甲休兵，遣辯士奉咫尺之書，暴其所長於燕，燕必不敢不聽從。燕已從，使諠言者東告齊，齊必從風而服。兵固有先聲而後實者，此之謂也。」

〔三〕毛本「大」誤作「太」。

〔四〕洪飴孫曰：「倉曹掾一人，比三百石，第七品，主倉穀。太祖時置，後因之。」

太祖征張魯，轉曄爲主簿。〔一〕既至漢中，山峻難登，〔二〕軍食頗乏。太祖曰：「此妖妄之國耳，何能爲有無？吾軍少食，不如速還。」便自引歸，令曄督後諸軍，使以次出。曄策魯可克，加糧道不繼，雖出軍猶不能皆全，〔三〕馳白太祖，不如致攻。遂進兵，多出弩以射其營。魯奔走，漢中遂平。〔四〕曄進曰：「明公以步卒五千，將誅董卓，〔五〕北破袁紹，南征劉表，九州百郡，十並其八，〔六〕威震天下，勢慴海外。〔七〕今舉漢中，蜀人望風，破膽失守，推此而前，蜀可傳檄而定。劉備，人傑也，有度而遲，得蜀日淺，蜀人未恃也。〔八〕今舉漢中，〔九〕蜀人震恐，其埶自傾。以公之神明，因其傾而壓之，無不克也。若小緩之，諸葛亮明於治而爲相，關羽、張飛勇冠三軍而爲將，蜀民既定，據險守要，則不可犯矣。今不取，必爲後憂。」太祖不從，〔一〇〕

傅子曰：居七日，蜀降者說：「蜀中一日數十驚，備雖斬之而不能安也。」〔一一〕太祖延問曄曰：「今尚可擊不？」曄曰：「今已小定，未可擊也。」〔一二〕

大軍遂還。曄自漢中還，爲行軍長史，兼領軍。〔一三〕延康元年，蜀將孟達率衆降。達有容止才觀，文帝甚器愛之，使達爲新城太守，〔一四〕加散騎常侍。〔一五〕曄以爲「達有苟得之心，而恃才好術，必不能感恩懷義。新城與吳、蜀接連，〔一六〕若有變態，爲國生患。」文帝竟不易，後達終於叛敗。

傅子曰：初，太祖時魏諷有重名，自卿相以下，皆傾心交之。其後孟達去劉備歸文帝，論者多稱有樂毅之量。〔一七〕曄一見諷、達，而皆云必反，卒如其言。

〔一〕此時曄蓋爲丞相主簿。洪飴孫曰：「主簿四人，第七品，録省衆事。太祖爲漢丞相時置。」

〔二〕通鑑：「建安二十年秋七月，魏公操至陽平，張衛拒關堅守。操信降人之辭，說張魯易攻。及往臨履，不如所聞，乃歎曰：他人商度，少如人意。攻陽平山上諸屯，山峻難登，既不時拔，士卒傷夷者多，軍食且盡。操意沮，便欲拔軍截山而還。」杜佑曰：「陽平關在漢中褒城縣西北。」

〔三〕毛本「全」作「前」。

〔四〕通鑑考異云：通鑑以魏名臣奏載董昭表，所述必得實，從之。弼按：董昭表見張魯傳注，與此異。姚範曰：「觀董昭表，則此所載，亦非盡實。」

〔五〕錢大昭曰：「武帝紀，中平六年十二月始起兵於己吾。裴注引郭頒世語云，陳留孝廉衛茲，以家財資太祖，使起兵，衆有五千人。此云步卒五千，蓋指初起兵言之。或謂記述者欲以少見奇，非其實録，斯不然矣。」

〔六〕范書獻紀：「復禹貢九州。」本志武紀，建安十八年詔書，并十四州，復爲九州。據獻帝起居注所載，省州并郡，冀州三十二郡，雍州二十二郡，荆州十三郡，益州十四郡，豫州八郡，徐州八郡，青州五郡，合得百二郡。而兖、揚二州之郡未列入，是九州不止百郡也。此言百郡者，舉成數也。且當時雍、荆、揚、益亦未全部征服，又不得謂之十並其八也。或謂，據郡國志後序云，至於孝順，凡郡國百五，則與百郡之數，大致相合。不知彼就順帝時之版籍言，此就建安十八年省州並郡後言也。餘見武紀建安十八年注。至三國疆域，增置州郡，州凡十七，郡國凡百六十，時異埶殊，又當别論矣。

〔七〕北宋本「外」作「内」。

〔八〕北宋本、監本、官本「恃」作「附」，各本作「恃」，通鑑同。

〔九〕北宋本「舉」作「破」，通鑑同。

〔一〇〕晉書宣帝紀：「從討張魯，言於魏武曰：劉備以詐力虜劉璋，蜀人未附，而遠爭江陵，此機不可失也。今若耀威漢中，益州震動，進兵臨之，勢必瓦解，因此之勢，易爲功力。聖人不能違時，亦不失時矣。魏武曰：人苦無足，既得隴右，復欲得蜀。言竟不從。」與曄説同。姜宸英曰：「策蜀是矣，但曄故宗室，區區炎漢，惟蜀一綫，而曄必欲滅之，譬之禽獸，其梟與獍歟？」又曰：「曄言雖是，然先主非張魯之比，諸葛、關、張蓋世人傑，豈肯束手受弊邪？」何焯曰：「劉氏必死之戰，得蜀雖新，已能用其豪傑，憑險相持，非若張魯，未遇大敵，小小利鈍，可恐而走也。曄柰何以料陳策者料蜀士大夫乎！」又曰：「魏武用兵，必圖萬全，蜀漢險峻，豈肯懸軍深入？若身駐漢中，遣將攻備，則素非其敵，往遺之禽，徒損威重，故不爲也。」

〔一一〕通鑑考異曰：「按備傳云：備下公安，聞曹公定漢中，乃還。如此，則備時猶在公安也。」

〔一二〕胡三省曰：「七日之閒，何以遽謂之小定？曄蓋窺覘備之守蜀，有不可犯者，故爲此言，以對操焉耳。」何焯曰：「一日數驚，震鄰之勢，有所必然。彼懼我驕，敗徵在我，先動則又爲烏林之覆轍矣。操之不從，是量彼己，而全其力以俟時者也。勸不伐吴，則曄近是。」

〔一三〕胡三省曰：「時魏王引軍南巡，以曄爲長史。」洪飴孫曰：「行軍長史一人，太祖時置。中領軍一人，掌禁兵，建安四年太祖自置領軍，延康中置中領軍，故漢北軍中候之官也。」

〔一四〕新城見文紀延康元年。

〔一五〕通鑑：「孟達率部曲四千餘家來降，王引與同輦，封平陽亭侯。合房陵、上庸、西城三郡爲新城，以達領新城太守，委以西南之任。」

〔一六〕胡三省曰：「蜀之漢中，吴之宜都，皆與新城接連。」

〔一七〕「毅」，馮本作「毅」，誤。

黄初元年，以曄爲侍中，〔一〕賜爵關内侯。詔問羣臣，令料「劉備當爲關羽出報吴不」。衆議咸云：「蜀，小國耳，名將唯羽。羽死，軍破，國内憂懼，無緣復出。」曄獨曰：「蜀雖狹弱，〔二〕而備之謀，欲以威武自彊，埶必用衆，以示其有餘。且關羽與備，義爲君臣，恩猶父子。羽死不能爲興軍報敵，於終始之分不足。」後備果出兵擊吴，吴悉國應之，而遣使稱藩。朝臣皆賀，獨曄曰：「吴絶在江、漢之表，無内臣之心久矣。陛下雖齊德有虞，然醜虜之性，未有所感，因難求臣，必難信也。〔三〕彼必外迫内困，然後發此使耳。可因其窮，襲而取之。夫一日縱敵，數世之患，不可不察也。」備軍敗退，吴禮敬轉廢，帝欲興衆伐之，曄以爲「彼新得志，上下齊心，而阻帶江湖，必難倉卒」。帝不聽。

傅子曰：孫權遣使求降，帝以問曄。曄對曰：「權無故求降，必內有急。權前襲殺關羽，取荊州四郡，〔四〕備怒，必大興師伐之。外有彊寇，衆心不安，又恐中國承其釁而伐之，故委地求降，一以卻中國之兵，二則假中國之援，以彊其衆，而疑敵人。〔五〕權善用兵，見策知變，其計必出於此。今天下三分，中國十有其八；吳、蜀各保一州，〔六〕阻山依水，有急相救，此小國之利也。今還自相攻，天亡之也。宜大興師，徑渡江襲其內。蜀攻其外，我襲其內，吳之亡不出旬月矣。吳亡則蜀孤，若割吳半，蜀固不能久存，況蜀得其外，我得其內乎！」帝曰：「人稱臣降而伐之，疑天下欲來者心，必以爲懼，其一不可！〔七〕孤何不且受吳降，而襲蜀之後乎？」對曰：「蜀遠吳近，又聞中國伐之，便還軍，不能止也。今備已怒，故興兵擊吳。聞我伐吳，知吳必亡，必喜而進，與我爭割吳地，必不改計，抑怒救吳，必然之埶也！」帝不聽，遂受吳降，〔八〕即拜權爲吳王。曄又進曰：「不可。先帝征伐，天下兼其八，〔九〕威震海內。陛下受禪即真，德合天地，聲暨四遠，此實然之埶，非卑臣頌言也。權雖有雄才，故漢驃騎將軍南昌侯耳，〔一〇〕官輕埶卑。士民有畏中國心，不可彊迫與成所謀也。不得已受其降，可進其將軍號，封十萬户侯，不可即以爲王也。夫王位，去天子一階耳，其禮秩服御相亂也。〔一一〕彼直爲侯，江南士民未有君臣之義也。我信其僞降，就封殖之，〔一二〕崇其位號，定其君臣，是爲虎傅翼也。〔一三〕權既受王位，卻蜀兵之後，外盡禮事中國，使其國內皆聞之，內爲無禮，以怒陛下。陛下赫然發怒，興兵討之，乃徐告其民曰：我委身事中國，不愛珍貨重寶，隨時貢獻，不敢失臣禮也。無故伐我，必欲殘我國家，俘我人民子女，以爲僮隸僕妾。吳民無緣不信其言也。信其言而感怒，上下同心，戰加十倍矣。」又不從。〔一四〕遂即拜權爲吳王。

權將陸遜〔一五〕大敗劉備，殺其兵八萬餘人，備僅以身免。權外禮愈卑，而内行不順，果如曄言。五年，幸廣陵泗口，〔一六〕命荆、揚州諸軍並進。會羣臣，問：「權當自來不？」咸曰：「陛下親征，權恐怖，必舉國而應，又不敢以大衆委之臣下，必自將而來。」曄曰：「彼謂陛下欲以萬乘之重牽己，而超越江湖者在於别將，必勒兵待事，未有進退也。」〔一七〕大駕停住積日，權果不至，帝乃旋師。云：「卿策之是也。當念爲吾滅二賊，不可但知其情而已。」

〔一〕曄爲侍中，列名勸進，見禪代衆事。又諭獵勝於樂，見鮑勛傳。

〔二〕通鑑「狹」作「陿」。胡三省曰：「陿即狹字。」

〔三〕官本考證云：「必，宋本作心。」

〔四〕南郡、零陵、宜都、武陵四郡也。郡國志，荆州、南陽、南郡、江夏、零陵、桂陽、武陵、長沙凡七郡。建安十三年，魏武分南郡置臨江郡；十四年，先主改名宜都；十九年，分長沙、江夏、桂陽以東屬權，南郡、零陵、武陵以西屬備；二十四年，權襲斬關羽，盡取南郡、零陵、宜都、武陵四郡。

〔五〕胡三省曰：「劉曄之言，曲盡權之情僞。」

〔六〕胡三省曰：「約而言之，謂吴保揚，蜀保益也。」

〔七〕官本「一」作「殆」。

〔八〕胡三省曰：「若魏用劉曄之言，吴其殆矣！」何焯曰：「曄計得矣。然蜀得其外，乃上游形勝，彼以漢之宗支，新破一國，天下震動，名我爲賊。若天假之年，丕豈其敵乎？故董昭以兩敝爲長策也。若丕之言，乃是下愚，彼謂疑天下欲來者心，吴外惟蜀，又以誰疑？如占夢耳！」

〔九〕通鑑作「十兼其八」。

〔一〇〕胡三省曰：「驃騎、南昌，操挾漢而命之也。」

〔一一〕胡三省曰：「漢自景、武以後，裁削藩王，不使與京師同制。自曹操爲魏王，加九錫，禮秩服御，與天子相亂矣。」

〔一二〕胡三省曰：「封，增土以培之；殖，養之使蕃茂也。」

〔一三〕失在此時不伐吴耳。若已受降，侯王等也，且權寧能不皇邪！

〔一四〕胡三省曰：「史言帝再不聽劉曄之言，爲後伐吴無功張本。」

〔一五〕宋本「遜」作「議」。沈家本曰：「遜本名議，故遜、議錯見。」

〔一六〕魏文幸廣陵，見文紀黄初五年。泗口，三國魏時在徐州廣陵郡淮陰縣，今在江蘇淮安府清河縣北。淮陰縣，前漢屬臨淮郡，後漢屬下邳郡，三國魏爲廣陵郡治。水經：「淮水又東北至下邳淮陰縣西，泗水從西北來注之。」注：「淮、泗之會，即角城。左右兩川，翼夾二水決入之所，所謂泗口也。」

〔一七〕何焯曰：「此言非知兵見事，深知彼已，不能如此其審。」

明帝即位，進爵東亭侯，邑三百户。〔一〕詔曰：「尊嚴祖考，所以崇孝表行也；追本敬始，所以篤教流化也。是以成湯、文、武，實造商、周，詩、書之義，追尊稷、契，歌頌有娀、姜嫄之事，明盛德之源流，受命所由興也。自我魏室之承天序，既發迹於高皇、太皇帝，而功隆於武皇、文皇帝。至於高皇之父處士君，潛脩德讓，行動神明，斯乃乾坤所福饗，光靈所從來也。而精神幽遠，號稱罔記，〔二〕非所謂崇孝重本也。其令公卿已下，會議號謚。」曄議曰：「聖帝孝孫之欲褒崇先祖，誠無量已。然親疏之數，遠近之降，蓋有禮紀，所以割斷私情，克成公法，爲萬世式也。周王所以上祖后稷者，以其佐唐有功，名在祀典故也。至於漢氏之初，追謚之義，不過其父。上比周室，則大魏發迹自高皇始；下論漢氏，則追謚之禮，不及其祖。此誠往代之成法，當今之明義也。陛下孝思中發，誠無已已，然君舉必書，所以慎於禮制也。以爲追尊之義，宜齊高皇而已。」尚書衞臻與曄議同，事遂施行。〔三〕遼東太守公孫淵奪叔父位，擅自立，遣使表狀。曄以爲「公孫氏漢時所用，遂世官相承，〔四〕水則由海，陸則阻山，故胡夷絶遠難制，〔五〕而世權日久。今若不誅，後必生患。若懷貳阻兵，然後致誅，於事爲難。不如因其新立，有黨有仇，〔六〕先其不意，以兵臨之，開設賞募，可不勞師而定也。」後淵竟反。

〔一〕明帝即位，居數日，獨見侍中劉曄，語盡日。見明紀卷首注引世語。

〔二〕何焯校改「記」作「紀」。

〔三〕詳見明紀太和三年注引通典。

〔四〕胡三省曰：「古者世爵不世官。爵謂公、侯、伯、子、男，官謂卿大夫也。今謂之世官者，以公孫氏所據之地，漢遼東太守之職守耳。子孫相襲，是世官也。」

〔五〕通鑑作「外連胡夷」。

〔六〕馮本「黨」作「黨」，誤。胡三省曰：「有黨故能奪恭位，與之爲仇者，則恭之黨也。」

曄在朝，略不交接時人。或問其故，曄答曰：「魏室即阼尚新，智者知命，俗或未咸。僕在漢爲支葉，於魏備腹心，寡偶少徒，於宜未失也。」〔一〕太和六年，以疾拜太中大夫。有閒，爲大鴻臚。在位二年，遜位，復爲太中大夫，薨。謚曰景侯。子寓嗣。〔二〕

傅子曰：曄事明皇帝，又大見親重。帝將伐蜀，朝臣內外皆曰「不可」。曄入與帝議，因曰「可伐」；出與朝臣言，因曰「不可伐」。曄有膽智，言之皆有形。〔三〕中領軍楊暨，〔四〕帝之親臣，又重曄，持不可伐蜀之議最堅。每從内出，輒過曄，曄講不可之意。後暨從駕行天淵池，〔五〕帝論伐蜀事，暨切諫。帝曰：「卿書生，焉知兵事！」暨謙謝曰：「臣出自儒生之末，陛下過聽，拔臣羣萃之中，立之六軍之上，臣有微心，不敢不盡言。臣言誠不足采，侍中劉曄，先帝謀臣，常曰蜀不可伐。」帝曰：「曄與吾言蜀可伐。」暨曰：「曄可召質也。」〔六〕詔召曄至。帝問曄，終不言。後獨見，曄責帝曰：「伐國，大謀也。臣得與聞大謀，常恐眯夢漏泄，〔七〕以益臣罪，焉敢向人言之？夫兵，詭道也；軍事未發，不厭其密也。陛下顯然露之，臣恐敵國已聞之矣！」於是帝謝之。曄見出，責暨曰：「夫釣者中大魚，則縱而隨之，須可制而後牽，則無不得也。人主之威，豈徒大魚而已！子誠直臣，然計不足采，不可不精思也。」暨亦謝之。曄能應變持兩端如此。〔八〕或惡曄於帝曰：「曄不盡忠，善伺上意所趨而合之。陛下試與曄言，皆反意而問之，若皆與所問反者，是曄常與聖意合也。復每問皆同者，〔九〕曄之情必無所復逃矣。」〔一〇〕帝如言以驗之，果得其情，從此疏焉。曄遂發狂，出爲大鴻臚，以憂死。〔一一〕諺曰：「巧詐不如拙誠」，信矣！〔一二〕以曄之明智權計，若居之以德義，行之以忠信，古之上賢，何以加諸！獨任才智，不與世士相經緯，内不推心事上，外困於俗，卒不能自安於天下，豈不惜哉！〔一三〕

少子陶，亦高才而薄行，官至平原太守。〔一四〕

王弼傳曰：淮南人劉陶，善論縱橫，爲當時所推。〔一五〕

傅子曰：陶字季冶，善名稱，有大辯。曹爽時爲選部郎，〔一六〕鄧颺之徒稱之，以爲伊、呂。當此之時，其人意陵青雲，謂玄曰：〔一七〕「仲尼不聖。何以知其然？智者圖國。天下羣愚，如弄一丸於掌中，而不能得天下。」玄以其言大惑，不復詳難也。謂之曰：「天下之質變無常也，今見卿窮！」爽之敗，退居里舍，乃謝其言之過。

干寶晉紀曰：毌丘儉之起也，大將軍以問陶，陶答依違。大將軍怒曰：「卿平生與吾論天下事，至於今日而更不盡乎？」乃出爲平原太守，又追殺之。

〔一〕劉咸炘曰：「曄智太强，所料多與操、丕反，而皆驗，故不被重用。非寡交自守，將不免矣。」

〔二〕宋本「寓」作「寓」。

〔三〕胡三省曰：「謂言蜀之可伐與不可伐，皆有勝負之形，可以動人之聽。」

〔四〕楊暨字休先，滎陽人，見張魯傳注引魏名臣奏，又見田豫傳及注。

〔五〕天淵池見文紀黃初五年。

〔六〕胡三省曰：「質，證也，驗也，對問也。」

〔七〕通鑑「昧」作「眯」。胡三省曰：「眯一作寐。說文曰，寐而眯壓。壓讀曰魘。」

〔八〕通鑑輯覽曰：「釣中大魚而後牽，此何等語，其罪浮於面從後言者遠甚。入而責叡不密，出而責暨憸邪，變詐一至是哉！然叡必待屢試而後疏之，其亦愚之甚矣！」何焯曰：「曄好持兩端，而言不由衷，所以任術取敗。若進謀決策，誠當徐俟其機。固陵始議韓、彭地，複道方圖雍齒封。此固知言者也。」

〔九〕南宋本無「復」字。

〔一〇〕胡三省曰：「言者謂曄善迎合上意，上若有所問，試反上意而問之，曄之對必與上所問者反，而與上意所向者合。每問皆然，則可以見曄迎合之情矣。」

〔一一〕胡三省曰：「侍中在天子左右，大鴻臚外朝官也。」

〔一二〕梁章鉅曰：「説苑談叢云：『智而用私，不如愚而用公。故曰巧詐不如拙誠。』弼按：韓非子云，故曰巧詐不如拙誠。樂羊以有功見疑，秦巴西以有罪益信，蓋古諺有是語。

〔一三〕通鑑「獨任才智」下作「不敦誠慤，内失君心，外困於俗，卒以自危，豈不惜哉」。何焯曰：「爲帷幄之臣，本之以忠信，持之以慎密，則無敗矣。若窺伺機詐，未有令終者也。韓非爲説難而不能自脱，誠未至未有能動者也，況以術哉！」

〔一四〕周壽昌曰：「此敘至太守止，而不詳其死。蓋刺殺而非以罪誅也。」錢儀吉曰：「晉書，劉仲武之子亦名陶，有兩劉陶。」

〔一五〕何劭作王弼傳，見鍾會傳注。此弼傳中語。又云，陶與弼語，常屈弼。何劭事見何夔傳注，又見荀彧傳注。

〔一六〕晉書職官志：「後漢光武改常侍曹爲吏部曹，主選舉祠祀事。靈帝以侍中梁鵠爲選部尚書，於此始見曹名。及魏，改選部爲吏部，主選部事。」互見武紀建安十三年注。

〔一七〕夏侯玄也。

蔣濟字子通，楚國平阿人也。〔一〕仕郡計吏、〔二〕州別駕。〔三〕建安十三年，孫權率衆圍合肥。〔四〕時大軍征荆州，遇疾疫，唯遣將軍張喜〔五〕單將千騎，過領汝南兵以解圍，頗復疾疫。濟乃密白刺史僞得喜書，云步騎四萬已到雩婁，〔六〕遣主簿迎喜。〔七〕三部使齎書語城中守將，〔八〕一部得入城，二部爲賊所得。權信之，遽燒圍走，城用得全。明年，使於譙，太祖問濟曰：「昔孤與袁本初對官渡，徙燕、白馬民，〔九〕民不得走，賊亦不敢鈔。今欲徙淮南民，何如？」濟對曰：「是時兵弱賊彊，不徙必失之。自破袁紹，北拔柳城，南向江、漢，荆州交臂，威震天下，民無他志。然百姓懷土，實不樂徙，懼必不安。」太祖不從。而江、淮閒十餘萬衆，皆驚走吳。後濟使詣鄴，〔一〇〕太祖迎見大笑，曰：「本但欲使避賊，乃更驅盡之。」拜濟丹楊太守。〔一一〕大軍南征還，以温恢爲揚州刺史，濟爲別駕。令曰：「季子爲臣，吳宜有君。〔一二〕今君還州，吾無憂矣！」民有誣告濟爲謀叛主率者，太祖聞之，指有令與左將軍于禁、沛相封仁等曰：〔一三〕「蔣濟寧有此事？有此事，吾爲不知人也！此必愚民樂亂，妄引之耳。」促理出之。辟爲丞相主簿西曹屬。〔一四〕令曰：「舜舉皋陶，不仁者遠；臧否得中，望於賢屬矣。」關羽圍樊、襄陽，太祖以漢帝在許，近賊，欲徙都。〔一五〕司馬宣王及濟説太祖曰：〔一六〕「于禁等爲水所没，非戰攻之失，於國家大計未足有損。劉備、孫權，外親内踈，關羽得志，權必不願也。可遣人勸躡其後，許割江南以封權，則樊圍自解。」〔一七〕太祖如其言。權聞之，即引兵西襲公安、江陵，羽遂見禽。〔一八〕

〔一〕郡國志：「揚州九江郡平阿。」錢大昕曰：「平阿縣前漢屬沛，後漢屬九江，晉屬淮南。魏以九江郡爲楚王國，故平阿屬楚。」沈欽韓曰：「楚王彪傳：國除爲淮南郡。是明帝時九江郡固稱楚國也。陳壽於諸傳或稱九江，或稱淮南，或稱楚國，自亂其例。」趙一清曰：「後漢書彭城郡注：高帝置爲楚。即漢志之楚國也。（弼按：郡國志作彭城國，注「高帝置爲楚」下有「章帝改」三字，即改爲彭城國也。與此傳之楚國不相涉。）平阿縣屬九江郡，故屬沛，晉改九江爲淮南，宋以後因之。地志不云九江爲楚國也。此云楚國平阿，蓋魏時置而史失之。楚王彪傳云：國除爲淮南郡。是魏之楚國，在漢之淮南，而非彭城也。又邯鄲懷王邕傳云：黄初二年，封淮南公，以九江郡爲國，是時稱淮南國，王彪封乃改曰楚。」謝鍾英曰：「袁術僭號，以九江太守爲淮南尹。魏武并術，復淮南爲九江邯。鄲王邕傳，黄初二年封淮南國，以九江郡爲國；楚王彪傳：太和六年自白馬改封楚，嘉平元年國除爲淮南郡。是魏以九江爲淮南國，後改楚國又爲淮南郡。國志所書九江、楚國、淮南，皆據當時之名也。」弼按：諸説以錢説爲簡要，謝説爲詳明。所云陳志皆據當時之名，可釋沈説之疑，趙説之誤，余已辨之矣。顧祖禹曰：「平阿城在鳳陽府懷遠縣北三十里。」錢玷曰：「今鳳陽府懷遠縣西。懷遠縣志：平阿山在縣西南六十里，漢平阿縣因山爲名。」平阿互見王淩傳。

〔二〕九江郡之計吏。

〔三〕揚州之別駕也。本志常林傳注引魏略云：「蔣濟爲揚州刺史治中，素嗜酒。壽春令時苗往謁，適會其醉，苗恚恨，刻木爲人，署曰酒徒蔣濟，旦夕射之。濟仕進至太尉，不以苗前毁己爲嫌。」

〔四〕郡國志：「揚州九江郡合肥，侯國。」一統志：「故城今安徽廬州府合肥縣東北金斗城。」

〔五〕武紀「喜」作「憙」。

〔六〕各本皆作「雩婁」，誤。通志作「雩婁」。郡國志：「揚州廬江郡雩婁，侯國。」惠棟曰：「春秋傳襄二十六年，楚侵吳，及雩婁。晉地道記云，在安豐縣之西南。淮南子：決期思之水，而灌雩婁之野。高誘云：今廬江縣。雩，音于。韋昭音虚。」一統志：「故城今河南光州商城縣東北。」

〔七〕毛本「簿」作「部」，誤。

〔八〕嚴衍曰：「三部猶言三輩。使三輩使者持僞書報合肥城中，一以安城中之人，一欲令孫權得之，驚之使走也。」

〔九〕胡三省曰：「燕縣、白馬縣皆屬東郡。燕，春秋之南燕國也。」一統志：「燕縣故城，今河南衛輝府延津縣北。」白馬見武紀建安五年。

〔一〇〕或曰：「濟自詣鄴，太祖迎見，非濟遣使也。此使字疑衍文。」弼按：上文有使於譙，此云使詣鄴，當係奉本州刺史之使命。或説非是。

〔一一〕丹楊郡治宛陵，見武紀初平二年。「楊」，各本多作「陽」。官本考證云：「當作楊。」（見郡國志。）胡三省曰：「丹楊郡已屬孫權，濟不得之郡也。」趙一清曰：「拜濟丹楊太守，蓋遥奪吳地也。」

〔一二〕公羊傳：「賢季子則吳何以有君？有大夫以季子爲臣，則宜有君者也。」

〔一三〕各本作「指有令」，官本改作「前有令」，通志作「指令」。盧明楷曰：「此蓋太祖謂蔣濟無謀叛之事，而信前令之不虚，作前令爲是。」趙一清曰：「指字衍。」

〔一四〕主簿録省衆事，西曹屬典選舉。

〔一五〕錢大昭曰：「時欲徙河北，見晉書宣帝紀。」

〔一六〕司馬懿時爲丞相軍司馬。

〔一七〕此舉頗關成敗，天子摇足宛、洛必致土崩也。

〔一八〕毛本「見」誤作「兄」。

文帝即王位，轉爲相國長史。〔一〕及踐阼，出爲東中郎將。濟請留，詔曰：「高祖歌曰：安得猛士守四方！天下未寧，要須良臣以鎮邊境；如其無事，乃還鳴玉，〔二〕未爲後也。」濟上萬機論，帝善之。〔三〕入爲散騎常侍。時有詔詔征南將軍夏侯尚曰：「卿腹心重將，特當任使。恩施足死，惠愛可懷，作威作福，〔四〕殺人活人。」尚以示濟。濟既至，帝問曰：「卿所聞見，天下風教何如？」濟對曰：「未有他善，但見亡國之語耳。」帝忿然作色，而問其故。濟具以答，因曰：「夫作威作福，書之明誡，〔五〕天子無戲言，古人所慎。惟陛下察之！」於是帝意解，遣追取前詔。黄初三年，與大司馬曹仁征吳，濟别襲羡溪，〔六〕仁欲攻濡須洲中，〔七〕濟曰：「賊據西岸，列船上流，而兵入洲中，〔八〕是謂自内地獄，〔九〕危亡之道也。」仁不從，果敗。仁薨，復以濟爲東中郎將，代領其兵。詔曰：「卿兼資文武，志節忼慨，〔一〇〕常有超越江湖吞吳會之志，故復授將率之任。」頃之，徵爲尚書。車駕幸廣陵，濟表水道難通，又上三州論以諷帝。〔一一〕帝不從，於是戰船數千皆滯不得行。議者欲就留兵屯田，濟以爲「東近湖，北臨淮，若水盛時，賊易爲寇，不可安屯。」帝從之，車駕即發。還到精湖，〔一二〕水稍盡，盡留船付濟。船本歷適數百里中，〔一三〕濟更鑿地作四五道，蹴船令聚，豫作土豚，〔一四〕遏斷湖水。皆引後船，一時開遏入淮中。帝還洛陽，謂濟曰：「事不可不曉。吾前決謂分半燒船於山陽池中，〔一五〕卿於後致之，略與吾俱至譙。又每得所陳，實入吾意。自今討賊計畫，善思論之。」

〔一〕左右長史二人，千石；署諸曹事。

〔二〕禮記：「君子在車則聞鸞和之聲，行則鳴佩玉。」晉書桓温傳：「若得解帶逍遥，鳴玉闕廷，雖實不敏，豈不甚願？」

〔三〕嚴可均曰：「隋志雜家蔣子萬機論八卷，舊唐志同，新唐志作十卷，書録解題作二卷。至明而二卷本亦亡。焦竑國史經籍志以八卷入儒家，二卷入雜家，虚列書名，又誤爲兩種，不足據。今從羣書治要寫出三篇，益以各書所徵引，定著一卷，凡政略、刑論、用奇三篇，又缺篇名者二十二條。」黄以周儆季雜箸子敘曰：「今輯蔣濟萬機論逸文若干事，釐定次第，首陳爲政須賢佐，次誡用刑多濫，及三徵用兵之荼毒，四言用土宜拔奇取異，前代賤儒重刑名之禍，可爲殷鑒，五考定喪服，六評論古今人材。立言藹然，無慚儒者。」姚振宗曰：「馬氏玉函山房輯本止十六條，又失采羣書治要，多所遺漏。又按魏志鍾會傳云：中護軍蔣濟著論，謂觀其眸子，足以知人，此論當在此書。又宋刻全本意林，有萬機論一條，嚴輯本未采。」弼按：適園叢書内刻蔣子萬機論，亦未將意林所引一條輯入。侯康曰：「蜀志許靖、龐統兩傳注、世說品藻篇注俱引之，通典引一條，駁禮記叔嫂無服之誤，何晏、夏侯泰初難之，濟復申其說，蓋亦援經據典之書，餘見御覽引者尤多。」

〔四〕御覽此句上有「可」字。

〔五〕書洪範曰：「臣無有作威作福。臣而有作威作福，其害於而家，凶於而國。」

〔六〕胡三省曰：「羡溪在濡須東，而蜀本注以爲沙羡，誤矣。杜佑曰：羡溪在濡須東三十里。」一統志：「在安徽無爲州東北，亦謂之中洲。」

〔七〕郡國志：「揚州九江郡歷陽刺史治歷陽，有濡須口。」孫吴以歷陽爲重鎮，置濡須督。一統志：「濡須塢在無爲州東北五十里。」

〔八〕吴本、毛本「洲」作「州」。

〔九〕胡三省曰：「内與納同。」周壽昌曰：「此謂地中之獄，非如唐書傳奕傳蕭瑀所云地獄，爲俗言陰司之地獄也。然二字實始此。」弼按：世稱南鄭爲天獄，濡須爲地獄，狀其險也。

〔一〇〕或疑作伉慨。

〔一一〕趙一清曰：「水經淮水注引蔣濟三州論曰：淮湖紆遠，水陸異路，山陽不通，陳敏穿溝，更鑿白馬瀨，百里渡湖。」何焯曰：「三州者，本詩人淮有三洲之義，言水淺也。」

〔一二〕胡三省曰：「據蔣濟傳，精湖在山陽，山陽在下邳淮陰縣界。」方輿紀要卷二十三：「津湖在寶應縣南六十里。或曰，即精湖，蔣濟鑿地聚船，遏湖水灌之入淮，即此。」劉文淇曰：「一名界首，湖接高郵界。胡三省謂在山陽，非也。」謝鍾英曰：「精湖今揚州府寶應縣南六十里之津湖。」

〔一三〕歷適，猶疏闊也。一作適歷，見周禮鄭注。通鑑作「船連延在數百里中。」

〔一四〕胡三省曰：「目録作土膍，廣韻作土坉，注云：以草裹土築城及填水也。」康發祥曰：「豚音墩。土豚，土墩也。」

〔一五〕各本皆作「分半燒船」，監本、官本作「分卒燒船」。胡三省曰：「謂到精湖水盡，船不得過，欲分半船也。」何焯曰：「分當作扶問切，自料大半如此也。胡注作分半船，誤。」潘眉曰：「上有決謂二字，即自料之詞，又讀分作扶問切，於義爲複，讀平聲是。」梁章鉅曰：「官本作分卒燒船，義甚了然，無庸辨分之平仄讀也。」宋白曰：楚州山陽縣本射陽縣地，晉義熙置山陽郡及山陽縣，以境內有地名山陽，因以爲名。戴延之西征記：山陽，津名。方輿紀要：山陽瀆即古邗溝，淮安府城東。劉文淇曰：「當日兵勢，由南而北，此山陽湖在津湖以南，今高郵邵伯一路小湖。」

明帝即位，賜爵關內侯。大司馬曹休帥兵向皖，〔一〕濟表以爲「深入虜地，與權精兵對，而朱然等在上流，乘休後，臣未見其利也」。軍至皖，吴出兵安陸，〔二〕濟又上疏曰：「今賊示形於西，必欲并兵圖東，宜急詔諸軍往救之。」會休軍已敗，盡棄器仗輜重退還。吴欲塞夾口，〔三〕遇救兵至，是以官軍得不没。遷爲中護軍。〔四〕時中書監、令，號爲專任。〔五〕濟上疏曰：「大臣太重者國危；左右太親者身蔽；古之至戒也。往者大臣秉事，外内扇動，〔六〕陛下卓然自覽萬機，莫不祗肅。夫大臣非不忠也，〔七〕然威權在下，則衆心慢上，埶之常也。陛下既已察之於大臣，願無忘於左右。左右忠正遠慮，未必賢於大臣，至於便辟取合，〔八〕或能工之。今外所言，輒云中書，雖使恭慎，不敢外交，但有此名，猶惑世俗。況實握事要，日在目前，儻因疲倦之閒有所割制，〔九〕衆臣見其能推移於事，即亦因時而向之。〔一〇〕一有此端，因當内設自完，以此衆語，私招所交，爲之内援。〔一一〕若此，臧否毀譽，必有所興，功負賞罰，必有所易；〔一二〕直道而上者或壅，曲附左右者反達。因微而入，緣形而出，意所狎信，不復猜覺，此宜聖智所當早聞，外以經意，則形際自見。〔一三〕或恐朝臣畏言不合而受左右之怨，莫適以聞。臣竊亮陛下潛神默思，公聽並觀，若事有未盡於理，而物有未周於用，將改曲易調，遠與黃、唐角功，〔一四〕近昭武、文之迹，豈近習而已哉！〔一五〕然人君猶不可悉天下事以適己明，當有所付。三官任一臣，非周公旦之忠，又非管夷吾之公，則有弄機敗官之弊。當今柱石之士雖少，至於行稱一州，智效一官，忠信竭命，各奉其職，可並驅策，不使聖明之朝有專吏之名也。」〔一六〕詔曰：「夫骨鯁之臣，人主之所仗也。濟才兼文武，服勤盡節，每軍國大事，輒有奏議，忠誠奮發，吾甚壯之。」就遷爲護軍將軍，加散騎常侍。〔一七〕

司馬彪戰略曰：太和六年，明帝遣平州刺史田豫乘海渡，〔一八〕幽州刺史王雄陸道，并攻遼東。〔一九〕蔣濟諫曰：「凡非相吞之國，不侵叛之臣，〔二〇〕不宜輕伐。伐之而不制，是驅使爲賊。故曰，虎狼當道，不治狐狸；〔二一〕先除大害，小害自已。今海表之地，累世委質，歲選計考，〔二二〕不乏職貢。議者先之，正使一舉便克，得其民不足益國，得其財不足爲富，儻不如意，是爲結怨失信也。」帝不聽。豫行，竟無成而還。

〔一〕宋本「帥」作「率」，「兵」作「軍」。郡國志：「揚州廬江郡皖。」一統志：「今安徽安慶府懷寧縣治。」

〔二〕郡國志：「荆州江夏郡安陸。」王先謙曰：「三國魏江夏郡治此。」方輿紀要：「安陸故城，今湖北德安府安陸縣治。」

〔三〕夾口即夾石，又見本志臧霸傳。吳志朱桓傳曰：「休戰敗走，當由夾口挂車。」方輿紀要：「在桐城縣北六十里。」互見吳志呂蒙傳、朱桓傳。

〔四〕中護軍見齊王紀嘉平六年。掌禁兵，總統諸將，任主武官選舉。夏侯玄傳注引魏略云：「前後當此官者，不能止貨賂。故蔣濟爲護軍時，有謠言欲求牙門，當得千匹；百人督，五百匹。」

〔五〕中書監令見明紀景初二年，魏武爲魏王時置。秘書令平尚書奏事，黄初中改爲中書令，置監與令各一人。時劉放爲中書監，孫資爲中書令。

〔六〕胡三省曰：「蓋謂文帝時也。或曰，謂受遺大臣也。」

〔七〕御覽「大」作「人」，「非」作「匪」。

〔八〕馮本「合」作「舍」。

〔九〕胡三省曰：「謂因人主疲倦之時，有所剖割而制斷也。」

〔一〇〕「因時」一作「迴附」。

〔一一〕通鑑作「一有此端，私招朋援」，删去中閒數語。

〔一二〕胡三省曰：「負，罪也。易則賞罰不當乎功罪。」

〔一三〕胡三省曰：「言放、資日在左右，狎而信之，不復覺其爲姦。非若早聞忠言，自覽萬機，外以示經意國事，則放、資之形際，必呈露而不可掩矣。」

〔一四〕胡三省曰：「改曲易調，以琴瑟爲喻。黄、唐，黄帝、唐堯；角者，兩兩相當也。」

〔一五〕通鑑「迹」作「績」，「豈」下有「牽」字。

〔一六〕胡三省曰：「謂專任放、資也。」何焯曰：「蔣濟此疏，係國安危，信公才也。使能用之，則孫資、劉放安得於彌留之際，易置顧託大臣，使祚移金行哉！」又曰：「此疏萬古英主藥石，不專一時之務。」

〔一七〕中護軍資重者爲護軍將軍。濟前已爲散騎常侍，此爲加官。

〔一八〕趙一清曰：「景初二年滅公孫淵，始以遼東、昌黎、帶方、玄菟、樂浪五郡爲平州，後合爲幽州，不應太和六年已有平州刺史。且豫是時爲護烏丸校尉，持節屯昌平，亦不爲平州刺史也。」洪亮吉曰：「晉地理志：後漢末，公孫度自號平州牧，魏分遼東、昌黎、玄菟、帶方、樂浪五郡爲平州，後還合爲幽州。」謝鍾英曰：「遼東五郡爲公孫淵所據，豫遥領平州刺史耳。平淵之後，未嘗更置平州，晉志已誤，洪氏録之非也。」沈家本曰：「是時豫固非平州刺史，亦非護烏丸校尉，此注平當作并。豫後爲并州刺史，此追書之耳。」弼按：田豫傳：「豫爲汝南太守，以本官督青州諸軍。」通鑑亦云：「使汝南太守田豫督青州諸軍，自海道討之。」不言遣平州刺史也。

〔一九〕北宋本「并」作「共」。胡三省曰：「海道自東萊浮海，陸道自遼西度遼水。」

〔二〇〕光武報竇融書曰：「吾與爾非相吞之國。」左傳：「戎子駒支對范宣子曰，爲不侵不叛之臣。」

〔二一〕李慈銘曰：「後漢書張綱傳作豺狼當路。當爲章懷避唐諱所改。」

〔二二〕通鑑作「歲選計孝」。胡三省曰：「計孝，謂每歲上計及舉孝廉也。」

景初中，外勤征役，内務宮室，怨曠者多，而年穀饑儉。濟上疏曰：「陛下方當恢崇前緒，光濟遺業，誠未得高枕而治也。今雖有十二州，〔一〕至於民數，不過漢時一大郡。〔二〕二賊未誅，宿兵邊陲，且耕且戰，怨曠積年。宗廟宮室，百事草創，農桑者少，衣食者多，今其所急務，〔三〕唯當息耗百姓，〔四〕不至甚弊。弊攰之民，〔五〕儻有水旱，百萬之衆，不爲國用。凡使民必須農隙，不奪其時。夫欲大興功之君，先料其民力而燠休之。〔六〕句踐養胎以待用，〔七〕昭王恤病以雪仇，〔八〕故能以弱燕服彊齊，羸越滅勁吴。今二敵不攻不滅，不事即侵，當身不除，百世之責也。〔九〕以陛下聖明神武之略，舍其緩者，專心討賊，臣以爲無難矣。又，歡娱之耽，害於精爽，神太用則竭，形太勞則弊。願大簡賢妙，足以充百斯男者。其宂散未齒，且悉分出，務在清静。」詔曰：「微護軍，吾弗聞斯言也。」〔一〇〕

漢晉春秋曰：公孫淵聞魏將來討，復稱臣於孫權，乞兵自救。帝問濟：「孫權其救遼東乎？」濟曰：

「彼知官備以固，〔一一〕利不可得，深入則非力所能，淺入則勞而無獲。權雖子弟在危，猶將不動，況異域之人，兼以往者之辱乎！〔一二〕今所以外揚此聲者，譎其行人疑於我，我之不克，冀折後事已耳。〔一三〕然沓渚之間，〔一四〕去淵尚遠，若大軍相持，事不速決，則權之淺規，或能輕兵掩襲，未可測也。」〔一五〕

〔一〕沈家本曰：「十二州，以杜恕傳考之，乃兗、豫、司、冀、荆、揚、青、徐、幽、并、雍、涼也。此疏在景初二年公孫淵未滅之先，故不及平州。而晉志謂魏文帝即位，分隴右爲秦州，中閒暫廢，而此云十二州，是亦不數秦州也。豈太和中秦州已廢邪？」

〔二〕本志陳羣傳，羣上疏言：「今喪亂之後，人民至少，比漢文、景之時，不過一大郡。」裴松之曰：「案漢書地理志，元始二年天下户口最盛，汝南郡爲大郡，有三十餘萬户。則文、景之時不能如是多也。晉太康三年地記，晉户有三百七十七萬。吴、蜀户不能居半。魏雖始承喪亂，方晉亦當無乃大殊？陳羣之言，於是爲過。」胡三省曰：「漢自秦、項之爭，民死於兵者多矣。雖文、景與民休息，户口蕃息，重以武帝窮奢極欲，又減其半。平帝元始之初，民户一千三百二十三萬三千六百一十二，以班志考之，汝南一郡，户四十六萬一千五百八十七。光武興於南陽，至永和元年，户五十餘萬。三國虎爭，人衆之損，萬有一存。景元四年與蜀通計，民户九十四萬三千四百四十三耳。當此之時，謂不過漢文、景時一大郡，非虛語也。」王鳴盛曰：「考杜畿子恕傳，太和中，恕上疏曰：今大魏奄有十州之地，而承喪亂之弊，計其户口，不如往昔一州之民。今考明帝即位，建元太和，太和七年，改青龍；青龍五年，改景初。儻如松之之言，以陳羣爲過，則蔣濟亦過也。杜恕近之，然亦甚其詞矣。又考張繡傳，破袁譚，繡增邑二千户。是時天下户口減耗，十裁一在。操破袁氏之時，天下亂極，生靈塗炭，張繡傳云云，斯爲實録。其後稍平定，至青龍、景初，生聚孳息，三四十年，户口當必漸加，故松之以陳羣爲過。自此以至晉太康，生聚孳息又不下四五十年，而中閒雖有征役，絶無大亂若黄巾、董、袁之甚者。則其户口自當益以滋殖，豈可遂據太康以例青龍、景初時乎！」潘眉曰：「考魏據中原，户六十六萬三千四百二十三，口四百四十三萬二千八百八十一耳。漢時，郡國志所載如汝南户四十萬四千四百四十八，口二百一十萬七百八十八；南陽户五十二萬八千五百五十一，口二百四十三萬九千六百一十八；豫章户四十萬六千四百九十六，口百六十六萬八千九百六。漢時一大郡，户至四五十餘萬，今以全魏十二州户僅六十六萬，故曰不過漢時一大郡。」弼按：武紀初平三年，收黄巾降卒三十餘萬，男女百餘萬口。崔琰傳，按冀州户籍，可得三十萬衆，故爲大州。又按本傳前云，魏武有徙民之議，未從蔣濟之言，而江淮閒十餘萬衆皆驚走吴。此不過沿江數郡避亂之民，其人數已如此，豈有十二州之民，僅敵一大郡之理？又劉放傳注引孫資别傳：資對明帝曰，轉運鎮守南方四州，凡用十五六萬人。資久掌機密，又爲奏對之語，當較確實。一方征調用兵之數如此，則十二州之民數可知。喪亂之際，本無確實調查之統計，蔣濟、陳羣之言，要皆故甚其辭，以聳聽耳。松之之説，於當時情埶，庶或近之。

〔三〕宋本無「務」字。

〔四〕漢書董仲舒傳：「若迺論政事之得失，察天下之息秏。」師古曰：「息，生也；秏，虚也。秏音呼到反。」范書章德竇皇后紀：「數呼相工問息秏。」章懷注：「薛氏韓詩章句曰，秏，惡也。息秏，猶言善惡也。」惠棟曰：「倉頡篇，秏，消也。韓非子，適觀息秏，萬不失一；淮南子，息秏減益，通於不訾。義並同。」王先謙曰：「耗、秏字同。」

〔五〕「攰」，官本作「攲」，或校改作「勉」。盧明楷曰：「攰音貴，力乏也。攲音溪，險也。似應作攰。又顔氏書證篇曰：攰即𩛍倦之𩛍。或者攲其𩛍字之訛與？」何焯曰：「攰，居胃切。」潘眉曰：「葛洪要用字苑云：𩛍，音九僞反。字見廣雅及陳思王集。」錢大昭曰：「攰，居僞切。」沈家本曰：「顔氏家訓是。此傳本作攰，其作攲者，當是或據顔説改𩛍，又譌爲攲耳。攲，説文嶇也，不安也。（盧引即嶇也。云險也，誤文。）攰，説文尤極也。義與此不相比附，恐皆不可從。」

〔六〕「燠休」，古通「噢咻」。

〔七〕胡三省曰：「國語，越王句踐困於會稽，既反國，命壯者無取老婦，老者無取壯妻。女子十七不嫁，丈夫二十不娶，其父母有罪。將免乳者，以告，公令醫守之。生丈夫，二壺酒，一犬；生女子，二壺酒，一豚。生三人，公與之母；生二人，公與之餼。」

〔八〕胡三省曰：「燕昭王於破燕之後，弔死問疾，欲以報齊，雪先王之恥。」

〔九〕胡三省曰：「謂當帝之身，不能滅吳、蜀，後世之責，必歸於帝。」

〔一〇〕宋書卷十六禮志三云：「魏明帝世，中護軍蔣濟奏曰：夫帝王大禮，巡狩爲先；昭祖揚禰，封禪爲首。是以自古革命受符，未有不蹈梁父，登泰山，刊無竟之名，紀天人之際者也。故司馬相如謂有文以來七十二君，或從所繇於前，謹遺跡於後。太史公曰：主上有聖明而不宣布，有司之過也。然則元功懿德，不刊山梁之石，無以顯帝王之功，布生民不朽之觀也。語曰：當君而歎堯、舜之美，譬猶人子對厥所生，譽他人之父。今大魏振前王之弊亂，拯流遁之艱危，接千載之衰，繼百世之廢，始自武、文，至于聖躬。所以參成天地之道，綱維人神之化，上天報應，嘉瑞顯祥，以比往古，其優衍豐隆，無所取喻。至於歷世迄今，未發大禮，雖志在埽盡殘盜，蕩滌餘穢，未遑斯事。若爾，三苗堀彊於江、海，大舜當廢東巡之儀；徐夷跳梁於淮、泗，周成當止岱嶽之禮也。且昔歲破吳虜於江、漢，今茲屠蜀賊於隴右，其震蕩內潰，在不復淹，就當探其窟穴，無累於封禪之事也。此儀久廢，非倉卒所定，宜下公卿，廣纂其禮，卜年考時，昭告上帝，以副天下之望。臣待罪軍旅，不勝大願，冒死以聞。詔曰：聞濟斯言，使吾汗出流足。自開闢以來，封禪者七十餘君爾。故太史公曰，雖有受命之君，而功有不洽。是以中閒曠遠者，千有餘年。近數百載，其儀闕不可得記，吾何德之脩，敢庶茲乎！濟豈謂世無管仲，以吾有桓公登泰山之志乎？吾不敢欺天也。濟之所言，華則華矣，非助我者也。公卿侍中、尚書、常侍省之而已，勿復有所議，亦不須答詔也。帝雖拒濟議，而實使高堂隆草封禪之儀。以天下未一，不欲便行大禮。會隆卒，故不行。」晉書卷二十一禮志下亦載此奏，誤爲文帝黃初時事。濟爲中護軍在明帝時，且奏中有始自武、文終于聖躬之語。又本志高堂隆傳有太和中，中護軍蔣濟上疏宜遵古封禪云云，確爲明帝時之奏，以此知晉書之誤。蔣濟諸疏，皆納忠言，惟獻諛封禪，不免爲功名之士耳。

〔一一〕胡三省曰：「魏、晉之閒，謂國家爲官。」

〔一二〕公孫淵殺吴使張彌、許宴。

〔一三〕通鑑作「冀其折節事已耳」。

〔一四〕沓渚見齊王紀景初三年，又見公孫度傳。方輿紀要：「從海至遼東沓渚，其登涉之所沓氏縣城南臨海渚，亦謂之沓渚。」謝鍾英曰：「沓氏縣今奉天府金州廳東南。」

〔一五〕胡三省曰：「淺規，謂規圖淺攻，不敢深入。吴君臣之爲謀，已不逃蔣濟所料矣。」

齊王即位，徙爲領軍將軍，〔一〕進爵昌陵亭侯。

列異傳曰：濟爲領軍，其婦夢見亡兒涕泣曰：「死生異路，我生時爲卿相子孫，今在地下爲泰山伍伯，憔悴困辱，不可復言。今太廟西謳士孫阿，今見召爲泰山令，願母爲白侯，屬阿令轉我得樂處。」言訖，母忽然驚寤，明日以白濟。濟曰：「夢爲爾耳，不足怪也。」明日暮，復夢曰：「我來迎新君，止在廟下，未發之頃，暫得來歸。新君明日日中當發，臨發多事，不復得歸，永辭於此。侯氣彊，難感悟，故自訴於母，願重啟侯，何惜不一試驗之？」遂道阿之形狀，言甚備悉。〔二〕天明，母重啟侯：「雖云夢不足怪，此何太適；適，亦何惜不一驗之？」濟乃遣人詣太廟下，推問孫阿，果得之；形狀證驗，悉如兒言。濟涕泣曰：「幾負吾兒！」於是乃見孫阿，具語其事。阿不懼當死，而喜得爲泰山令，惟恐濟言不信也。曰：「若如節下言，阿之願也。不知賢子欲得何職？」濟曰：「隨地下樂者與之。」阿曰：「輒當奉教。」乃厚賞之，言訖遣還。濟欲速知其驗，從領軍門至廟下，十步安一人，以傳阿消息。辰時傳阿心痛，巳

時傅阿劇，日中傅阿亡。濟泣曰：「雖哀吾兒之不幸，且喜亡者有知。」後月餘，兒復來語母曰：「已得轉爲録事矣。」〔三〕

遷太尉。〔四〕初，侍中高堂隆論郊祀事，以魏爲舜後，推舜配天。濟以爲舜本姓嬀，其苗曰田，非曹之先，著文以追詰隆。〔五〕

臣松之按：蔣濟立郊議稱曹騰碑文云：〔六〕「曹氏族出自邾。」魏書述曹氏胤緒亦如之。〔七〕魏武作家傳，自云曹叔振鐸之後，故陳思王作武帝誄曰：「於穆武王，胄稷胤周。」此其不同者也。及至景初，明帝從高堂隆議，謂魏爲舜後。後魏爲禪晉文，稱「昔我皇祖有虞」，則其異彌甚。尋濟難隆，及與尚書繆襲往反，並有理據，文多不載。濟亦未能定氏族所出，但謂「魏非舜後，而横祀非族，降黜太祖，不配正天，〔八〕皆爲繆妄」。然于時竟莫能正。濟又難鄭玄注祭法云：「有虞以上尚德，禘郊祖宗，配用有德，自夏已下，稍用其姓氏。濟曰：夫虬龍神於獺，獺自祭其先，不祭虬龍也。騏驎、白虎仁於豺，豺自祭其先，不祭騏、虎也。如玄之説，有虞已上，豺獺之不若邪！臣以爲祭法所云，見疑學者久矣，鄭玄不考正其違，而就通其義。」濟豺獺之譬，雖似俳諧，然其義旨，有可求焉。〔九〕

是時曹爽專政，丁謐、鄧颺等輕改法度。會有日蝕變，詔羣臣問其得失。濟上疏曰：「昔大舜佐治，戒在比周，周公輔政，慎於其朋，〔一〇〕齊侯問災，晏嬰對以布惠，〔一一〕魯君問異，臧孫答以緩役。〔一二〕應天塞變，乃實人事。今二賊未滅，將士暴露，已數十年，男女怨曠，百姓貧苦。夫爲國法度，惟命世大才，乃能張其綱維，以垂于後。豈中下之吏所宜改易哉！終無益於治，適足傷民望。宜使文武之臣，各守其職，率以清平，則和氣祥瑞，可感而致也。」〔一三〕以隨太傅司馬宣王屯洛水浮橋，〔一四〕誅曹爽等，進封都鄉侯，邑七百户。濟上疏曰：「臣忝寵上司，而爽敢苞藏禍心，此臣之無任也。太傅奮獨斷之策，陛下明其忠節，罪人伏誅，社稷之福也。夫封寵慶賞，必加有功。今論謀則臣不先知，語戰則非臣所率，而上失其制，下受其弊。臣備宰司，民所具瞻，臣恐冒賞之漸，自此而興，推讓之風，由此而廢。」固辭，不許。〔一五〕

孫盛曰：蔣濟之辭邑，可謂不負心矣。語曰：「不爲利回，不爲義疚。」蔣濟其有焉。

是歲，薨。〔一六〕謚曰景侯。

世語曰：初，濟隨司馬宣王屯洛水浮橋，濟書與曹爽，言宣王旨「惟免官而已」。爽遂誅滅。濟病其言之失信，〔一七〕發病卒。

子秀嗣。秀薨，子凱嗣。咸熙中，開建五等，以濟著勳前朝，改封凱爲下蔡子。〔一八〕

〔一〕中領軍資重者爲領(事)〔軍〕將軍。

〔二〕北宋本「言」上有「其」字。

〔三〕列異傳所記，荒誕不經。後世侈談妖異，當濫觴於此。

〔四〕正始三年七月乙酉，爲太尉，見齊王紀。

〔五〕隋書經籍志經部禮類：「梁有郊丘議三卷，魏太尉蔣濟撰，亡。」侯康曰：「齊書禮志云：魏高堂隆議以舜配天，蔣濟云，漢時奏議，謂堯已禪舜，不得爲漢祖；舜亦已禪禹，不得爲魏之祖；今宜以武皇帝配天。此即濟難隆之語也。」又曰：「通典高堂隆表曰：案古典，可以武帝配天。魚豢議，昔后稷以功配天，漢出自堯，不以堯配天，明不紹也。且舜已越數代，武皇肇創洪業，宜以配天。」秦蕙田曰：「通典言高堂隆表，與蔣濟傳不合，不知何據。豈武帝二字本作虞舜，而刻本誤歟？魚豢議亦不見正史，豢作魏略，恐是著撰私議，非當官議禮之詞也。」

〔六〕嚴可均曰：「直稱曹騰，當是裴所追改。」

〔七〕詳見武紀卷首。

〔八〕趙一清曰：「當作不正配天。」

〔九〕鄭注祭法，詳見禮記祭法篇。「稍用其姓氏」，鄭注作「稍用其姓代之」。孔疏極爲詳明，文繁不録。蓋五帝公天下，故有虞氏以上尚德，所謂祖有功而宗有德也。三王家天下，故祖宗所親。而鄭注所云，小德配寡、大德配衆之義失矣。此古今祭法之大變革也。蔣濟之説，拘於帝王家族祭祀之常，未識古今通變之義，宜其責難鄭氏也。

〔一〇〕胡三省曰：「舜之佐堯也，驩兜、共工自相稱引，則流放之，讒説殄行，則堲之，戒比周也。書洛誥周公戒成王曰：孺子其朋，孺子其朋，其往。孔安國注曰：少子慎其朋黨，少子慎其朋黨，戒其自今以往。」

〔一一〕晏子：「熒惑守于虚，景公異之。晏子曰：盍去冤聚之獄，使反田矣；散百官之財，施之民矣；振孤寡而敬老人矣。若是者，百惡可去。」

〔一二〕左傳僖公二十一年：「夏大旱，公欲焚巫尪。臧文仲曰：貶食省用，務穡勸分，此其務也。巫尪何爲！」

〔一三〕濟論畢軌擊鮮卑失利表，見曹爽傳注引魏略。

〔一四〕今洛陽縣南洛水上。

〔一五〕王懋竑曰：「蔣濟、高柔、孫禮、王觀，皆魏之大臣，激於曹爽之專政，而輔司馬懿以誅爽。爽誅，懿專政，而篡弑之形成矣。濟蓋深悔之，故發病而没。干寶晉紀謂病其言之失信，未盡然也。孫禮逾年亦卒。高柔、王觀以老壽在朝，高官厚禄，與懿、師、昭相終始，其視齊王之廢，高貴鄉公之弑，漠然無所動於心。繩以春秋之義，其能免於黨惡之誅乎！蔣濟爲太尉，在羣臣之右，而懿以高柔行大將軍據爽營，以王觀行中領軍據羲營，以濟從屯洛水浮橋，蓋刼與之同，是柔、觀與謀，而濟不與謀也。其上永寧宮奏，首稱太尉臣濟，此懿自爲之耳。濟讓爵表曰：語謀則臣不先知，語戰則非臣所率。蓋自明其非懿之黨，而於爽之誅，力言曹真之勳不可無後，則猶能與懿異也。懿誅爽後，篡奪之勢已成，濟固知之，而力不能制，故不三月發病而卒。考其始末，與孫禮、王觀不同。而爲魏史者，皆晉人，未能辨別其事，宜表而出之。」又曰：「蔣濟素有重望，不在陳羣之下。其諫明帝信任近臣也，則不合於劉放、孫資；其諫何晏等變亂制度也，則不合於曹爽；而於曹爽之誅夷，爲言曹真不可無後，則不合於司馬懿。自爲能自立者，特以身爲太尉，於曹、馬之隙，知亂之將起，而不能辭位以去，以致爲懿所脅，不能自免，此爲失耳。然視高柔、王觀、孫禮，則已遠矣。通鑑於桓範之事，從晉紀以懿言爲濟言，而又削表不載，又不載濟爭曹真語，似以濟爲合於懿者，而著其失言於爽，發病而卒，於是濟之始末不得以明，而幾與高柔、孫禮之徒同類而棄之也。詳濟之始末，不與高柔、王觀同，而桓範之死，亦不與何晏、鄧颺同。綱目多因通鑑，於此未及詳定也。」

〔一六〕嘉平元年四月丙子薨，見齊王紀。

〔一七〕以失言於爽爲已病也。

〔一八〕郡國志：「揚州九江郡下蔡，故屬沛。」古州來國，在汝水之南。故城今安徽鳳陽府鳳臺縣治。

劉放字子棄，涿郡人。〔一〕漢廣陽順王子西鄉侯宏後也。〔二〕歷郡綱紀，〔三〕舉孝廉，遭世大亂，時漁陽王松據其土，放往依之。太祖克冀州，放說松曰：「往者董卓作逆，英雄並起，阻兵擅命，人自封殖，惟曹公能拔拯危亂，翼戴天子，奉辭伐罪，所向必克。以二袁之彊，守則淮南冰消，戰則官渡大敗。乘勝席卷，將清河朔，威刑既合，大執以見。速至者漸福，後服者先亡，此乃不俟終日馳騖之時也。昔黥布棄南面之尊，仗劍歸漢，〔四〕誠識廢興之理，審去就之分也。將軍宜投身委命，厚自結納。」松然之。會太祖討袁譚於南皮，以書招松，松舉雍奴、泉州、安次以附之。〔五〕放爲松答太祖書，其文甚麗。太祖既善之，又聞其說，由是遂辟放。建安十年，與松俱至。太祖大悦，謂放曰：「昔班彪依竇融而有河西之功，〔六〕今一何相似也！」乃以放參司空軍事，〔七〕歷主簿記室，〔八〕出爲郃陽、祋祤、〔九〕贊令。〔一〇〕

〔一〕本傳言「進爵封本縣放方城侯」，則放當爲涿郡方城人。此蓋承祚省文。觀晉書張華傳自知，見後。郡國志：「幽州涿郡方城。」一統志：「故城今順天府固安縣南。」

〔二〕錢大昭曰：「漢書王子侯表，西鄉侯容，廣陽頃王子，順當作頃，宏當作容。」又云：「放子名宏，西鄉雖遠祖，不當同名。容字之誤顯然。」弼按：本傳子宏嗣者，乃孫資之子，非劉放之子，錢氏殆未細讀上下文耳。

〔三〕涿郡綱紀也。如梁習爲陳郡綱紀，徐宣、陳矯爲廣陵郡綱紀是。

〔四〕漢書黥布傳：「黥布，六人，姓英氏。項王封諸將，立布爲九江王。布與隨何歸漢。漢王立布爲淮南王。」

〔五〕郡國志：「幽州漁陽郡雍奴；泉州廣陽郡安次。」一統志：「雍奴故城，今順天府武清縣東丘家莊；泉州故城，今武清縣東南四十里；安次故城，今順天府東安縣西北四十里。」

〔六〕范書班彪傳：「彪避地河西，河西大將軍竇融以爲從事。彪乃爲融畫策事漢。」

〔七〕胡三省曰：「爲劉放因此管魏機密以亂魏張本。」

〔八〕續百官志：「公府掾屬主簿，録省衆事；記室令史，主上章表報書記。」

〔九〕原注：「祋音都活反，祤音詡。」

〔一〇〕郡國志：「司隸左馮翊郃陽祋祤。」一統志：「郃陽故城，今陝西同州府郃陽縣東南；祋祤故城，今陝西西安府耀州東。」魏文帝徙北地郡於此，其縣遂廢；劉放爲令時，縣尚未廢也。漢書地理志：「沛郡酇，莽曰贊治。」應劭曰：「音嗟。」師古曰：「此縣本爲鄌，應音是也。中古以來，借酇字爲之耳。讀皆爲鄌，而莽呼爲贊治，則此縣亦有贊音。」吳卓信曰：「説文：鄌，沛國縣。从邑，虘聲。與南陽之酇，形聲俱别。師古謂沛郡之酇亦有贊音，乃後來借酇爲鄌之故，非本音也。考班固泗水亭銘云：文昌四友，漢有蕭何，序功第一，受封於酇。酇與何叶。班氏漢人，必知本朝故實也。」郡國志：「豫州沛國酇。」三國魏改屬譙郡。一統志：「酇縣故城，今河南歸德府永城縣西南酇縣鄉。」胡三省曰：「或曰：贊，相也。凡出令，使之贊相，因以爲官名。」蓋魏武霸府所置。」弼按：本傳明言出爲各縣令，下文言孫資亦歷縣令，胡注誤引或説，不足據。

魏國既建，與太原孫資俱爲祕書郎。〔一〕先是資亦歷縣令，參丞相軍事。

資别傳曰：〔二〕資字彦龍。幼而岐嶷，三歲喪二親，長於兄嫂。講業太學，博覽傳記，同郡王允，一見而奇之。太祖爲司空，又辟資。會兄爲鄉人所害，資手刃報讐，乃將家屬避地河東，故遂不應命。尋復爲本部所命，以疾辭。友人河東賈逵謂資曰：「足下抱逸羣之才，值舊邦傾覆，主將殷勤，千里延頸，宜崇古賢桑梓之義。而久盤桓，拒違君命，斯猶曜和璧於秦王之庭，而塞以連城之價耳。竊爲足下不取也！」資感其言，遂往應之。到，署功曹，舉計吏。〔三〕尚書令荀彧見資，歎曰：「北州承喪亂已久，謂其賢智零落，今日乃復見孫計君乎！」表留以爲尚書郎。辭以家難，得還河東。

文帝即位，放、資轉爲左右丞。數月，放徙爲令。黄初初，改祕書爲中書，以放爲監，資爲令，〔四〕各加給事中。放賜爵關内侯，資爲關中侯，遂掌機密。三年，放進爵魏壽亭侯，〔五〕資關内侯。明帝即位，尤見寵任，同加散騎常侍。進放爵西鄉侯，資樂陽亭侯。

資别傳曰：諸葛亮出在南鄭，〔六〕時議者以爲可因大發兵，就討之，帝意亦然，以問資。資曰：「昔武皇帝征南鄭，取張魯，陽平之役，〔七〕危而後濟。又自往拔出夏侯淵軍，數言『南鄭直爲天獄，中斜谷道爲五百里石穴耳』，〔八〕言其深險，喜出淵軍之辭也。又武皇帝聖於用兵，察蜀賊棲於山巖，〔九〕視吴虜竄於江湖，皆撓而避之，不責將士之力，不爭一朝之忿，誠所謂見勝而戰，知難而退也。今若進軍就南鄭討亮，道既險阻，計用精兵，又轉運鎮守南方四州，〔一〇〕遏禦水賊，凡用十五六萬人，必當復更有所發興。天下搔動，〔一一〕費力廣大，此誠陛下所宜深慮。夫守戰之力，力役參倍。但以今日見兵，分命大將，據諸要險，威足以震攝强寇，鎮静疆埸。將士虎睡，百姓無事，數年之閒，中國日盛，吴、蜀二虜，必自罷弊。」帝由是止。時吴人彭綺又舉義江南，〔一二〕議者以爲因此伐之，必有所克。帝問資，資曰：「鄱陽宗人前後數有舉義者，衆弱謀淺，旋輒乖散。昔文皇帝嘗密論賊形埶，言洞浦殺萬人，得船千萬，〔一三〕數日閒船人復會。江陵被圍歷月，權裁以千數百兵住東門，而其土地無崩解者。是有法禁，上下相奉持之明驗也。以此推綺，懼未能爲權腹心大疾也。」綺果尋敗亡。〔一四〕

太和末，吴遣將周賀浮海詣遼東，招誘公孫淵。帝欲邀討之，朝議多以爲不可。惟資決行策，果大破之，〔一五〕進爵左鄉侯。〔一六〕

魏氏春秋曰：烏丸校尉田豫帥西部鮮卑泄歸尼等出塞，討軻比能、智鬱築鞬，破之。還至馬邑故城，比能帥三萬騎圍豫。帝聞之，計未有所出，如中書省以問監、令。令孫資對曰：〔一七〕「上谷太守閻志，柔弟也，爲比能素所歸信。令馳詔使説比能，可不勞師而自解矣。」帝從之，比能果釋豫而還。〔一八〕

放善爲書檄，三祖詔命〔一九〕有所招喻，多放所爲。〔二〇〕青龍初，孫權與諸葛亮連和，欲俱出爲寇。邊候得權書，放乃改易其辭，往往換其本文而傅合之，與征東將軍滿寵，若欲歸化，封以

示亮。亮騰與吳大將步隲等，隲等以見權。權懼亮自疑，深自解說。〔二一〕是歲，俱加侍中光祿大夫。〔二二〕

資別傳曰：是時孫權、諸葛亮號稱劇賊，無歲不有軍征。而帝總攝羣下，內圖禦寇之計，外規廟勝之畫，資皆管之。然自以受腹心，常讓事於帝曰：〔二三〕「動大衆，舉大事，宜與羣下共之；既以示明，且於探求爲廣。」〔二四〕既朝臣會議，資奏當其是非，擇其善者推成之，終不顯己之德也。若衆人有譴過及愛憎之說，輒復爲請解，以塞譖潤之端。如征東將軍滿寵、涼州刺史徐邈，並有譖毀之者。資皆盛陳其素行，使卒無纖介。寵、邈得保其功名者，資之力也。初，資在邦邑，名出同類之右。鄉人司空掾田豫、〔二五〕梁相宗豔，皆妒害之，而楊豐黨附豫等，專爲資構造謗端，怨隙甚重。資既不以爲言，而終無恨意。豫等慙服，求釋宿憾，結爲婚姻。資謂之曰：「吾無憾心，不知所釋。此爲卿自薄之，卿自厚之耳！」乃爲長子宏取其女。及當顯位，而田豫老疾在家。資遇之甚厚，又致其子於本郡，以爲孝廉。而楊豐子後爲尚方吏，〔二六〕帝以職事譴怒，欲致之法，資請活之。其不念舊惡如此。

景初二年，遼東平定，以參謀之功，各進爵封本縣，放，方城侯；資，中都侯。

〔一〕本傳言進爵封本縣資中都侯，則資當爲太原中都人。晉書孫楚、孫盛傳俱云「太原中都人」。一統志：「中都故城，今山西汾州府平遙縣西北。」洪飴孫曰：「祕書郎四人，四百石，掌中外三閣經書，覆校殘闕，正定脫誤。武帝建國時置。」弼按：隋書經籍志，祕書郎鄭默始制中經簿，即此官。

〔二〕汪師韓文選理學權輿曰：「選注所引羣書，有孫資別傳。」章宗源隋志考證曰：「孫資別傳見三國志注，亦見太平御覽。」侯康曰：「孫資別傳見本傳及賈逵傳注，裴松之稱資之別傳出自其家。今考所載多諛詞，而於資誤國之罪，絕不言及，未可據爲定論。」

〔三〕毛本「計」誤作「討」。本志賈逵傳注引資別傳云：「資舉河東計吏，到許，薦逵於相府。」

〔四〕中書監、令，見明紀景初二年。

〔五〕趙一清曰：「魏壽即漢武陵郡之漢壽縣也。關羽始封於此。魏改曰魏壽，又以封放，而蜀因改葭萌爲漢壽。」

〔六〕郡國志：「益州漢中郡南鄭。」一統志：「故城今陝西漢中府城東。」

〔七〕漢中郡褒中縣有陽平關。方輿紀要：「今漢中府沔縣西四十里。」

〔八〕方輿紀要：「褒斜道，今之北棧南口曰褒，在褒城縣北十里；北口曰斜，在郿縣西南三十里。總計川、陝相通之道谷長四百七十里。」

〔九〕宋本「棲」作「栖」。

〔一〇〕胡三省曰：「四州，荆、徐、揚、豫也。」

〔一一〕官本「搔」作「騷」，監本作「要」，各本均作「搔」。沈家本曰：「賈逵傳亦有搔動語。吴志陸凱傳所在搔擾。疑古人搔、騷通用。」

〔一二〕見吴志孫權傳黃武四年，又見呂岱傳。

〔一三〕趙一清曰：「千疑作十。」

〔一四〕見孫權傳黃武六年。

〔一五〕事見明紀太和六年，又見孫權傳嘉禾元年。

〔一六〕錢儀吉曰：「董昭封右鄉侯，資封左鄉侯，蓋以親密得寵，故封之近郊，與後各進爵封本縣，是其證。」

〔一七〕毛本「對」作「等」。或云，下「令」字衍。弼按：如中書省以問監、令爲句，蓋并問監、令也。令孫資對曰爲句，下令字非衍文。

〔一八〕閻柔見公孫瓚傳，田豫、軻比能自有傳。

〔一九〕三祖，武、文、明也。武爲太祖，文爲高祖，明爲烈祖，見明紀景初元年。

〔二〇〕曹爽傳注引魏書：「帝使中書監劉放、令孫資爲詔，以太尉司馬懿爲太傅。」

〔二一〕明紀：「青龍二年四月，諸葛亮出斜谷；五月，孫權入居巢湖口；六月，征東將軍滿寵拒之。」正此時也。

〔二二〕康發祥曰：「齊王紀，正始元年，加侍中中書監劉放、侍中中書令孫資爲左右光祿大夫。正始元年始加光祿大夫，則前此未爲光祿大夫也。青龍初年恐是但加侍中耳，光祿大夫四字疑衍。」弼按：本傳明言正始元年更加放、資左右光祿大夫，金印紫綬，儀同三司。曰「更加」者，明前已加也。（齊王紀並未言「始加」，「始」字康氏所增。）且漢制，光祿大夫屬光祿勳。此則變更官制，位次三公，與特進同爲加官，故再加任命，特書本紀。傳文不誤，康說非是。

〔二三〕「讓」疑作「議」。

〔二四〕北宋本作「且爲探求于廣」。

〔二五〕資爲太原中都人，此與漁陽雍奴之田豫別爲一人。彼爲丞相軍謀掾，此則司空掾也。

〔二六〕漢官曰：「尚方員吏十二人。」

其年，帝寢疾，欲以燕王宇爲大將軍，〔一〕及領軍將軍夏侯獻、武衛將軍曹爽、屯騎校尉曹肇、驍騎將軍秦朗〔二〕共輔政。宇性恭良，陳誠固辭。〔三〕帝引見放、資入臥內，問曰：「燕王正爾爲？」〔四〕放、資對曰：「燕王實自知不堪大任故耳。」帝曰：「曹爽可代宇不？」放、資因贊成之。又深陳宜速召太尉司馬宣王，以綱維皇室。帝納其言，即以黄紙授放作詔。放、資既出，帝意復變，詔止宣王勿使來。尋更見放、資曰：「我自召太尉，而曹肇等反使吾止之，幾

敗吾事！」命更爲詔，帝獨召爽與放、資俱受詔命，〔五〕遂免宇、獻、肇、朗官。太尉亦至，登牀受詔，然後帝崩。〔六〕

世語曰：放、資久典機任，獻、肇心内不平。殿中有雞棲樹，〔七〕二人相謂：「此亦久矣，其能復幾？」指謂放、資。〔八〕放、資懼，故勸帝召宣王。帝作手詔，令給使辟邪至，以授宣王。〔九〕宣王在汲，〔一〇〕獻等先詔令於軹關西還長安，〔一一〕辟邪又至。宣王疑有變，呼辟邪具問，乃乘追鋒車，〔一二〕馳至京師。帝問放、資，誰可與太尉對者？放曰：「曹爽。」帝曰：「堪其事不？」〔一三〕爽在左右，流汗不能對。放躡其足，耳之曰：〔一四〕「臣以死奉社稷。」曹肇弟纂爲大將軍司馬，燕王頗失指。肇出，纂見，驚曰：「上不安，云何悉共出？〔一五〕宜還！」已暮，放、資宣詔宮門，不得復内肇等，罷燕王。肇明日至門，不得入，懼詣廷尉，以處事失宜免。〔一六〕帝謂獻曰：「吾已差，便出。」獻流涕而出，亦免。案：世語所云樹置先後，與本傳不同。

資別傳曰：帝詔資曰：「吾年稍長，又歷觀書傳中，皆歎息無所不念。圖萬年後計，莫過使親人廣據職埶，兵任又重。今射聲校尉缺，〔一七〕久欲得親人，誰可用者？」資曰：「陛下思深慮遠，誠非愚臣所及。書傳所載，皆聖聽所究。向使漢高不知平、勃能安劉氏，漢武不識金、霍付屬以事，殆不可言！文皇帝始召曹真還時，親詔臣以重慮；及至晏駕，陛下即阼，猶有曹休外内之望，賴遭日月，御勒不傾；使各守分職，纖介不間。以此推之，親臣貴戚，雖當據埶握兵，宜使輕重素定。若諸侯典兵，力均衡平，寵齊愛等，則不相爲服；不相爲服，則意有異同。今五營所領見兵，〔一八〕常不過數百，選授校尉，如其輩類，爲有疇匹。至於重大之任，能有所維綱者，宜以聖恩簡擇，如平、勃、金、霍、劉章等一二人，漸殊其威重，使相鎮固，於事爲善。」帝曰：「然！如卿言，當爲吾遠慮所圖。今日可參平、勃，侔金、霍，雙劉章者，其誰哉？」資曰：「臣聞知人則哲，惟帝難之。唐、虞之聖，凡所進用，明試以功。陳平初事漢祖，絳、灌等謗平有受金盗嫂之罪；周勃以吹簫引彊，始事高祖，亦未知名也。〔一九〕高祖察其行跡，然後知可付以大事。霍光給事中二十餘年，〔二〇〕小心謹慎，乃見親信。日磾夷狄，以至孝質直，特見擢用，左右尚曰，妄得一胡兒而重貴之。平、勃雖安漢嗣，其終，勃被反名，平劣自免於呂須之讒。〔二一〕上官桀、桑弘羊與霍光爭權，幾成禍亂。此誠知人之不易，爲臣之難也。又所簡擇，當得陛下所親，當得陛下所信，誠非愚臣之所能識別。」

臣松之以爲：孫、劉于時〔二二〕號爲專任，制斷機密，政事無不綜。資、放被託付之問，當安危所斷，而更依違其對，無有適莫。受人親任，理豈得然？案本傳及諸書並云放、資稱贊曹爽，勸召宣王。魏室之亡，禍基於此。資之別傳，出自其家，欲以是言，掩其大失。然恐負國之玷，終莫能磨也。

齊王即位，以放、資決定大謀，增邑三百，放并前千一百，資千户。封愛子一人亭侯，次子騎都尉，餘子皆郎中。正始元年，更加放左光禄大夫，資右光禄大夫，金印紫綬，儀同三司。六年，放轉驃騎，資衛將軍，領監、令如故。七年，復封子一人亭侯，各年老遜位，以列侯朝朔望，位特進。〔二三〕

資別傳曰：大將軍爽專事，多變易舊章。資歎曰：「吾累世蒙寵，加以豫聞屬託，今縱不能匡弼時事，可以坐受素餐之禄邪？」遂固稱疾。九年二月，乃賜詔曰：「君掌機密三十餘年，總營庶事，勳著前朝。暨朕統位，動賴良謀，是以曩者增崇寵章，同之三事，外帥羣官，内望讜言。屬以年耆疾篤，上還印綬，前後鄭重，辭旨懇切。天地以大順成德，君子以善恕成仁，重以職事，違奪君志。今聽所執，賜錢百萬，使兼光禄勳少府親策詔君養疾于第。君其勉進醫藥，頣神和氣，以永無疆之祚。置舍人官騎，加以日秩肴酒之膳焉。」

曹爽誅後，復以資爲侍中，領中書令。〔二四〕嘉平二年，放薨，謚曰敬侯。子正嗣。〔二五〕

臣松之案：頭責子羽曰：士卿劉許，字文生，正之弟也。與張華六人並稱文辭可觀，意思詳序。晉惠帝世，許爲越騎校尉。〔二六〕

資復遜位歸第，就拜驃騎將軍，轉侍中，特進如故。三年薨，謚曰貞侯。子宏嗣。

〔一〕燕王宇，魏武子，自有傳。

〔二〕領軍將軍、武衛將軍見明紀景初二年；屯騎校尉見文紀黄初六年；驍騎將軍見明紀青龍元年。

〔三〕宇傳：「景初二年冬十二月，明帝疾篤，拜宇爲大將軍，屬以後事。受署四日，宇深固讓，帝意亦變，遂免宇官。」

〔四〕胡三省曰：「言其性恭良，爲事正如此也。」

〔五〕何焯曰：「疾病則亂，數語中足見放、資之弄權敗國。晉初修史，故其辭也微。」又曰：「曰獨召，則并詔之真僞不可知矣。」

〔六〕詳見明紀景初二年注引漢晉春秋。

〔七〕王鳴盛曰：「顔師古急就篇注：皁莢樹，一名雞棲。」

〔八〕胡三省曰：「殿中畜鷄以司晨，棲於樹上，因謂之鷄棲樹。獻、肇指以喻放、資。一言而發司馬氏篡魏之機，言之不可不謹也如是夫！以此觀獻、肇之輕脱，又何足以託孤哉！」

〔九〕通鑑：「是時司馬懿在汲，帝令給使辟邪齎手詔召之。」「至」當作「齎」，或宋本本如是。胡三省曰：「辟邪，給使之名，猶漢丞相倉頭呼爲宜禄也。」

〔一〇〕胡三省曰：「時自遼東還師，次於汲。汲縣自漢以來屬河内郡。」一統志：「汲縣故城，今河南衛輝府汲縣西南。」

〔一一〕通鑑：「先是燕王爲帝畫計，以爲關中事重，宜遣懿便道自軹關西還長安。」胡三省曰：「關中事重，謂備蜀及撫安氏、羌也。軹縣屬河内郡。」謝鍾英曰：「述征記，太行八陘，第一曰軹關。」一統志：「今河南懷慶府濟源縣西北十五里，關當軹道之險。」弼按：軹道見董卓傳。

〔一二〕追鋒車見高貴鄉公紀甘露元年注引傅暢晉諸公贊。

〔一三〕胡三省曰：「不讀曰否。」

〔一四〕胡三省曰：「附耳語之也。」

〔一五〕毛本「共」作「其」，誤。

〔一六〕曹休傳：「詔肇以侯歸第。」

〔一七〕射聲校尉見齊王紀嘉平六年。

〔一八〕五營，謂屯騎、越騎、步兵、長水、射聲五校尉也。

〔一九〕漢書陳平傳：「絳、灌等或讒平曰：平居家時盜其嫂。平使諸將，金多者得善處，金少者得惡處。平，反覆小人也。」周勃傳：「勃常以吹簫給喪事，材官引强。」服虔曰：「能引强弓弩官也。」孟康曰：「如今挽强司馬也。」

〔二〇〕北宋本「事」作「侍」。

〔二一〕漢書周勃傳：「有上書告勃欲反，下廷尉逮捕勃治之。」陳平傳：「呂后面質呂須於平前曰：無畏呂須之讒。呂后多立諸呂爲王，平僞聽之。」

〔二二〕毛本「孫」誤作「夢」。

〔二三〕胡三省曰：「雞棲樹之言固中，而三馬食一槽矣。」

〔二四〕王懋竑曰：「劉放、孫資排燕王宇、曹肇而薦曹爽、司馬懿，卒以亡魏，而放、資復爲中書監、令凡八年。至九年春，始遜位，是時曹、馬之隙已成。八年，懿始謝病，而放、資即以次年遜位。蓋預知其謀，而又逆料爽之非懿敵矣。爽死後，復以孫資爲中書令，則放、資之黨於司馬可見也。」又曰：「劉放傳：黄初中改祕書爲中書，以放爲監，資爲令，各加給事中，又俱加侍中，其領監、令如故。曹爽誅後，復以資爲侍中，領中書令，而不及放。其下即言嘉平二年，放薨，資復遜位，三年，薨。詳其文，曹爽誅後，復以下當有劉放爲侍中，領中書監九字。史不言者，蓋脱文也。」

〔二五〕晉書張華傳：「華字茂先，范陽方城人。少孤貧，自牧羊。鄉人劉放奇其才，以女妻焉。」

〔二六〕世説排調篇：「頭責秦子羽云：子曾不如太原温融、潁川荀寓、范陽張華、士卿劉許、義陽鄒湛、河南鄭詡。此數子者，或謇吃無宫商，或尫陋希言語，或淹伊多姿態，或讙譁少智諝，或口如含膠飴，或頭如巾齏杵，而猶以文采可觀，意思詳序，攀龍附鳳，並登天府。」劉孝標注云：「晉百官名曰：劉許字文生，惠帝時爲宗正，與張華同范陽人，故曰士卿，互其辭也。宗正卿或曰士卿。」沈家本曰：「頭責子羽，隋、唐志不著録，裴注所引劉許，世説注張敏集有頭責秦子羽文。」弼按：蔣超伯南漘楛語卷二載晉張敏頭責子羽文極詳，文繁不録。

放才計優資，而自脩不如也。放、資既善承順主上，又未嘗顯言得失，抑辛毗而助王思，〔一〕以是獲譏於世。〔二〕然時因羣臣諫諍，扶贊其義，并時密陳損益，不專導諛言云。〔三〕及咸熙中，開建五等，以放、資著勳前朝，改封正方城子，宏離石子。〔四〕

案孫氏譜，宏爲南陽太守。宏子楚，字子荆。〔五〕晉陽秋曰：楚鄉人王濟，豪俊公子也。爲本州大中正，訪問闕求楚品狀。〔六〕濟曰：「此人非卿所能名。」自狀之曰：「天才英博，亮拔不羣。」楚位至討虜護軍、馮翊太守。楚子洵，潁川太守。〔七〕洵子盛，字安國，給事中，祕書監。〔八〕盛從父弟綽，字興公，廷尉正。

楚及盛、綽並有文藻，盛又善言名理，諸所論著，並傳於世。〔九〕

〔一〕何焯云：「王思見梁習傳。魏略入之苛吏。」弼案：互見辛毗傳。

〔二〕王鳴盛曰：「放、資傳多微詞，如云放、資既善承順主上，又未嘗顯言得失，抑辛毗而助王思，以是獲譏於世。案，放、資之罪，在引司馬耳，然此不可得而言也。故以他罪入之，著其事而微其詞也。上文先言齊王即位，以決定大謀增邑，所謂大謀者何也？援納篡賊也。則抑毗助思，固其小小者矣。用意不亦彰明較著哉！」

〔三〕趙翼曰：「劉放、孫資在中書久掌機密，夏侯獻、曹肇等惡之，此猶出于忌者之口。蔣濟爲魏名臣，疏言左右之人，未必賢於大臣，今外所言，輒云中書，是可見放、資二人之竊弄威福矣。其後乘明帝臨危，請以司馬懿輔政，遂至權移祚易，故當時無不病二人之奸邪誤國。晉書荀勖傳：論者以勖傾國害時，爲孫資、劉放之亞，可知二人之名，至晉時猶爲世所詬詈也。而壽作二人合傳，極言其身在近密，每因羣臣諫諍，多扶贊其義，并時陳損益，不專導諛言。是直以放、資爲正人，與當時物議大相反也。蓋二人雖不忠于魏，而有功于晉，晉人德之，故壽爲作佳傳也。」

〔四〕郡國志：「并州西河郡，治離石。」一統志：「故城今山西汾州府永寧州治。」趙一清曰：「放子熙、資子密，見諸葛誕傳注引世語。」

〔五〕晉書孫楚傳：「楚才藻卓絶，爽邁不羣。」將軍石苞令楚作書遺孫皓，見文選。

〔六〕晉書孫楚傳作「濟爲本州大中正，訪問銓邑人品狀至楚。」

〔七〕潘眉曰：「晉書孫楚傳言洵未仕早終。孫盛傳言父洵，潁川太守，與裴注同。當是孫楚傳誤也。」

〔八〕毛本「監」誤作「益」。

〔九〕孫盛事見武紀卷首注及公孫度傳注。孫綽傳：「博學善屬文，嘗作天台山賦，辭致甚工。初成，以示友人范榮期云：卿試擲地，當作金石聲。綽少以文才垂稱，一時文士，綽爲其冠。溫、王、郗、庾諸公之薨，必綽爲文，然後刊石。」

評曰：程昱、郭嘉、董昭、劉曄、蔣濟，才策謀略，世之奇士，雖清治德業，殊於荀攸，而籌畫所料，是其倫也。劉放文翰，孫資勤慎，並管喉舌，權聞當時，雅亮非體，是故譏諛之聲，每過其實矣。